代际共融

INTERGENERATIONAL INCLUSION

积极应对人口老龄化

Proactively Respond to Population Aging

李俏 著

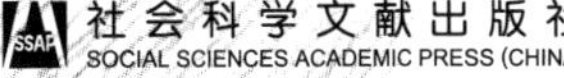

本书得到国家社科基金一般项目**“乡村振兴背景下城乡互益性养老的实现路径研究”**（21BSH163）和江苏高校哲学社会科学研究重大项目**“积极应对人口老龄化的代际共融路径”**（2021SJZDA039）的资助。

序一　构建代际共融的科学认知

伴随中国进入老龄化社会，满足老年人多样化、多层次的养老服务需求，已成为关系千家万户、民生福祉的重要问题。早在1996年8月第八届全国人民代表大会常务委员会第二十一次会议通过的《中华人民共和国老年人权益保障法》中，就明确提出了“老有所养、老有所医、老有所为、老有所学、老有所乐”的“五个老有”工作目标。2008年3月，中共中央组织部、人力资源和社会保障部印发《关于进一步加强新形势下离退休干部工作的意见》，又在此基础上增加了“老有所教”，提出了“六个老有”的具体内容。随后，党的十八大、党的十八届三中全会和五中全会、党的十九大和十九届四中全会，都要求积极应对人口老龄化。2019年11月，中共中央、国务院印发了《国家积极应对人口老龄化中长期规划》。2020年10月，党的十九届五中全会通过了《中共中央关于制定国民经济和社会发展第十四个五年规划和二〇三五年远景目标的建议》，将积极应对人口老龄化上升到国家战略层面，充分体现了党和政府对老龄工作、对养老需求问题的高度关注和重视。面对“四二一”家庭代际结构日益普遍、空巢家庭不断增多的现实挑战，积极应对人口老龄化已不再是一个家庭或老年人自己的问题。同时，结合中国的历史文化传统，如果没有多世代的参与，恐怕也很难真正实现“其乐融融”，因此，应根据我国当前老龄化社会的整体需求以及老年群体的差异化需求，借鉴其他国家老龄服务经验，充分利用各种资源，协同构建完整合理、精准有效的养老服务体系。

李俏同志撰写的这本《代际共融：积极应对人口老龄化》，对中外代际共融问题进行了比较分析，并对中国代际共融的发展问题进行了深入研究与思考，为积极应对人口老龄化提供了一种新思路。整体来看，该书在谋篇布局当中特别注重以下四个方面。

一是紧扣时代背景。正如书中所言，代际共融的思想和实践在中国历史上早就存在，但并没有引起人们的特别关注和重视，在相关活动中也没有刻意突出代际关系，其更多地被淹没在“家庭和睦”“邻里相恤”“社会互助”等范围更大的社会治理活动当中。那么为何我们现在要学习国外经验去促进社会层面的代际共融？原因就在于当下中国已进入老龄化社会，受社会流动、家庭结构、居住安排等因素影响，家庭内部的代际支持不再像从前那样有力，导致代际区隔成为一个值得关注的社会问题。这个问题如果解决不好，不仅会让不同年龄群体忽视其他年龄群体存在的价值，还会衍生出各种年龄歧视以及精神、情感和身体健康方面的问题，而以代际共融为主题展开研究，则有效契合了时代发展的需要。

二是引入国际视野。伴随全球“长寿革命”的影响，近些年国外代际领域的研究与实务发展较快，出现了许多新理念、新方法、新实践。而该书从第二章阐述代际共融的理论内涵开始，就注重追踪国际最新研究成果，剖析代际共融的概念框架，指出代际共融是国外为应对代际冲突问题而发展起来的社会工具。其主要形式是通过结构化、有目的、有组织的项目设计，将年轻人与老年人集结在一起开展有意义的活动，共同分享技能、知识和经验，促进文化交流，建立起相互支持和互惠的关系网络。尤其在第三章中，重点介绍了国外代际共融的演进脉络与发展特点，并结合应用实例，探讨了国外代际共融的推进方法与经验启示，较好地对国际代际共融前沿研究与实践成果进行了综合呈现。

三是辨析中外差别。该书基于对国外代际项目内涵的分析，提炼出本土“代际共融”的概念，即一种通过政策、服务、活动等手段，促进不同世代间的资源重组，实现成果共享，满足不同年龄层次的不同利益诉求的社会发展策略。“代际共融”所涵盖的群体不仅包括家庭内部的亲代与子代，还包括社区以及社会中非血缘关系的不同年龄群体。结合国内代际共融的具体实践，该书在文末还将代际共融的中国特色归结为“家为核心”的实践底色、“老少同乐”的话语体系、“多元共创”的运作风格。尽管这种总结并不十分准确，但体现出笔者在比较中外差别上的努力，这种敢于探索的精神值得肯定。

四是传承创新并重。该书在分析中国代际共融实践特点及问题的基础上，从文化自觉、需求契合、资源整合、社会协同四个方面提出了中国代际共融的实施重点，倡导将代际共融的理念纳入老龄政策框架和社会助老实践，通过长幼共学、老少同乐、代际互助等方式，加强社会不同年龄群体的互动与交流，慰藉老年人因代际疏离而产生的失落与孤寂，营造代际和谐的社会氛围。这些思想既体现出对中国传统孝文化的传承，又在代际研究范围上有所突破和创新，为老龄研究领域贡献了关于代际共融的知识，对拓展学科领域、推动学科知识积累有一定的现实意义。

综上，对于中国代际共融的未来，应坚持“在中国文化的老根上发新芽”。尊老、敬老、爱老是中华民族的优良传统，是家庭伦理的核心价值和社会道德的基本要求。在新时代背景下，不仅要充分继承和发扬传统德孝文化，在家庭层面形成“代际和顺”的家风，还应不断创新、大胆实践，在社会层面探索“代际共融”的方法。正如书中所言，国外代际项目之所以强调将年轻人与老年人这两类群体联系在一起，原因在于这两类群体分别处于人类生命周期的两端，在社会上都属于相对弱势的群体，更需要社会的关爱和保护。如果能够将这两类群体整合在一起纳入服务设计，则既可以实现代际共享价值观和目标，又可以通过共建共享场所和整合性服务的方式来节约社会资源。因此，我们还需要广泛学习借鉴国外先进的理念，加强探索将“一老一小”纳入整合性服务框架的实现形式，发展壮大新时代的老龄事业。

我们还应注意到，进入21世纪，老龄化和数字化正在成为当今中国社会发展的两大重要趋势。一方面，中国的人口老龄化程度持续加深；另一方面，全球新冠肺炎疫情在一定程度上成为人们生活全面数字化的“触发器”，代际数字鸿沟现象加剧。面对这样的历史发展机遇，我们还需要结合老年人数字化生活的现实需求来深入推进代际共融研究，探讨新形势下代际共融的实现形式与实践方法。更为迫切的任务是，要在经验观察与实证研究基础上，推动相关代际理论的建构，从社会事实中提炼中国代际共融的本土经验与特色。只有这样，才能从根本上摆脱沿袭国外理论传统与研究范式的状况，真正构建出中国代际共融的知识体系。希望能有更多的青年学者关注和研究这一问题，为应对人口老龄化贡献智慧和力量。

邬沧萍

中国人民大学荣誉一级教授

中国老年学学会原会长

2022 年 3 月 26 日

序二　深化代际共融研究，开创老龄工作新局面

代际共融虽然是一个比较新的名词，但其思想与实践却是中华文化中源远流长的重要组成部分。“尊老爱幼”是中华民族的传统美德，以善事父母为核心、以尽职尽忠与显亲扬名为拓展性内涵的孝道观念被国人视作立身之本与百善之先。孟子还进一步提出了“老吾老以及人之老，幼吾幼以及人之幼”的敬老爱老思想。“家家都有小，人人都会老。”

随着中国经济社会的发展，以往分开解决的“一老一小”等民生问题，也需要从社会治理现代化的视角统筹解决，才能不断提高人民群众的获得感、幸福感、安全感。围绕“幼有所育、老有所养”等事关民众幸福生活以及中国社会治理现代化的重要命题，2022 年政府工作报告、《“十四五”国家老龄事业发展和养老服务体系规划》等都明确提出，实施积极应对人口老龄化国家战略，以“一老一小”为重点完善人口服务体系，发展普惠托育和基本养老服务体系。那么如何将积极应对人口老龄化和完善养老托育服务体系相结合，建设全年龄友好社会，特别是促进不同代际的交流、理解和合作，就成为不分年龄共同参与社会发展、全社会共享发展成果、实现共同富裕目标的一个新课题。

新中国成立之后，中国关心下一代工作委员会队伍不断发展壮大，从事关心下一代工作的“五老”（即老干部、老战士、老专家、老教师、老模范）达 1300 多万人，全国关工委组织已达 107 万个，在促进青少年健康成长、加强社会主义精神文明建设、促进社会和谐稳定等方面发挥

了重要作用。因此，代际共融的理念与实践在中国早已有之，但是相关研究多集中于探讨家庭内部的代际关系，对于如何调和社会层面的代际关系并发挥其正向作用的研究较少，且存在理论解释不足、方法论缺失等问题，对应的研究进展相对滞后。在实践层面，中国虽然已积累了一些本土实践经验，但专业化的活动设计却较为缺乏，对于养老与托幼问题也尚未构建出一体化的服务体系。在这个意义上，以社会层面的非血缘性代际关系为视角，重新回答、解释和反思代际研究的范围与内容就显得尤为紧要和迫切，这不但对丰富代际研究具有重要的学术价值，而且对老龄政策与服务创新也具有重要的现实意义。

《代际共融：积极应对人口老龄化》的作者李俏教授，近些年对养老问题有着浓厚的研究兴趣，也取得了一系列研究成果。该书结合她在美国宾州州立大学访学期间的经历，在深入阐释代际共融的研究动因、中国式养老与代际关系的变迁背景、代际共融的理论内涵等基础上，系统梳理了发达国家代际共融的演进脉络、发展特点、应用实例、推进方法与经验启示，深刻剖析了中国代际共融的文化与历史传统，并结合实践案例，重点总结了中国代际共融的实践探索与现实挑战，有针对性地提出了一系列政策建议。整体来看，该书在三个方面有创新意义。第一，该书的系统性强，既有横向的中外比较，又有纵向的历史分析，从历史的、现实的和未来的发展脉络中对代际共融问题进行追踪与反思，从理论、实践和价值层面寻求促进中国代际共融实践创新的思路，这种横向与纵向互补的结构形式，可以使读者较为全面地认识和理解代际共融问题，掌握国内外代际共融发展动态。第二，该书的实践指导价值也较大，对现阶段中国代际共融的发展经验和问题进行了全面梳理和总结，并根据服务内容对代际共融活动进行了分门别类的细致论述，为后续更好地开展相关实践与服务创新提供了较多可行的操作化建议，对完善老龄工作具有启示意义。第三，该书还具有一定的政策参考价值，该书分析了当前国内代际共融面临的挑战，并从文化自觉、需求契合、资源整合、社会协同等方面提出了政策性建议，可以为政府相关部门、养老机构、社会组织等开展老龄服务工作和社会服务提供经验借鉴，也可以为广大读者深入理解中国特色代际共融提供理论参考。

毫无疑问，代际共融为一体化解决养老与托幼问题提供了新思路，有助于构建养老托幼互助服务体系，使面向老年人与儿童青少年的服务有机结合起来，最大限度地实现人力资源的优化配置。但目前有待加快建立健全符合中国文化特点和实际的代际共融政策体系，为养老与托幼一体化发展提供更多政策上的引导与支持。同时，还要贯彻积极老龄观和健康老龄化理念，重视和加强对老年人力资源的开发利用，充分发挥老年人所积累的知识、智慧和经验优势，调动老年人参与代际活动的积极性，使他们能够在社会参与中继续发光发热，实现“老有所养”和“老有所为”相结合。

衷心希望该书能够引起社会各界的广泛思考和深入研究，为积极应对人口老龄化、推动老龄事业与老龄产业高质量发展提出更多建设性的意见和建议，也希望李俏教授再接再厉，继续在老龄研究领域笔耕不辍，多出成果。

杜鹏

中国人民大学副校长

中国老年学和老年医学学会副会长

2022 年 3 月 10 日

序三　代际共融，积极应对人口老龄化的新思路

老龄社会已经成为21世纪中国最大的“灰犀牛”，大家随处可以触碰到相关问题，但是对于如何解决又有些茫然。我们老了怎么办？靠政府？靠子女？靠自己？靠机器人？大家都会点点头又摇摇头。学者们也在从各方面进行探索。

最近，收到江南大学法学院李俏教授所著《代际共融：积极应对人口老龄化》一书的书稿，眼前为之一亮。代际共融，一个崭新而又似曾相识的理念，一个内涵丰富又极具操作性的研究思路在书中徐徐展开。书中借鉴国外代际项目的发展理念，结合国内养老实际，提出了“代际共融”的研究思路，并对中国的代际共融实践进行了系统性的理论与政策分析。该书视野开阔、纵观古今、洋为中用、立足实践，为社会各界推进实施积极应对人口老龄化国家战略提供了非常有价值的新思路。

根据发达国家的发展经验，在人类社会进入快速城市化和工业化发展阶段之后，个体主义观念会逐渐兴起，家庭碎片化趋势也会加剧，不同年龄群体因为缺乏生活交集而极易产生“代际区隔”，再加上生活方式、价值观念上的差异，“老年歧视”“代沟”“代际冲突”等问题较为突出。为了有效应对这些问题，西方人力资源服务机构早在20世纪60～70年代便开始探索发展代际融合类的服务项目，尤为注重通过老年人与年轻人有目的、持续的互动与合作来达到互惠互利、老少同乐的效果。在他们看来，通过专业化的活动设计将青老两类群体纳入同一服务项目，不仅有利于节约社会资源，还有利于增进不同世代间的了解与合作，具有显著的社会效益。

虽然中国进入老龄化社会的时间不算长，但人口老龄化的态势极为严峻，不仅表现为老年人口的绝对规模大、发展速度快，还表现为未备先老、无人养老、城乡发展不平衡、家庭规模小型化等问题，传统的家庭养老模式正面临全面挑战，亟须多方支持补位。在此背景下，立足本土经验与文化传统，吸收发达国家的成功经验，发展具有中国特色的代际共融就显得非常有价值和意义。因为在中国的文化情境中，养老更需要温情，而温情离不开人，尤其离不开年轻人，如果在养老的过程中没有年轻一代人的出现和参与，可能会出现不同的话语体系、价值体系，恐怕很难真正实现代际和谐，也难以促进器物文明的代际传承和创新。通读全书，我认为本书具有如下三个特点。

一 前瞻性地给出实施代际共融的系统性方案

《中华人民共和国国民经济和社会发展第十四个五年规划和2035年远景目标纲要》提出，实施积极应对人口老龄化国家战略，以“一老一小”为重点完善人口服务体系，促进人口长期均衡发展。当前绝大多数家庭面临着上有老、下有小的境遇，但伴随家庭规模小型化，特别是存在大量的“四二一”家庭，传统家庭代际支持已变得力不从心，对社会服务产生了较多需求。同时，由于技术革新和生产方式转变，家庭居住方式发生了显著变革，空巢独居老人数量不断增加。尽管近年来国家一直致力于完善社区层面的居家养老服务体系，推进家庭适老化改造、老年友好社区建设、普惠托育服务扩容，规避空巢独居养老风险和促进老年人社会参与，但对空巢独居老人的关爱仍需要社会各界共同发力。

在上述背景下，该书基于国际与历史研究，结合具体应用实例，倡导发展代际共融的观点颇具前瞻性。书中指出，应在学习借鉴其他国家老龄社会治理经验的基础上，加强顶层设计，探索具有中国特色的代际共融服务体系，同时强调应将实施重点放在对代际关系协调、代际发展需求、代际组织形式及其背景因素的考察上，从文化自觉、需求契合、资源整合、社会协同四个方面着手加以实践。这个方案统筹考虑了中国当前老龄化社会的整体需求、不同地区及城乡间的社会经济发展差异、国人文化习惯、社会服务体制等方方面面，从而为在中国实施代际共融实践提供了系统性方案。

二 注重发挥代际共融在人力资源优化配置中的重要作用

代际共融在人力资源优化配置中的作用主要体现在服务人员和服务对象两个方面。首先，代际共融作为一种促进不同代间的资源重组、实现成果共享、满足不同年龄群体利益诉求的社会发展策略，不仅需要借助相关政策、服务、活动等专业化手段来实现，还对专业服务人员存在特定需求。书中将青老群体纳入同一服务框架，使老年服务与育儿或青少年服务相结合，可以最大化地实现对人力资源的优化配置，减轻社会的照料负担。其次，根据“积极老龄化”和“生产性老龄化”的观点，老年人在长时间的工作和学习中形成了丰富的人生阅历，在社会经验、专业知识、技术技能、情绪管理等方面存在一定优势，应鼓励有能力的老年人在社会建设中采用合适的方式扮演积极且有意义的角色。同样，青少年和儿童在现代科技与信息知识的吸收和使用等方面也具有一定优势。该书认为，吸纳不同世代的人群共同参与，发展适合不同年龄群体身心特点、有利于发挥其经验和特长的代际活动，既可以使年轻人从老一辈人那里获得成长帮扶与人生指导，又可以丰富老年人的晚年生活，为其发挥余热和实现“老有所为”创造机会，甚至可以开发老年人力资源，实现代际合作或共创，顺应《“十四五”国家老龄事业发展和养老服务体系规划》中指出的老年人需求结构正在从生存型向发展型转变的趋势。

三 突出强调了代际共融在数字鸿沟弥合中的发展潜力

当前与人口老龄化伴随而来的还有数智化发展趋势。数智化正在深刻改变着我们的生产与生活，尤其全球新冠肺炎疫情在一定程度上成为我们生活全面数智化的“触发器”，并由此引发了一系列的正面和负面效应，其中一个负面效应突出地表现为老年数字鸿沟，即因老年群体数智化能力、技术应用和社会规制之间的不适应而产生的信息落差、行为阻隔和生活适应障碍，如老年人因为不会使用智能手机扫描二维码、不会网上看病预约和买火车票等，导致难以正常出行和参加社会活动，从而不能享受到数智化社会带来的生活便利。因此，当老龄化遇数智化，如何解困？这已成为中国亟待解决的重要现实问题。从解决思路上来看，除了国家积极出台一系列智慧助老的帮扶政策，对各种互联网应用进行适老化改造之外，代际共融其实也是一种非常重要的应对手段与方法。书中指出，一方面可以通过家庭内部子女或者孙辈对老年人进行数字反哺，激发老年人对互联网的兴趣；另一方面还可以通过社会层面的长幼共学、青老互助等方式，帮助老年人在数智化生活适应中提升自我效能感。因此，代际共融在老年数字鸿沟弥合领域存在较为广阔的发展空间，但还有待社会各界的共同探索与实践。

李俏教授在本书中提出并构建了代际共融的理论体系，对国外经验和国内实践进行了归纳分析，为这样一个新的研究领域做了开创性的工作。该书最后给出了代际共融将沿着专业化、社会化、普惠化、政策化、智慧化和理论化六个方向进行发展，相信会给对代际共融有兴趣的研究者和产业界人士带来重要的启示。书中还有丰富的中外案例、古今案例，加上李俏教授文笔简练，语句轻盈明快，虽然是学术著作，但是一点都不枯燥，值得大家细心阅读、认真品味。

左美云
中国人民大学智慧养老研究所所长、二级教授
2022 年 5 月 3 日

序四　开启代际共融的研究视野

近年来，我国的人口老龄化程度持续加深，对经济增长、社会储蓄、消费投资、劳动力供给等带来了一定的挑战，并给现有的养老保障、医疗保健、养老服务等带来了不少压力。如何在新历史阶段积极应对人口老龄化问题，化压力为动力，则成为我们亟须解决的重点和难点问题。我国各级政府先后出台了一系列的政策文件。例如，党的十九大报告提出要积极应对人口老龄化，构建养老、孝老、敬老政策体系和社会环境；党的十九届五中全会倡导全面推进健康中国建设，实施积极应对人口老龄化国家战略；《中共中央关于制定国民经济和社会发展第十四个五年规划和二〇三五年远景目标的建议》明确指出，实施积极应对人口老龄化国家战略，积极开发老龄人力资源，发展普惠型养老服务和互助性养老；《中共中央 国务院关于加强新时代老龄工作的意见》进一步提出，把积极老龄观、健康老龄化理念融入经济社会发展全过程，加快建立健全相关政策体系和制度框架，走出一条具有中国特色的积极应对人口老龄化的道路。在此背景下，如何引入与落实开拓性的社会服务与市场服务，回应各级政府对积极应对人口老龄化的倡导与意见，便成了一个亟待解决的现实问题。代际共融无疑为积极应对人口老龄化提供了一种可能思路和前瞻性思考，值得国内学术界与实务界关注与重视。

李俏教授所著的《代际共融：积极应对人口老龄化》一书，在广泛搜索与系统梳理文献和网页资料的基础上，引介国外代际项目发展经验，对中国代际共融的文化与历史传统、具体实践、现存挑战、实施重点与保障机制进行了系统研究，并展开了认真而深入的思考。同时，该书在人口大变局中透视问题，着眼长远，综合考量，涵盖内容丰富，给读者呈现了一幅系统、完整、连贯、深刻的代际共融发展图景。纵览全书，有四个主要特点。

第一，立意新颖、视野开阔。

目前国内有关代际关系的研究成果不少，但多聚焦孝道观念与家庭代际关系变迁、代际价值观与文化差异、代际冲突与数字鸿沟、代际贫困与社会流动等方面，对于社会层面非血缘性代际关系关注不足。实际上，代际关系一般包含社会代际关系和家庭代际关系两个层次，社会代际关系是基于地缘、业缘的基础产生的不同代之间的关系，而家庭代际关系就是以血缘关系为基础而产生的家庭内部代与代之间的关系。该书从积极应对人口老龄化的角度，探讨社会层面非血缘性代际合作的可能路径，立意较为新颖，区别于既有研究多关注家庭代际互惠的传统思路，既丰富了代际研究的内容，又拓宽了中国代际研究的理论视野。

第二，紧扣现实、前瞻思考。

一方面，该书立足于中国的历史与现实，对照国外“代际项目”概念，对代际共融的内涵进行了提炼，指出“代际共融”是与之相匹配的本土表达方式，是一种通过政策、服务、活动等手段，促进不同世代间资源重组，实现成果共享，满足不同年龄层次群体不同利益诉求的社会发展策略，涉及日间照料、医疗保健、休闲娱乐、老年教育、文化传承、社区建设等。同时，结合应用实例，从老年照护、儿童与青少年发展、教育或终身学习、健康与福祉、家庭支持、社区发展、文化传承、休闲娱乐、环境保护、就业辅导十个方面，对代际共融的实践类型进行了深入解析。另一方面，该研究还对未来代际共融的发展趋势与延展领域进行了深入思考，指出未来中国的代际共融应朝专业化、社会化、普惠化、政策化、智慧化、理论化六个方向发展。

第三，具有较强的现实针对性。

该书针对当前我国代际共融发展中遇到的矛盾和问题，由理论到实践，进行了深入浅出的探讨，指出中国代际共融在发展中还存在着自主发展不足、区域分布不均、城乡发展失衡、可持续性不强、社会认识不足、功利化思维等问题，主张在积极应对人口老龄化的时代背景下加强和重视对代际共融的研究，并将代际共融理念纳入政策制定层面，完善相关顶层设计，因地制宜地开发和创建代际互动和参与平台，形成多主体参与的服务机制与激励机制。这些研究发现无疑为相关学术研究提供了理论依据，为践行“积极老龄化”和实现“共建共享”提供了新经验和新素材，也为开展相关实务工作提供了经验参考。

第四，注重总结本土经验。

该书不仅系统梳理了西方代际共融的发展脉络与经验启示，还深入研究了中国代际共融的文化与历史传统，将中国代际共融的特色总结提炼为“家为核心”的实践底色、“老少同乐”的话语体系、“多元共创”的运作风格。尽管这种归纳总结不一定全面，但大体勾勒出了中国代际共融的发展面貌。应注意到，中国的代际共融具有自身的特殊性，这与中国的传统文化与伦理观念有关，既需要在理念、模式、方法等方面进行继承与挖掘，也需要结合新的时代背景与社会需求进行实践探索，构建出具有中国特色的代际共融机制，这是一个理论探索和实践创新的过程，需要社会各界的共同努力。

整体而言，《代际共融：积极应对人口老龄化》是一部全面、系统提炼与研究中国代际共融问题的力作，无论在立意构思、谋篇布局，还是内容设计上，都表现出较好的学术功底与研究水平，有助于读者系统、准确把握中外代际共融的发展脉络，可读性强，对广大老龄科学研究者及教育、服务、管理领域的工作者都有一定的学习、借鉴和参考价值。

陈功

北京大学教授

北京大学人口研究所所长、老年研究所所长

2022 年 11 月 15 日

前　言

随着全球妇女总和生育率、死亡率的降低以及60岁及以上人口寿命的延长，无论是发达国家还是发展中国家都面临着人口老龄化问题，如何满足老年人日益增长的文化与精神需求已成为世界各国普遍关注的焦点。尤其是在传统三代同堂的家庭居住模式以及孝文化规范发生变迁的时代背景下，许多老年人在晚年面临生活孤寂、无聊及缺乏生活意义等问题。古语有云："当少壮时，须体念衰老的酸辛。孝当竭力，非徒养身。"养老重在养心，"养心"则包含两层含义：一是发展自己的兴趣爱好，使自己的生活更有情致、更有质量；二是真正融入社会，并建立良好的社会联系，继续为社会建设贡献余热。对于个体层面的"养心"，通过"跳广场舞""养花养草""读老年大学"等基本可以实现；但对于社会层面的"养心"，仅凭老年人自觉还不够，还需要一些社会手段来实现。对此，发达国家从20世纪60~70年代开始就从代际的角度来探索促进老年人社会参与的方法，并形成了"代际项目"（Intergenerational Program）发展框架，倡导通过老年人与年轻人有目的、持续的互动与合作来达到互惠互利、老少同乐的效果。这一尝试较好地将"老年友好"与"青年友好"的理念结合起来，集就地养老与精神养老于一体，在提升老年群体的健康水平以及整个社区的生活质量方面发挥了重要作用，从而为中国积极应对人口老龄化提供了新思路。

在国际政策影响下，中国也开始积极关注代际共融问题。2013年，全国老龄办等24个部门在《关于进一步加强老年人优待工作的意见》中便首次提出了"代际共融"的主张，倡导既要统筹物质帮助与精神关爱协调发展，又要统筹不同年龄群体的利益诉求，以促进代际共融与社会和谐；2017 年，国务院印发的《“十三五”国家老龄事业发展和养老体系建设规划》再次强调，“要以人为本，实现不分年龄、人人共建共享”；《中共中央关于制定国民经济和社会发展第十四个五年规划和二〇三五年远景目标的建议》明确指出，实施积极应对人口老龄化国家战略，发展普惠托育服务体系；积极开发老龄人力资源，发展普惠型养老服务和互助性养老。这些文件以及“一老一小”的政策考虑，也为代际共融的发展提供了机遇。

实际上，中国对代际实践并不陌生，如在各个政府部门与事业单位中广泛存在的关心下一代工作委员会（简称关工委），便是以关心、教育、培养青少年健康成长为目的的组织，并在关心青少年健康成长中发挥了重要作用。同时，当前国内也存在大量“老红军、老艺术家进课堂”“非遗进校园”“中小学与老年大学合作交流”“社区老少同台表演共庆传统节日”“青少年赴养老院探访”等活动，这些都属于代际共融的实践范畴。但在严格意义上，这些多属于非正式的代际活动，往往存在流于形式、互动不深入、可持续性不足等问题，并在文化与心理层面也面临诸多挑战，亟须专业化的服务指导与发展设计。

本书虽然在结构上包含八部分内容，但主要沿着两条主线展开具体论述：在全面分析代际共融的研究动因、中国式养老与代际关系变迁情况以及代际共融理论内涵的基础上，一是系统引介国外有关代际项目的学术研究、实践发展与应用情况，厘清国外代际项目的历史脉络与发展走向，为中国发展代际共融与开展相关实践提供经验与启示；二是结合国内代际共融的信息资料，探讨中国发展代际共融的文化传统、具体实践、机遇与挑战，并对典型实践案例展开重点分析，揭示国内代际共融的特点与问题，在此基础上提出了中国发展代际共融的实施重点、保障机制与未来展望。

本书指出，“代际共融”是与国外“代际项目”相对应的概念，但由于中外文化差异，“代际项目”在中国使用并不普遍。国内民间类似活动中最常用的说法是“老少同乐”，而“代际共融”则是 2013 年《关于进一步加强老年人优待工作的意见》中的提法，强调要统筹不同年龄群体的利益诉求，促进代际共融与社会和谐。因此本书在核心概念界定上沿用了这一说法，认为“代际共融”更能凸显中国的文化特色和价值内涵。结合活动实践，按照活动内容，进一步将代际共融划分为老年照护、儿童与青少年发展、教育或终身学习、健康与福祉、家庭支持、社区发展、文化传承、休闲娱乐、环境保护、就业辅导十大类。但中国代际共融在发展中还存在自主发展不足、区域分布不均、城乡发展失衡、可持续性不强、社会认识不足、功利化思维等问题，同时还面临着来自家庭与社会、物质与精神、政府与民间、城市与农村四个方面的矛盾与挑战。

本书主张在积极应对人口老龄化的时代背景下加强和重视对代际共融的研究，并将代际理念纳入政策制定层面，完善顶层政策设计，因地制宜地开发和搭建代际互动和参与平台，形成多主体参与的服务机制与激励机制。在未来发展方面，呼吁国内学界应关注和重视这一新兴领域，积极开展多学科的交叉研究，尽快做到与国际接轨，总结提炼代际共融的中国特色，并促使其向专业化、社会化、普惠化、政策化、智慧化、理论化的方向发展，为积极应对人口老龄化提供新思路与新对策。

当然，本书作为与国外“代际项目”研究对应的一种本土化尝试，深感在内容全面性、理论深入度和实证调研方面还存在较多不足，希望借此能引发更多学者和社会人士对代际共融问题的关注与思考，促进产生更多的新研究与新讨论，进而能够更好地与国际相关研究展开对话，展现中国老龄问题研究的特色与进展。

目　录

导论　为何要研究代际共融?

2000 年，中国 60 岁及以上老年人口的占比达到 10.46%，这标志着中国正式进入老龄化社会。近年来，中国的人口老龄化程度还在不断加深。2021 年底，中国 60 岁及以上老年人口达 2.67 亿，占总人口的 18.9%；65 岁及以上老年人口达 2.01 亿，占总人口的 14.2%。[①] “十四五”时期，65 岁及以上老年人口比重将超过 14%，中国将进入中度老龄化社会。未来 35 年，我国老年人口规模仍将持续扩大，预计到 2035 年和 2050 年，中国 60 岁及以上老年人口规模将分别达到 4.12 亿和 4.80 亿，比重则分别达到 30% 和 38% 左右。[②] 作为世界上老年人口最多的国家，这种人口老龄化趋势将对我国经济社会发展产生广泛而深远的影响，事关社会稳定大局，事关千家万户和民生福祉，亟须在国家层面积极采取全局性和综合性的应对措施。随着老年人生理机能的退化和慢性疾病的增加，如何提高老年人健康水平、扩大社会参与，使其能够实现健康老龄化、积极老龄化以及生产性老龄化已成为政府和学界关注的焦点。

一　代际区隔是一个值得关注的社会问题

家庭作为人类最为重要的抚育和赡养机构，曾发挥着为其成员提供

① 《王萍萍：人口总量保持增长　城镇化水平稳步提升》，国家统计局官网，2022 年 1 月 18 日，http://www.stats.gov.cn/xxgk/jd/sjjd2020/202201/t20220118_1826609.html。

② 杜鹏：《科学认识人口老龄化国家战略》，中国社会科学网，2021 年 3 月 26 日，http://www.cssn.cn/glx/glx_gggl/202103/t20210326_5321949.shtml。

所需的各种照料、教育和经济功能。然而，在快速的工业化、城市化发展过程中，人们逐渐因年龄而走向分离，家庭的职能也开始被其他社会服务机构如托儿所、幼儿园、学校、日间照料中心、养老院等取代。[①]儿童到以年龄为分级的学校里去学习，成年人在没有儿童和老年人的环境中工作，年龄较大的老年人则在自己的家中或养老院中生活，不同年龄群体都生活在相对独立的社交圈子里。尤其是伴随工业化与城市化进程的加速，受劳动力跨区域流动和住房条件限制等因素影响，老年父母与成年子女远距离分离已成为一个不容忽视的社会事实。在此背景下，老年人不了解年轻人的生活方式和价值观，年轻人也无法感知和体验老年人正在经历的老化过程，不同年龄群体间的积极交流减少、情感联系减弱，由此导致代际区隔、代际刻板印象的出现[②]，并使"代沟""代际冲突""代际矛盾""代际剥削"等一度成为社会关注的焦点。而近些年伴随家庭结构的变迁与社会流动速度的加快，我国城乡居民家庭内部的代际关系出现了愈来愈多的疏离、紧张及冲突问题，"啃老""养老纠纷""财产继承纠纷"等现象也开始见于各大媒体报端。2020 年哔哩哔哩（bilibili）弹幕视频网站先后推出了《后浪：献给新一代的演讲》和《前浪：献给老一代的演讲》两个视频宣传片，更是引发了社会各界对代际差异的高度关注与广泛讨论。由此可见，代际区隔与冲突不仅会导致不同年龄群体忽视其他年龄群体存在的价值，也会衍生出各种年龄歧视以及精神、情感及身体健康方面的问题，而代际共融好处多多。

从宏观层面来看，代际共融不仅可以实现代际共享价值观和目标，促进代际互相支持和移情，还可以通过代际共建共享场所等方式来节约社会资源。具体而言，代际共融的作用还表现为：一是帮助儿童走出家庭和学校，扩展他们的人际关系网，提高其自尊心和自信心，同时有助于改善其与祖父母之间的关系，提高学业成绩，提升学习乐趣；

---

① 〔美〕J. 罗斯·埃什尔曼：《家庭导论》，潘允康等译，中国社会科学出版社，1991，第 57 页。

② R. A. Kalish, "The Old and the New as Generation Gap Allies," *Gerontologist* 9（1969）：83 - 89.

二是减少老年人的孤寂感，为其提供建立在信任和友谊基础上的社会关系的机会，帮助他们重新找到生活的意义，获得自我认同感和价值感，有益于提高其身心健康水平；三是帮助人们充分开发利用老年人积累的知识、智慧和经验；四是促进知识和技艺的代际传承；五是实现各代人的全面发展，并在各代人中产生协同效应；六是促进各代人的社会参与和建立社会资本，提高各代人的生活质量；七是通过代际互动的方法来促进社区整合；八是为完善社区治理提供新思路，为开展志愿服务和社区服务提供新手段。应注意到，老年人与社会其他年龄群体一样，都有为家庭、社会和国家做贡献的能力。与“代际冲突”“代际竞争”相反，“代际共融”侧重于通过代际策略来实现人们生活质量的提高、家庭照料能力的提升、教育体系的完善、社区凝聚力的增强以及文化的传承等目标。

为减少代际冲突、增进代际交流与沟通、促进代际理解与合作，以美国为首的发达国家自20世纪60~70年代开始便尝试推广代际项目[①]，主要形式是在满足不同年龄群体需求的基础上，通过将年轻人和老年人联系到一起开展活动，共同分享技能、知识和经验，促进文化交流，建立起相互支持和互惠的关系网络[②]。代际项目之所以强调将年轻人与老年人这两类群体联系在一起，是因为这两类群体分别处于人类生命周期的两端，在社会上都属于相对弱势群体，更需要社会的关爱和保护。我国著名老年学家邬沧萍和姜向群曾指出：“代际关系一般是指两代人之间的关系，具有社会学和政治学的含义，且主要是指老年群体与青壮年群体之间的关系，表现在经济、政治、思想文化以及生活与行为方式等各个方面。”[③] 而当前因中国社会转型而导致社区居民社会支持系统功能弱化的现实，无疑为发展新时代的代际共融提供了契机。

---

① 李俏、马修·卡普兰：《老龄化背景下的代际策略及其社会实践——兼论中国的可能与未来》，《国外社会科学》2017年第4期，第54~63页。

② S. Newman, C. R. Ward, T. B. Smith, et al., *Intergenerational Programs: Past, Present, and Future* (Washington, D. C.: Taylor and Francis, 1997), pp. 56-57.

③ 邬沧萍、姜向群主编《老年学概论》，中国人民大学出版社，2006，第188页。

代际共融整合了生产性老龄化、成功老龄化以及积极老龄化的理念，突破了传统老年服务项目和青少年服务项目各自为政的局限，通过结构化、有目的、有组织的项目设计，将年轻人与老年人集结在一起开展有意义的活动，产生了良好的社会影响。经过 20 世纪 80 ~ 90 年代的发展充实之后，代际共融在 2000 年以后进入了一个全新的发展阶段。在这一时期，国际性、区域性以及不同国家的代际合作机构先后成立，代际研究方面的论文发表数量和著作出版数量显著增长，相关设计与活动在环境建设、社区服务、社工项目中渐居一席之地，活动内容日趋丰富，介入手法逐渐成熟，社会接受度与外部影响力不断提高，从而为应对中国老龄化问题提供了一个全新的视角，并为中国代际研究的拓展提供了一个调查和实践的领域。

二　代际共融是一个有待深化的研究领域

长期以来，我国坚持实行计划生育政策，这一政策对于人口的严格控制，使人口增长速度减慢，人口的绝对数量减少，我国人口出生率在很短的时间内就下降到一个较低的水平。但随着经济的发展和人民生活水平的提高，居民生活质量得以改善，医疗水平得到提升，总体死亡率也下降到一个较低的水平。我国人口的再生产类型完成了从传统型到现代型的转变，即从“高出生率、高死亡率、高自然增长率”转变为“低出生率、低死亡率、低自然增长率”，但同时老龄化社会也随之而至。据国家统计局预计，到 2025 年我国 60 岁及以上人口将突破 3 亿，占总人口的 34.8%。[①] 老龄化迅速发展的趋势意味着其他年龄群体与老年群体共同生活与接触的机会将比人类历史上的任何时候都多，与之相伴的还有社会中不断加剧的个体化趋势。虽然中国的个体化进程确实给个体公民带来了诸如流动、选择和自由的好处，但由于缺乏国家的制度保障

① 《我国将推动建立综合连续的老年健康服务体系》，中央人民政府官网，2019 年 4 月 28 日，http://www.gov.cn/xinwen/2019－04/28/content_5387195.htm。

与支持，他们被迫回到家庭和私人关系网络中寻求保障[①]，突出表现为年轻一代多通过一种以代际不平衡为前提的更加自我的方式来行动[②]，传统代际“反哺”的核心伦理逐渐被侵蚀[③]，代际关系日益呈现出以工具理性为主导、交换内容清晰化、交换时间即时性等特点[④]，亟须在政策和制度层面进行引导与规范。

目前国内有关代际关系的研究成果较多，主要集中在家庭社会学和人口学等领域，多应用于探讨孝道观念变迁、代际关系流变、家庭养老功能与代际支持、代际价值观、心态与文化差异、行为模式、数字鸿沟，以及比较社会不同群体收入变化与社会流动、代际贫困与教育扶贫等方面。还有少量研究从社会学、教育学、图书馆学、建筑学等角度，探讨代际互助、代际学习、图书馆代际服务、宜居社区建设、多代屋建设等问题。但整体而言，国内学术界对社会层面非血缘性代际关系关注不足，相关研究多被隐匿和湮没在老年照护、儿童教育、社区服务等内容中。伴随教育的扩张、职业和地域流动速度的加快，子代生活独立性日渐增强，亲子同住的概率不断降低，老年群体的精神需求和继续服务社会的意愿显著增加，单纯关注家庭内部的代际关系已经不能适应老龄化社会的发展需要，将“代际继承、代际互动”纳入养老服务框架逐渐成为现实的必然选择。[⑤]

由于相关理论发展尚不成熟，代际共融研究仍处于家庭研究与人口学研究的边缘位置，存在学科边界模糊、理论解释不足、方法论缺失等一系列问题。对于如何调和代际关系，尤其是如何调和社会层面的代际关系并发挥其正向作用，相关研究较少且不系统。无论是在学术界的文章发表、书籍介绍，还是相关活动的网站宣传上，介绍中国代际共融的相关文献与

---

① 阎云翔：《中国社会的个体化》，陆洋等译，上海译文出版社，2012，第343页。

② 姚俊：《“临时主干家庭”：城市家庭结构的变动与策略化——基于N市个案资料的分析》，《青年研究》2012年第3期，第85~93、96页。

③ 贺雪峰：《农村家庭代际关系的变动及其影响》，《江海学刊》2008年第4期，第108~113、239页。

④ 孙新华、王艳霞：《交换型代际关系：农村家际代际关系的新动向——对江汉平原农村的定性研究》，《民俗研究》2013年第1期，第134~142页。

⑤ 穆光宗：《建立代际互助体系　走出传统养老困境》，《市场与人口分析》1999年第6期，第33~35页。

信息均较少。也就是说，目前国外对中国代际共融情况知之甚少，相关认知还普遍停留在孝道观念影响下的家庭支持这一传统养老方式上，认为中国受几千年来儒家孝文化的影响，长幼有序、代际友善、家庭和睦仍然是主流社会现象。在实践层面，面对养老与托幼问题，政府及其相关职能部门也多采取“分而治之”的方式推进工作，缺乏一体化思维。在这个意义上，以社会层面的非血缘性代际关系为视角，重新回答、解释和反思代际研究的范围与内容就显得尤为紧要和迫切，也具有重要的理论价值。一是区别于既有研究多关注家庭框架内代际互惠的传统思路，在代际研究的范围与广度上有所突破；二是尽力追踪代际研究与实践前沿，深入探讨中国的代际共融问题，在研究主题和研究内容上有所创新，具有基础性、开拓性和前瞻性的学术价值；三是结合中国实际，探索代际理论与实践的中国特色、中国风格与话语体系，既可以与国际代际项目研究相呼应，推动代际理论与知识的更新和扩充，又可以为践行积极老龄化和实现社会共建共享提供新经验和新素材。

三　代际共融将成为国家政策的支持方向

尊重和关怀老年人一直是人类文化中的不变追求，在这一点上世界各国之间并不存在显著的文化差异，它反映的是自我保护和社会保护之间的相互作用，并构成人类生存和进步的基础。但伴随人口老龄化程度的加深与经济社会结构的快速变迁，原有家庭内部的代际支持正在弱化，因此十分有必要重视和加强社区和社会层面的新型代际交流。从国际层面来看，1992 年联合国在第 47 届联合国大会举行了老龄问题特别会议，讨论通过了《老龄问题宣言》，倡导加强老年和青年两代人之间的合作，在经济、社会和文化发展方面共同实现传统与创新之间的平衡[①]，并宣布 1999 年为国际老人年，代际关系得到了初步重视。1993 年，欧盟将该欧洲年主题定为“老年人与代际团结”（Elderly & Solidarity between

① 《老龄问题宣言》，1992 年 10 月 16 日，https://www.un.org/chinese/events/ageing/a47r5.pdf。

Generations)，表现出对代际关系问题的关注。1999 年，联合国将“建立不分年龄人人共享的社会”作为国际老人年的主题，将个人终身发展、多代关系、人口老龄化与发展之间的关系和老年人处境等列入共享内容，从而将“多代关系”提升到理论框架层面。[①] 2002 年，在马德里召开的第二次老龄问题世界大会进一步强调，要加强各代人之间的团结和伙伴关系，并鼓励各代人建立相互照顾的关系。[②] 同年，世界卫生组织把健康、参与和保障列为实现“积极老龄化”的三大支柱，鼓励对老年人力资源的开发。2007 年，联合国大会通过了一项世界青年行动纲领补充文件，提出要加强代际团结。2009 年，联合国“变革时代的家庭政策：推动社会保障和代际团结”国际专家会议再次倡导，要建立青年人和年长一代之间的合作伙伴关系。[③] 同年，欧盟还将每年的 4 月 29 日设为“代际互助日”。2013 年，国际家庭日更是以“促进社会融合和代际团结”为主题，主张加强促进代际团结的政策设计，并推动年轻人和老年人之间志愿行动的代际方案，使各代人受益。联合国秘书长古特雷斯在 2019 年 10 月 24 日发布的新闻稿中也强调，联合国将从 2020 年 1 月开始在世界各地举行“跨国界、跨部门和跨代际”的对话，并将着重听取青年人以及全球事务中的弱势群体的声音，希望借此来增强各国人民对未来威胁的了解，并鼓励人们采取集体行动，共同建设一个美好的未来。[④] 这些都表明当前代际话题已进入国际政策层面，并对世界各国的相关政策设计与社会实践产生了一定影响。

相比之下，虽然国内涉及代际内容的政策也较多，但较少单独列出，而多被包含在具体的养老政策中，体现在弘扬尊亲敬老的文化思想里，具体如表 0－1 所示。在家内与家际关系层面，早在 1996 年 8 月全国人

① 刘文、焦佩：《国际视野中的积极老龄化研究》，《中山大学学报》（社会科学版）2015 年第 1 期，第 167～180 页。

② 《第二次老龄问题世界大会的报告》，2002 年 4 月 12 日，https://www.un.org/chinese/events/olderpersons/2006/Aconf1979.pdf。

③ 参见联合国青年议题网站，http://www.un.org/zh/events/youth/issue.shtml。

④ 王建刚：《“跨国界、跨部门和跨代际”对话》，中国社会科学网，2019 年 10 月 25 日，http://ex.cssn.cn/jjx_lljjx_1/lljjx_gg/201910/t20191025_5021056.html。

民代表大会常务委员会通过的《中华人民共和国老年人权益保障法》中就明确提出，要对青少年和儿童进行敬老、养老的道德教育和维护老年人合法权益的法制教育，倡导发扬邻里互助的传统，提倡邻里间关心、帮助有困难的老年人，同时鼓励和支持社会志愿者为老年人服务。2011年9月，国务院发布《中国老龄事业发展“十二五”规划》，再次强调要弘扬孝亲敬老美德，促进家庭和睦、代际和顺。2015年4月新修正的《中华人民共和国老年人权益保障法》进一步提出了“常回家看看”的条款，要求与老年人分开居住的家庭成员，应当经常看望或者问候老年人，用人单位应当按照国家有关规定保障赡养人探亲休假的权利，首次以法律形式肯定了代际沟通的正当性和积极意义。在社会代际关系层面，2013年12月全国老龄办等24个部门联合下发了《关于进一步加强老年人优待工作的意见》，指出要统筹不同年龄群体的利益诉求，促进代际共融与社会和谐。2016年10月，全国老龄办等25个部门联合发布了《关于推进老年宜居环境建设的指导意见》，倡导建立代际和谐的社会文化，增强代际文化融合和社会认同，统筹解决各年龄群体的责任分担、利益协调、资源共享等问题，实现家庭和睦、代际和顺、社会和谐，为老年人创造良好的生活氛围。2017年2月，国务院印发的《“十三五”国家老龄事业发展和养老体系建设规划》进一步将代际和谐的理念应用于养老体系建设中，强调要引导、支持开发老年宜居住宅和代际亲情住宅，实现不分年龄、人人共建共享。党的十九大报告提出要构建养老、孝老、敬老政策体系和社会环境。李克强总理在2019年中央经济工作会议中强调要重视解决好“一老一小”问题。党的十九届五中全会倡导全面推进健康中国建设，实施积极应对人口老龄化国家战略。2019年4月，《国务院办公厅关于推进养老服务发展的意见》强调要“重视珍惜老年人的知识、技能、经验和优良品德，发挥老年人的专长和作用，鼓励其在自愿和量力的情况下，从事传播文化和科技知识、参与科技开发和应用、兴办社会公益事业等社会活动”。2020年10月通过的《中共中央关于制定国民经济和社会发展第十四个五年规划和二〇三五年远景目标的建议》也明确指出，实施积极应对人口老龄化国家战略，积极开发老龄人力资源，发展普惠型养老服务和互助性养老。2020 年 12 月，《国务院办公厅关于促进养老托育服务健康发展的意见》强调，要健全“老有所养、幼有所育”的政策体系。2021 年 3 月，《中华人民共和国国民经济和社会发展第十四个五年规划和 2035 年远景目标纲要》提出，以“一老一小”为重点完善人口服务体系，促进人口长期均衡发展。2021 年 10 月，李克强总理对全国老龄工作会议作出重要批示，强调要“注重改善老年人居住生活环境，丰富老年人精神文化生活，维护老年人尊严和权益，营造养老孝老敬老社会氛围，不断提升广大老年人的获得感、幸福感、安全感”。①

这些政策文件一再体现出政府对代际问题的高度重视，但还没有将养老与托育纳入同一体系加以考虑，一体化的发展思路尚未形成。但伴随家庭功能的变迁与养老观念的变化，发展社会层面的代际共融具有一定前瞻性，同时也是积极应对人口老龄化的一种重要途径，有望成为未来国家政策支持的一个重要方向。

表 0－1　国内有关代际共融的政策文件

年份	文件名称	政策要点
1996	《中华人民共和国老年人权益保障法》	青少年组织、学校和幼儿园应当对青少年和儿童进行敬老、养老的道德教育和维护老年人合法权益的法制教育；发扬邻里互助的传统，提倡邻里间关心、帮助有困难的老年人；鼓励和支持社会志愿者为老年人服务。
2011	《中国老龄事业发展“十二五”规划》	弘扬孝亲敬老美德，促进家庭和睦、代际和顺。
2013	《关于进一步加强老年人优待工作的意见》	统筹不同年龄群体的利益诉求，促进代际共融与社会和谐。
2015	《中华人民共和国老年人权益保障法（2015 修正）》	与老年人分开居住的家庭成员，应当经常看望或者问候老年人。用人单位应当按照国家有关规定保障赡养人探亲休假的权利。
2016	《关于推进老年宜居环境建设的指导意见》	弘扬孝亲美德，塑造敬老风尚，促进代际和谐，倡导代际和谐社会文化。

① 《李克强对全国老龄工作会议作出重要批示强调　实施积极应对人口老龄化国家战略　推动老龄事业和产业高质量发展　韩正出席会议并讲话》，中央人民政府官网，2021 年 10 月 14 日，http://www.gov.cn/xinwen/2021-10/14/content_5642632.htm。

续表

年份	文件名称	政策要点
2017	《“十三五”国家老龄事业发展和养老体系建设规划》	引导、支持开发老年宜居住宅和代际亲情住宅，实现不分年龄、人人共建共享。
2019	《2019年中央经济工作会议公报》	要重视解决好“一老一小”问题，加快建设养老服务体系，支持社会力量发展普惠托育服务，推动旅游业高质量发展，推进体育健身产业市场化发展。
2019	《国务院办公厅关于推进养老服务发展的意见》	重视珍惜老年人的知识、技能、经验和优良品德，发挥老年人的专长和作用。
2020	《中共中央关于制定国民经济和社会发展第十四个五年规划和二〇三五年远景目标的建议》	积极开发老龄人力资源，发展银发经济。推动养老事业和养老产业协同发展，健全基本养老服务体系，发展普惠型养老服务和互助性养老，支持家庭承担养老功能，培育养老新业态。
2020	《国务院办公厅关于促进养老托育服务健康发展的意见》	健全“老有所养、幼有所育”的政策体系。

综上所述，在代际政策尚不明确、代际实践专业性和可持续性不足的现实背景下，深入探讨代际共融的实践形态与发展趋势具有重要的理论价值和现实意义。一是可以为促进家庭、社区以及社会的可持续发展提供一种统筹思路，可以避免学术研究和知识生产中出现的目标偏差，为人口老龄化背景下的社会服务提供稳定的指导思想；二是在兼顾老年人生存需求的基础上，探讨满足其更高层次的发展性需求和享受性需求的方法，助推养老服务走向精准化；三是可以为完善宜居社区建设和老年友好社区建设提供指导理念与发展经验；四是有利于构建中国特色的代际政策，有利于在继承中国传统孝文化的基础上为完善家庭支持提供新思路、新方法。因此，本书将结合对既有研究文献以及百度和谷歌搜索资料的分析，试图回答以下几个问题。一是国外代际项目的发展历程如何？主要特点是什么？二是代际共融在中国当前的发展状况如何？是否与国外存在显著差异？三是如果存在差异，那么中国代际共融在实践层面的独特性体现在哪里？所根植的历史与文化传统是什么？本书旨在通过对国外代际项目演进脉络的分析，对中国代际共融历史根底和现实形态进行理论反思，在此基础上探讨中国代际共融的发展前景。

第一章　中国式养老与代际关系变迁

“中国式养老”与近年来涌现的“中国式离婚”“中国式相亲”等词一道，发展成为媒体报道和网络传播中的“热词”，那么究竟什么是中国式养老，它具有什么特点，呈现何种需求，则是亟须引起学界重视和探讨的现实问题，这些对认识和把握当下中国养老的特点以及进行精准化的养老服务设计都具有重要的理论与现实意义。综合国内外研究成果，学术界对中国养老问题的关注由来已久，成果不胜枚举，尤其是孝道衰落、家庭养老弱化以及代际关系流变等问题已成为近年来国内外学界关注的焦点和对转型中国养老特征的基本表达。然而，目前学界对如何界定和认识中国式养老的特点以及破解中国式养老困局的思路还不明晰①，尤其是从代际维度切入探讨养老支持的研究仍局限在家庭框架内，如何拓展代际支持的空间可能还需要进一步的研究②。代际关系不仅局限于家庭内部，还存在于家际③，尤其伴随人们在社会经济活动领域及公共领域中关系的不断扩展和深化，代际关系已从微观的家庭层面扩展到了宏观的社会层面④，但目前国内的代际支持与相关实践在研究内容与范围上尚未取得实质性突破。由此可见，在分析中国式养老的代际支

① 陆杰华：《中国式养老的国家挑战与战略选择》，《高科技与产业化》2014 年第 12 期，第 58 ~ 61 页。

② 李俏、马修·卡普兰：《老龄化背景下的代际策略及其社会实践——兼论中国的可能与未来》，《国外社会科学》2017 年第 4 期，第 54 ~ 63 页。

③ 王跃生：《农村家庭代际关系理论和经验分析——以北方农村为基础》，《社会科学研究》2010 年第 4 期，第 116 ~ 123 页。

④ 吴帆、李建民：《中国人口老龄化和社会转型背景下的社会代际关系》，《学海》2010 年第 1 期，第 35 ~ 41 页。

持途径上，仅仅停留在家庭层面是不够的，还需要借鉴国外发展代际项目的经验，进一步将代际支持延伸至社会层面，探讨实现社会代际共融的思路，以实现社会共建共享。

一　中国式养老的特质与挑战

从词义上看，“中国式养老”是相对于国外养老方式而言的，是对本土养老方式的经验化表达，主要是指在中国经济、社会及人口结构全面转型的时代背景下所呈现出来的不同于国外的本土养老方式、养老形态与养老观。除了老龄人口基数大、发展速度快等特征，中国式养老在养老方式与养老观上的特征更加明显。不同于国外崇尚“个人主义”、“自由”和“独立”的价值观，中国人更看重“家庭主义”和“宗族主义”，更强调家庭内部代际的相互支持和相互依赖，“家庭和睦、子孙绕膝”几千年来一直是中国式养老的最高理想。因此，中国式养老具有较强的中国本土特色和儒家文化色彩，其特质和挑战主要体现在如下几个方面。

（一）家庭是维系中国式养老的主要载体

在中国延续几千年的历史中，家庭始终是最基本的经济生产和社会生活单位，而其最为重要的功能之一就是依托成年子女履行孝道责任和为老年父母提供生活照料。[①] 家庭之所以会成为维系中国式养老的主要载体，既有历史传统、社会制度原因，也有情感原因。从历史传统上看，农业社会的生产形式要求家庭要有足够的劳动力来为其运行提供支撑，家庭产品也往往通过共同消费的形式来实现家庭利益的最大化。从社会制度上看，一方面，传统社会中宗法家庭与宗法政治的同一性，家庭养老的运作规则因与国家体制相联通而成为整个社会所公认的规范，不养

① Yuebin Xu, “Family Support for Old People in Rural China,” *Social Policy & Administration* 35 (2001): 307 - 320.

老人被公认为大逆不道的行为，会受到社会的谴责[①]，这使得“多子多福”“养儿防老”的观念根深蒂固；另一方面，由于在国家层面缺乏强有力的社会养老保障制度与福利设施，政府提供的养老资源较少，来自子女的代际支持演变成传统中国式养老的最佳选择。2015年，《中共中央关于制定国民经济和社会发展第十三个五年规划的建议》指出，要建设以居家为基础、社区为依托、机构为补充的多层次养老服务体系[②]，这一服务体系又被称为“9073”养老服务体系，即居家养老占90%，社区养老占7%，机构养老占3%。按此规划思路，养老责任仍然主要由社区和家庭承担。从情感上看，“家”集儿女亲情和安身之所于一体，是情感寄托和承载了很多回忆的场所。[③] 受血缘亲情、资源交换以及长期情感投入的影响，家庭养老始终是中国老人认同度和接受度最高的养老方式，即便这可能意味着空巢抑或是独居且存在诸多不便，但“家”依然能让老年人保有强烈的归属感、亲切感和安全感，“含饴弄孙”“膝下承欢”也被视作共享天伦之乐的重要表现形式。因此，家庭养老在满足老年人精神与情感慰藉方面的效果最佳，不易被其他养老模式替代，也具有一定的稳定性和持久性，这是中国式养老区别于国外养老方式的最主要特质。

但伴随工业化、城市化进程的推进，养儿防老、居家养老所面临的挑战也越来越多，这在农村地区表现得更为明显。首先，传统三代同堂、子女与父母同吃同住的家庭居住模式以及孝文化规范都发生了巨大转变，核心家庭的占比明显提高。[④] 其次，传统的农业收益在家庭经济贡献中

---

① 郭于华：《代际关系中的公平逻辑及其变迁：对河北农村养老事件的分析》，《中国学术》2001年第4期，第221~254页。

② 《中共中央关于制定国民经济和社会发展第十三个五年规划的建议》，中央人民政府官网，2015年11月3日，http://www.gov.cn/xinwen/2015-11/03/content_5004093.htm。

③ 穆光宗、淦宇杰：《给岁月以生命：自我养老之精神和智慧》，《华中科技大学学报》（社会科学版）2019年第4期，第30~36页。

④ Anqi Xu, Yan Xia, “The Changes in Mainland Chinese Families during the Social Transition: A Critical Analysis,” *Journal of Comparative Family Studies* 45 (2014): 31-53.

的作用减弱，宗族在农村社会中的道德权威与影响力下降，年轻人的自由和话语权增强，导致农村老人在家中的权威地位受到动摇。最后，城乡居民收入水平和生活水平的巨大反差，使得农村青壮年劳动力大规模流出，进一步加快了农村空心化、人口老龄化和青年农民异地化的进程，导致农村老人比城镇老人在生活上面临更多困难。相关研究表明，现实中多数农村老人处于自力养老的状态，只有少数不能自理的农村老人需要家庭成员来照料，而长期依靠子女照料的老人较少。[①]

（二）孝道是中国式养老的精神内核

孝道作为中国家庭体系的核心价值观，牵涉尊重、顺从、关爱和为老年父母提供物质和非物质支持[②]，既是子女对父母爱敬情感的朴素表达与仁爱善性的自然呈现，也是对亲子代际互动原则的一种规定，要求成年子女（尤其世系中的男性）应当尊重和照料家中年迈的老人[③]。同时，孝道作为中国传统社会的基本道德和伦理规范，统摄辈分、年龄与性别阶序，维系着家庭的伦理秩序，辅助家庭功能的发挥，最能体现中国传统文化的伦理性特征。孝道一般被用来规范子女和老年父母之间的赡养关系，主要强调对父母的尊敬、顺从，以及对祖先的祭祀等内容。在儒家文化的影响和推动下，孝道在整个中国历史发展与社会运行过程中都发挥着较强的规制作用。尽管相关研究表明，随着老年人家庭权威的下降，家庭关注的焦点已逐步从老一辈人转移到下一代身上，“下行式家庭主义”观念开始出现[④]，表现为老人不愿意拖累子女的新型责任

---

① 陆益龙：《后乡土中国的自力养老及其限度——皖东 T 村经验引发的思考》，《南京农业大学学报》（社会科学版）2017 年第 1 期，第 11 ~ 19、144 页。

② Sik Hung Ng, “Will Families Support Their Elders? Answers from across Cultures,” in T. D. Nelson, ed., *Stereotyping and Prejudice Against Older Persons* (Cambridge, MA: MIT Press, 2002), pp. 295 – 310.

③ M. Whyte, “Filial Obligations in Chinese Families: Paradoxes of Modernization,” in C. Ikels, ed., *Filial Piety: Practice and Discourse in Contemporary East Asia* (Stanford, CA: Stanford University Press, 2004), pp. 106 – 127.

④ Yunxiang Yan, “Intergenerational Intimacy and Descending Familism in Rural North China,” *American Anthropologist* 118 (2016): 244 – 257.

伦理观[①]，独立养老的意识逐渐增强[②]，并强调尽可能地为子女生活提供帮助，但多数老年人仍然对子女的孝行实践抱有较高期望[③]。只要家庭养老方式延续，孝道就会在华人文化圈中长存，因此孝道自然而然地就成为中国式养老的精神内核和终极追求，并始终是中国宪法和老龄政策的重要基础之一。[④] 我国《宪法》第四十九条明确规定了父母有抚育子女的义务，子女也有赡养父母的责任；《“十三五”国家老龄事业发展和养老体系建设规划》和党的十九大报告也一再强调要构建养老、孝老、敬老政策体系和社会环境，从而彰显孝道之于中国式养老的重要性。

然而，自20世纪80年代以来，中国所实行的计划生育政策使传统意义上的传宗接代、多子多福观念发生了动摇。[⑤] 与此同时，义务教育的普及以及高中、大学的扩招在提升了中国社会青年群体教育水平的同时，也促进了个体主义价值观念的兴起，导致传统意义上的集体家族观念不断淡化；而职业分工的日益扩大、全职工作的普及以及居住模式的变迁，则使得人们难以有足够的时间和空间来实施孝行。[⑥] 进入21世纪以来，伴随家庭权力从老年父母向青年子女的转移，孝道不断呈现出衰落的趋势，代际平衡关系被打破，表现为父辈普遍对子辈付出较多，而子辈却对父辈赡养不足[⑦]，出现了子辈对父辈止于“仅养”、趋于“不

---

① 王跃生：《中国家庭代际关系内容及其时期差异——历史与现实相结合的考察》，《中国社会科学院研究生院学报》2011年第3期，第134～140页。

② 贺雪峰：《农村代际关系论：兼论代际关系的价值基础》，《社会科学研究》2009年第5期，第84～92页。

③ C. S. Tang, A. M. S. Wu, D. Yeung, and E. Yan, “Attitudes and Intention toward Old Age Home Placement: A Study of Young Adult, Middle-Aged, and Older Chinese,” *Ageing International* 34 (2009): 237－251.

④ Rita Jing-Ann Chou, “Filial Piety by Contract? The Emergence, Implementation, and Implications of the ‘Family Support Agreement’ in China,” *The Gerontologist* 51 (2011): 3－16.

⑤ F. M. Deutsch, “Filial Piety, Patrilineality, and China's One-Child Policy,” *Journal of Family Issues* 27 (2006): 366－389.

⑥ C. Cheung, A. Y. H. Kwan, “The Erosion of Filial Piety by Modernisation in Chinese Cities,” *Aging & Society* 29 (2009): 179－198.

⑦ 贺雪峰：《农村家庭代际关系的变动及其影响》，《江海学刊》2008年第4期，第108～113、239页。

养”、忘于“前养”，父辈对子辈的“重养”、对孙辈的“反养”现象[①]，部分地区甚至出现了不敬、不养、有养无敬、有养无爱的现象[②]，使得孝道在代际传承中出现了问题。一些学者还将孝道衰落的现象形象地比喻为“啃老”和“逆反哺”[③]，其后果是大量农村老人面临物质与精神的双重困境，一些地区还出现了农村老人自杀现象。

（三）未备先老是中国式养老的客观环境

虽然老龄化是21世纪人类面临的全球性难题之一，但受经济发展水平、社会结构与人口政策制约，不同国家和地区的老龄化速度不一，应对老龄化问题的状态与策略也有所不同。从60岁及以上老年人口占总人口比重从7%增长至14%这一过程来看，法国、瑞士、澳大利亚、美国、西班牙分别用时115年、85年、73年、69年、45年，而中国仅用了34年时间。[④] 这种急速的老龄化进程，再加上老龄人口基数大，导致中国养老服务需求持续增长，养老保障压力持续增加。美国等国家的老年人“有备而老”，他们早在青壮年时期的理财规划中就将个人如何积攒养老金作为家庭理财的重要方面，将其用于晚年阶段的危机应对。而中国在应对养老问题方面缺乏缓冲和调整的时间，在经济和社会制度安排上都尚未做好准备，而牵涉养老的收入分配、教育、医疗、住房、社会保障等问题又在城乡二元结构背景下同时出现，导致农村地区最先受到冲击，农村老龄问题也更为严峻。根据中国的“十三五”规划，养老服务主要应该是由家庭、政府、社区和机构四类主体进行供给，并分别发挥基础、支持、依托和补充的作用。但这只是顶层设计上的理想状态，在现实中这四类主体在农村养老服务供给中都有一定的局限性，导致农村养老需求增长与家庭养老服务供给弱化、养老需求多元与公共服务供给滞后、

---

① 周文彬：《孝道式微：农村养老面对的一个挑战》，《北京日报》2017年6月5日，第14版。

② 王树新主编《社会变革与代际关系研究》，首都经济贸易大学出版社，2004，第207～211页。

③ 车茂娟：《中国家庭养育关系中的“逆反哺模式”》，《人口学刊》1990年第4期，第52～54页。

④ United Nations Department of Economic and Social Affairs Population Division, “World Population Ageing 2015,” https://www.un.org/en/development/desa/population/publications/pdf/ageing/WPA2015_Report.pdf.

养老需求分化与社会服务供给错位三大矛盾日益突出。[①] 与此同时，国内老年人也多缺乏长远的养老规划，在退休前缺乏“有备而老”的预见和安排。面对“未备先老”或“未富先老”的客观环境，中国式养老要走出困局亟须加强顶层设计，以在经济和社会制度上积极有效应对。

（四）社会化养老是中国式养老的发展方向

随着市场经济的快速发展，曾经承担生产功能的家庭在现代城市经济中失去其重要性地位，这也削弱了家庭中长者权威的基础，子代的自主性和权力增加，孝道渐趋衰落。再加上由计划生育政策所引发的“少子化”以及城市化、工业化推动下的大规模社会流动的影响，家庭模式经历了从联合家庭到主干家庭再到以核心家庭为主的转变，家庭结构也开始从复杂化逐步向简单化发展，养老边界则呈现出从家庭到自我、家庭到社区、社区到社会的溢出与重置现象[②]，家庭养老遭遇严峻挑战。鉴于依靠个人力量难以解决家庭养老困境的现实，社会化养老便必然成为中国式养老的发展方向。

然而，中国养老事业总量及质量仍不能满足当前养老需求，还存在城乡公共设施不适老、老年产品的生产和供应落后等问题[③]，尤其是当前农村地区的社会化养老服务发展速度较慢，服务水平也较低。在社区居家养老服务方面，由于国家政策的重视，城市地区的社区居家养老服务发展速度较快，服务水平也较高。但相比之下，农村地区的养老服务体系则处于一种残缺型福利状态，社区居家养老服务才刚刚起步，一些地方政府还未将其纳入财政预算之中[④]，尤其是在经济欠发达的农村地

① 李俏、郭凯凯、蔡永民：《农村养老供给侧改革的结构生态与可能路径：一个文献综述》，《广西社会科学》2016 年第 7 期，第 149 ~ 153 页。

② 李俏、陈健：《变动中的养老空间与社会边界——基于对农村养老方式转换的考察》，《中国农业大学学报》（社会科学版）2017 年第 2 期，第 128 ~ 136 页。

③ 《国务院办公厅关于全面放开养老服务市场　提升养老服务质量的若干意见》，中央人民政府官网，2016 年 12 月 23 日，http://www.gov.cn/zhengce/content/2016－12/23/content_5151747.htm。

④ 张世青、王文娟、陈岱云：《农村养老服务供给中的政府责任再探——以山东省为例》，《山东社会科学》2015 年第 3 期，第 93 ~ 98 页。

区，其居家养老服务发展更为缓慢。同时，部分社区的养老服务甚至不为老年群体所知，造成了社区养老福利资源的浪费。再加上我国现行的养老保障体系尚不健全，农村整体养老保障水平较低，而农村老年人多依赖子女给予经济资助，缺乏稳定的经济来源，从而严重制约了其购买服务的能力，导致付费型的居家养老服务很难在农村得到实质性发展。在机构养老方面，多数老人及其子女仍处在传统养老观念的囹圄之中，对其认识不足[①]，同时又由于以敬老院和老年公寓为主的机构养老的定位差异，这种服务形式仅能解决部分老年人的养老问题，还难以惠及多数农村老人。

（五）养老观处于从依赖养老向独立养老的转换过程中

相关研究表明，伴随工业化、城市化、老龄化推进过程中的家庭结构变迁与养老功能弱化，空巢老人、留守老人和独居老人的数量不断增多，个人投资型储蓄养老早已成为美国养老的一大特色，而近年来自我依赖型的独立养老观已开始在日本和其他亚洲国家出现。[②] 同样，中国不依赖子女而尽量保持自立的新型责任伦理也已经形成。[③] 自我养老作为一种养老元素、养老方式和养老精神，正在伴随老年人的高龄化和空巢化而迅速崛起，变得日趋重要。但代际的相互依赖与支持仍然是中国式养老的一大特色，只是这种依赖与支持在新时期融入了新的时代内涵，并呈现出不同以往的特点，其中情感性代际支持的作用较为突出。同时，中国老年人口结构也在发生变化，由于受教育程度越来越高，老年人对“老有所为”、文化教育、价值实现、精神关怀等高层次的需求越来越多，传统要素与现代要素组合塑造了新的代际需求与合作模式。据此，结合生产性老龄化倡导老年人在社会生活和社会环境中尽可能长时间地保持建设性的观点，帮助老年人寻求一种新型的可靠结构将是使其退休

---

① 李艳艳：《农村养老困境及解困措施》，《市场周刊》2020 年第 11 期，第 182 ~ 184 页。

② K. L. Moore, “A Spirit of Adventure in Retirement: Japanese Baby Boomers and the Ethos of Interdependence,” *Anthropology & Aging* 38 (2017): 10 – 28.

③ 杨善华、贺常梅：《责任伦理与城市居民的家庭养老——以“北京市老年人需求调查”为例》，《北京大学学报》（哲学社会科学版）2004 年第 1 期，第 71 ~ 84 页。

生活变得更加有意义和更加充实的核心[①]，而以“代际共融”为主题的社会活动则有可能成为拓展中国式养老支持的一种思路与途径。

二　养老空间的嬗变

近几十年来，伴随人口流动速度的加快，中国养老空间的变化在城市中主要表现在居住安排上，而在农村地区则表现得尤为复杂。费孝通在《乡土中国》中赋予了中国传统农村乡土性质，即土地束缚、稳定的人口以及熟悉的信任关系。[②] 在经历了土改运动、集体化、家庭联产承包责任制、城市化加速等一系列历史变迁之后，“后乡土社会”的特征日趋明显，主要表现为乡土性的部分保留、农村人口的大流动、乡村结构的分化和多样化、社会空间的公共性逐渐增强等。[③] 在此背景下，农村养老遭遇到前所未有的压力，并面临着两大变化：一是养老空间的变动与挤压；二是养老边界的溢出与重置。

（一）养老空间的变动与挤压

借鉴法国社会学家布迪厄运用“社会空间”的概念来表示个人在社会中的位置所构成的“场域”[④]，所谓养老空间指老人在不同处境中所拥有的养老资源网络，其所拥有养老资源的数量及结构构成了立体的养老空间图式。面对城市化进程的推进和乡村社会空间结构的瓦解，社会转型似乎并未深度挑战家庭养老对农村老人的意义，但是传统的“养儿防老”方式日益被解构，农村老人的晚年生活境遇也变得复杂多样，本土独居、孤寂留守和异乡漂泊则是目前农村老人最常见的三种现实处境。

---

① Anna Boemel, “ ‘No Wasting’ and ‘Empty Nesters’: ‘Old Age’ in Beijing,” *Oxford Development Studies* 34 (2006): 401 - 418.

② 费孝通：《乡土中国》，生活·读书·新知三联书店，1985，第 42 ~ 46 页。

③ 陆益龙：《后乡土中国的基本问题及其出路》，《社会科学研究》2015 年第 1 期，第 116 ~ 132 页。

④ Pierre Bourdieu, “The Social Space and the Genesis of Groups,” *Theory and Society* 14 (1985): 723 - 744.

1. 本土独居

养老方式通常会受到家庭生活组织方式的影响和制约。在传统社会，人们广为推崇的家庭居住格局是“四世同堂”，在国家福利制度缺失的情况下，通过老人与子女同住来实现“老有所养”的目标。[①] 现如今，“结婚即分家”成为农村主流的居住模式，代际居住空间的重构给传统的家庭养老方式带来了挑战。在住房成为农村婚姻缔结重要砝码的现实背景下，父辈一般都会给儿子盖房或者在城市买楼，并支付高额的彩礼。而父辈的居住空间则会随着儿子的成家而发生变化，主要表现为以下两种形式：一种是“本土独居”，即老人腾出旧房或自盖新房给儿子使用，自己转而迁居到偏房、外院或在距离子女较近的老房子里居住[②]，形式上是“分而不离”；另一种是“孤寂留守”，即为儿子在城市中买楼，老两口则单独居住在农村，形式上是“又分又离”。

实地调研发现，在20世纪80年代以前，受经济水平和居住条件的限制，老人与子女同住在农村地区较为普遍。但在改革开放之后，随着农民收入水平的提高和农村价值观念的变迁，不在一起居住已成为农村老人普遍主动接受的事实。[③] 虽然“本土独居”确有如老人所言的生活自由、代际摩擦少等好处，但实则是无奈的选择。面对代际价值观、生活方式等方面的差异，农村老人更倾向于进行自我调节。因为在儿子成家之后，农村老人的积蓄基本被掏空了，已难以维持其在子女家庭中的权威地位，有配偶、身体健康的农村老人往往倾向于独立养老[④]，即通过参与农业生产、储蓄、打零工等手段为自己积累物质性的养老资源，以尽可能地减少对子女的经济依赖。在此情境中，农村老人可获得的照

---

① 陈皆明：《中国养老模式：传统文化、家庭边界和代际关系》，《西安交通大学学报》（社会科学版）2010年第6期，第44~50、61页。

② 范成杰、龚继红：《空间重组与农村代际关系变迁——基于华北李村农民“上楼”的分析》，《青年研究》2015年第2期，第85~93、96页。

③ 《冯小：农村家庭的“城乡二元制”》，乌有之乡网刊网站，2016年7月5日，http://www.wyzxwk.com/e/DoPrint/?classid=14&id=367020。

④ 乐章、肖荣荣：《养儿防老、多子多福与乡村老人养老倾向》，《重庆社会科学》2016年第3期，第59~67页。

料资源和精神资源因代际居住距离的增加而日渐萎缩。

2. 孤寂留守

如上文所述，“分而不离”在农村养老处境中尚属于较好的情况，因为有子女就近居住，有需要的时候子女可以及时过来照料。相比之下，那些因为子女进城务工而身边无人照顾的农村老人晚景则较为凄凉。相关数据显示，目前中国有一半以上的农村家庭出现了空巢化现象[①]，极大地改变了农村老人的养老空间。在经济供养层面，虽然多数农村留守老人能够从外出子女处获得一定的经济支持，但支持力度不大。还有一些留守老人因为子女外出反而得到了更少的经济资源供给，甚至出现“赡养脱离”和代际经济的逆向流动现象[②]，而且随着子女务工时间的延长、迁移距离的增加，留守老人的农业劳动参与率明显上升[③]，降低了其晚年的福利水平[④]。在生活照料层面，相关研究证实，成年子女的外流不仅直接导致照料提供者数量的减少，而且增加了留守老人尤其是女性留守老人在农业生产、家庭劳动、照看孙辈等方面的重任，使得农村留守老人在某种程度上由过去的照料接受者向照料提供者转变。[⑤] 在精神慰藉层面，由子女外出所引致的家庭空巢化会显著增强留守老人的孤独寂寞感，而为摆脱疾病痛苦与生存困境而绝望自杀已成为当前农村老年人自杀的主要类型[⑥]，老年人情感缺失问题较为突出。在此情境中，农村老人从子女处可获得的物质资源极为有限，且照料资源和精神资源则因子女的缺位而呈缺失状态。

---

① 陈墨：《农村独居老人谈生活状况 含泪说满意》，《中国青年报》2015年7月1日，第9版。

② 叶敬忠、贺聪志：《农村劳动力外出务工对留守老人经济供养的影响研究》，《人口研究》2009年第4期，第44~53页。

③ 卢海阳、钱文荣：《子女外出务工对农村留守老人生活的影响研究》，《农业经济问题》2014年第6期，第24~32页。

④ 白南生、李靖、陈晨：《子女外出务工、转移收入与农村老人农业劳动供给——基于安徽省劳动力输出集中地三个村的研究》，《中国农村经济》2007年第10期，第46~52页。

⑤ 孙鹃娟：《劳动力迁移过程中的农村留守老人照料问题研究》，《人口学刊》2006年第4期，第14~18页。

⑥ 刘燕舞：《农村老年人自杀及其危机干预（1980—2009）》，《南方人口》2013年第2期，第57~64页。

3. 异乡漂泊

第六次全国人口普查数据显示，流动家庭化特征越来越明显，三代家庭户已占到了所有流动家庭户的5.04%，离开户籍所在地半年以上的60岁及以上流动老年人口已达1060.8万。[①] 在这类人群当中，“农村随迁父母”的数量不在少数，且规模不断扩大，其流迁情况按年龄大致可以分为两类：一类是以低龄老人为主，女性老人流入城市的主要目的是照顾孙辈，在家庭中处于从属地位，而男性老人流入城市要么是为了陪老伴共同照顾孙辈，要么就是因生活所迫进城务工，以赚取经济收入；另一类则是以高龄老人为主，他们基本失去了劳动能力，已经无法通过从事农业生产和打零工来获取经济来源，且需要日常生活照料，一般由子女将其从农村带到城市居住，以为老人提供代际支持。但整体而言，这些随迁父母与子女之间表现出典型的“向上经济支持和向下家务帮助”的代际互惠互赖的交换模式[②]，并呈现“流而不迁”的特征，随迁父母对城市生活的适应性和获得身份认同存在较大困难，且缺乏精神慰藉和归属感[③]。在经济方面，高昂的物价让老人生活较为拮据，部分老人还需要通过务工和储蓄来补贴家用。在精神方面，由于离开农村进入城市，农村老人失去了原来的生活圈和朋友圈，在精神和文化上因难以融入城市生活而陷入“孤岛”状态，心理上变得极其脆弱敏感。再加上两代人在价值观念、生活习惯、消费方式、孙辈教育等代际共识方面的差异，极易形成代际隔阂。进城后农村老人明显感到自己不再是“一家之主”，权威感下降极易使其产生无意义、孤独自卑等负面情绪。在社会保障方面，老人难以获得平等的社会保障，“看病难”成为随迁老人

---

① 国家卫生和计划生育委员会流动人口司编《中国流动人口发展报告（2015）》，中国人口出版社，2015，第9～12页。

② 崔烨、靳小怡：《家庭代际关系对农村随迁父母心理福利的影响探析》，《中国农村经济》2016年第6期，第15～29页。

③ 郑佳然：《流动老年人口社会融入困境及对策研究——基于6位“北漂老人”流迁经历的质性分析》，《宁夏社会科学》2016年第1期，第112～119页。

的主要困扰。在此情境中，农村老人虽因随子女迁移而获得了一定的物质资源和照料资源，但精神资源较为匮乏，亟须加强精神关爱。

（二）养老边界的溢出与重置

在农村养老空间不断变动和受到挤压的现实背景下，传统的家庭养老方式开始发生动摇，家庭的边界也逐渐被打破，农村养老的边界越来越呈现出溢出和重置的状态（见图1－1）。

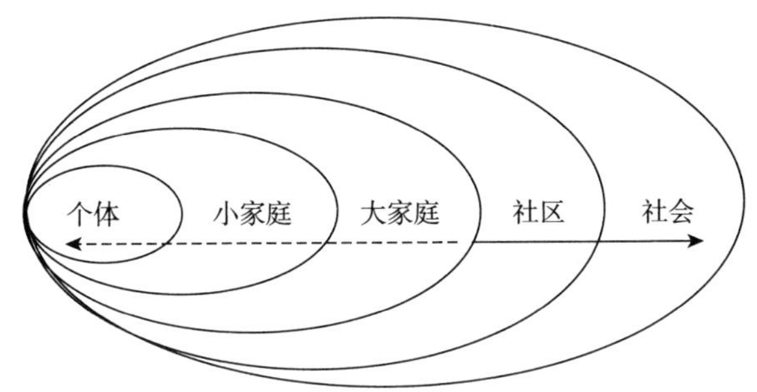

图1－1　农村养老边界的溢出与重置

1. 从大家庭到小家庭：养老负担的内化转移趋向

家庭具有亲子结构和生育功能，其大小并不取决于数量的多少，而在于结构的复杂性，复杂性越强，家庭越大。[①] 由于中国传统社会基本没有由国家主办的福利设施，且家庭又是最基本的生产和消费单位，老人与子女同住成为当时社会实现“老有所养”的主要居住安排。因此，与团体性社群的国外家庭相比，中国传统家庭称得上大家庭。[②] 但在工业化、城市化、计划生育政策以及人口转变等多方面因素的共同作用下，家庭的结构、功能和代际关系都发生了变化。首先，农村家庭规模小型化，家庭类型核心化，家庭的禀赋积累和结构功能也发生了变化[③]；其次，传统母家庭裂变之后各个子家庭之间的伦理性关联减弱；最后，家

① 费孝通：《乡土中国》，生活·读书·新知三联书店，1985，第42~46页。

② Hsiao-Tung Fei, “Peasant and Gentry: An Interpretation of Chinese Structure and Its Changes,” *American Journal of Sociology* 52 (1946): 1－17.

③ 石智雷：《计划生育政策对家庭发展能力的影响及其政策含义》，《公共管理学报》2014年第4期，第83~94页。

庭养老负担加重，伴随以核心家庭为单位的村庄社会竞争秩序的变迁，流向父母的家庭资源紧缩，进而引发农村养老失范[①]。家庭在养老过程中的资源转移不仅是一种社会交换行为，同时也是一种道德行为，养老行为的实现与否取决于代际关系的性质。[②] 在此情境中，在子女结婚分家之后，许多农村老年父母仍坚持传统的“养儿防老”观念，倾向于通过各种支持手段来强化与子女的关系，并不太强调其中存在的利益因素，寄希望于维持关系的稳定性和长久性。由此可见，养老负担实际上已逐渐内化并转移到家庭核心成员身上，农村老年父母也开始主动参与家庭养老的过程，分担家庭养老的压力。

2. 从家庭到个体：养老责任的个体化趋向

在农村子女普遍进城务工的现实背景下，家庭内部事务与代际关系也正随之发生调整，曾经一度被视为“被照顾者”的农村老年父母，在实际日常生活中则多扮演着抚育孙辈的“照顾者”角色。[③] 代际支持也不再仅体现在子女为父母提供养老资源，还包括父母对子女的帮助。在农村老年父母眼中，抚育儿女是家庭繁衍和血脉延续的基础，是不值得言说的，反而是自己给子女提供了多少实际帮助才是能够说得出口的，而这才是可以用来指望换取赡养回报的真材实料。因此，一般只要农村老人具备经济能力，都愿意给予子女一定的经济支持，但如果其缺乏为子女提供经济支持的能力或者子女生活负担较重，他们就不会对子女要求太多，而是尽可能地不依赖子女，自行解决问题。事实上，在当前的乡土社会中，养老责任已不再仅仅强调子女对父母的义务，还包括父母作为个体为减轻子女养老负担所做的努力。不管这种努力是主动的还是

---

① 曾红萍：《家庭负担、家庭结构核心化与农村养老失范——基于关中 Z 村的调查分析》，《老龄科学研究》2015 年第 2 期，第 20～27、37 页。

② 陈皆明：《中国养老模式：传统文化、家庭边界和代际关系》，《西安交通大学学报》（社会科学版）2011 年第 6 期，第 44～50、61 页。

③ 陈雯：《“四二一”家庭结构假设与家庭养老压力事实》，《华中师范大学学报》（人文社会科学版）2012 年第 5 期，第 23～32 页。

被动的，它确实为减轻家庭养老负担提供了渠道，同时也预示着农村养老方式转换的可能方向。许多老人正通过储蓄或劳动等方式来积蓄养老资源以减少对子女的依赖，农村自我养老的主动性与能动性日益提高。相关资料显示，目前农村老人从事农业生产和其他职业性劳动的比例已达54.6%[①]；有配偶、身体健康的老人更倾向于独立养老[②]。农村自我养老非常值得关注，其对老人晚年生活的重要性以及家庭代际关系的影响不容忽视。

3. 从家庭到社区：养老边界的“去家庭化”趋向

中国传统农耕社会以自给自足的一家一户式的小农经济为基础，辅之以传统的儒家孝文化，使具有反馈特征的家庭养老逐步成为社会的主流。虽然家庭养老模式在成本效率、文化传承和社会稳定方面具有天然的优势，但是随着社会的变迁与时代的发展，家庭养老边界溢出的现象已经越发明显。这主要基于两个方面的原因：一方面，在城乡资源分配不均衡而引发社会流动的背景下，农村空巢家庭和鳏寡家庭日渐增多，在农村居住的基本只剩下以老人与小孩为主的“两端人口”[③]，导致农村家庭养老在实施中面临较多困难；另一方面，计划生育政策让很多农村家庭成为独子家庭甚至失独家庭，老人丧失了“多子多福”的基础，导致他们晚年生活面临困境。在此背景下，农村家庭与养老互为一体的关系正在逐渐消解，农村养老转型的本质突出地表现为养老的“去家庭化”趋向。在此背景下，把影响农村养老空间变动的流动性因素纳入研究的理论视野就显得尤为必要，同时，需要重新审视和理解农村养老与社会的关系，从传统乡村养老经验中提炼出有益的文化要素与资源要素来充实和创新“就地养老”的方式方法。但应注意到，农村社区以地缘和亲缘为基础，能够实现对地方政府、社区、家庭和个人多方面力量的

① 曹鹏程：《让老年人生活得更有尊严》，《人民日报》2015年6月10日，第5版。
② 乐章、肖荣荣：《养儿防老、多子多福与乡村老人养老倾向》，《重庆社会科学》2016年第3期，第59～67页。
③ 风笑天：《从“依赖养老”到“独立养老”——独生子女家庭养老观念的重要转变》，《河北学刊》2006年第3期，第83～87页。

挖掘，以及对社区中的财力、物力和人力资源的整合，为农村老人在家庭空间和社区空间下提供生活照料和帮助，有望发展成为农村养老的新载体。

4. 从社区到社会：养老模式的社会化融合趋向

鉴于农村社区在提供养老服务方面的先天地缘优势，内生性的社区养老无疑最能契合当地的文化，但在市场化和乡村制度变迁的冲击下，农村社区内生性组织遭遇了"内卷化"过程，并呈现总体功能衰竭、自主性消解、生存空间被挤压和社区公共性衰落等问题。① 因此，政府和市场的介入就成为助推农村养老从社区向社会拓展的动力，通过强化政府责任和释放市场活力的"双向增权"，可以变"非营利性"为"有管制的市场化"。② 实际上，目前中国各地方政府已对这种思路进行了相关实践，通过政府购买、社区合作、市场参与、社会运作等方式对传统养老模式进行了突破与创新，不断探索出"政府 + 村社""政府 + 乡村精英 + 家庭""政府 + 市场""合作社 + 家庭"等一些具有地方特色的养老模式。③ 正规系统（政府和市场）与非正规系统（家庭）的融合，往往可以为农村老人的晚年生活提供一种基本的安全养老保障。④ 在城乡人口流动加剧和乡土文化变迁的背景下，传统的家庭养老模式已经不能完全应对农村人口老龄化所带来的现实困境，养老模式的社会化融合无疑对满足农村老人尤其是空巢和留守老人的养老需求具有重要意义。⑤ 农村养老模式正经历着从家庭支持向社会支持转化的过程，这也是中国社会转型发展的必然趋势。

---

① 马良灿：《农村社区内生性组织及其"内卷化"问题探究》，《中国农村观察》2012 年第 6 期，第 12 ~ 20 页。

② 付诚、王一：《政府与市场的双向增权——社会化养老服务的合作逻辑》，《吉林大学社会科学学报》2010 年第 5 期，第 24 ~ 29 页。

③ 李俏、李久维：《回归自主与放权社会：中国农村养老治理实践》，《中国农业大学学报》（社会科学版）2016 年第 3 期，第 93 ~ 100 页。

④ 雷洁琼主编《中国社会保障体系的建构》，山西人民出版社，1999，第 134 页。

⑤ 姚兆余：《农村社会养老服务模式、机制与发展路径——基于江苏地区的调查》，《甘肃社会科学》2014 年第 1 期，第 48 ~ 51 页。

三　代际关系的转型

从含义上看，代际关系不仅表现为亲代与子代之间的家内关系、父代家庭与子代家庭之间的家际关系，还表现为非血缘世代之间的家外关系。但从中国文化的发展脉络来看，代际关系更多地被用于指代家庭内部关系，而对社会层面的代际关系关注不多。费孝通指出中国传统的家庭代际关系属于典型的“反馈模式”，即父母抚育了子女，子女就要回报父母的养育之恩，赡养老人是子女的责任。[①] 由于中国家庭代际关系以父子关系为主轴，以浓厚的骨肉亲情为内涵，它曾一度达到一种反哺基础上的平衡。[②] 同样，国外也有学者认为，家庭对老人的“照顾”是子女将父母的养育之恩以经济、劳务或精神慰藉的形式予以回报，本质上属于经济学意义上的“债务偿还”。[③] 此类观点肯定了代际的双向权利与义务，并对儒家“父慈子孝”的传统思想进行了印证。但伴随中国社会从传统农业社会向现代工业社会的转变以及人口老龄化进程的推进，代际关系也呈现一个动态发展的过程，传统的家庭代际关系正在发生深刻变化。尤其在农村劳动力持续向外流出的现实背景下，亲子间均衡的代际关系逐渐被打破，虽然付出与回报的公平观念依旧存在，却成为不再被遵守的规则。[④] 这主要表现为子代不再看重哺育与反哺的传统，父母对子女的责任远远高于子女对父母的义务[⑤]，并呈现工具理性扩大化、

① 费孝通：《家庭结构变动中的老年赡养问题——再论中国家庭结构的变动》，《北京大学学报》（哲学社会科学版）1983 年第 3 期，第 7 ~ 16 页。

② 贺雪峰：《农村家庭代际关系的变迁——从“操心”说起》，《古今农业》2007 年第 4 期，第 1 ~ 3 页。

③ E. K. Abel, “Informal Care for the Disabled Elderly: A Critique of Recent Literature,” *Research on Aging* 12 (1990): 139 - 157.

④ 郭于华：《代际关系中的公平逻辑及其变迁：对河北农村养老事件的分析》，《中国学术》2001 年第 4 期，第 221 ~ 254 页。

⑤ 贺雪峰：《农村家庭代际关系的变动及其影响》，《江海学刊》2008 年第 4 期，第 108 ~ 113、239 页。

交换内容清晰化、交换时间即时性、交换关系秩序化的特征[①]。与此同时，尊老价值观的弱化，引发了社会规范的失衡、失范和失控，家庭养老正在失去强有力的文化支持，传统社会中的无条件履行“孝道”已转变为当代社会中的有条件回报。[②] 在此影响下，子辈不仅在经济收入和文化观念上与父辈形成了巨大反差，且在成家后将其主要精力用在抚养自己的下一代上，而非关注上一代，从而形成了“代际剥削”的社会现象。[③] 本部分将结合课题组在 2015 年 9～11 月对江苏省如东县掘港、栟茶、双甸、新店、洋口 5 个镇 60 岁及以上农村老年人的 131 份问卷调查资料，着重从“变”与“不变”两个维度对转型期中国的代际关系进行归纳分析。

（一）代际关系转型中的“变”

1. 代际凝聚形式的变化：孝而不顺

孝道是中国传统文化的核心，对中国家庭乃至社会代际关系的处理影响巨大。我国学者周晓虹认为，“孝”和“顺”是中国孝道观念所包含的两个基本维度：“孝”的基础是亲密情感、代际沟通和对等关系；“顺”则对应的是辈分尊严，即儒家所倡导的“顺亲”或“无违”，强调子女对父母的无条件遵从。[④] 为更好地认识和解释社会转型中的传统孝道，台湾学者叶光辉和曹惟纯等人还提出了孝道双元模型的观点，他们认为孝道实际包含相互性和权威性两种类型。其中，相互性孝道来自子女与父母长期互动中所积累的深厚情感，是长期亲密关系的结果和自发情感的表现。其运作性质与儒家伦理中的“亲亲”原则相对应，同时也在一定程度上具有现代社会所强调的情感性“纯粹关系”。与之相反，权威性孝道的运作基础是通过对角色规范的遵从来寻求社会认同，源自

① 孙新华、王艳霞：《交换型代际关系：农村家际代际关系的新动向——对江汉平原农村的定性研究》，《民俗研究》2013 年第 1 期，第 134～142 页。

② 范成杰：《代际关系的价值基础及其影响——对江汉平原农村家庭养老问题的一种解释》，《人口与发展》2012 年第 5 期，第 11～16 页。

③ 陈柏峰：《代际关系变动与老年人自杀——对湖北京山农村的实证研究》，《社会学研究》2009 年第 4 期，第 157～176 页。

④ 周晓虹：《孝悌传统与长幼尊卑：传统中国社会的代际关系》，《浙江社会科学》2008 年第 5 期，第 77～82、127～128 页。

子女以符合社会规范的形式来满足父母的要求或期待，与儒家伦理中的“尊尊”原则相对应。虽然相互性孝道与权威性孝道在运作上有一定区别，但不是相互对立的关系，也不存在明显的时代分割。事实表明，无论是传统社会还是现代社会，在子女与父母日常互动的心理运作层面，这两种孝道都是并行存在的。而当代父母权威下降与年轻人自主权力增大是中国代际关系变动的主要特点，并进一步导致家庭养老危机的出现以及孝道的衰落。

伴随市场化进程的推进，家庭内部的亲代与子代对孝道的理解与期待逐渐产生了分歧。子代为追求个人权利、欲望和自由，形成了一种极端功利化的自我中心主义[①]；而父代所秉承的传统“养儿防老”思想不断受到冲击[②]，转而不得不减少对子女赡养的期待，而倾向于自我养老[③]。与此同时，随着现代科技的发展、社会竞争的加剧与社会流动的增加，传统孝道观念所依存的制度条件与社会心理环境日益丧失，子代的“孝”已不再单纯地表现为对父代权威的顺从，而逐渐演化成“亲子间生活情感的展现”，更多地体现在以家庭权力转移为基础的亲密沟通、情感分享和深入理解上。[④] 也就是说，代际关系的本质已由“强调角色阶序的伦常关系”逐渐转向了“与现代特征相对应的纯粹关系”。[⑤] 由于侧重伦理的凝聚力减弱、情感属性的凝聚力增强，“孝而不顺”成为认识新时期家内代际关系与孝道观念变迁的重要注解。家内代际关系如果向外延伸，首先便形成了父代与子代两个核心家庭之间的“家际”关

① 阎云翔：《私人生活的变革：一个中国村庄里的爱情、家庭与亲密关系（1949—1999)》，龚小夏译，上海书店出版社，2006，中文版自序第9页。

② 郭于华：《代际关系中的公平逻辑及其变迁：对河北农村养老事件的分析》，《中国学术》2001年第4期，第221~254页。

③ 杨善华、贺常梅：《责任伦理与城市居民的家庭养老——以“北京市老年人需求调查”为例》，《北京大学学报》（哲学社会科学版）2004年第1期，第71~84页。

④ Yunxiang Yan, “Intergenerational Intimacy and Descending Familism in Rural North China,” *American Anthropologist* 118 (2016): 244-257.

⑤ 曹惟纯、叶光辉：《高龄化下的代间关系——台湾民众孝道信念变迁趋势分析（1994—2011)》，《社会学研究》2014年第2期，第116~144、244页。

系[①]，因而目前已形成了网络化家庭的格局。这一关系如果进一步向外扩展那便是非血缘的代际关系。但由于老年人的身心发展特点与适应需求往往与强调创新、效率等社会核心价值相异，且其生活形态与价值观也与年轻人之间存在鸿沟，因福利与资源分配问题，老年人与年轻人之间极易产生对立与紧张关系。[②]

2. 代际支持重心的变化：恩往下流

代际支持原是福利经济学的概念，意在通过代际财产流动来解决社会分配问题。但在现实中，代际支持主要指父母对子女以及子女对父母双向的经济支持与时间支持[③]，具体包含经济供养、生活照料和情感慰藉三个方面[④]。伴随中国经济社会结构的全面转型以及计划生育政策的实施，家庭结构越来越趋向于小型化、核心化，血缘关系的凝聚力逐渐减弱，父母的权威下降，年轻人的自由与权力不断增加，由此导致在20世纪90年代末开始出现赡养危机，孝道衰落成为学界的普遍共识。由于传统意义上的家庭代际关系被打破，代际关系不再像以往那样按照“抚养—赡养回馈”的平衡逻辑运行，而是呈现代际关系倾斜现象——家庭资源向下流动，家庭重心、焦点与生活意义从祖先转向孙辈。一些学者用“理性化”[⑤]、“下位运行”[⑥]、“恩往下流”[⑦]、“眼泪往下流”[⑧] 或

---

① 王跃生：《个体家庭、网络家庭和亲属圈家庭分析——历史与现实相结合的视角》，《开放时代》2010年第4期，第83~99页。

② 叶光辉、曹惟纯：《从华人文化脉络反思台湾高龄社会下的老人福祉》，《中国农业大学学报》（社会科学版）2014年第3期，第30~46页。

③ 熊波、石人炳：《农村老年人家庭代际支持类型的再分析——基于对湖北省两个地区的调查》，《人口与发展》2014年第3期，第59~64页。

④ 伍海霞：《啃老还是养老？亲子同居家庭中的代际支持研究——基于七省区调查数据的分析》，《社会科学》2015年第11期，第82~90页。

⑤ 贺雪峰：《农村家庭代际关系的变动及其影响》，《江海学刊》2008年第4期，第108~113、239页。

⑥ 范成杰：《代际关系的下位运行及其对农村家庭养老影响》，《华中农业大学学报》（社会科学版）2013年第1期，第90~95页。

⑦ 贺雪峰：《农村代际关系论：兼论代际关系的价值基础》，《社会科学研究》2009年第5期，第84~92页。

⑧ 刘桂莉：《眼泪为什么往下流？——转型期家庭代际关系倾斜问题探析》，《南昌大学学报》（人文社会科学版）2005年第6期，第1~8页。

"向下的家庭主义"[①] 等概念来形象地指代这一社会现象。贺雪峰和郭俊霞曾在对代际关系的地区比较中论证了此观点，指出在河南汝南农村代际关系表现为父母责任大而子女义务小，最终转变为低度但平衡的代际关系。[②] 这种行为模式是父代出于责任伦理对子代的一种慈爱，这种伦理不但有对家庭的责任，还有将自己的生命意义寄托于子孙以求绵续的价值意味[③]，这正是"下行式家庭主义"在当代的直接表现。对子代来说，随着时代的变迁和社会流动速度的加快，事亲的难度日益增加，子代"孝"的内涵也随时代和环境变迁发生了变化。传统社会所倡导的"传宗接代"已经变得不重要了，"顺从"也随着父权制度的瓦解和子代家庭地位的提升而淡化了，导致"孝"实际操作为子女尽力去实现老年父母对自己的期望，且这些期望与子女的事业和家庭有了越来越多的关系。[④] 此外，父代出于责任伦理对子代的宽容，也不再向子女明确养老方面的具体要求，从而大大减轻了传统孝道给子女带来的压力。[⑤]

通过对江苏省如东县农村养老情况的调查发现，目前子代给予亲代经济支持的仅占 38.9%，而未提供经济支持的高达 61.1%。相较之下，亲代则或多或少地会给子代一定的经济支持，选择给予子代经济支持"非常多"、"比较多"和"一般"的合计占 58.7%。这表明当前农村父母对子女的经济支持较多，而子女对父代的经济支持则相对较少，呈现出不平衡的状态。在农村老年父母眼中，抚育儿女是根本不值得言说的，反而是自己给子女提供了多少钱财才是能够说得出口的。换句话说，父母对子女的先天抚育几乎可以不计成本，因为别人家都是这样过来的，而后天对子女的财力供给才是可以用来指望换取赡养回报的真材实料。

---

① Yunxiang Yan, "Intergenerational Intimacy and Descending Familism in Rural North China," *American Anthropologist* 118 (2016): 244 - 257.

② 贺雪峰、郭俊霞：《试论农村代际关系的四个维度》，《社会科学》2012 年第 7 期，第 69 ~ 78 页。

③ 周飞舟：《慈孝一体：论差序格局的"核心层"》，《学海》2019 年第 2 期，第 11 ~ 20 页。

④ 杨善华：《以"责任伦理"为核心的中国养老文化——基于文化与功能视角的一种解读》，《晋阳学刊》2015 年第 5 期，第 89 ~ 96 页。

⑤ 熊波：《孝道观念与成年子女的代际支持——基于中国三地农村的考察》，《山东社会科学》2016 年第 4 期，第 52 ~ 58 页。

“谁家生了儿女会不养呢，关键得看后面你给了人家什么，如果你没给什么，怎么张得开口要这要那呀。”调查还发现，现在的农村老人一般只要体力跟得上，都会继续干一些力所能及的工作，用他们的话来说就是“人老了就变成‘老来烦’了，最好不要待在家里吃闲饭，自己找点儿事做活得舒坦，别成为人家的累赘”。由此可见，一般只要农村老人具备经济能力，都愿意给予子女一定的经济支持，但如果其缺乏为子女提供经济支持的能力或者子女生活负担较重，他们就不会对子女要求太多，而是尽可能地不依靠子女，自行解决问题。这一现象的结果是亲代对子代付出较多，而子代不仅对亲代在赡养、照料与精神慰藉方面付出较少，且可能存在不尊、不敬、不养的现象。究其原因，一方面，子女要追求自我价值的实现就要承受一定的工作和生活压力，从而无暇或无力照料父母；另一方面，父辈体谅子女生活的不易而不计回报地付出。这种代际关系的不对称是中国转型中的伴生现象，但代际关系重心的下移无疑对延续千年的家庭养老模式造成了重要影响，导致家庭养老功能日益衰微。

3. 代际居住安排的变化：分而不离

对江苏省如东县农村养老情况的调查发现，独居或老两口单独生活的老人占 48.9%，而与子女共同居住的老人占 38.2%，其中与儿子共同居住的老人占 23.7%，与女儿女婿共同居住的老人占 14.5%。由此可见，女儿在现实农村养老过程中扮演着重要角色，子女对父母赡养的性别差异已不再像过去那么明显。另外一个值得关注的变化是，60～69 岁老人与其子女保持着暂时性共居的方式，也被称为子女“两头住”的居住模式①，即受 20 世纪 80 年代计划生育政策的影响，一些身为独生子女的年轻夫妻不固定地在婆家或娘家轮流居住的形式。至于其形成动因，一方面，子女希望在生活上能够得到父母的帮助，如料理家务和照看孙辈等；另一方面，父母也希望据此来获得子女生活上的照料和情感上的

---

① 李永萍、慈勤英：《“两头走”：一种流动性婚居模式及其隐忧——基于对江汉平原 J 村的考察》，《南方人口》2015 年第 4 期，第 26～34 页。

慰藉。调查发现，这种居住方式有助于改善家庭关系、缓和家庭矛盾，当地农村“两头走”的家庭代际关系都较好。此外，农村老人和（外）孙子女共同居住的隔代家庭占比5.3%，其他居住形式占比7.6%。研究还发现，一些丧偶的农村老人不想和子女共同居住，但又对生活照料和情感慰藉有一定需求，现实中也找到了合适的对象，但迫于子女压力和地方保守风气而选择不领证同居。对此，农村老人的解释是：“就是找个伴儿，平时太无聊了，如果合不来就分，领证多麻烦。”轮流住的居住方式则更多地发生在年事已高或者身体健康状况较差的多子女老人身上，他们多按月到子女家轮流居住，而居住时间长短多与子女数、子女的经济供养能力以及时间精力有关。

虽然调查发现近半数的农村老人独立居住，但实际上这并非由子女外出务工导致，因为有77.1%的老人表示其“所有子女均未外出”，“有一个及以上子女外出”的老人仅占22.9%。进一步访谈发现，虽然老人和子女分开居住，但离子女的距离并不远，子女多居住在同村或者同一个县，在需要帮助的时候，大部分情况下子女都可以随时过来帮忙，而绝大多数老人也倾向于此种居住方式，认为“生活习惯不一样，与儿女住在一起矛盾多，分开一些反而大家都好”。这表明，在南通一带，农村子女外出务工现象并不突出，尽管农村老年父母与子女分开居住，但这是一种“分而不离”的居住安排。这实际上是一种有利于维系良好代际关系和促进代际关系和顺的行为策略，使亲子两代都拥有各自独立的生活空间，既保护了隐私，也减少了双方因生活方式、习惯、观念不同而产生的摩擦，有利于减少代际冲突。而短途距离并不会阻碍父母与子女的适时相聚，这种居住方式正是传统的“四世同堂”大家庭向现代核心家庭过渡的适应性转换。

4. 代际沟通方式的变化：线上交流

在养老内容上，除了经济供养和生活照料外，精神慰藉也是一项重要指标，且无法用直观的物质标准和量化的互动频次来衡量，生活中的“嘘寒问暖”可以映射出子代对父代生活上的关心和精神上的关照。因此调查选择“代际日常情感沟通频率”作为度量指标，以反映父代与子代感情的亲疏远近程度，设置的三个选项分别为基本没有交流、偶尔交流和经常交流。调查结果显示，15.3%的农村老人表示与子女基本没有交流，35.1%的农村老人表示偶尔与子女交流，49.6%的农村老人表示经常与子女交流，由此表明当前农村老年父母与子女情感沟通状况较好。但通过深入访谈发现，部分农村留守家庭因子女外出务工导致两地分居出现，从而使传统的家庭结构遭到严重破坏，家庭内的代际关系也在一定程度上出现了失衡与错位的问题，引发了家庭各代之间在观念、生活方式、情感交流上的冲突①，使得目前代际沟通更多地依靠通信网络，即多通过电话、微信等平台进行联系。虽然这种交流方式较为方便和高效，但受通话时长和交流情境的限制，"报喜不报忧"成为常态，代际沟通的深度与情感的维系远不及面对面的直接交流。

5. 代际关系评价的变化：趋于理性

在中国，父母一方对代际关系的评价更多地体现在"孝"与"不孝"上。"孝"作为一种道德规范和中国独有的文化形态，突出显示了中国传统文化的伦理性特征，古代社会就是通过"孝道"观念来调节子女对老年父母的赡养关系。结合实地调查发现，老人对子女孝顺情况的评价较高，认为子女"比较孝顺"和"非常孝顺"的合计占80.9%，认为"一般"的占13.7%，仅有5.4%的老人认为其子女"不太孝顺"和"非常不孝顺"。通过进一步的访谈发现，当前多数农村老人对子女养老的希冀不高，且多对子女持体谅态度；还有部分农村老人是含着眼泪说"孝顺"，即便对子女有些不满意也不会当着外人面说子女不孝顺，因为这无异于打自己的脸，说明自己教导无方，如果无意中传到子女耳朵里，与子女的关系就更难维系了。实际上，随着社会的发展和养老情境的变迁，"孝"与"不孝"的标准早已脱离了传统礼法的基本规定，考虑到子女也有自己的生活负担，老人多给予宽容和理解的态度。

在对代际关系评价这一问题上，70.3%的老人认为关系"非常融

① 李学勇、廖冲绪：《农村留守家庭的代际和谐初探》，《农村经济》2014年第12期，第69～73页。

洽”和“比较融洽”，认为“不太融洽”和“关系非常差”的仅占6.1%。访谈发现，与子女同居一处往往是引发代际摩擦的最主要原因。在问及是否愿意和子女生活在一起时，仅有35.8%的老人表示“非常愿意”和“比较愿意”，39.0%的老人表示“不太愿意”和“非常不愿意”，另有25.2%的老人不置可否。相关研究也证实，农村老人除非因为经济、健康条件等迫不得已的原因，否则一般不愿意与子女同住。[①] 总体而言，农村老人无论在看待还是维持代际关系上都表现出越来越理性的态度，对子女的期待与要求逐步降低。

（二）代际合作意涵的“不变”

在传统社会，家庭以父代的绝对权威为基础，受社会道德和孝道观念的约束，子代负有赡养父代的责任。随着传统家庭结构的变迁及农村劳动力的流动，父代和子代的家庭伦理观念发生了变化，虽然没有形成严格的书面契约，但在代际双方达成共识的情况下自愿发生着一系列行为，并逐渐衍生出一种特殊的合作方式和交换关系。相关研究发现，尽管当前亲代和子代对“责任”维度的家庭主义认同以及对个人自由和欲望的态度存在差异，但对“权利”维度的家庭主义认同却是一致的，即各世代对来自代际支持的安全感、归属感、关爱感等心理需求不存在差别，同时对由代际支持和相互依靠所带来的对个人利益的庇护也具有某种程度的一致性。[②] 由于人是社会动物，没有人愿意被社会隔离，所以代际关系作为一种社会关系在提高人们生活质量方面发挥了重要作用。在家庭内部，代际的相互支持为实现家庭利益最大化提供了有力的精神支持和物质保障。研究证实，祖父母参与孙子女的抚育，不仅可以为子代家庭提供支持，还有利于形成良好的祖孙关系，促进代际团结，提高

---

① 赵耀辉：《未来二十年农村养老主要还得靠子女》，中国发展门户网，2015年11月24日，http://cn.chinagate.cn/povertyrelief/2015-11/24/content_37145946.htm。

② 康岚：《代差与代同：新家庭主义价值的兴起》，《青年研究》2012年第3期，第21~29、94页。

老年人的生活满意度。[①] 同时，亲子间的代际支持对老年人意义重大，其中双向情感支持最重要，单向经济支持也有助于提升老年人的抗逆力。[②] 因此，尽管代际关系的表现形式与凝聚形式发生了一定变化，但代际关系调适的宗旨和互助合作的意涵并未发生根本改变，良好的代际关系仍然是家庭和顺、邻里和睦、社会和谐的重要条件，也是提高老年人晚年生活质量的重要保障。对此，社会各界不断倡导弘扬尊亲敬老文化，政府相关部门也陆续出台了相关的政策文件。这些都一再表明，代际互助合作在中国不仅具有深厚的历史文化传统，顺应了时代发展的要求，更是社会转型期国家应对老龄化社会风险的重要战略手段。然而，结合实地调查资料发现，当前的代际互惠仍然主要存在于家庭内部，父代多希望通过前期的投入来获取子代对自己晚年生活的支持，尽管这种支持不一定能全面实现。

1. 家庭代际合作的方式

结合笔者在河南省新郑市新村镇的实地调查资料发现，当前中国家庭内的代际合作主要体现在如下几个方面。

（1）经济合作

经济合作也称经济支持，指父代和子代间双向的经济资助。根据合作群体论的观点，由于家庭成员间存在利益共同性，所以在家庭成员间形成了一种合作群体关系，父母对子女的付出是寄希望于年老时获得家庭支持。[③] 一般而言，父代对子代的经济支持越多，子代越会感激父代，以后孝养赡养父代的可能性也越大。父代通过主动为子代提供经济资源，可以获得参与子代小家庭事务决策的机会，并以此来实现亲子间感情上

---

① E. C. L. Goh, L. Kuczynski, "Agency and Power of Single Children in Multi-Generational Families in Urban Xiamen, China," *Culture and Psychology* 15 (2009): 506 - 532.

② 《陈虹霖　贺梦贝：代际支持影响老年人抗逆力》，中国社会科学网，2019 年 4 月 17 日，http://www.cssn.cn/shx/201904/t20190417_4865358.shtml? collcc = 1383874713&collcc = 1318392316&collcc = 1687491068&collcc = 1502941692&。

③ Y. J. Lee, W. L. Parish, R. J. Willis, "Sons, Daughters and Intergenerational Support in Taiwan," *American Journal of Sociology* 99 (1994): 1010 - 1041.

的沟通、尊重和紧密联系。[①] 从实际调查情况来看，农村子女与父母在经济上保持着良好的互动关系，父代对子代的经济支持多体现在婚姻嫁娶、购房买车、创业投资以及教育支持等方面，且多发生在子女结婚前后给予一次性的经济投入，而子女对父代的经济支持则主要体现在婚后的日常消费方面。比如，在外务工的子代因为流动距离远及工作忙等原因，会为父代提供一定的经济支持以弥补生活照料的不足，主要表现为平时给父母一些家用补贴，以及在父母生病住院时为其提供一定的经济支持等。但也有一些老人表示，在子女结婚后仍自愿为其提供经济援助，目的是让子女过更好的生活，并非完全是为了换取以后子女赡养父母的报答。正如他们所说："孩子们打工干活也都不容易，自己有俩儿钱就给他们俩儿，毕竟这辈子干的就是为他们干的，不用分得那么清。"可见这种经济付出多是出于情感性的，而非出于工具理性。

（2）劳务合作

这主要体现在日常照料和田间耕作两个方面。在日常照料方面，随着农村家庭结构与功能的变化，农村中青年子代在家务和抚幼方面对低龄老年父母存在较多需求，导致三代家庭增多。考虑到未婚子女年龄较小、生活技能少，已婚子女工作任务重、压力大等原因，农村父代一般都会自觉地承担起对子代进行日常生活照料的责任，对子代家庭付出较多。但是随着父代年龄的增长，当其无法为子代提供生活帮助且需要被照顾时，部分成年子女会出于社会道德压力为父代提供最基本的生活照料。调查发现，部分子代很愿意与父代生活在一起，因为这样可以节省生活开支，"与婆婆住一起，我就不用每天做饭了，下班回家就可以吃到现成饭，感觉还挺好的"。但也有部分子代表示不愿意与父代住在一起，认为两代人的生活习惯不一样，住在一起不方便。他们认为最好的居住方式是"一碗汤的距离"，这样既可以方便子代从父代那里获得支持和帮助，又可以使各自保持单独的生活空间。而部分父代之所以愿意

① 钟晓慧、何式凝：《协商式亲密关系：独生子女父母对家庭关系和孝道的期待》，《开放时代》2014 年第 1 期，第 7～8、155～175 页。

与子代在日常照料方面达成合作也是出于对整个家庭维系的考虑，因为在工业化快速扩张和农业生产比较效益不断下降的时代背景下，父代的家庭地位与权威不断下降，代际关系重心明显下移。他们愿意与子代生活在一起并为其提供生活支持主要是为了加强代际的亲情关系，以获得情感慰藉。

在田间耕作方面，农村家庭中的代际合作是比较紧密的，并形成了比较典型的“半工半耕”的代际分工结构。在工业化和城市化快速发展的时代背景下，农村家庭成员在务工和务农之间进行了理性分工，其结果是大量成年子女进城务工赚取工资性收入，老年父母留守在村子里务农获取农业生产收入，由此满足家庭的消费需求。调查发现，很多老年父母都对这种代际分工合作表示赞同，“我们年龄大了，人家也不会用我们，还不如在家种好自己的一亩三分地，为子女搞好后勤工作，还能讨点子女们的待见”。这种分工合作一方面可以增加老年父母自身的积蓄，提高农村家庭的整体收入水平和生活水平；另一方面还可以通过发展庭院经济来满足家庭的日常食品消费，减少农户的日常生活支出，节约生活成本。最重要的是，“半工半耕”的代际分工模式还为农村老年父母提供了较为稳定的就业机会，是农民最后的“退路”和“保障”，所以大多数农村老年父母都会在自己还能劳动的时候参与农业生产，并给予子代力所能及的帮助，以期换取子代将来对自己的照料，这种父代与子代之间在生产领域的合作有利于实现家庭收益的最大化。

（3）抚育合作

相关研究发现，国外的祖辈通常只有在其子女“失能”的情况下才会参与孙辈照料，但在中国隔代照料是一种极为普遍的现象。这主要是由于目前婴幼儿托管尚未纳入国家的公共服务范畴，而抚育合作恰恰是为了满足核心家庭的个体需求，这是从中国传统的互惠性孝文化中引出的一种家庭策略。① 相关城市调查也显示，目前超过一半的受访者由父

① 姚俊：《“临时主干家庭”：城市家庭结构的变动与策略化——基于N市个案资料的分析》，《青年研究》2012年第3期，第85~93、96页。

母或配偶父母帮忙带孩子。[①] 由于抚育孙子女是关乎家庭整体利益的重要事情，是实现家庭血脉延续与向上流动的基础，中国老年人多基于强烈的“责任伦理”对子女（包括孙子女）进行不计回报的付出，尤其是农村老年人多会通过对孙代进行投资与照顾的方式来达成代际的合作，以实现子代对其的代际经济反馈。[②] 其效果体现为：一是农村祖父母帮助照看孙子女是对子女家庭的一种重要支持，能减轻子代生活上既要赡养父母也要抚养子女的双重负担，使子代可以专心地投入工作；二是农村祖父母通过照料孙子女可以培养感情，形成亲密和谐的家庭关系，丰富其日常生活，增添生活乐趣；三是农村祖父母和其子女在抚育孙子女的过程中会就“育儿”产生更多的共同话题，促进双方的情感交流，强化代际情感联系。因此，农村父代和子代在育儿上形成的代际合作，既可为父代积攒日后养老的交换资本，也可减轻子代当下的抚育负担。

2. 家庭代际合作的问题与趋势

代际合作虽有诸多好处，却不都是一帆风顺的，由于代际双方在生活方式、价值观念和利益取向等方面的差异，家庭代际合作中还存在较多冲突与矛盾，具体表现如下。

（1）分家纠纷

在传统社会，由于国家福利制度的缺失，农村家庭多通过代际同住的方式来实现“老有所养”的目标，导致“四世同堂”的居住格局广受推崇。改革开放以来，随着农村家庭规模的缩小和农业生产比较效益的下降，成年子女与父母之间的关系已经从家内关系转变为家际关系——两个核心家庭之间的互动关系。[③] 在此过程中，农村子代在家庭和社会

① 马春华、石金群、李银河、王震宇、唐灿：《中国城市家庭变迁的趋势和最新发现》，《社会学研究》2011 年第 2 期，第 182 ~ 216、246 页。

② 宋璐、李树茁：《照料留守孙子女对农村老年人养老支持的影响研究》，《人口学刊》2010 年第 2 期，第 35 ~ 42 页。

③ 王跃生：《个体家庭、网络家庭和亲属圈家庭分析——历史与现实相结合的视角》，《开放时代》2010 年第 4 期，第 83 ~ 99 页。

中的地位不断上升，而老年父母的地位不断下降，婚后分家也慢慢地发展成一种趋势，但分家并不都是和谐的，因分家而引发的矛盾也在不断增加。农村老年父母多沿袭着传统家庭观念，并不愿意与子女分家，多倾向于强化与子女的关系，尽可能地淡化关系中的利益因素，以保持关系的长久性。但是随着子代自由性与独立性的增强，特别是儿媳妇家庭地位的提高，很多子代并不愿意和老年父母居住在一起而主动提出分家，并多要求亲代为其提供一定的经济支持，如翻盖或另置新房、购买汽车等，如不能达成一致意见便会产生代际纠纷，甚至导致代际冲突。

（2）重小轻老

当下中国“下行式家庭主义”盛行，家庭资源向下流动，家庭生活的根本意义已经从祖辈身上转移到孙辈身上。[①] 调查发现，当前农村子代对其下一代的教育与成长投入较多，一般都会提前做好筹划，多会到拥有良好教育资源的中心镇或城市买房、租房，并动员老年父母随行对孙辈提供生活照料。在此过程中，农村子代对下一代过分关注，而对其父代的身体健康、心理与情感需求有所忽视。由于长年累月投身于家庭中的琐事和劳务，再加上随年龄增长而引发的身体机能退化，大多数农村老年人处于“亚健康”状态。他们多是小病能忍就忍，实在忍不了就找村里医生开点药，只有在大病、急病时，才会选择去医院，而子女平时对其身体状况关注较少。由于工作忙、生活压力大等原因，农村子代对老年父母的关心也不够。

（3）育儿矛盾

由于育儿观念、知识经验的不同，如何管教孩子容易成为代际育儿冲突的焦点。当父代和子代在照料孙子女问题上存在意见不一致时，大多数情况是以父代的主动退让收场，子代权力的行使在很大程度上依赖

① 阎云翔、杨雯琦：《社会自我主义：中国式亲密关系——中国北方农村的代际亲密关系与下行式家庭主义》，《探索与争鸣》2017年第7期，第1、4~15页。

父代为维系代际亲密关系而进行的“容忍”和“放权”。[①] 用农村老年父母的话来说就是“他们的孩子他们说了算，我们说了也不管用，说了净生气，还不如不说”。即便父代在这个合作过程中只是一个“帮忙者”，没有太多的家庭事务决策权和话语权，他们也多愿意为子代照看孩子，目的是促进整个家庭的和谐和亲子关系的融洽，并借此获得子代的尊重和孝顺。但也有研究指出，在当前的代际合作育儿中出现了老人“保姆化”的趋向，即老人承担了大多数家务却放弃了大部分的决策权。[②] 与此同时，由于较高的育儿投入，亲代失去了自身原有的休闲娱乐时间，或留守农村，或随子女进入城市变成“老漂一族”，极易导致身体上的疲惫和心理上的孤独，不利于老年人的身心健康。

（4）沟通不足

由于两代人在生活环境、工作经验、消费习惯与经济收入方面的差异，许多农村老年父母会直观地感觉到自己家庭权威的下降，自己的意见也常不被子代接受，由此产生了无意义、孤独、自卑等负面情绪。尤其是那些随子女进城务工的老年父母，他们在适应城市生活和获得身份认同方面遭遇了更多困难，缺乏精神慰藉和归属感，心理也变得极其脆弱敏感。虽然农村老人因随子女迁移而获得了一定的物质资源和照料资源，但精神资源较为匮乏。子代由于工作和生活上的压力，对亲代的情感与精神需求关怀较少，再加上地理位置上的分离，子代与亲代的日常沟通和交流也较为有限。

3. 家庭代际合作的逻辑

如上文所述，父代和子代分别在经济、劳务和抚育等方面存在广泛的代际合作，那么就十分有必要对代际互动的现实逻辑及效果展开分析，以了解代际合作的动机与维持家庭秩序的原因。

---

① 肖索未：《“严母慈祖”：儿童抚育中的代际合作与权力关系》，《社会学研究》2014 年第 6 期，第 148～171、244～245 页。

② E. C. L. Goh, L. Kuczynski, “‘Only Children’ and Their Coalition of Parents: Considering Grandparents and Parents as Joint Caregivers in Urban Xiamen, China,” *Asian Journal of Social Psychology* 13 (2010): 221－231.

（1）父代逻辑：责任伦理的延续

在中国传统社会，“父慈子孝”是理想的家庭关系模式，其描绘的是亲代与子代互为利他、互为对方着想、彼此承担无限义务的和谐图景。[①] 在这种思想观念的引导之下，代际双方各自履行责任和义务，父代养育子女，并帮助子女成家立业；子代在自己父母年老时负责赡养父母，如此循环往复，使家庭得以绵延、社会得以发展。这不仅反映出父母对子女最真诚、最原始的爱，子女对父母最真切的感恩之心，也表现了传统家庭责任伦理——孝道对家庭成员的行为举止的引导作用以及对家庭和谐的维护作用。而在当代的代际关系中，父代更多地延续与承担了传统的代际责任伦理，从生养、教育子女到帮助子女成家立业，都是他们必须完成的任务。即使子代给予父代的养老资源越来越少，家庭财富出现“代际下流”趋向，父代也并不会觉得自己是“代际关系中的被剥削者”，仍然会不计回报地付出，以减轻子女的生活和工作压力、赡养负担。当子代对父代的反哺不到位时，父代也多会给予最大的体谅和宽容，赋予子女行为以合法性，因此在当前的代际合作关系中，父代的行为逻辑是源于对传统家庭责任伦理的传承和延续。

（2）子代逻辑：个体自主性的增强

随着市场经济的快速发展，子代已不再靠继承父辈的财产和家庭支持来获得社会地位和经济收入，而完全可以依靠个人的努力和社会关系网络的支持取得成功[②]，传统的家庭观念和孝道观念也随之发生了变迁，家庭养老功能趋于弱化，个体自主性逐渐增强。受生存压力和社会风气影响，多数子代追求即时回报，并没有把赡养亲代看作一种延时回报，而将是否“有利可图”作为对亲代进行赡养的重要考虑事项[③]，因此老

① 刘汶蓉：《当代家庭代际支持观念与群体差异——兼论反馈模式的文化基础变迁》，《当代青年研究》2013 年第 3 期，第 5～12 页。

② 肖倩：《农村家庭养老问题与代际权力关系变迁——基于赣中南农村的调查》，《人口与发展》2010 年第 6 期，第 52～59 页。

③ 魏传光：《中国农村家庭“恩往下流”现象的因果链条分析》，《内蒙古社会科学》（汉文版）2011 年第 6 期，第 140～144 页。

年父母在具备劳动能力时对子代家庭提供帮助的多少便成了子代如何对他们进行养老的依据。阎云翔曾指出，父辈对于子辈，更多强调的是“亲情”和“奉献”的责任伦理；而子辈对于父辈，更多强调的是“理性”和“算计”。实际上，这种“理性”并不是真正的权利与义务对等意义上的“理性”，而只是不想付出的“自私”，子代因过于坚持自我中心主义而成为“无功德的个人”。[①] 因此，在当代的代际合作关系中，子代的行为逻辑与个体意识的兴起密切相关，他们多从自身利益的角度出发展开代际合作，也更多地为下一代考虑。

（3）合作效果：家庭整体利益的最大化

家庭不仅是一个生产经营单位，更是一个社会单位，并在人类生活和社会发展中发挥了重要作用。家庭成员会自觉地将个人利益与家庭利益联系在一起并形成合作关系，以保证跨越时间的契约（抚养—赡养）得以维持。[②] 按照这一逻辑，农村家庭在社会分工层面就形成了“半工半耕”的生产方式，通过对家庭中的劳动力资源进行合理的配置，实现家庭人力资源的有效利用和市场开发，并保障家庭再生产的顺利进行。[③] 在抚育后代方面，亲代与子代之间形成了互助关系。代际育儿合作不仅可以缓解母亲在就业和育儿之间的冲突，而且老人照看幼儿细心和耐心，能增进祖孙的情感交流，增强代际互动，更重要的是避免了因雇用育婴师或保姆而带来的潜在风险[④]，促进了家庭关系的和谐。在日常生活照料中，父母的生活照料能换来子女更多的经济支持，因为子代拥有更多的经济优势，而父母则拥有闲暇优势，二者优势实现了互补[⑤]；同时能

---

① 阎云翔：《私人生活的变革：一个中国村庄里的爱情、家庭与亲密关系（1949—1999）》，龚小夏译，上海书店出版社，2006，中文版自序第 4 页。

② 孙新华、王艳霞：《交换型代际关系：农村家际代际关系的新动向——对江汉平原农村的定性研究》，《民俗研究》2013 年第 1 期，第 134 ~ 142 页。

③ 张建雷：《家庭伦理、家庭分工与农民家庭的现代化进程》，《伦理学研究》2017 年第 6 期，第 112 ~ 117 页。

④ 张杨波：《代际冲突与合作——幼儿家庭照料类型探析》，《学术论坛》2018 年第 5 期，第 125 ~ 133 页。

⑤ 钟涨宝、路佳、韦宏耀：《“逆反哺”？农村父母对已成家子女家庭的支持研究》，《学习与实践》2015 年第 10 期，第 92 ~ 103 页。

减轻子女负担，使子女在激烈的竞争中减少后顾之忧，并在某种程度上增进了亲子两代的交流，增强了家庭凝聚力，从而实现了家庭整体利益的最大化。

四　养老诉求的变动

下文结合笔者于2015年对江苏省如东县农村老人的实地调查数据来揭示当前老年人在养老观念、养老方式、养老需求上的一些变化。

（一）养老观念的转变

1. 家庭养老不再是唯一的出路

调查发现，虽然多数老人仍然推崇家庭养老，表示“比较赞同”和“非常赞同”的共占44.3%，表示“不太赞成”和“非常不赞成”的共占32.9%，对此持保留意见的占22.9%。对于入住养老机构，持“非常赞成”和“比较赞成”的仅占32.1%，而六成以上的农村老人表示“不太赞成”和“非常不赞成”。通过访谈也发现，许多农村老人将入住养老院看作丢人的事情，认为这多是子女不孝的结果，也间接体现出自己教育的失败，并强调乡镇养老院并不是颐养天年的理想去处，“进养老院就是坐吃等死，没人管了”，“在那里就是为了留一口气，没什么意思”。对于那些愿意入住养老机构的老人而言，养老院也有其好处，“养老院里生活方便，不至于没人管”，“一个人在家太无聊了，养老院人多热闹”。由此可见，虽然“养儿防老”观念仍在一定程度上盛行，但已不再具有压倒性优势，当前老年人在养老观念上逐渐开始接受社会养老方式，家庭养老已不再是唯一的养老出路。

2. 女儿同样具有养老责任

在传统的中国社会，遗产只限于儿子继承，相对应的，子代对亲代的养老义务也多由儿子来承担，女儿则被排除在外。受此影响，生育男孩的偏好强烈，养儿防老的观念盛行。女儿作为嫁出去的人，是“泼出去的水”，基本没有为父母养老的义务。我国于1950年出台的《中华人民共和国婚姻法》第十四条规定："父母子女有互相继承遗产的权利。"1985年的《中华人民共和国继承法》第九条更是明确指出"继承权男女平等"；第十条则规定，在遗产继承顺序上，女儿与儿子一样，都属第一顺位，没有先后之分。[①] 这也就意味着儿子与女儿在权益获得与义务履行方面的平等地位，女儿也是照料和赡养老年父母的实际承担人。相关研究表明，随着计划生育政策的实施和农村社会结构的变迁，女儿在家庭养老中的作用越来越突出，并与娘家保持着紧密的联系，在为老年父母提供经济、资源和福利等方面扮演了重要角色[②]，这在一些老人选择与女儿、女婿同住的问题上已有所显露。为了深入探究农村养老责任上的性别意识，问卷设计了"您对女儿养老的看法"这一问题，表示"非常赞成"和"比较赞成"的合计占43.5%，表示"非常不赞成"和"不太赞成"的合计占38.2%，表示"一般"（即可养可不养）的占18.3%。这说明"养儿防老、多子多福"等传统养老观念已有所变化，女儿在农村养老中所扮演的角色在一定程度上得到了社会的认可。

（二）养老方式的转换

1. 自我养老日益崛起

对于养老方式的划分标准，目前学界的研究观点尚不统一。这里主要借鉴陈友华教授提出的观点，从养老资金来源的角度，将养老方式划分为家庭养老、社会养老和自我养老三种类型。家庭养老指其养老资金由家庭或子女提供，社会养老指其养老依托于养老金或退休金，而自我养老指其养老资金由自己通过劳动、储蓄、财产、投资收益等形式提供。调查发现，目前如东县的农村老人正在践行的养老方式主要是自我养老，这一比重高达61.1%；其次为家庭养老，占20.6%；最后才是社会养老，占18.3%。这表明当前大多数农村老人的自我养老意愿较为强烈，

① 王跃生：《社会变革中的家庭代际关系变动、问题与调适》，《中国特色社会主义研究》2019年第3期，第79～87页。

② 唐灿、马春华、石金群：《女儿赡养的伦理与公平——浙东农村家庭代际关系的性别考察》，《社会学研究》2009年第6期，第18～36、243页。

在身体状况尚好的前提下，更愿意靠自己的力量来解决生活来源和生活照料方面的问题。但自我养老具有一定的阶段性，往往与其生命周期密切相关，其施行要以一定的劳动能力和经济条件为基础。受到外部客观环境和身体健康水平等不可抗因素的影响，这种自我养老的方式本身并不稳定，还隐藏着一定的风险。随着年龄的增加，老人对家庭和社会保障的依存度必然会相应提高，因而还需要家庭养老和社会养老辅助接续。

2. 养老准备已有筹划

城市老人一般在晚年具有相对丰厚的退休金，可以不依靠子女，甚至能够补贴子女。相较之下，农村老人会遭遇更多的养老困境。由于经济收入低，现行社会养老保障水平又不高，一些老人不得不依靠子女过活，由此导致老人与子女之间的关系不对等，生活过得并不自在。调查发现，面对代际关系的变动，很多老人对此都看得非常明白，自我养老和及早筹划的意识逐渐增强，用他们的话说就是“求人不如求己，早点做好准备”，“吃穿靠自己，活得硬气”，“要想不靠子女，就得继续干活”。在江苏如东，由于户均耕地面积较少，土地养老并不盛行，而绝大多数六七十岁的农村老人，无论男女所采取的都是打零工和做家务的工作策略。一方面，他们尽可能地通过打零工的方式来减轻子代的赡养负担；另一方面，他们不得不更多地参与对孙子女的照料，以此来换取自己高龄时子代的照料。[①]

（三）养老需求的增加

1. 养老需求的层次日渐提高

在代际关系变动的影响下，不仅老年人的养老观念和养老方式发生了转变，他们对养老服务的需求也在不断增加。调查发现，对于“目前养老中最担心的问题”，排在前四位的分别为生活单调（32.1%）、生病（20.6%）、生活照料（16.0%）和经济来源（12.8%），然后是其他（9.9%）和子女不孝（8.5%）。由此可见，对于如东县的农村老人而

---

① 王跃生：《城乡养老中的家庭代际关系研究——以2010年七省区调查数据为基础》，《开放时代》2012年第2期，第102～121页。

言，经济来源尚不是首要问题，精神、医疗和生活照料上的问题才是最为突出的。根据马斯洛的需求层次理论，生存是最低层次的需求，只有当此需求得到一定满足后，才有可能出现更高层次的安全、爱和归属感、尊重和自我实现需求。而调查结果恰恰说明当前农村老人在经济供养层面的问题不大，反而其精神层面的需求更多，远高于其对经济和物质的需求。此外，他们也较为关注身体健康问题，健康养老服务需求日益旺盛。

2. 养老需求的内容日趋多元

如表 1 - 1 所示，当前农村老人的文化娱乐活动较为单调，打牌、看电视和串门聊天是农村老人最常参与的文化娱乐项目。而需要当地社区提供的养老服务按所占比例高低排列依次为休闲娱乐、医疗保健、生活照料、日托服务、紧急救助、心理护理、学习培训和其他。此结果恰与上文“养老中最担心的问题”相呼应。如果再按照养老的内容进行归类，紧急救助属于医疗保健的范畴，日托服务属于生活照料的范畴，那么如东县农村老年人最需要的三项养老服务主要就是精神、医疗和日常照料方面的服务。同时这也反映出，当前农村养老需求的内容日趋多元，需要多个服务供给主体来满足其养老方面的需求，对服务的社会化程度要求较高。

表 1 - 1　农村老人的文化娱乐和所需服务情况

单位：次，%

文化娱乐项目	频次	占比	服务类型	频次	占比
看电视	30	22.9	休闲娱乐	42	32.1
打牌	48	36.6	医疗保健	34	26.0
听广播	7	5.3	生活照料	21	16.0
串门聊天	26	19.8	日托服务	12	9.2
歌舞活动	6	4.6	紧急救助	10	7.6
散步	4	3.1	心理护理	7	5.3
看书报等	4	3.1	学习培训	4	3.1
礼佛	6	4.6	其他	1	0.8
总计	131	100	总计	131	100

（四）代际共融的诉求

伴随为数众多的婴儿潮一代（1946～1964年出生的人）进入老年期，社会老龄化已开始成为全球化趋势。尤其是未富先老、社会福利制度发展尚不健全的发展中国家，均面临着因老龄化和社会变迁而引发的代际关系转型问题。在印度，伴随人口从农村向城市的转移，传统意义上的联合家庭和扩大家庭已发生了变迁，儿童在生活中逐渐远离了他们的祖父母并很少与之沟通，从而形成了有异于其祖父母的价值观，代际隔离现象突出。[①] 在非洲，伴随社会文化的变迁，如何促进以家庭为基础的代际责任向更为广阔的社区支持转变，已成为其发展中所面临的一项挑战，建立照料社区势在必行。[②] 在中国，以年轻人胜出、老年人引退为主要表征的代际冲突在20世纪90年代末达到顶峰，"代沟"问题日益凸显且呈扩大之势[③]，并极有可能对代际情感支持造成负面影响。

值得注意的是，在社会化养老服务发展尚不健全的现实背景下，来自子女的代际支持仍然是影响老年人晚年生活质量的重要因素。虽然因个体条件不同，老年人对代际支持内容的需求尚存在一定差异，如经济情况较好的老年父母更多地期望得到子女的情感支持，而经济情况较差的老年父母则期望得到子女的经济支持。[④] 但不论是哪种养老需求，其内含的反馈式伦理多诉诸道德和情感基础，代际的情感交流便显得格外重要。根据中国老龄科学研究中心2018年发布的《中国城乡老年人生活状况调查报告（2018）》，老年迫切需要的养老服务除了上门看病、做家务、康复护理以外，对心理咨询或聊天解闷服务、健康教育服务的需求

---

① N. K. Chadha, "Understanding Intergenerational Relationships in India," *Journal of Intergenerational Relationships* 2 (2004): 63–73.

② P. A. Roodin, "Glogbal Intergenerational Research, Programs and Policy: What does the Future Hold?," *Journal of Intergenerational Relationships* 2 (2004): 215–219.

③ E. J. Croll, "The Intergenerational Contract in the Changing Asian Family," *Oxford Development Studies* 34 (2006): 473–491.

④ 胡安宁：《老龄化背景下子女对父母的多样化支持：观念与行为》，《中国社会科学》2017年第3期，第77～95页。

也在增加，其比重分别为 10.6%、10.3%。[①] 由此可见，当前中国老年人更注重生活品质和情感慰藉的满足，也需要积极融入社会，其服务需求已开始升级和转型，从满足基本生活照料向多层次、多样性、个性化的方向转变，态度也开始从过去被动接受社会服务向主动参与社会活动转变。在这个意义上，代际共融实际上是一个很好的服务选择。

与此同时，为缓解因年龄差异而衍生的代际关系紧张问题，减少老年人的社会隔离感，重塑老龄化的正向意涵，促进老年一代与年轻一代的互动与沟通意义重大，积极利用不同世代的共同经验来增强参与和沟通，为价值内化与文化创新提供了可能。面对这些养老诉求，代际项目作为一种社会策略和工具早已得到国际社会的广泛认可。自 1982 年第一次老龄问题世界大会召开以来，联合国一再强调促进代际的沟通与团结，如 2002 年第二次老龄问题世界大会就指出，要加强各代人之间的团结和伙伴关系，并鼓励各代人建立相互照顾的关系；2009 年联合国会议倡导建立青年人和年长一代之间的合作伙伴关系；2013 年联合国要求加强促进代际团结的政策设计。这些政策与倡导都直接或间接推动了代际项目的发展。

五　代际关系的调适

党的十九大报告提出了“积极应对人口老龄化，构建养老、孝老、敬老政策体系和社会环境”的伟大构想与战略部署；2019 年中央一号文件又进一步做出“加强农村精神文明建设，对孝道式微、老无所养等不良社会风气进行治理”的决定。这些都体现出国家对养老服务供给数量与质量的重视和新要求。紧扣这些政策要求，可行的代际关系调适策略如下。

（一）家庭层面：加强代际情感沟通

许多代际矛盾的出现都是由于代际双方缺乏有效的沟通，而在平等

---

① 田晓航：《“不只是被照顾”我国养老服务需求呈现新趋势》，新华网，2018 年 7 月 30 日，http://www.xinhuanet.com/politics/2018-07/30/c_1123197415.htm。

的基础上加强代际情感沟通和交流，建立和谐的代际关系，则需要代际双方的共同努力。对此，一方面，父代应积极主动地与子代进行沟通，了解子代的工作和生活，体谅子代的生活难处，多给予关心呵护，增强代际情感联系。转变自身的思想观念，摆正心态，对子代要理性地付出，而不要过度履行相关责任，透支自己的养老资源，否则不仅不利于子代健康人格的培养，也不利于自身晚年生活质量的提高。同时，还要树立自我独立意识，不过分依赖子女，并虚心向子女学习新的知识和技能，加强身体锻炼，积极参加社交活动，丰富精神生活，保持身心健康，乐享晚年生活。另一方面，子代也要多关心父母，包容他们的说教与唠叨，并尽可能多地陪伴父母，满足父母的生活照料和精神慰藉需求，使老年父母得到更多来自家庭的情感支持与温暖。

（二）社区层面：弘扬传统慈孝文化

慈孝文化作为我国儒家文化的一大特色，为构建和谐代际关系提供了良好的思想基础。但随着经济社会结构的变迁，子代的自主意识和个体意识不断增强，原本联系紧密的农村家庭代际关系逐渐变得松散，传统的孝道观念也日渐弱化，子代已不太关注父代的感受和生活质量，而越来越聚焦自己“小家庭”的发展。对此，在社区层面应加大对慈孝文化的宣传教育，通过多元渠道发布和传递有关慈孝文化的信息和内容，宣扬“父慈子孝”的良好风尚，以弘扬中华民族孝亲敬老传统美德，让老年人拥有更加快乐、祥和的晚年，形成家庭和睦、代际和顺、社会和谐的新风尚。同时，多举行一些慈孝方面的评比活动，对于一些慈孝方面的典型个人与家庭，社区应给予一定的奖励和表彰，以发挥榜样模范的带头作用。此外，还可以通过建立老年人协会等社区自组织方式来强化村庄的舆论监督，制止不孝行为，倡导代际的尊重、相敬、相爱、包容，倡导父慈子孝、权责统一的良性互动，为和谐代际关系的构建打下坚实的基础。

（三）政府层面：为养老抚幼提供一体化支持

由于当前代际关系多与抚幼、养老两个问题有关，政府应出台政策并采取措施，为家庭的抚幼和养老提供更多支持。一是政府可协同相关机构或社会组织开办科学育儿及代际沟通方面的讲座，面向家庭进行育儿与代际沟通知识的普及，为幼儿抚育中的代际合作提供科学指导和帮助。二是加大对农村养老保障的资金投入力度，切实提高农村基础养老金的待遇水平，为满足农村老年人的基本生活需求提供保障，为农村家庭养老提供政策支持。三是围绕《"十三五"国家老龄事业发展和养老体系建设规划》中提到的"开发老年宜居住宅和代际亲情住宅"的思想，各地政府还应积极探索居家养老服务新模式，开发代际共居住房项目，如打造老年综合功能社区、代际共居"一碗汤"、老少居等形式，在满足家庭成员与老年人共同居住或就近居住生活习惯的同时，为子代赡养老年父母提供便利和实质性支持。

（四）社会层面：拓展代际合作范围

由于当前中国的代际合作多发生在家庭范围内，但在社会流动不断加剧的大趋势下，空巢老人数量还将不断增加，这势必会对家庭内部的代际合作有所影响。因此，十分有必要在巩固家庭代际合作的基础上，拓展代际合作的范围，发展地缘性代际合作。对此，一是支持有基础、有条件的社区组建多种类型的代际合作服务组织，尤其要充分挖掘农村留守群体的服务优势与特长，探索结对互助的可行模式。二是建设和完善图书馆、健身房、活动室等老年文化设施，组织老人与年轻人开展老少共学等活动，以提升代际合作的效果。三是引导鼓励多方社会力量积极参与，充分链接来自企业、高校、医院、社会组织的服务资源，统筹不同世代的利益诉求，对社区资源进行优化组合，开展多种形式的代际合作，以巩固和增强代际情感纽带，促进社区内的资源共享和代际共融机制的构建。

第二章　代际共融的理论内涵

本章将在对国内外文献资料进行全面梳理的基础上，对代际共融的概念框架、支撑理论、内容分类进行探讨，以建立代际共融的系统性知识框架。

一　代际共融的文献回顾

（一）国外研究热点

从国外研究情况上看，代际共融属于一个跨学科的研究领域，广泛涉及社会学、人口学、教育学、心理学、公共政策学、伦理学、设计学、管理学、图书馆学、博物馆学、医学以及神经科学等。国外出现了一系列的学术术语来指代围绕代际而展开的实践内容，如“代际设计”（Intergenerational Design）、“代际视角”（Intergenerational Perspective）、“代际团结”（Intergenerational Solidarity）、“代际公平”（Intergenerational Justice）、“代际平等”（Intergenerational Equality）、“代际沟通”（Intergenerational Contact）、“代际契约”（Intergenerational Contract）等，而“代际项目”则只是其中一种实施手段而已。从发展趋势上看，代际实践发生在前，随后一些解释实践工作的理论和研究开始出现，代际政策则是最后才产生的。对于代际共融问题，国外学者关注较多，也积累了较为丰富的研究成果，主要集中在对代际关系与代际交换、代际公正与可持续发展、代际冲突与融合途径、代际项目的定义、代际接触区建设、代际项目的实践与功效的讨论中。

1. 代际关系与代际交换

围绕代际关系设计师，国外学者较早地就从社会学、人类学、经济学等角度进行了深入研究。曼海姆（Karl Mannheim）较早就提出了“代”的社会学意涵，主张结合历史、社会和文化环境去理解“代”。美国著名文化人类学家米德（M. Mead）则将代际关系与家庭组织的主要形式以及社会发展速度结合起来进行思考，认为现代社会的发展必然会出现“代沟”的现象，并将代际文化区分为三种不同类型，即晚辈向长辈学习的前喻文化、晚辈和长辈分别向同龄人学习的共喻文化、长辈向晚辈学习的后喻文化，很显然后喻文化已成为当前社会主导的代际文化形态。[①] 此外，国外很多学者经常运用霍曼斯和布劳提出的社会交换论来解释代际关系问题。如贝克尔（G. S. Becker）认为，照看孙辈经常被父母看作用来换取子女在他们晚年给予照顾的筹码[②]；克特里考夫（L. J. Kotlikoff）和莫里斯（J. N. Morris）指出，父母愿意为子女付出是出于子女在他们年老时能提供相应照料[③]；安德烈奥尼（J. Andreoni）认为，家庭代际互为彼此付出是一种幸福的体验，而父母和子女也都自愿进行给予式的付出，因为这能给他们本人带来成就感和喜悦感[④]。

除了上述研究外，还有部分学者从更加微观的层面来关注和解释代际关系问题。如 T. H. 布鲁贝克（T. H. Brubaker）和 E. 布鲁贝克（E. Brubaker）认为，代际关系实质上包含了尊重、责任、互惠和弹性四个层面的关系，并结合案例对这些关系进行了分析。[⑤] 伦纳森（C. Lennar-

---

① 周晓虹：《文化反哺：变迁社会中的亲子传承》，《社会学研究》2000 年第 2 期，第 51～66 页。

② G. S. Becker, “A Theory of Social Interactions,” *Journal of Political Economy* 82 (1974): 1063－1093.

③ L. J. Kotlikoff, J. N. Morris, “How Much Care Do the Aged Receive from Their Children? A Bimodal Picture of Contact and Assistance,” in D. A. Wise, ed., *The Economics of Ageing* (University of Chicago Press: Chicago, 1989), pp. 151－176.

④ J. Andreoni, “Giving with Impure Altruism: Applications to Charity and Ricardian Equivalence,” *Journal of Polotical Economy* 97 (1989): 1447－1458.

⑤ T. H. Brubaker, E. Brubaker, “The Four Rs of Intergenerational Relationships: Implications for Practice,” *Michigan Family Review* 4 (1999): 5－15.

tsson）以 55～84 岁瑞典老年父母为研究对象，对影响家庭代际关系的因素进行了实证研究，发现代际关系与居住距离存在较强的相关关系，子女的社会经济地位变动会对与父母联系的紧密程度产生影响。[①] 日本学者小岛（H. Kojima）通过研究发现，对于家庭两代人是否同住这个问题，老年父母一般说了不算，子代更有发言权，而父代的经济能力和子代数量则是影响亲子两代是否同住的重要因素。[②]

2. 代际公正与可持续发展

"代际公正"也称"代际公平"或"代际正义"，最早是作为生态伦理学问题被提出来，多集中于探讨不同世代在自然资源和社会资源方面的平等分配问题，即关注当代人与尚未出生的后代人公平分配社会资源和自然资源的收益和成本，以及分享发展的平等机会。如美国法学家维丝（Edith Brown Weiss）强调当代人和后代人在利用自然资源、满足自身利益、谋求生存发展上的权利均等，主张当代人须为后代人保留生存发展所需的自然与环境资源，从而促进代际公正与可持续发展理念的发展，使之逐渐成为国际社会重要的道德共识与法律规定。[③] 随着国外步入人口老龄化社会，人口抚养比发生了较大变化，社会保障制度在资金给付方面面临较大压力，当前正在工作的中青年人很可能在自己年老时无法享受到目前退休老年人的工资水平，由此导致"代际公正"问题开始进入社会学家、人口学家及公共管理学家的视野，并多被用于养老保险可持续发展问题的分析当中。典型的研究如美国的生命伦理学家诺曼·丹尼尔斯（Norman Daniels）应用罗尔斯的代际正义理论来分析养老保障制度，他在《我是我的父母的照管者吗？论老年人与青年人之间的正义》一书中将不同年龄组之间的财富转移视为同一生命不同周期之间

① C. Lennartsson, "Still in Touch: Family Contact, Activities and Health among the Elderly in Sweden," *Ageing and Society* 19 (1999): 93－121.

② H. Kojima, "Parent-Child Coresidence in the Japanese Household," Paper Presented at the Annual Meeting of the Population Association of America, Chicago, 1987.

③ 甘绍平：《代际义务的论证问题》，《中国社会科学》2019 年第 1 期，第 22～41、204～205 页。

的转移，主张由国家福利制度主要承担养老责任，弱化家庭与社群的责任。[①]

3. 代际冲突与融合途径

国外研究表明，由于每个代际群体都有不同的社会经历，尤其是对特定社会、政治和经济事件的直观感受不同，因而也就使得不同代际群体具有独特的“代际身份”[②]，导致不同世代在价值观念、人格特质、工作态度、领导方式与行为等方面都存在较为明显的代际差异。20 世纪 60 ~70 年代，伴随快速的工业化和城市化进程，西方家庭结构开始发生变化，不同年龄群体因生活方式不同而出现较为普遍的“代沟”现象，老年歧视问题突出。“老年歧视”（Ageism）是指人们因老年人的实际年龄或者把他们认知成年老的，而对其形成消极或积极的刻板印象（Stereotypes）、偏见（Prejudice）或歧视（Discrimination）的现象。[③] 简单地说，“老年歧视”就是指专门针对老年人的偏见和歧视，既包括老年歧视观念、态度，还涉及情感和行为。与之相近的概念还有“老年刻板印象”，指人们对老年群体的特征及其成因所具有的固有观念与预期。[④] 人们常常容易将老年人与诸如衰老、动作迟缓、思想保守、不喜吵闹、交往面狭窄等消极特征联系到一起，而将年轻人与诸如思维敏捷、充满热情、朝气蓬勃、兴趣广泛等积极特征联系到一起，从而对老年人产生消极认知，并贴上消极标签，形成老年刻板印象。有研究表明，年轻人比老年人更易形成老年歧视态度[⑤]，尤其是大学生群体，他们对老年人的态度

---

① 《西方养老领域中的代际正义问题》，中国社会科学杂志社官网，2016 年 1 月 19 日，http://sscp.cssn.cn/xkpd/zx_20145/201601/t20160119_2832803.html。

② A. Joshi, J. C. Dencker, G. Franz, et al., “Unpacking Generational Identities in Organizations,” *Academy of Management Review* 35 (2010): 392 –414.

③ T. N. Iversen, L. Larsen, & P. E. Solem, “A Conceptual Analysis of Ageism,” *Nordic Psychology* 61 (2009): 4 –22.

④ B. Levy, O. Ashman, & I. Dror, “To Be or not to Be: The Effects of Aging Stereotypes on the Will to Live,” *Omega: Journal of Death and Dying* 40 (2000): 409 –420.

⑤ D. E. Rupp, S. J. Vodanovich, & M. Credé, “The Multidimensional Nature of Ageism: Construct Validity and Group Differences,” *Journal of Social Psychology* 145 (2005): 335 –362.

就没有对年轻人的态度积极[1]。但是随着年龄的增长，大学生对老年歧视的态度会有所缓和，原因是他们对衰老越来越有体验，这会增强他们对老化的认知，进而减少老年歧视。也就是说，老化知识越丰富的大学生对老化的焦虑越少，对老年的歧视也越少。[2] 因此，要促进代际融合和减少老年歧视，及早让儿童了解老化表现及增加儿童与老年人的直接接触便成为帮助儿童形成老化概念的重要步骤和方法。[3] 有研究表明，大学生参与毕生发展课程的学习，会在一定程度上转变他们对老年人的消极态度。[4]

因此，关于促进代际融合的手段，目前国外学界形成了两类观点：一是倡导发展代际项目，而代际项目中的一项重要内容就是代际学习，建立起不同世代互惠互利、相互融合的学习模式；二是鼓励学生参与老龄化问题研究。因为如果学生参与老龄化问题研究，就会对作为研究对象的老年人给予关注，并通过接触深化其对老年人和老化的理解，从而更易了解和看到老年人身上的优点，如老年人豁达的心胸、自立的意识、睿智的头脑以及在认知和情绪方面的"积极效应"等，可以帮助学生重新认识身边的老年人，同时促使其及早选择健康的生活方式，以使自己未来成功地老化。[5]

4. 代际项目的定义

"代际项目"（Intergenerational Programs）这一概念出现于 1970 ~ 1980 年的美国，但学界及社会对其定义并不统一。例如，美国全国老龄委员会（National Council on Aging，NCOA）将其定义为：增进社会中任

---

① N. R. Cottle，R. J. Glover，"Combating Ageism：Change in Student Knowledge and Attitudes Regarding Aging，" *Educational Gerontology* 33 （2007）：501 －512.

② L. J. Allan，J. A. Johnson，"Undergraduate Attitudes toward the Elderly：The Role of Knowledge，Contact and Aging Anxiety，" *Educational Gerontology* 35 （2009）：1 －14.

③ H. Giles，S. A. Reid，"Ageism across the Lifespan：Towards a Self-Categorization Model of Ageing，" *Journal of Social Issues* 61 （2005）：389 －404.

④ N. R. Cottle，R. J. Glover，"Combating Ageism：Change in Student Knowledge and Attitudes Regarding Aging，" *Educational Gerontology* 33 （2007）：501 －512.

⑤ L. A. Henkel，"Increasing Student Involvement in Cognitive Aging Research，" *Educational Gerontology* 32 （2006）：505 －516.

何两代人之间合作、互动或交换的活动或项目，包括老年人与年轻人之间的技能、知识和经验分享。[①] 它通过在年轻人与老年人之间开展持续和有组织的互动服务来使所有参与者获益。[②] 联合国教科文组织给出的定义是：代际项目是在老年人和年轻人之间进行有意义、持续的资源和学习交流的媒介，以提高个人和社会福利。美国代际联盟（Generations United，GU）给出的定义是：促进不同代人之间合作、互动或交流的项目、政策和实践，分享不同世代间的才能和资源，在有利于个人和社区的关系中相互支持。[③] 美国学者纽曼（S. Newman）认为，代际项目是在老年人和年轻人之间创建的有目的、持续的资源和学习交流的社会工具，可以产生个人和社会利益。[④] 目前这一观点被国际代际实践联盟（International Consortium for Intergenerational Practice，ICIP）采用，并得到了广泛认可。这一概念最初主要强调在学校、社区组织、退休社区、医院等特定环境中发展出来的特殊项目或介入活动，但在随后的发展中，它已逐渐突破了前期对活动、时间框架、参与者及组织者的狭隘定义。[⑤] 值得注意的是，尽管代际项目倡导不同世代的积极参与，但在实际操作过程中却更重视和强调促进生命周期两端群体（25 岁及以下的年轻人群体和 50 岁及以上的老年人群体）间的互动交流，以及非亲属代际群体间的合作，尤其是祖父母与孙子女间的互动。[⑥]

---

① WHCOA, *The White House Conference on Aging*, "*Strategies for Linking the Generations*" (Washington, D. C.: National Council on Aging, 1981), p. 2.

② M. Yasunaga, Y. Murayama, T. Takahashi, et al., "Multiple Impacts of an Intergenerational Program in Japan: Evidence from the Research on Productivity through Intergenerational Sympathy Project," *Geriatrics & Gerontology International* 16 (2016): 98 – 109.

③ 苗美娟：《美国公共图书馆代际阅读项目的实践探析——以伊利诺伊州公共图书馆为例》，《图书馆论坛》2019 年第 4 期，第 110 ~ 117、141 页。

④ S. Newman, "Creating an International Consortium for Intergenerational Programs," in M. Kaplan, N. Henkin, A. Kusano, eds., *Linking Lifetimes: A Global View of Intergenerational Exchange* (Lanham, M. D.: University Press of America, Inc., 2002), pp. 263 – 272.

⑤ M. Kaplan, M. Súnchez, "Intergenerational Programs and Policies in Aging Societies," *Chapters* 43 (2014): 1 – 16.

⑥ R. S. Hanks, J. Ponzetti, "Family Studies and Intergenerational Studies," *Journal of Intergenerational Relationships* 2 (2004): 5 – 22.

5. 代际接触区建设

2015 年，新加坡国立大学的 Leng Leng Thang 副教授在一次与美国宾州州立大学的 Matt Kaplan 教授、西班牙格拉纳达大学的 Mariano Sanchez 副教授的会议讨论中，提出了代际接触区（Intergenerational Contact Zones）的概念，意在探讨如何营造“富含丰富代际互动的环境”。2020 年，这三位学者合作，正式出版了《代际接触区》一书。

书中指出，“代际接触区”是指一个可以使不同世代的人见面、互动、建立信任和友谊关系的空间聚集点，在这个空间中，如果有需要还可以共同解决当地人所关注的问题。这一概念包含物质、时间、心理、社会文化、政治、制度、虚拟和伦理八个维度。[①]“代际接触区”广泛存在于多种类型的社区环境中，包括学校、养老机构、退休社区、公园、酒馆、阅读室、俱乐部、博物馆、社区花园、环境教育中心、社区综合服务中心等。书中还指出，“打造代际接触区”不仅是一种理念，还是一个运作项目和进行资源环境设计的工具。虽然“代际接触区”只是代际共融研究中一个很小的部分，但却是老年学、社会学、心理学、建筑学、设计学等相交叉的研究领域，对中国正在推行的适老化改造、建设老年友好型社会、完善老龄政策与服务均具有重要的借鉴意义。

6. 代际项目的实践

从国外代际项目的实践情况来看，由于代际项目属于一个学科交叉领域，其在实践中也呈现出多种形态。一般而言，代际项目多由社区和社会组织来提供服务，如养老机构、日间照料中心、社区中心、教堂、生活辅助与长期护理机构、大学、图书馆以及博物馆等，但目前最为主流的运作形式则是以学校为基础的代际项目[②]，即由学校与其他社会组织或机构合作，定期开展代际活动。除此之外，代际共享场所也是目前代际项目具体实践中的一个新兴领域。虽然代际项目具有较多益处，但

---

① M. Kaplan, L. L. Thang, M. Sanchez, *Intergenerational Contact Zones: Place-Based Strategies for Promoting Social Inclusion and Belonging* (London UK: Routledge, 2020), pp. 3 - 6.

② S. Newman, A. Hatton-Yeo, "Intergenerational Learning and the Contributions of Older People," *Aging Horizons* 8 (2008): 31 - 39.

在实践中仍面临代沟、操作、活动选择和缺乏参与者等问题。如许多学术研究中被列举的典型代际项目通常涉及身体健康的老年人，而较少包括那些认知受损的老年人，导致惠及面较窄。[①] 除此之外，虽然社会对代际项目的关注度正在不断提高，但多数代际项目属于罕见和短期的。[②] 从发展趋势上看，当前与运用现代科学技术有关的代际项目数量正在不断增加，但技术本身并不应该成为干预的重点，而需借助技术开发来增强关系[③]，充分运用信任、规范性和网络化等社会组织特征，组织可持续、有实效的代际项目，从而通过协调行动来提高社会效能[④]。

7. 代际项目的功效

施泰尼希（S. Y. Steinig）和巴茨（D. M. Butts）认为创造一个能促进青年人和老年人共同学习的共享环境很重要，同时还要促进不同年龄群体各自才能的发挥和资源的节约，互相沟通，了解彼此的看法，以对家人、社会和他人产生积极影响。[⑤] 卡普兰（M. Kaplan）和海德（J. Haider）也指出，老年人可依赖的代际支持不会永远局限于亲属的代际关系，必将逐步扩大至不同代的关系中去，而信息技术、设施建设和项目运作等方式则会成为促进代际合作和营造代际支持氛围的重要手段。[⑥] 沙拉赫（A. Scharlach）认为，由于农村地区的通信、交通条件大多不完备，缺

---

① G. Stanton, P. Tench, "Intergenerational Storyline Bringing the Generations Together in North Tyneside," *Journal of Intergenerational Relationships* 1 (2003): 71 - 80.

② Y. Murayama, R. Takeuchi, H. Ohba, et al., "Social Concern and the Present State of Intergenerational Programs. An Analysis of Newspaper Articles and a Survey of Organizations," *Japanese Journal of Public Health* 60 (2013): 138 - 145.

③ M. Kaplan, M. Sanchez, L. Bradley, "Conceptual Frameworks and Practical Applications to Connect Generations in the Technoscape," *Anthropology and Aging* 36 (2015): 182 - 205.

④ M. Yasunaga, Y. Murayama, T. Takahashi, et al., "Multiple Impacts of an Intergenerational Program in Japan: Evidence from the Research on Productivity through Intergenerational Sympathy Project," *Geriatrics & Gerontology International* 16 (2016): 98 - 109.

⑤ S. Y. Steinig, D. M. Butts, "Generations Going Green: Intergenerational Programs Connecting Young and Old to Improve Our Environment," *Generations* (*San Francisco*) 33 (2009): 64 - 69.

⑥ M. Kaplan, J. Haider, "Creating Intergenerational Spaces that Promote Health and Wellbeing," in R. Vanderbeck and N. Worth, eds., *Intergenerational Spaces* (London UK: Routledge, 2015), pp. 33 - 49.

乏必要的配套服务，老人要想获得一定的社会支持，就会对交通工具和通信工具产生较强的依赖，而代际共融可以弥补老人在生理、心理上的某些缺陷和不足，帮助他们更加有效地获得社区支持。[①] 对于儿童和青少年而言，参与代际项目会转变他们对老年人的态度和看法[②]、产生亲社会行为[③]、有利于个体发展[④]、增强自信和自我效能感[⑤]、有利于形成更好的学业表现[⑥]、减少焦虑[⑦]。对于老年人而言，参与代际项目有益于延长寿命[⑧]、增加体力活动参与度[⑨]、促进情感健康[⑩]、减小负面影响[⑪]和促进社会互动[⑫]。对于社区而言，实施代际项目可以促进社区内资源（包括人力资源）的有效整合，提高居民的社会凝聚力和归属感。[⑬] 因此

---

① A. Scharlach, "Creating Aging-Friendly Communities," *Generations* (*San Francisco*) 2 (2009): 5 - 11.

② A. Wescott, T. C. Healy, "The Memory Bridge Initiative on Service Learners," *Educational Gerontology* 37 (2011): 307 - 326.

③ E. E. Femia, S. H. Zarit, C. Blair, S. E. Jarrott, & K. Bruno, "Intergenerational Preschool Experiences and the Young Child: Potential Benefits to Development," *Early Childhood Research Quarterly* 23 (2007): 272 - 287.

④ S. Zeldin, R. Larson, L. Camino, & C. O' Connor, "Intergenerational Relationships and Partnerships in Community Programs: Purpose, Practice, and Directions for Research," *Journal of Community Psychology* 33 (2005): 1 - 10.

⑤ T. Gamliel, N. Gabay, "Knowledge Exchange, Social Interactions, and Empowerment in an Intergenerational Technology Program at School," *Educational Gerontology* 40 (2014): 597 - 617.

⑥ M. Kaplan, "Intergenerational Programs in Schools: Considerations of Form and Function," *International Review of Education* 48 (2002): 305 - 334

⑦ M. S. Marx, A. R. Pannell, A. Parpura-Gill, & J. Cohen-Mansfield, "Direct Observations of Children at Risk for Academic Failure: Benefits of an Intergenerational Visiting Program," *Educational Gerontology* 30 (2004): 663 - 675.

⑧ D. S. Meshel, R. P. Mcglynn, "Intergenerational Contact, Attitudes, and Stereotypes of Adolescents and Older People," *Educational Gerontology* 30 (2004): 457 - 479.

⑨ C. K. Perry, K. Weatherby, "Feasibility of an Intergenerational Tai Chi Program: A Community-Based Participatory Research Project," *Journal of Intergenerational Relationships* 4 (2011): 63 - 74.

⑩ S. E. Jarrott, K. Bruno, "Shared Site Intergenerational Programs: A Case Study," *Journal of Applied Gerontology* 26 (2007): 239 - 257.

⑪ S. I. Hong, N. Morrow-Howell, "Health Outcomes of Experience Corps: A High-Commitment Volunteer Program," *Social Science & Medicine* 71 (2010): 414 - 420.

⑫ M. A. Short-DeGraff, K. Diamond, "Intergenerational Program Effects on Social Responses of Elderly Adult Day Care Members," *Educational Gerontology* 22 (1996): 467 - 482.

⑬ Generations United, *Young and Old Serving Together: Meeting Community Needs Through Intergenerational Partnerships* (Washington, D. C. , 2002) .

代际项目不仅是社会支持的来源，同时也是建立公民社会和爱心社会的基石。[①] 整体而言，代际项目在提升参与者的知识与技能、公民参与、健康、艺术与娱乐、社会关系、自我实现、文化自豪与文化自觉等方面均具有正面影响。

（二）国内研究热点

对于中国而言，代际项目并不缺乏，其广泛存在于政府购买与社区互助的项目实践过程中，但明确以“代际项目”为主题的专门研究则较少。相比之下，有关“代际关系”的研究成果较多，主要集中在家庭社会学和人口学等研究领域，并成为分析代际价值观与心态差异、孝道观念变迁、代际关系流变、家庭凝聚力与养老功能以及比较社会不同群体收入变化与社会流动的重要视角。但就整体而言，国内代际研究对社会层面非血缘的代际关系关注不足。在收集代际实践资料的过程中发现，目前国内对于代际项目的经验总结以及统计数据较为缺乏，无法全面了解和把握代际项目的实际发展与运作情况。这种“模糊”和“不成熟状态”使社会层面的代际研究多被隐匿和湮没在老年照护、儿童教育、社区服务等内容中，而未能成为一个真正独立的社会分析视角和行动介入方法。显然，这种探求的范围是狭窄和有限的，尤其是随着教育的扩张、经济的发展以及职业和地域的流动，子代生活独立性日渐增强，亲子同住的概率不断降低，老人自我养老意愿和参与志愿活动继续服务社会的意愿增强，尤其是老年群体精神需求的增长，单纯关注家庭内部的代际关系显然已经不能适应人口老龄化与家庭空巢化的发展，这无疑为开拓家庭以外非血缘性代际关系研究提供了发展空间与契机。

1. 代际相关概念

目前国内学界对于代际关系的研究成果较多，但明确有关“代际共

---

① N. Henkin, D. Butts, “Advancing an Intergenerational Agenda in the United States,” in Matthew Kaplan, Nancy Henkin, Atsuko Kusano, eds., *Linking Lifetimes: A Global of Intergenerational Exchange* (University Press of America, Inc, 2002), pp. 65 – 70.

融”的研究较少。“代际共融”一词最早出现在全国老龄办等24个部门于2013年联合印发的《关于进一步加强老年人优待工作的意见》之中，但该政策并没有对此给出明确解释，学界也鲜有针对“代际共融”的概念说明。通过对国内相关文献资料的系统梳理发现，当前学术界经常使用的与代际共融相近的学术概念有代际关系、代际责任与责任伦理、代际团结、跨代共融、代际合作/互助、代际学习、代际阅读以及社区共学养老。

（1）代际关系

代际关系（Intergenerational Relationship），又称代间关系、世代关系，在港台地区有时也称为跨代关系。有学者认为代际关系是亲子代际义务、责任、权利、亲情和交换诸种行为和功能的复合体①，是家庭诸种关系中最重要的关系形式②，支撑着不同代成员的抚幼、养老、生活互助、情感沟通等行为③。还有学者认为，代际关系是指代际由于某些交往形成一种胶结的状态，这些交往包括代际资源的流动、情感的交流互动以及责任义务的相互承担。④ 从范畴上看，邬沧萍认为，代际关系包括社会代际关系和家庭代际关系两类。社会代际关系属于广义的范畴，指因地缘、业缘和其他关系产生的不同代际关系；而家庭代际关系则属于狭义的范畴，指家庭内部因血缘和姻缘产生的交往关系。⑤

（2）代际责任与责任伦理

经济学与社会学领域的各项发展都是一个世代传承的过程，一代人花费时间和精力对下一代人进行投资，保证年轻人的基本教育权益，同时打造公平的发展机会和空间，下一代则在上一代人的基础上，为未来

① 王跃生：《中国家庭代际关系内容及其时期差异——历史与现实相结合的考察》，《中国社会科学院研究生院学报》2011年第3期，第134～140页。

② 王跃生：《中国家庭代际关系的维系、变动和趋向》，《江淮论坛》2011年第2期，第122～129页。

③ 王跃生：《社会变革中的家庭代际关系变动、问题与调适》，《中国特色社会主义研究》2019年第3期，第79～87页。

④ 王树新：《人口与生育政策变动对代际关系的影响》，《人口与经济》2004年第4期，第9～14页。

⑤ 邬沧萍主编《社会老年学》，中国人民大学出版社，1999，第464页。

的世代开拓更广阔的空间和更多的发展机会，因而每一代人既对前一代人肩负责任，也对后一代人肩负责任，这就是世代间继往开来的发展过程。从伦理层面来看，这就是代际责任的含义，即新世代有道德责任保证年长一代能够获得合理而基本的生活水平，这也是一种“代际契约”。整个社会都通过伦理来保证这种最基本的社会情理得到有效运作，否则社会的发展就无从谈起。

如果说“代际责任”更多的是从操作层面来定义，那么“责任伦理”则可以从理论层面来解释。德国社会学家马克斯·韦伯最早对“责任伦理”一词进行了解释，认为“责任伦理”是行为者必须接受的伦理，人们很多行为都是在这种内在责任感的驱使下发生的。[①] 虽然韦伯当时是从政治学的角度对“责任伦理”进行解释，但这种观点在解释养老问题时同样适用。在中国，受儒家文化影响，“责任伦理”多指子代对父代的赡养责任，这种责任内化成人必须遵循的规范，并得到了法律的保护，使得违反这一规范的人多会受到社会强制性地处罚。伴随家庭结构的变迁和社会流动的加剧，养老中的责任伦理已发生较大变化，子代对父代的赡养变成了有限的责任，而父代对子代的无限责任越发明显。总的来看，“责任伦理”的当代意涵表现在如下几个方面。

一是责任伦理的文化意涵。这里的文化意涵主要指的是传统文化中所强调的抚养和赡养的责任伦理，倡导父母要负起抚养年幼孩子的责任，同时子女也要负起赡养年迈的父母的责任，这种责任伦理也被费孝通称为反馈模式。“孝道”作为中华民族的文化特色和传统美德，已深深嵌入中国家庭养老文化之中，并通过家庭教育与社会教育的方式不断进行继承和传播。事实证明，由子女为父母尽孝能为老年人提供较好的经济支持、生活照料和精神关怀。同时，老人也多会继续担负家族的责任，为后代发展提供力所能及的支持，把更多的资源留给下一代。

二是责任伦理的自觉意涵。“伦”不仅指“关系”，还有“类别”和

① 〔法〕雷蒙·阿隆：《社会学主要思潮》，葛秉宁译，上海译文出版社，2015，第495～499页。

“差别”的含义，因而父母和子女不仅是个人之间的关系，而且是类别之间的关系。因为如果只讲个人之间的关系，那么这种伦理就会变成人性的功利交换，父慈子孝也被简单化为施报关系。[①] 在现实中，责任伦理其实是一种经过交相感应而具有自觉意识的内在责任感，为了家庭血脉的延续，老年父母通常会不计回报的付出，子代也多会自觉遵循文化的指引，以自己认为孝的方式来为父母提供相应支持。

三是责任伦理的道德意涵。几千年来孝道观念已渗透到中国人民生活的各个方面，子女的孝顺行为一直是被社会认可和大力推崇的，相反一旦子女不孝则会受到来自舆论的压力和社会的谴责。此外，当前法律法规也赋予了责任伦理一种强制力的性质，提供了相应保障。根据《中华人民共和国宪法》、《中华人民共和国婚姻法》和《中华人民共和国老年人权益保障法》中的相关规定，父母对子女有抚养义务，子女对父母也有赡养责任，如果子女不履行相应的责任，就会受到法律的制裁，由此使得当代的责任伦理在一定程度上具有了强制力。

四是责任伦理的变迁意涵。责任伦理不是一成不变的，一般会随着经济社会结构、家庭结构、社会流动与资源配置方式的改变而发生变化，集中表现为传统的道德规范和行为准则在现实社会中已逐渐发生变异。尽管社会关于孝道的评判标准还在，但传统熟人社会中的宗族、邻里评价的社会舆论压力已不再发挥重要作用，现行的社区调解机制也难以规制子代行为，导致对于赡养失责者的约束与处罚力量消失，家庭代际均衡关系被打破，家庭养老中责任伦理也发生了较大变化。

综上所述，责任伦理其实是一种双向的代际互惠文化，但由于文化情境不同，不同国家或地区所注重的责任方向有所不同。如国外多强调父母对子女的抚育责任，而不太强调子女对父母的赡养责任，这属于典型的薪火传递式责任伦理。相较之下，中国几千年的儒家文化更强调子女对父母所负的责任，而不太强调父母对子女的义务。但伴随家庭结构

---

① 周飞舟：《人伦与位育：潘光旦先生的社会学思想及其儒学基础》，《社会学评论》2019 年第 4 期，第 3 ~ 18 页。

与功能的变迁以及社会流动速度的加快，传统的孝道观念已经发生变化，尤其在部分农村地区，子代对父代的赡养责任已逐渐淡化，而父代对子代的支持责任却在不断强化。

（3）代际团结

“代际团结”（Intergenerational Solidarity）是目前国内学界使用较多的一个概念，在含义上与“代际共融”较为相近，但这个概念是引自国外的，并非一个本土化的概念，与“代际冲突”相对。“代际冲突”，也称“代沟”，指由于时代和环境条件的急剧变化，不同世代在价值观念、目标追求、行为取向、生活方式等方面出现差异、隔阂及冲突的社会现象。[①] 相较之下，代际团结是一个内涵多维的概念，既包括接触见面、经济和劳务帮助等代际实体性关系，也包括情感和精神上的归属感和密切性等非实体性关系。[②] 用“团结”来描述家庭成员之间的关系，强调了家庭的整体含义。目前“代际团结”理论框架多被用于解释家庭内部的代际关系，关注多世代家庭成员间的情感凝聚情况，以更好地促进代际支持目标的达成。如杨晶晶等学者从代际团结的角度探讨了成年子女与其父母的代际关系情况对代际双方身体和心理的影响。[③] 靳小怡等学者运用代际团结模型分析了农村随迁父母的代际关系，发现农村随迁父母与外出务工子女同住能增进家庭的代际团结，且家庭养老的传统性别分工有所弱化，女儿在家庭代际关系中发挥了积极作用。[④] 郭秋菊等从家庭整体视角分析老年人家庭代际关系的类型和城乡差异，发现城市占主导的是紧密型代际关系，而农村占主导的则是赡养有间型代际关系；同时，老年人拥有独立住房会显著增加城市家庭建立紧密型代际关系的

① 熊英、牟哲勤：《孝道与平权：冲突、融合中的家庭代际伦理构建》，《湖北社会科学》2010 年第 10 期，第 102～104 页。

② 刘汶蓉：《转型期的家庭代际情感与团结——基于上海两类“啃老”家庭的比较》，《社会学研究》2016 年第 4 期，第 145～168、245 页。

③ 杨晶晶、Ariela Lowenstein、Todd Jackson、郑涌：《代际团结潜在类别与关系质量对自陈健康及幸福感的影响》，《心理学报》2013 年第 7 期，第 811～824 页。

④ 靳小怡、崔烨、郭秋菊：《城镇化背景下农村随迁父母的代际关系——基于代际团结模式的分析》，《人口学刊》2015 年第 1 期，第 50～62 页。

可能性，却会降低农村家庭发展出紧密型代际关系的可能性。[①] 整体来看，虽然国内学者对于代际团结问题有所关注，并取得了一定研究成果，但目前用这一概念来解释和支撑社会代际关系的研究还较为缺乏，相关指标与概念框架还有待进一进拓展。

（4）跨代共融

伴随社会流动性的增加、个人主义思想的兴起、社群功能的弱化以及孝道伦理观念的衰落，现代社会人与人之间的关系日渐疏离，在此背景下亟须重建社会网络，加强社会团结和促进社会参与。在此背景下，代际项目应运而生。中国港澳台地区，多用“跨代共融”或“跨代计划”一词来指代“代际项目”，意在明确参与代际项目的群体主要是年轻人与老年人，因为这两代人因年龄、生活方式、价值观念等方面的差异而在身份地位方面存在明显的区别，而将反差较大的两代人组织在一起开展活动并建立相互协作的关系非常有意义。这不仅可以促进两代人之间合作关系的建立，还可以有效改善双方在家庭和其他社群中的身份地位。从含义上看，“跨代共融”是与“代际共融”最为接近的一个概念，侧重点重合度较高。但“跨代”从字面上看，仍有代际的隔阂感，没有涵盖中间年龄段的社会群体，给人以不连续、断裂之感，易让人产生将不同年龄群体割裂或“隔代”的误解，因而本书选取“代际共融”一词来指代中国的代际项目。

（5）代际合作/互助

“代际合作/互助”主要侧重于不同世代间的合作与相互帮助，互惠的意味更加明显，这一概念目前在国内使用也较多。如学者肖索未通过对北京13个城市家庭代际合作与权力关系的分析发现，在我国城市家庭中广泛存在代际育儿合作现象，并在家庭内部形成了“严母慈祖”的分工和权力格局。[②] 郅玉玲也通过研究发现，在浙江城镇中，虽然老年人

① 郭秋菊、谢娅婷、李树茁：《家庭代际关系类型及其城乡差异分析》，《华中农业大学学报》（社会科学版）2020年第6期，第120～127、166～167页。

② 肖索未：《“严母慈祖”：儿童抚育中的代际合作与权力关系》，《社会学研究》2014年第6期，第148～171、244～245页。

与子女分开居住，却保持着比较紧密的联系与互动，分而不离的家庭养老模式较为普遍。[①] 赵继伦和陆志娟通过研究证实，养老的质量与代际互动关系具有相关性。[②] 李静则基于我国社会服务整体供给不足的现实背景，倡导运用优势视角来推进不同世代间的互助，并认为代际互动是实现代际互助的价值面向。要实现代际互助，就要通过环境的友善改变与对话，促进年轻世代与老年世代有意义的社会互动，消弭彼此歧见并建立代间友谊。[③]

（6）代际学习

代际学习（Intergenerational Learning）作为解决代际差异问题的重要方法[④]，指“发生在不同世代之间的学习过程和体验”[⑤]。作为学科交叉的产物，代际学习最初出现在心理学、医学及公共政策等学科领域，而后随着信息技术的发展，逐渐渗透到管理学、社会学、教育学、信息科学、图书馆学等领域。国内学者徐孝娟等认为代际学习经历了三个发展阶段[⑥]：一是非正式学习阶段，多在家庭、部落或其他团体中出现，通过长辈对晚辈的教育，由上一代向下一代系统传递知识、技巧、技能、准则和价值观念等，每个人“学而时习之”，获得了他所处社会中生活的权利和生活的方式[⑦]；二是家庭外代际学习阶段，伴随 20 世纪 60 ~ 70 年代人口、家庭和社会结构的变迁，家庭内的代际学习形式逐渐减少，家庭外代际学习模式开始出现；三是正式学习阶段，随着经济社会结构

---

① 郅玉玲：《浙江省城镇家庭代际互助关系的调查分析》，《人口研究》1999 年第 6 期，第 63 ~ 66 页。

② 赵继伦、陆志娟：《城市家庭养老代际互助关系分析》，《人口学刊》2013 年第 6 期，第 41 ~ 46 页。

③ 李静：《代际互助：“成功老化”的模式创新》，《东岳论丛》2018 年第 5 期，第 61 ~ 66 页。

④ 牛勇、高莹：《图书馆代际学习服务研究》，《图书馆工作与研究》2018 年第 7 期，第 54 ~ 57、96 页。

⑤ C. Y. Cherri Ho, “Intergenerational Learning (between Generation X & Y) in Learning Families: A Narrative Inquiry,” *International Education Studies* 3 (2010): 59 – 72.

⑥ 徐孝娟、赵宇翔、吴曼丽、蒋佳新、李霖：《境外代际学习的研究进展及前沿展望》，《远程教育杂志》2017 年第 2 期，第 87 ~ 93 页。

⑦ 费孝通：《个人·群体·社会——一生学术历程的自我思考》，《北京大学学报》（哲学社会科学版）1994 年第 1 期，第 6、7 ~ 17、127 页。

的变迁，代际学习开始成为一种融合正式教育与非正式教育的新型学习方式[①]，即当代社会的代际学习多属于多代间的接触学习，不再局限于家庭内部，学习形式也逐渐呈现正式化的趋势。由此可见，代际学习的定义经历了从最初指代由血缘关系而形成的家庭中祖父母对孙辈、父母对子女辈的教育，延伸到不同年龄段人群之间的互相学习关系。[②] 尤其是随着信息技术的普及与应用，代际学习开始成为老龄社会用来弥合数字鸿沟的重要工具，代际学习不仅具有典型的“文化反哺”的意味，还更加重视信息技术的驱动作用。[③]

（7）代际阅读

代际阅读作为近年来在图书馆学领域涌现的新概念，泛指任何两代间进行的持续而有意义的阅读活动。根据代际关系的性质，代际阅读也可以划分为基于血缘关系的代际阅读和基于非血缘关系的代际阅读两种方式。其中，基于血缘关系的代际阅读包括亲子阅读等，目前已经在国内外发展得非常普遍和成熟。[④] 2011 年 9 月，国际图联联合突尼斯图书和图书馆之友协会联合会召开了以“作为代际联系纽带的阅读：走向更加凝聚力的社会”为主题的国际研讨会，并发表了《图书馆、阅读和代际对话的突尼斯宣言》（*Tunisia Declaration on Libraries*, *Reading an Intergenerational Dialogue*），强调图书馆应利用丰富的基础设施，开展面向老年人和年轻人的代际项目，促进阅读、相互理解，照顾双方的利益，减少年龄隔离，建立具有凝聚力的社区。[⑤] 在此之后，国外基于非血缘关

---

① G. Cortellesi, M. Kernan, “Together Old and Young: How Informal Contact between Young Children and Older People Can Lead to Intergenerational Solidarity,” *Studia Paedagogica* 21 (2016): 101 – 116.

② R. Strom, P. Strom, *A Paradigm for Intergenerational Learning* (Oxford Handbook of Lifelong Learning, 2011), pp. 133 – 146.

③ 史昱天、赵宇翔、朱庆华：《代际学习：连接数字原住民和数字移民的新兴研究领域》，《图书与情报》2017 年第 2 期，第 63 ~ 71 页。

④ 陈桂香：《美国代际阅读推广的研究及启示——基于拉斯韦尔的 5W 模式》，《图书馆建设》2020 年第 1 期，第 132 ~ 137 页。

⑤ 苗美娟：《美国公共图书馆代际项目的认知调查》，《图书馆论坛》2020 年第 3 期，第 167 ~ 177 页。

系的代际阅读得到了进一步发展。典型的如美国的“代际学习中心”“骑行与阅读”，德国的“书籍搭建桥梁”，荷兰的“养老院的免租客”，加拿大的“阅读和宣读”，新加坡的“读吧！新加坡”，韩国的“银发读书文化服务团”，俄罗斯的全民阅读推广活动等。相比之下，中国基于非血缘关系的代际阅读活动刚刚兴起，且只存在于少数的私营养老院和私营幼儿园中。

（8）社区共学养老

根据国内学者汪国新的定义，社区共学养老是指生活在社区的老年人，为了生命成长和生活质量的提高，自觉、自愿在社区学习共同体中互爱互信、相助相伴、共学共享，更加健康、积极、优雅、有尊严地享受生命历程。[①] 自 2017 年起，这一理念在杭州市 5 个区的 6 个社区中进行了实践，并取得了较好的效果，使老年人的社区归属感得到增强，生命状态也发生了积极变化。这一概念显然具有代际共融的意味，但其定义过于模糊，只强调其主体是老年人，而没能将其主体扩展至社区内各个年龄阶段的人，从而导致其在实际应用中的方法与手段受限，难以发挥青年一代“文化反哺”的作用。在人口老龄化的时代背景下，发展社区共学具有重要意义，但如果只是侧重于实现老年群体的自娱自乐，其社会意义就会大打折扣，而强调社区中不同年龄群体间的共同学习和相互学习，则更能促进社区资源的整合与社区文化的发展，更具社会效益。

2. 代际关系现状

1988 年，国内学者张永杰和程远忠出版了《第四代人》一书，首次将代际关系理论引入中国，随后国内学者对代际关系的关注度逐渐提高，但多聚焦家庭代际关系领域。目前国内关于代际关系的研究大致可以分为以下几类。

（1）代际伦理研究

此类研究多侧重从伦理学角度分析代际关系，如王跃生认为代际关

---

① 汪国新：《社区共学养老：特征、意义与实施策略》，《中国成人教育》2018 年第 17 期，第 126～130 页。

系主要有抚育—赡养和交换形式，且这两种形式是相互依存的。[①] 此外，他还提出了交换型代际关系的观点，将子女已成年而父母并未老且不需要子女赡养的阶段称为“交换期”，在此期间亲子代的经济、生活活动都是相对或者完全独立的，而此阶段开展的互动活动即代际交换。[②] 郭于华通过对河北农村养老事件的分析指出，代际交换不限于经济和物质方面，而有着远比利益的实现和人际的互惠更为丰富的内容，还包括仪式性交换、情感交换、文化资本交换和象征性交换，而且遵循付出与报偿相衡的公平逻辑。[③] 甘绍平从微观和宏观角度对代际伦理进行了区分，认为微观的代际伦理聚焦家庭关系中的伦理应对，包括道德价值观的代沟与沟通问题、成年人与未成年人的道德地位的差异问题、子代的单边解放与父代的自我牺牲的问题、成年人对老年人贡献的肯定和尊严的维护问题以及防止贫困的代际遗传与积累问题等；宏观的代际伦理则主要关注当代人对未来人的单向的义务关系，以纠正现代消费主义文化的错误导向，警惕现代科技对人类发展的负面影响，对地球现有资源的利用和给环境带来的负面影响自觉设置道德界限[④]，典型的如“代际公平”、“代际正义”与“可持续发展”等观点。

（2）代际关系影响因素研究

徐征和齐明珠通过研究发现，影响代际关系的因素有社会福利状况、离婚与否、亲属关系的新形式、性别、居住方式、子女的社会经济地位及其变动、成年子女和父母之间的冲突与亲密状况等。[⑤] 王树新以 1973 年为界，分析了 1973 年前后不同人口和生育政策对代际关系的影响，指出代际关系的范围已由家庭代际关系扩展到更广泛的社会代际关系和代

---

① 王跃生：《中国家庭代际关系的理论分析》，《人口研究》2008 年第 4 期，第 13 ~ 21 页。

② 王跃生：《城乡养老中的家庭代际关系研究——以 2010 年七省区调查数据为基础》，《开放时代》2012 年第 2 期，第 102 ~ 121 页。

③ 郭于华：《代际关系中的公平逻辑及其变迁——对河北农村养老事件的分析》，《中国学术》2001 年第 4 期，第 221 ~ 254。

④ 甘绍平：《代际义务的论证问题》，《中国社会科学》2019 年第 1 期，第 22 ~ 41、204 ~ 205 页。

⑤ 徐征、齐明珠：《代际关系的影响因素及如何建立正向的代际关系》，《人口与经济》2003 年第 3 期，第 55 ~ 60 页。

内社会关系。[①] 贺雪峰在对河南、山西、陕西、辽宁、四川、湖北、湖南、江西、福建等省农村实地调查的基础上，提出了农村两大类四小型代际关系理想型，并指出农村代际关系在不同地区具有完全不同的性质，存在较为明显的地区差异。[②] 这既与不同地区传统文化、地理位置、经济发展状况等区域性特征有关，又与现代性因素冲击下不同地区农村因其内部结构的差异而导致的反应不一样有关。王跃生指出，当代人口转变、人口老龄化和社会转型都对代际关系产生了深刻影响。[③]

（3）代际关系变动研究

贺雪峰认为，父母与已婚子女分家现象既是家庭代际关系变化的结果，又是家庭代际关系变动的原因。[④] 他指出在当前甚至未来，新型的代际关系理性接力模式即将取代操心模式。[⑤] 王跃生结合 2010 年七省调查数据，分析了中国城乡家庭代际关系，发现在城市"养儿防老"已不太可靠，而在农村家庭养老仍然是主流；在居住安排方面，多数城市老人和子女不住在一起，而大多数农村老人仍选择和子女同住。[⑥] 钟涨宝和冯华超认为，中国的人口老龄化进程对代际关系有所冲击，代际支持的社会化程度加深，家庭结构小型化、核心化，代际同住模式弱化，代际倾斜或重心下移，传统的反馈模式受到挑战。[⑦] 周晓虹认为，工业化或工业社会对传统农业社会的结构产生了极大冲击，导致大量农村青壮

---

① 王树新：《人口与生育政策变动对代际关系的影响》，《人口与经济》2004 年第 4 期，第 9～14 页。

② 贺雪峰：《农村代际关系论：兼论代际关系的价值基础》，《社会科学研究》2009 年第 5 期，第 84～92 页。

③ 王跃生：《社会变革中的家庭代际关系变动、问题与调适》，《中国特色社会主义研究》2019 年第 3 期，第 79～87 页。

④ 贺雪峰：《农村家庭代际关系的变动及其影响》，《江海学刊》2008 年第 4 期，第 108～113、239 页。

⑤ 贺雪峰：《农村家庭代际关系的变迁——从"操心"说起》，《古今农业》2007 年第 4 期，第 1～3 页。

⑥ 王跃生：《城乡养老中的家庭代际关系研究——以 2010 年七省区调查数据为基础》，《开放时代》2012 年第 2 期，第 102～121 页。

⑦ 钟涨宝、冯华超：《论人口老龄化与代际关系变动》，《北京社会科学》2014 年第 1 期，第 85～90 页。

年劳动力涌入城市务工。由于生存环境、生活方式和工作方式的变化，大部分农村子女已经不再需要从父辈那里学习生存技能，尤其是信息获取上的代际鸿沟对两代人的价值观、生活态度、人生视野、参与能力甚至生存机会产生了难以估量的影响，从而成为文化反哺的重要社会动因。[①] 但反过来看，代际关系变动也产生了一些积极的变化，如亲子平等关系形成，儿女均享有对亲代遗产的继承权，子代婚姻实现自主，社会养老保障制度使亲代减少了对子代赡养的依赖等。[②] 黄佳鹏通过对川西平原农村的调查发现，以代际财产分配自主化、伦理责任低度化及情感高度关联化为主要特征的“自主型”代际关系已逐渐成为农村家庭代际关系的新动态。[③]

（4）代际关系问题研究

学者王金玲指出，自 20 世纪 80 年代起，中国的代际关系就初步呈现两大新特点，即“父为子纲”的减弱和子辈“自说自话”的增强，以及“反向养育”的间断与“正向养育”负荷的加重。[④] 王跃生则进一步认为，社会变革过程中的代际关系有一些问题值得关注，即亲代对子代教育义务的过度履行，亲代为子代操办婚事时的压力，子代育儿中对老年亲代的依赖，老年亲代缺少照料和陪护，亲子情感沟通为子代所忽视。[⑤] 除此之外，随着网络社会的到来，世代之间的数字鸿沟逐渐扩大，并对两代人的价值观、生活态度、人生视野、参与能力甚至生存机会产生了难以估量的影响，带来了中国社会代际关系的逆转甚至颠覆。[⑥] 一

① 周晓虹：《文化反哺与媒介影响的代际差异》，《江苏行政学院学报》2016 年第 2 期，第 63 ~ 70 页。

② 王跃生：《社会变革中的家庭代际关系变动、问题与调适》，《中国特色社会主义研究》2019 年第 3 期，第 79 ~ 87 页。

③ 黄佳鹏：《“自主型”代际关系与农村养老秩序——基于川西平原 S 村的实地调研》，《山西农业大学学报》（社会科学版）2019 年第 2 期，第 23 ~ 30 页。

④ 王金玲：《中国城市家庭冲突缘起新特点》，《浙江学刊》1990 年第 6 期，第 148 ~ 151 页。

⑤ 王跃生：《社会变革中的家庭代际关系变动、问题与调适》，《中国特色社会主义研究》2019 年第 3 期，第 79 ~ 87 页。

⑥ 周晓虹：《文化反哺与器物文明的代际传承》，《中国社会科学》2011 年第 6 期，第 109 ~ 120、223 页。

些学者还进一步提出了“数字代沟”的概念，以此来指代父母（亲代/传统世代）和子女（子代/E 世代）在新媒体采纳、使用以及与之相关的知识方面的差距，认为中国家庭内部正在进行着一场“静悄悄的革命”。[①] 这种数字代沟在社会领域表现得更为突出，青年一代因具有电脑操作和语言使用上的优势，加之精力充沛、兴趣广泛，已基本上垄断了对互联网络及其信息的“话语权力”。[②] 而传统世代则由于不善于使用、更新和处理网络信息，且未直接进入由青年一代打造的“圈子”内，难以为自己发声。[③] 此外，社会中很多老年人和年轻人的互联网文化也是隔绝的，各自使用的社交媒体工具有所不同，他们所分享和重视的文化也存在差异，导致新青年文化的社会和政治影响不容小觑，值得高度关注。[④] 从成因上看，中国代际冲突的产生源于“主流社会和文化对青年话语变迁的不敏感，致使文化类型与主导的青年话语形式之间出现了不对称”。[⑤]

（5）代际关系走向研究

随着工业化和城市化进程的推进，人口和家庭结构都发生了巨大变迁，直接表现为家庭代际层次减少、代际关系简化、家庭内部代际交换的不平衡加剧。与此同时，人们在社会领域的代际关系不断扩展、强化和深化，出现了代际关系社会化趋势[⑥]，社会代际关系格局日益成为影响中国社会发展进程的一个重要因素。然而，由于社会急剧变革以及市场经济发展，老年人不仅在家庭领域逐渐失去了权威地位，而且在社会

① 周裕琼：《数字代沟与文化反哺：对家庭内“静悄悄的革命”的量化考察》，《现代传播（中国传媒大学学报）》2014 年第 2 期，第 117 ~ 123 页。

② 周晓虹：《文化反哺与媒介影响的代际差异》，《江苏行政学院学报》2016 年第 2 期，第 63 ~ 70 页。

③ 王斌：《数字化代际冲突：概念、特征及成因》，《当代青年研究》2019 年第 1 期，第 116 ~ 122 页。

④ 张颐武：《“Z 世代”的冲击力》，中国社会科学网，2020 年 6 月 29 日，http://www.cssn.cn/zm/zm_hwsc/202006/t20200629_5149149.shtml。

⑤ 吴小英：《代际冲突与青年话语的变迁》，《青年研究》2006 年第 8 期，第 1 ~ 8 页。

⑥ 吴帆、李建民：《中国人口老龄化和社会转型背景下的社会代际关系》，《学海》2010 年第 1 期，第 35 ~ 41 页。

层面面临着一系列的制度性障碍，而年轻人则在当前社会代际关系中占有优势，并存在对老年人的歧视现象，在年龄、性别、收入、城乡、受教育程度、居住模式等方面均表现出明显的群体性差异。对此，王树新和马金认为，未来的代际关系将演变成分而不离（分开居住但距离较近）、代际倾斜、经济理性化（老年人经济独立化）。① 孙新华和王艳霞认为，交换型代际关系是目前农村家际代际关系的新动向，这种代际关系以工具理性为主导、交换内容讲究清晰化、交换时间强调即时性，并日渐成为农村社会中规范家际代际关系的新秩序，交换型代际关系将亲子关系拉向了冷冰冰的交换关系。②

3. 代际共融的空间设计与规划

目前国内一些学者开始从建筑学的角度来关注代际共融的实现方式和进行老幼互助的空间设计。由于许多城市社区都建有幼儿园和老年活动中心，但二者之间基本上没有什么交集，因此有学者主张结合现有条件利用旧场所进行改造，在社区养老体系中推广“代际学习中心”模式。如果是新建小区，则应加强前期规划，直接将两个活动场所进行结合设计。但在设计上应考虑到老人与儿童在建筑上的无障碍需求，保障硬件设备的安全性，同时要考虑到老人与儿童在心理行为上的各自特征，划分各自活动区域，尽最大可能满足各区域通用设计的要求。③ 姚栋等借鉴德国“多代屋”的建设经验，提出促进“代际融合”的公共服务设施应将开放性、公共空间和总体设计作为三个设计重点，兼顾不同年龄的功能建设公共空间，为代际互动创造条件。④ 刘苹苹指出，全龄宜居社区辅以“多代屋”是应对中国人口老龄化问题的最优基础选择，还需

---

① 王树新、马金：《人口老龄化过程中的代际关系新走向》，《人口与经济》2002 年第 4 期，第 15 ~ 21 页。

② 孙新华、王艳霞：《交换型代际关系：农村家际代际关系的新动向——对江汉平原农村的定性研究》，《民俗研究》2013 年第 1 期，第 134 ~ 142 页。

③ 郑晶：《基于代际融合下的老幼互助空间设计研究》，《艺海》2017 年第 11 期，第 102 ~ 104 页。

④ 姚栋、袁正、李凌枫：《促进代际融合的社区公共服务设施——德国“多代屋”的经验》，《城市建筑》2018 年第 34 期，第 31 ~ 34 页。

要政府高度重视，发挥中介组织的作用，动员全社会力量积极参与，加大养老产业研究和人才培养力度，促进房地产与养老产业以及物业管理服务与养老服务业的融合。[①] 付本臣等通过对国外合作居住社区、“多代屋”、代际共享设施、代际合居、代际实践五种典型模式的分析，主张适度控制社区规模，完善社区服务设施，关注社区服务设施分布，动员社区居民参与设计过程，引导居民参与社区治理，加强政策引导及社会多方协作。[②]

4. 代际共融的现实意义

有学者指出，当前中国的代际差异问题较为突出。究其原因，一方面是年龄差异以及社会环境因时间而产生的变化自然会导致代际差异，另一方面是因社会发展而产生的文化变迁所造成的代际差异，如年轻世代和老年世代在价值观上就存在较大不同，年轻世代在一定程度上存在误解甚至歧视老年人的心理。此外，随着中国经济社会的发展，尤其是科学技术的进步，在老年人和年轻人中间出现了数字鸿沟，老年人普遍面临着不同程度的数字困境，甚至产生了较为严重的信息焦虑，同时对于年轻世代使用网络的行为持有不同程度的负面评价。[③] 而开展代际学习能增强老年人的心理满足感，提高老年人掌握新兴事物的能力，增强老年人的数字悟性和媒介素养，促进老年人的社会融入和社会参与。[④] 但在操作层面还不能仅局限于家庭内部的代际支持，要延伸到社会层面，实现“黄发垂髫，并怡然自乐”的代际共融目标。[⑤]

---

① 刘苹苹：《建立宜居社区与“多代屋”——中国应对人口老龄化问题的路径选择》，《人口学刊》2013 年第 6 期，第 47～53 页。

② 付本臣、孟雪、张宇：《社区代际互助的国际实践及其启示》，《建设学报》2019 年第 2 期，第 50～56 页。

③ 牛勇、高莹：《图书馆代际学习服务研究》，《图书馆工作与研究》2018 年第 7 期，第 54～57、96 页。

④ 徐孝娟、赵宇翔、吴曼丽、蒋佳新、李霖：《境外代际学习的研究进展及前沿展望》，《远程教育杂志》2017 年第 2 期，第 87～93 页。

⑤ 熊建：《黄发垂髫，并怡然自乐　陶渊明怎么看养老》，《新湘评论》2017 年第 6 期，第 52 页。

5. 代际共融的实现路径

对于代际共融的实现路径，穆光宗早在 1999 年的研究中就明确指出建立代际互助体系很有必要，指出“劳务储蓄”或“时间储蓄”实质上是人类在“自我养老”模式上的一种制度创新，但是“代际互助”需要走上制度化和法制化的道路，社区服务也要纳入“代际继承、代际互动”的框架中去考虑。[①] 对于家庭层面日益普遍化、激烈化的代际冲突，熊英和牟哲勤认为，这正折射出传统孝道与现代平权理念之间的动态博弈，主张以人为本，促进传统孝文化的现代转换，构建平等互尊、责任互补、相亲相爱、代际共融、老少共享、人人和谐的现代新型家庭代际伦理关系。[②] 吴帆从老年歧视的视角提出了四种代际融合与调整的途径：一是为女性提供家庭—工作平衡支持计划；二是加强儿童教育中对代际沟通的关注；三是在社区层面促进老年人与其他群体的相互融入；四是构建促进代际沟通和代际支持的家庭政策。[③] 李静主张在借鉴国际经验的基础上，运用社会工作的优势视角来推进不同世代间的互助，以实现代际互助的中国化、本土化。具体思路为：以社区为代际互助的实现场域，扎根社区、利用社区、活化社区；以社会企业为实现媒介，为代际互助提供平台与专业服务，并促进其持续发展；以不同类型及方式的代际学习为实现手段，推动代际互动，实现成功老化。[④] 张小侠基于代际融合理念，提出了构建以居家养老模式下社区物质环境规划、社会服务设施规划为主要建设内容的城市老年友好社区的设想。[⑤] 赵万林主张引入以社区为本的社会工作实践模式，综合利用社会工作的个案、小组与

---

① 穆光宗：《建立代际互助体系　走出传统养老困境》，《市场与人口分析》1999 年第 6 期，第 33 ~ 35 页。

② 熊英、牟哲勤：《孝道与平权：冲突、融合中的家庭代际伦理构建》，《湖北社会科学》2010 年第 10 期，第 102 ~ 104 页。

③ 吴帆：《代际冲突与融合：老年歧视群体差异性分析与政策思考》，《广东社会科学》2013 年第 5 期，第 218 ~ 226 页。

④ 李静：《代际互助：“成功老化”的模式创新》，《东岳论丛》2018 年第 5 期，第 61 ~ 66 页。

⑤ 张小侠：《基于代际融合理念城市老年友好社区规划探讨——淮安市府前街道调查研究》，《淮阴工学院学报》2015 年第 5 期，第 68 ~ 72 页。

社区工作等方法，从物质环境和人文环境两个层面着手推动农村代际共融。[①] 张凤鸣则立足图书馆发展，提出了促进社会代际融合的思路：树立增强代际交流、促进社会代际融合的服务理念；根据各代人的需求和特点开展多元化的代际活动和项目；完善代际服务空间和资源配置；做好代际项目的推广和评价工作。[②]

（三）文献评述

综上所述，国内外学界在代际关系研究领域展开了深入和系统的研究，并取得了丰硕的研究成果，为本书研究的开展提供了理论指导与经验参考。尤其是国外有关代际项目的研究成果，为推进中国的代际共融研究提供了有益思路和方向，但在转化应用中面临一些困难。一是国外代际项目研究成果较多，但其概念、技术、方法和原则等在解释中国问题时具有一定的局限性；二是国外代际项目多侧重于满足老年人的发展性需求，而国内城乡差异与需求分化的现实则要求整合服务以满足老年人的多元化需求。

目前国内研究还存在一些可以突破的空间。一是代际研究的范围有待扩大。虽然既有研究关注到了社会与时代的变迁对代际关系的影响，但多集中于探讨家庭代际关系，而对于社会层面的代际关系缺乏关注，非血缘性的代际研究亟待跟进。二是代际研究的内容有待深化。目前涉及社会代际关系主题的研究较为零散，系统性、整体性分析不足，还需要对社会层面代际活动的发展情况及其特点进行全面把握。三是精准化的代际政策设计有待加强。虽然当前国内不乏一些社区代际共融方面的实践，却缺乏理论支撑、规划设计与专业指导，也未完全树立代际共融的理念，相关研究成果与理论均较为缺乏。四是研究视角有待拓展。需要对如何构建与代际实践、理论与政策相平衡的代际共享服务体系进行

---

① 赵万林：《农村老年人照顾与老年友好社区营造——基于湖北 B 村的分析》，《老龄科学研究》2016 年第 2 期，第 59～68 页。

② 张凤鸣：《老龄化背景下图书馆促进社会代际融合思路研究》，《图书与情报》2017 年第 3 期，第 72～77 页。

系统思考，围绕老年群体的养老需求展开相应的代际政策设计。

二　代际共融的概念框架

与代际共融有关的概念较多，若沿着元概念—理论—应用—政策—系统的层次来解释，相关概念可以从“代”和“代际”逐步扩展到代际策略、代际项目、代际政策和代际方法（见表2-1）。

表2-1　概念框架

解释层次	具体内容
元概念层	代（Generation）、代际（Intergenerational）
理论层	代际策略（Intergenerational Strategies）、代际共融（Intergenerational Inclusion）
应用层	代际项目（Intergenerational Programs）、代际活动（Intergenerational Activities）
政策层	代际政策（Intergenerational Policy）
系统层	代际方法（Intergenerational Approach）、代际实践（Intergenerational Practice）、代际范式（Intergenerational Paradigm）

（一）“代”和“代际”

“代”本义为更迭、代替，父子相继为“代”“世代”。除年龄被视为界定“代”的主要标准之外，共同经历及主观认同也被纳入区分“代”的思想中。“代”（Generation）一词在整个社会科学文献中的使用都较为模糊，但大体上有三层含义。一是在生物学层面上，“代”是一种生物事实，是自然界更替和划分的现象①，主要指“年龄组”或“年龄群体”，即一群大致出生于同一历史时期的个体，并多用于分析和比较不同代人之间的健康及生活方式差异等问题。二是在社会层面上，“代”并不是一个可以直接从个体生命周期中推断出来的概念，用德国社会学家曼海姆的话来说，“代”并不是一个生物事实，而是一种历史

① 蔡娟：《代际关系研究的缘起、主题与发展趋势——一个基于文献的述评》，《中国青年研究》2015年第11期，第38~42、95页。

-社会定位。[1] 在这个意义上，“代”是指人们依照某一（或某些）共同的社会特征，并以年龄为识别基准划分的社会群体归属[2]，如受到相同历史、社会环境和文化背景的影响，具有相同的成长经历和统一的共性特征。且这些共同的社会文化印迹塑造了独特的“代际身份”，并最终形成群体成员共同的感知、建构和诠释事件的思维模式，以及相似的工作态度和行为方式。[3] 这层含义已被广泛应用于分析与解释代际的文化连续、职业流动与收入流动等问题。三是在家庭层面上，“代”指亲戚结构中的相对位置或世系的辈分，并不必然地与实际年龄相关，多被应用于分析家庭内部的代际期望与亲子义务关系。[4] 尽管对于“代”有不同的概念化解释，但对“代”的划分主要取决于两个因素：一是时间的变化，二是先出生的人与后出生的人之间的关系。

“代际”（Intergenerational）一词单从字面结构上来看，由“代”和“际”两个字构成。“代”指大致出生在同一年代的人。“际”本义为两墙相合之缝，指彼此之间。因此“代际”即指不同世代之间的关系，通常指两代人之间的人际关系，尤其是老年人与青年人之间的关系，如家中的祖父辈、父辈与儿女或孙辈之间的关系。“代际”一词也常被译为“代间”（中国台湾）、“跨代”（中国香港和新加坡）、“世代间”（日本）等。然而，国内外有关“代”的划分标准不一，国外多以“社会重大历史事件”为标准，分为年老一代（生于 1925 ~ 1945 年的人）、婴儿潮一代（生于 1946 ~ 1964 年的人）、X 世代（也称为十三岁一代，生于 1965 ~ 1980 年的人）、Y 世代（也称为千禧一代，生于 1981 年及以后的

---

① Karl Mannheim, “The Problem of Generational,” in Paul Kecskemeti, ed., *Essays on the Sociology of Knowledge* (London: Routledge & Kegan Paul, 1952), pp. 276 - 320.

② 吴帆、李建民：《中国人口老龄化和社会转型背景下的社会代际关系》，《学海》2010 年第 1 期，第 35 ~ 41 页。

③ S. Lyons, L. Kuron, “Generational Differences in the Workplace: A Review of the Evidence and Directions for Future Research,” *Journal of Organizational Behavior* 35 (2014): S139 - S157.

④ Kristina Göransson, *The Binding Tie: Chinese Intergenerational Relations in Modern Singapore* (University of Hawaii Press, 2009), pp. 6 - 7.

人)[①]、Z 世代（生于 1995～2009 年的人，又称为网络世代、互联网世代)[②]。相比之下，国内学界对于“代”的划分标准并不统一，如学者廖小平根据出生年代提出了“五代人”的划分方法。[③] 而社会大众则习惯以 10 年为间隔来区分不同“代”的价值观念和行为特点，如“80 后”“90 后”“00 后”等。

同时，“际”也包含了不同内容，既包括冲突，也包括合作。整体而言，国外学界对于“代际”的使用多属于广义上的，既包括家庭内部上下代之间的抚育、赡养、继承、交换与交往关系，也包括社会层面不同代之间的合作、互动与交换关系，跨越了血缘、地缘和业缘，几乎涵盖了家庭、健康照护、学校、工作以及自然环境中的所有代际关系。有国外学者指出，“代际”概念可划分为“与亲属关系、祖先和家庭角色相关的宗族代际”、“与学校、公司及社会、文化方面的教育主体相关的教学代际”和“由于战争、经济和政治动荡产生集体认同或具有不同时代特征的社会历史和文化代际”三种。[④] 相比之下，国内学者对于“代际”的使用则多属于狭义上的，偏重于对家庭内部亲子关系的探讨，因为家庭是代际关系中最亲密的领域，但随着经济社会的变迁，家庭内部的相互支持（包括照料）发生了重要变化。国内一些学者开始正视“代际”的研究范围问题，强调代际关系不仅限于“家内”，还存在于“家际”，有性别和生命周期之分，有抚育、交换、赡养之差异，还因制度变迁而有时期和强势代与弱势代的不同。[⑤] 实际上“代际”所涵盖的范围较广，不仅包括血统、地缘、业缘群体之间的同代关系和异代关系，

---

① 陈坚、连榕：《代际工作价值观发展的研究述评》，《心理科学进展》2011 年第 11 期，第 1692～1701 页。

② 张颐武：《“Z 世代”的冲击力》，中国社会科学网，2020 年 6 月 29 日，http://www.cssn.cn/zm/zm_hwsc/202006/t20200629_5149149.shtml。

③ 廖小平：《分化与整合——转型期价值观代际变迁研究》，高等教育出版社，2007。

④ K. Lüscher, L. Liegle, A. Lange, A. Hoff, M. Stoffel, G. Viry, E. Widmer, "Generations, Intergenerational Relationships, Generational Policy: A Trilingual Compendium," *Journal of Intergenerational Relationships* 10 (2012): 309－311.

⑤ 王跃生：《村家庭代际关系理论和经验分析——以北方农村为基础》，《社会科学研究》2010 年第 4 期，第 119～122 页。

还包括不同经济层次和文化层次的群体间的代际差异。也就是说，“代际”不只是划分群体和指代群体间关系的一个维度，往往还与其他划分维度相交织。因此，代际是一个错综复杂的关系复合体，研究代际关系时需要具有整体视角（Holistic Perspective）。另外，在英语中，最易混淆的是“代际”（Intergenerational）和“多代”（Multi-generational）概念。“多代”指不同世代的汇集、共存与重合（同一时间、空间、活动等），主要强调各世代共存并重合的事实，而不指世代之间发生了什么。

（二）代际策略与代际共融

“代际策略”（Intergenerational Strategies）指实现良好代际目标的方案集合，其内容包括合作、互动和交换等，本质在于互惠。“代际合作”虽然意思与之相近，但范畴要比“代际策略”小，只是后者的一个组成部分。相较于“代际策略”偏重于理念上的构想与准备，“代际项目”与“代际实践”更侧重于行动上的操作，是“代际策略”的具体表现形态。

严格意义上说，“代际共融”是与国外“代际项目”相对应的概念，但由于中外文化的差异，“代际项目”在中国使用并不普遍，国内民间类似活动中最常用的说法是“老少同乐”，因此有必要对中国情境下的代际共融进行界定，对其内涵和表现特征进行深入探索，从而与国外“代际项目”进行比较与区别。中外对代际的使用范围是有差别的，国外学者更关注社会不同代之间的关系，而国内学者则更关注家庭内部各代之间的关系，关注子代对父代的回应与反馈——孝道的运行，而老年父母则多被视为没有自主性、被动接受赡养的弱势群体，这样的代际观实际上忽视了中国本土关于代际的道德观念和文化想象。社会科学方法论虽然也常将代际作为专门视角来分析具体社会问题，却抽离了其所具有的文化和社会内涵，多视其为家庭亲子关系的范畴。这一认识也间接地体现在国家的老龄政策文件中，如2011年国务院发布的《中国老龄事业发展“十二五”规划》就选择使用“代际和顺”的表述，倡导弘扬孝亲敬老美德，促进家庭和睦、代际和顺，直指代际的家庭层面。然而，到了2013年，在全国老龄办联合23个部门发布的《关于进一步加强老年人优待工作的意见》中，便出现了“代际共融”的新提法，文件中的表述是“统筹不同年龄群体的利益诉求，促进代际共融与社会和谐”，更强调“代际”的社会层面关系。2016年，全国老龄办等25个部门联合发布的《关于推进老年宜居环境建设的指导意见》又进一步提出了“代际和谐”的号召，即倡导代际和谐社会文化，增强不同代际的文化融合和社会认同，统筹解决各年龄群体的责任分担、利益调处、资源共享等问题，实现家庭和睦、代际和顺、社会和谐，为老年人创造良好的生活氛围。国务院在2017年2月28日印发的《“十三五”国家老龄事业发展和养老体系建设规划》中则明确提出，要逐步增进老年人福祉，为老年人参与社会发展、社会力量参与老龄事业发展和养老体系建设提供更多更好支持，实现不分年龄、人人共建共享。由此可见，在应对老龄化问题上，我国政府对于“代际”的认识程度在不断加深。当“代际”超出家户范围而进入家族、宗族、社区和国家层面，代际便具有了某种公共性和福利性含义。

单纯从字面上来看，“共融”一词中“共”字取彼此都具有、使用或承受之意，侧重休戚与共；“融”字则是指调和、和谐、融合、融洽、融会贯通、其乐融融。“融”在“金融”一词中的解释可看作以货币为中心的经济活动，所以“共融”可以看作通过对现有资源进行重新整合，实现价值的等效流通，共同分享成果，也可解释为伙伴关系。本书认为在与“代际项目”相对应的概念解释上，既要借鉴国外的概念理论，也要结合中国的文化背景与历史传统，因此主张使用国家政策文件中曾出现过的“代际共融”一词来进行对应表达。因为这一词语还与现代意义上的社会共建共享相契合，在理论上可以丰富“代际项目”的内涵。“代际共融”是指一种通过政策、服务、活动等手段，促进不同代间资源重组、实现成果共享、满足不同年龄层次的不同利益诉求的社会发展策略，包括理念、目标、行动方案等。“代际共融”所涵盖的群体不仅包括家庭内部的亲代与子代，还包括社区以及社会中非血缘关系的不同年龄群体；所涉及领域也是多方面的，包括日间照料、医疗保健、休闲娱乐、老年教育、文化传承、社区建设等，旨在统筹社会中不同年龄群体的关系，促进代际沟通与共享发展。发展代际共融可以在响应国家养老政策的同时，更好地解决农村养老资源分配不均、供需不平衡的问题，对于推动整个社会的经济文化发展都有着重要意义。因此，本书在核心概念界定上沿用了这一说法，认为“代际共融”更能凸显中国的文化特色和价值内涵。

值得一提的是，由于中外文化的差异，与中国邻近的日本也没有直接使用“代际项目”一词，而是使用“代际共创”（Intergenerational Cocreation）一词来表达与中国“代际共融”相近的含义。面对当前层出不穷的各种社会问题，日本学术振兴会认为当前孤立和片面解决问题的方法是很局限的，倡导立足当地的问题和资源，运用一种整体性方法——“代际共创”，以使人们变得活跃起来，并影响他们的思维方式，使其获得多种智慧，从而促进社会共识的达成以及社会的可持续发展。所谓“代际共创”，指的是一种共同创造某种东西的合作活动，而不是简单地让一代人照顾另一代人，共同创造的不一定是有形产品，还可能包括诸如改善健康或增进福祉以及减少财政赤字或减轻环境负担之类的价值。[①] 当然，并不是所有的问题都可以通过“代际共创”来解决，但“代际共创”是一种有待发展的社会技术，有助于可持续社会目标的实现。

（三）代际项目与代际活动

“代际项目”（Intergenerational Programs）产生于20世纪60～70年代的美国。为了积极应对工业化、城市化背景下的个人主义盛行、家庭碎片化以及代际区隔问题，国外人力资源服务机构开始尝试通过开展代际融合项目来消除社会对老年人的刻板印象、减少代际隔离和为低收入老年人提供经济支持。国际上对于“代际项目”的定义较多，如美国代际联盟将“代际项目”定义为：通过将老年人和年轻人聚合起来，共同

① Research Institute of Socience and Technology for Society, “Designing a Sustainable Society through Intergenerational Co-creation (FY2014 - 2019),” https://www.jst.go.jp/ristex/en/e_examin/i-gene.html.

参与持续的、互惠互利的、有计划地实现特定目的的活动，使各年龄层的人可以分享智慧和资源，彼此相互支持，最终使个人和社区受益。在这个概念中所使用的“老年人”是指50岁及以上人群；年轻人则包括从儿童到二十几岁的青年。[①] 目前对于“代际项目”较为一致的观点是将其看作为老年人与年轻人提供互动和参与解决社会问题机会的社会工具[②]，以促进积极沟通和缩短不同世代间的社会距离。在此定义中，之所以更强调老年人与年轻人之间的合作与互惠，是因为这两类群体分别处于生命周期的两端，是社会中相对弱势且更需要社会关爱与支持的群体，因此将其纳入同一框架展开社会服务，更具社会效益。发展至今，代际项目在国外已成为高度专门化的社会领域，是名副其实的“社会事业”。但更确切地说，代际项目指的是一系列以增进社会中任何两代人之间合作、互动与交换为目的高度结构化的社会服务或介入活动[③]，包括分享技能、知识和经验等。

而“代际活动”（Intergenerational Activities）多指单次或几次的活动。相比之下，“代际项目”比“代际活动”更具复杂性、系统性和持续性。代际项目的专业性更强，常常被视为一种具有学科交叉背景的介入手段。

（四）代际政策

对应社会政策领域，“代际政策”（Intergenerational Policy）指运用代际方法来阐述问题或影响社会各代人的公共政策。[④] 它以对代际关系

---

① Generations United, “Young and Old Serving Together: Meeting CommunityNeeds through Intergenerational Partnerships,” https://www.gu.org/resources/young-and-old-serving-together/.

② S. Newman, C. R. Ward, T. B. Smith, J. O. Wilson, & J. M. McCrea, *Intergenerational Programs: Past, Present, and Future* (Washington, D. C.: Taylor & Francis, 1997).

③ M. Kaplan, M. Sánchez, “Intergenerational Programs and Policies in an Ageing Society,” in S. Harper & K. Hamblin, eds., *International Handbook on Ageing and Public Policy* (Cheltenham, England: Edward Elgar, 2014), pp. 367 – 383.

④ M. Kaplan, M. Sánchez, “Intergenerational Programs and Policies in an Ageing Society,” in S. Harper & K. Hamblin, eds., *International Handbook on Ageing and Public Policy* (Cheltenham, England: Edward Elgar, 2014), pp. 367 – 383.

相互依赖、互惠互利本质的理解为前提，代际项目则是对代际政策的具体应用与实施。[①] 但从产生时间上看，“代际实践”和“代际项目”出现最早，随后用于解释代际实践工作的代际理论开始出现，最后才是“代际政策”的产生。随着一些国家人口老龄化程度的不断加深，代际问题日趋多元和复杂，因此，进一步细化代际政策的建议也不断被提出。如西班牙学者桑切斯（M. Sánchez）等提出了发展“元代政策”（Meta-generational Policies）的观点，主张不仅要关注某一代人，更要综合考虑多代人的生活场所、生命周期、生命活动以及代际关系。[②] 吕塞尔（K. Lüscher）等人将“代际政策”视作对“代际公平”的话语伦理协商和福利机构对代际资源再分配的一种表达方式。[③] 由此可见，“代际政策”的概念范围更广，涵盖了老龄社会中一系列领域，如照料、劳动力、教育、社区发展等，但“代际项目”与“代际政策”在内容上是相互交织的，且代际项目是实施代际政策的重要手段。

但从目前发展情况来看，除联合国明确出台了有关代际友好与共享的政策外，其他国家多是在老龄政策或其他民生政策中间接表述相关内容，中国目前也是如此，有关代际的政策文件还较为缺乏，相关表述也较为模糊，明确性的、可操作的、具有指导意义的代际政策还较为缺乏。尤其对于如何进行资金筹集与投入、谁来主导或引导、谁来运营、人员如何组织和管理、各部门间如何分工协作、专业化的人员队伍如何建设以及如何实现可持续发展等，这些都是今后中国代际政策应该关注的问题。可以预见，随着老龄化程度的不断加深以及社会流动速度的加快，社会各世代间对彼此的情感支持需求都会不断增加，代际友好必将成为

---

① G. Calhoun, E. Kingson, S. Newman, "Intergenerational Approaches to Public Policy: Trends and Challenges," in S. Newman, et al., eds., *Intergenerational Programs: Past, Present, and Future* (Washington, D. C.: Taylor & Francis, 1997), pp. 161 – 174.

② M. Sánchez, J. Sáez, S. Pinazo, "Intergenerational Solidarity, Programs and Policy Development," in M. A. Cruz-Saco, S. Zelenev, eds., *Intergenerational Solidarity. Strengthening Economic and Social Ties* (New York: Palgrave Macmillan, 2010), p. 137.

③ K. Lüscher, L. Liegle, A. Lange, A. Hoff, M. Stoffel, G. Viry, E. Widmer, "Generations, Intergenerational Relationships, Generational Policy: A Trilingual Compendium," *Journal of Intergenerational Relationships* 10 (2012): 309 – 311.

中国未来的一个政策方向。

（五）代际方法、代际实践和代际范式

“代际方法”（Intergenerational Approach）、“代际实践”（Intergenerational Practices）和“代际范式”（Intergenerational Paradigm）含义较为相似，都是系统层面的说法，指广义上的代际介入，包括经济、教育、文化、卫生、体育、社会交往等活动，旨在通过将社会中不同代人有目的性地联结在一起参与互惠活动来增进不同代人之间的理解和尊重，建立一个更和谐的社区。[①] 对于代际方法、代际实践、代际范式的内涵，综合国外既有研究观点可以认为：第一，代际方法、代际实践、代际范式是促进老年人与年轻人之间相互交流与沟通的一种特定和独特的方法；第二，代际方法、代际实践、代际范式不只属于人口学、心理学、社会学、社会工作的研究范畴，就宏观视野看，它属于一个跨学科、跨文化的研究范畴；第三，代际方法、代际实践、代际范式作为一种新型社会运动形态，是整个社会运动与社会变革的一部分；第四，代际方法、代际实践、代际范式是比代际项目范畴更大、内容更丰富、系统性更强的概念，它不仅包含了“3P”成分，即地点（Place）、项目（Program）和政策（Policy），还包含代际学习与课程编写等内容。具体而言，代际实践通常指的是一种代际活动网络，不同年龄段的人有目的地参与其中，彼此见面，互惠互利，并为建立有凝聚力的社区做出贡献。在中国开展代际实践具有重要意义，它将成为共享社会建设的生长点。总之，代际项目和代际活动都属于使老年人融入社会的行动方法，只是二者在使用范围上有所不同。代际项目更具结构性、更正式，而代际活动更具非正式的特点。相比之下，代际方法、代际实践、代际范式的范围更大、更抽象，涵盖了各种非正式项目与活动、空间与环境设计、学习与课程设计、政策等内容（见图 2－1）。

---

① M. Kaplan, M. Sánchez, J. Hoffman, *Intergenerational Pathways to a Sustainable Society* (Springer International Publishing AG, 2017), p. 14.

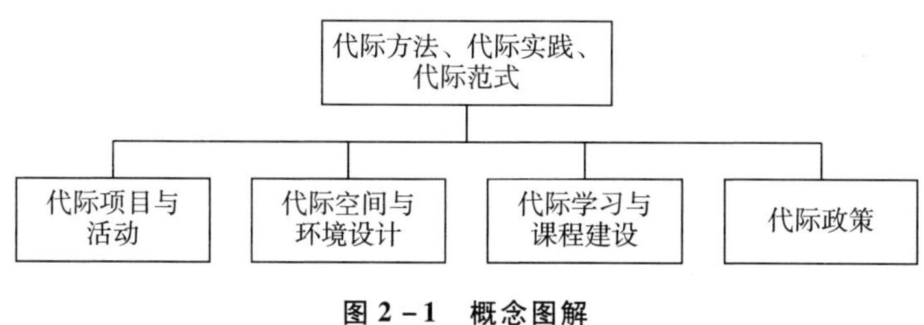

图 2－1　概念图解

三　代际共融的理论基础

尽管自 20 世纪 90 年代开始以促进不同年龄群体间的相互支持来满足社会需求的代际项目已经在美国等国家流行起来，但在学术研究领域，代际项目才刚刚浮出水面，相应的理论解释也较少。本部分通过对相关文献资料的分析与整理，将代际共融的理论观点总结如下。

（一）心理学角度的解释

代际共融不是作为一个理论问题由学术研究者推动产生的，与之相反，它是按照需求－满足的逻辑率先在社会服务领域出现，因而相应的理论研究和评估研究较为缺乏。[①] 虽然目前代际共融已逐渐得到人口学、老年学、人类学、教育学、社会学、社会工作等学科的广泛关注，但多聚焦情感和态度转变，忽略了对组织变迁和社区变迁的考察，因而在代际项目的设计上始终缺乏坚实的理论基础，迫切需要理论的提炼与发展。对此，国外学界做了许多努力，最初美国心理学家埃里克森的心理社会发展阶段理论广受推崇，并使生命周期成为解读代际项目的一个重要视角。[②] 这一理论中有一个关键概念——“生育感”（Generativity），埃里克森将其定义为成人的基础，将其注意力从自我扩展到他人、转移知识

① V. S. Kuehne, “The State of Our Art: Intergenerational Program Research and Evaluation, Part One,” *Journal of Intergenerational Relationships* 1（2003）: 79－94.

② D. Cohon, “Intergenerational Program Research to Refine Theory and Practice,” in S. Newman & S. Brummel, eds., *Intergenerational Programs: Imperatives, Strategies, Impacts, Trends*（New York: The Haworth Press, Inc., 1989）, pp. 217－232.

和智慧并指导下一代的固有需要。根据埃里克森的说法，有“生育感”的人的人格更健全，会关注社会和他人，而没有发展出生育感的人则会是一个自我关注的人，人格是贫乏和停滞的，只会考虑自己的需要和利益，而不关心他人（包括儿童）的需要和利益。在这方面，发展代际共融活动将有助于“生育感”的培养，并有效增强不同年龄群体间的相互信任和互惠规范，从而有助于建立和维护社会关系网络。

但随着人口寿命的延长，学者们发现这一理论对“老年期”（65岁及以上）的定义并不全面，导致该理论的适用性与解释力受到了怀疑。随后，美国学者纽曼（S. Newman）和史密斯（T. B. Smith）通过对代际背景下老年人与儿童各自人生任务的比较与整合，提出了儿童与老年人发展理论。[①] 沃德（C. R. Ward）则运用社会心理学的“接触理论”（Contact Theory）分析了代际项目在转变社会对老年人歧视态度方面的作用。[②] 基特伍德（T. Kitwood）通过对阿尔茨海默病患者的研究，提出了人格理论，家庭成员和专业护理人员都有责任为阿尔茨海默病患者提供关爱以尊重个体的人格。他认为社会中的任何一个个体，不管年龄和能力，都应在满足人类在依恋、舒适、身份、职业和包容上的基本需求方面得到相应支持。[③]

（二）社会工作角度的解释

1. 赋权理论

由于心理学理论的应用范围过于狭窄，无法对代际实践的多重主题和问题进行解释，导致目前绝大多数的代际研究和代际项目没有依托理

---

① S. Newman, T. B. Smith, “Developmental Theories as the Basis for Intergenerational Programs,” in S. Newman, C. R. Ward, T. B. Smith, J. O. Wilson & J. M. McCrea, eds., *Intergenerational Programs: Past, Present, and Future* (Washington, D. C.: Taylor & Francis, 1997), pp. 3–19.

② C. R. Ward, “Research on Intergenerational Programs,” in S. Newman, C. R. Ward, T. B. Smith, J. O. Wilson & J. M. McCrea, eds., *Intergenerational Programs: Past, Present, and Future* (Washington, D. C.: Taylor &Francis, 1997), pp. 127–139.

③ T. Kitwood, *Dementia Reconsidered: The Person Comes First* (Philadelphia: Open University Press, 1997).

论进行。[①] 在此基础上，学者 Lawrence-Jacobson 和 Kaplan 提出了运用“赋权理论”（Empowerment Theory）来指导代际实践的主张。[②] 实际上“赋权理论”并不是什么新的理论，在社会学和社会工作领域应用较广，但“赋权”作为一个使个人、组织和社区掌握控制其生活机制的过程，为发展和评估代际共融实践提供了一个有益的分析框架。在个人层面，赋权包含了能力感、知识感和影响变迁的技巧三个方面的含义；在组织层面，赋权包含了使组织为不同世代成员提供机会、发展能力和获得控制感的过程；在社区层面，赋权包含了社区内各组织和机构相互连接、协同以满足不同世代成员需求的过程。然而，由于“赋权”是一个较为灵活的概念，在具体应用中也存在一些问题，还需要在代际项目的决策、招募、链接资源和评价策略的过程中真正落到实处。

2. 优势视角

“优势视角”（Strength Perspective）也叫优势观点，是 20 世纪 80 年代开始出现在社会工作领域的一种学术术语，近年来又逐渐发展成为社会工作实务中的热门概念。总的来说，优势视角是社会工作领域的一种思维方式和工作方法，一般认为是由美国堪萨斯大学社会福利学院教授 Dennis Saleebey 提出。他认为优势视角是“一种关注人的内在力量和优势资源的视角，把人们及其环境中的优势和资源作为社会工作助人过程中所关注的焦点”。[③] 这一视角反对将服务对象视为有问题的人，因为给服务对象贴上标签会对其产生负面影响，且重复多次之后就会改变案主对自己的看法和周围人对他的看法，会让服务对象变得越来越没有自信心。[④] 这一理论视角区别于传统社会工作的问题模式和病态视角，强调社会工作的目标不仅仅是消除症状和问题、修补缺陷，还需要以正面、

① V. S. Kuehne, “The State of Our Art: Intergenerational Program Research and Evaluation, Part One,” *Journal of Intergenerational Relationships* 1 (2003): 145 – 161.

② A. Lawrence-Jacobson, M. Kaplan, “The Applicability of Empowerment theory to Intergenerational Programming,” *Japan Journal of Intergenerational Studies* 1 (2011): 7 – 17.

③ 李静：《代际互助：“成功老化” 的模式创新》，《东岳论丛》2018 年第 5 期，第 61 ~ 66 页。

④ 〔美〕Dennis Saleebey 编著《优势视角——社会工作实践的新模式》，李亚文、杜立婕译，华东理工大学出版社，2004。

积极、优势的视角去看待案主及其处境，挖掘潜藏在案主及环境中的资源和能力，鼓励案主建立自信。[①] 应用于代际共融领域，即要求以优势视角来看待老年人和年轻人，要善于发现和挖掘双方所具有的优势。如老年人因阅历丰富而积累了大量的人生经验、社交与就业技巧以及成长教训，同时也在情绪管理方面具有一定智慧，从而成为老年人的优势。就年轻人而言，具有活力、朝气蓬勃、精力充沛、兴趣广泛、敢于尝试和创新是其最为显著的优势。随着经济社会的发展以及教育手段的进步，知识更新的速度不断加快，年轻人在接受新事物尤其是在使用互联网和电子信息产品方面要比老年人具有更大优势。因此，看似相反的两极却存在着互补与互融的可能。当前老年人除了经济需求外，精神需求更加突出，既渴望有活泼年轻人的陪伴与交流，以慰藉老年人因社会参与缺失而日益失落与孤寂的心灵，又希望通过一定形式的活动来掌握现代化的信息沟通工具，以增进自己的社会融入和提高晚年生活质量。反过来，年轻人也可从与老年人的接触与沟通中受益，加深其对老化过程的了解，同时从长辈那里获得生活指导和汲取人生经验，促进文化的代际传承。

（三）社会学角度的解释

1. 社会资本理论

根据社会学中的社会资本理论，信任、规范、网络等社会资本能够通过协调社会行为显著促进社会功能的发挥。面对日渐分散的家庭与社区结构，亟须探索一种有效的社会介入方法来促进老年群体社会资本的凝聚，加强老年人的社会支持。相关研究表明，社会支持是减少晚年抑郁的重要因素[②]，良好的社会关系还有助于减少大脑损伤、延缓衰老[③]，以及延长

---

① 张坤：《优势视角下司法社会工作实践模式探析》，《社会工作》（学术版）2011 年第 11 期，第 4 ~7 页。

② D. G. Blazer, “Depression and Social Support in Late Life: A Clear but not Obvious Relationship,” *Aging & Mental Health* 9 (2005): 497 -499.

③ Z. María-Victoria, E. Beatriz, et al., “Social Networks, Social Integration, and Social Engagement Determine Cognitive Decline in Community-Dwelling Spanish Older Adults,” *Journal of Gerontology: Social Sciences* 58 (2003): S93 - S100.

老年人口寿命[①]。也就是说，养老质量与老年人的关系网络密切相关。不管是在家庭还是在社区中，促进老年人的社会参与和拓展其社会关系网络都是增进老年人福祉的重要组成部分。[②] 而代际项目不仅能够为发展建立在信任与友谊基础上的令人满意的社会关系提供机会，还能减弱老年人的社会孤立感。此外，由于儿童和老人分别处在人类生命历程的两端，与其他年龄群体相比，他们在社会、精神、情感和身体健康方面都处于相对弱势地位。而代际项目不仅能够为这两类群体与其他年龄群体的接触提供机会，还能通过互动与陪伴等方式为其提供情感慰藉和社会支持。

2. 生命历程理论

生命历程理论（Life Course Theory）源于社会学，最早出现于20世纪初美国芝加哥学派对工业化背景下移民问题、犯罪问题特别是青少年犯罪问题等展开的研究中，但目前已日渐发展成为一种以社会学研究为主体，兼容心理学、人类学、政治经济学、人口学、统计学等的跨学科理论。[③] 这一理论多侧重于研究大规模的社会变迁和经济转型对个人生活与发展的影响，关注生命历程的不同阶段对个人生命机遇的意义。[④] 生命历程是指人从出生到死亡的连续过程，包括婴儿期、儿童期、青春期、青年期、壮年期和老年期各个阶段。其中，老年期位于整个生命历程的最后一部分，是前面时期的延续，也受到前面时期的深刻影响。我国学者穆光宗认为，老年生命历程大致可以分为退休过渡期、老年活跃期、失能障碍期、重病卧床期和生命临终期五个阶段，其中农村老人由于没有

---

① M. V. Zunzunegui, F. Béland, M. T. Sánchez, A. Otero, "Longevity and Relationships with Children: The Importance of the Parental Role," *BMC Public Health* 9 (2009): 351 - 360.

② A. Walker, "Commentary: The Emergence and Application of Active Aging in Europe," *Journal of Aging & Social Policy* 21 (2009): 75 - 93.

③ 林义、林熙：《生命历程视域下退休制度的理论探索》，《苏州大学学报》（哲学社会科学版）2014年第4期，第21～28页。

④ 《周雪光：理解宏大制度变迁与个人生活机遇："生命历程"为社会学提供重要视角》，南京大学马克思主义社会理论研究中心网站，2015年3月13日，https://ptext.nju.edu.cn/c7/6f/c12224a247663/page.htm。

工作也就没有过渡期，其他阶段则没有明显的城乡差别。[①] 但对于城市老人而言，在退休过渡期他们多会因角色丧失、角色中断陷入“无角色困境”，导致其在自我认知和人生意义方面出现问题，需要进行角色转换。而老年活跃期作为老年发展期，“健康老化”和“积极老化”是最重要的主题，要挖掘生命潜能、实现人生价值。这一理论无疑为发展新时代的代际共融提供了良好的理论解释，即通过对老年人所处的生命历程阶段的分析，认识到他们身上所蕴含的资源优势，在此基础上运用适当的手段来帮助他们实现自我价值，释放老年人口红利，以实现健康老化和积极老化的效果。而代际共融恰恰为实现这些目标提供了新思路与新方法，可以为满足其发展性需求和价值性需求创造机会和平台，促进老年人生活质量的提高。

3. 照顾循环理论

国外学者巴达萨罗（L. Baldassar）和默拉（L. Merla）于 2013 年在对移民问题的研究中提出了一个“照顾循环”（Care Circulation）的概念，认为“照顾循环”是“互惠、多方面和非对等的照顾行为，在跨国家庭网的生命历程中不断流动，同时与政治、经济、文化和社会情境相互影响”。[②] 研究发现，在流动性和不在场时常发生的跨国家庭当中，照顾需要互惠和多元的方式来实现。因为人们“在生命历程不同的时间段里，不同程度地付出与回报”，照顾会在“时间、距离和家庭成员之间不断流动”。[③] 而当前中国的家庭也面临着这样的问题，社会流动速度的加快以及青年子女与老年父母分家居住的现象极为普遍，从而给传统的居家照顾模式带来了极大的挑战。也就是说，在因家庭成员距离较远而无法完成对老年人生活进行照顾的情况下，还需要引入和开辟更多的多

① 穆光宗：《成功老龄化：中国老龄治理的战略构想》，《国家行政学院学报》2015 年第 3 期，第 55～61 页。

② L. Baldassar, L. Merla, *Transnational Families, Migration and the Circulation of Care: Understanding Mobility and Absence in Family Life* (London: Routledge, 2013), p. 12.

③ 刘捷玉、余家庆：《中国农村家庭养老现状：人口流动下的家庭照顾循环》，《开放时代》2019 年第 1 期，第 7、179～193 页。

元互惠照顾方式。而社会代际互助无疑是一个有益的思路，目前已通过“时间银行”、多代屋等方式在国际上进行了实践。

4. 社会交换论

社会交换论（Social Exchange Theory）作为一种社会学理论，于20世纪60年代在美国出现，主要代表人物有霍曼斯、布劳、埃默森等。该理论认为在人们的社会交往行为中普遍存在着社会交换，人们会通过“交换”获得报酬（收益），并付出一定的代价（成本）。社会交换具有双向性，交换双方都需要将资源传递给对方，往往以互惠为原则。该理论还认为，交换的不仅仅是物质、劳动力与财产，还可以是一种无形的服务或者是荣誉，包括智慧、精神以及心灵层面的慰藉或者社会地位、声望权威等。同时，如果交换双方都对所交换的东西满意，那么这种交换行为就能长期存在和维系；如果交换体验不佳，那么交换行为就会终止。实际上，代际共融活动的开展是以互惠为基本原则的，这种活动本身也属于一种社会交换行为，如老年人在以劳动或知识、经验传授形式帮助年轻人的同时，也能在社会认同和精神层面得到一定反馈。如果这种交换关系能够长期在社区中维系和良性发展，那么就可以营造出养老、孝老、敬老的社会环境。

（四）老年学角度的解释

1. 成功老龄化

“成功老龄化”概念是相对于“正常老龄化”而言的。“正常老龄化”是指那些展现出典型的非病理性的与年龄相关的变化；而“成功老龄化”则关注的是那些相对年轻群体的平均状况，在功能上几乎没有下降或下降较少①。1987年，美国学者罗（J. W. Rowe）和卡恩（R. L. Kahn）在*Science*上发表了一篇论文，提出可以从三个方面来界定“成功老龄化”，即在心理上维持心智与身体的高功能、在生理上降低疾病或

① 熊波：《老龄化如何成功？——国外成功老龄化研究的取向与评述》，《国外社会科学》2018年第2期，第68～76页。

失能风险以及在社会上积极参与社会活动。[①] 在现代老年学领域，老年人的身体和心理健康也需要用社会关系要素来体现，其中社会连接与积极的社区参与便是重要的衡量指标，以至于一些学者视关系尤其是老年人获得关爱及其社会交往情况为定义“成功老龄化”的主要标准[②]。因此，如果老年人与儿童或青少年互动，对老年人最大的好处就是可以加深关系，并获得情感上的支持，而儿童或青少年也会获得同样感受。世界卫生组织将良好的社会支持与社会融入作为定义健康个体的重要标准。要达到“成功老龄化”的目标，无疑就需要积极地参与一些有价值且有益于身心健康的社会活动，而代际项目恰恰属于此类活动，因此“成功老龄化”的观点可以为代际共融提供一定的理论支撑。

2. 生产性老龄化

生产性老龄化（Productive Ageing），又称“产出性老龄化”，最早由美国学者巴特勒（Robert Butler）于1982年在奥地利萨尔茨堡举办的一次老年学会议（The Salzburg Conference of 1982）上提出。他指出那种认为老年人没有生产力和创造能力的观点是没有根据的，如果抛去功能障碍和“社会逆境”的影响，老年人可以富有生产力并积极参与生活。[③]“生产性老龄化”一般被界定为“发挥个人能力从事商品和服务生产的老龄人口的任何活动，而这种贡献并不考虑老年人是否得到报酬”。自20世纪90年代开始，“生产性老龄化”就被视为实现“成功老龄化”不可缺少的一部分，而志愿服务以及付费工作则是构成“生产性老龄化”的重要活动。相关研究表明，志愿活动与老年志愿者的身体和心理健康密切相关。[④] 也就是说，老年智力活动与社会参与有助于保持他们的身

---

① J. W. Rowe, R. L. Kahn, “Human Aging: Usual and Successful,” *Science* 237 (1987): 143 - 149.

② C. D. Ryff, “Successful Aging: A Developmental Approach,” *The Gerontologist* 22 (1982): 209 - 214.

③ 范方春、吴湘玲：《老龄问题应对理念的辨析——历史和比较的视野》，《社会保障研究》2018年第4期，第13～21页。

④ M. Yasunaga, Y. Murayama, T. Takahashi, et al., “Multiple Impacts of an Intergenerational Program in Japan: Evidence from the Research on Productivity through Intergenerational Sympathy Project,” *Geriatrics Gerontology International* 16 (2016): 98 - 109.

心健康，因此关心社会和适度融入是老年人摆脱孤独困境的重要手段，有利于保持老年人与外界的良性互动，保持老年人一定程度的人际交往与社会融合，有益于排遣孤独，促进身心健康。在这个意义上，代际共融活动正是为实现“生产性老龄化”提供了方法与手段。

3. 健康老龄化

“健康老龄化”是由世界卫生组织推动和欧洲老年医学界于1987年明确提出的一个概念，世界卫生大会（World Health Assembly）决定将“健康老龄化的决定因素”作为当时的主要研究课题，1993年第15届国际老年学会世界大会还将其视作应对人口老龄化的一项发展战略。“健康老龄化”认为各国在面对人口老龄化挑战时，并非束手无策，人们能够通过人为干预克服人口老龄化的不良后果，或者利用合理机制将人口老龄化的负面作用降到最小。[①] 这主要是基于当时社会对于人口老龄化存在一些消极观点，认为人口老龄化的一大后果便是老年人口总体发病率的提高和不能自理期的延长，还会导致社会负担加重、社会活力下降、科学技术更新和生产力发展受到不利影响等。而“健康老龄化”的核心理念是老年人生理健康、心理健康、适应社会良好，是我国应对人口老龄化的必由之路，对社会经济发展亦具有重要意义。[②] 根据世界卫生组织于2015年发布的《关于老龄化与健康的全球报告》对健康老龄化的定义——发展和维护老年健康生活所需要的功能发挥（行动力、建立和维持人际关系、满足基本需求、学习、发展和决策、贡献）的过程，健康老龄化不仅关注老年人的身心健康，更强调老年人在行动能力和社会功能上的健康。此外，这一报告还将年龄友好和反对年龄歧视等一并纳入健康老龄化的政策框架，也拓展了健康老龄化的战略思想。在这个意义上，发展代际共融恰恰有利于提高老年人的身心健康水平和社会适应能力，因此“健康老龄化”也构成了代际共融的一大理论基础。

---

① 陆杰华、阮韵晨、张莉：《健康老龄化的中国方案探讨：内涵、主要障碍及其方略》，《国家行政学院学报》2017年第5期，第40~47、145页。

② 邬沧萍、姜向群：《“健康老龄化”战略刍议》，《中国社会科学》1996年第5期，第52~64页。

4. 积极老龄化

“积极老龄化”的观点最早是在 1997 年 6 月美国丹佛举办的八国集团峰会上被提出，当时主要是为了减少老年人就业的不利因素以及减少对临时雇用老年人的限制。[①] 联合国于 2002 年 4 月召开的第二次老龄问题世界大会上发布了《积极老龄化：政策框架》的政策报告，在“健康老龄化”的基础上又增加了“保障”与“参与”两个新维度，给出了“积极老龄化”的定义——“人到老年时，为了提高生活质量，使健康、参与和保障的机制尽可能发挥最大效应的过程”[②]，并围绕健康、参与、保障三个维度，具体建立了六组测量指标，包括健康和社会服务、个人行为、个人身心、物理环境、社会指标和经济指标。2002 年联合国大会通过的《老龄化马德里政治宣言》在第 19 章的指导原则中还提出了“社会各年龄段发展”的承诺，倡导国际社会共同为老年人及其发展提供有力的支持环境。[③] 受国际“积极老龄化”理念与政策影响，国内学者从 2003 年开始关注积极应对人口老龄化议题。如邬沧萍和杨庆芳专门论述了“老有所为”对我国积极应对人口老龄化的意义，倡导对老年人力资源的开发[④]；原新认为，积极应对人口老龄化是新时代的国家战略，应加强顶层谋划[⑤]；青连斌提出积极应对人口老龄化要坚持“一老一小”两手抓，即抓养老保障体系建设，抓优化生育政策、促进人口长期均衡和可持续发展的顶层制度设计[⑥]。

改革开放以来，伴随家庭结构的变化与人口的大规模流动，家庭子

---

① A. Walker, “A Strategy for Active Ageing,” *International Social Security Review* 55 (2002): 121 - 139.

② “Active Ageing: A Policy Framework,” Madrid: A Contribution to the Second World Assembly on Ageing, 2002.

③ 刘文、焦佩:《国际视野中的积极老龄化研究》,《中山大学学报》(社会科学版) 2015 年第 1 期，第 167 ~ 180 页。

④ 邬沧萍、杨庆芳:《“老有所为”是我国积极应对人口老龄化的客观要求》,《人口与发展》2011 年第 6 期，第 32 ~ 34 页。

⑤ 原新:《积极应对人口老龄化是新时代的国家战略》,《人口研究》2018 年第 3 期，第 3 ~ 8 页。

⑥ 青连斌:《积极应对人口老龄化要“两手抓”的战略选择和政策建议》,《西北大学学报》(哲学社会科学版) 2021 年第 2 期，第 42 ~ 49 页。

女数量不断减少，因亲子居住的分离而导致的“家庭赡养和照料的脱离”现象突出，空巢老人、留守老人和独居老人的数量不断增多。由于目前老年人在养老的非经济生活方面基本上是靠自我照料和自我慰藉，这就需要从社区环境方面打造老年友好型社区，为老年人自我养老能力的提升创造机会与条件。在这种背景下，倡导“积极老龄化”不仅要满足老年人的生存性需求，而且要满足老年人的发展性需求，如“老有所为”“老有所用”“老有所成”“老有所学”“老有所享”，以提高老年人的生活质量。[①] 在这个意义上，开展代际共融活动是实现积极老龄化的一种有效方法，可以充分实现对老年人力资源的开发和再利用，在使老年人发挥余热的同时达到提高其晚年生活质量和回馈社会的目标。

四　代际共融的内容分类

由于社会群体的不同需求和参与兴趣，代际共融的具体实践形式不一，类型多样、内容丰富，很难用一个统一的标准来衡量。但为了便于分析，我们仍可以通过一些特定的维度来对其加以分类，如根据项目推动主体的不同，可以将其区分为中央政府主导型、社会非营利组织主导型、地方政府支持型、多元主体参与型等。由于很多代际项目是由多个主体共同参与的，往往很难明确类似项目间的区别，因此，按照推动主体来划分虽然有助于明确代际项目发展的动因、分析其发展过程中面临的问题和可持续发展困境，但无助于了解服务对象的深层需求以及促进服务的改进。根据服务受益方向，可将代际共融划分为老年人支持或服务年轻人、年轻人支持或服务老年人、老年人和年轻人合作服务社区、老年人和年轻人共同参与分享活动、老年人与年轻人共享场所五类。[②]

① 穆光宗、涂宇杰：《给岁月以生命：自我养老之精神和智慧》，《华中科技大学学报》（社会科学版）2019 年第 4 期，第 30 ~ 36 页。

② J. McAlister, E. L. Briner, S. Maggi, “Intergenerational Programs in Early Childhood Education: An Innovative Approach that Highlights Inclusion and Engagement with Older Adults,” *Journal of Intergenerationl Relationships* 17 (2019): 505 – 522.

Beth Johnson 基金会成立的代际实践中心（Center for Intergenerational Practice）则将代际项目划分为：代际指导、培训和技能分享等代际学习项目；推动社群关系和社区安全的项目；积极推进老龄化、提高老年人健康水平、促进幸福生活的项目；通过年长的家庭成员或志愿行为支持年轻人及其家庭的项目，如照顾小孩、传授烹饪技能等。[①] 综合上述观点，本书按活动内容将代际共融实践划分为老年照护、儿童与青少年发展、教育或终身学习、健康与福祉、家庭支持、社区发展、文化传承、休闲娱乐、环境保护、就业指导十类（见图 2-2），第三章和第五章还会结合国内外的典型案例展开具体介绍。

① 张凤鸣：《老龄化背景下图书馆促进社会代际融合思路研究》，《图书与情报》2017 年第 3 期，第 72 ~ 77 页。

文化传承

休闲娱乐

环境保护

就业指导

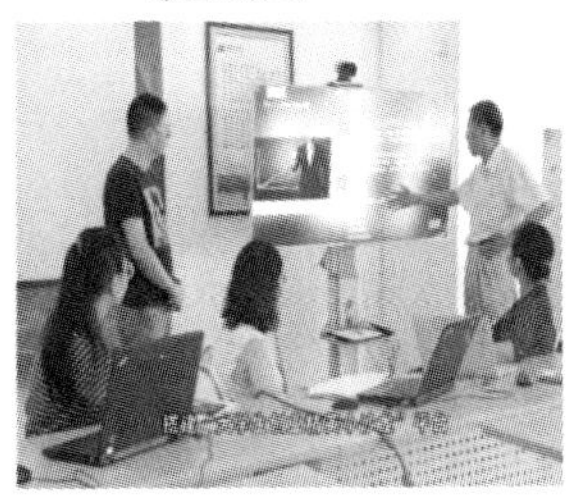

图 2-2 代际共融的内容分类

资料来源：参见《老少同乐：小小志愿者走进仕博健康颐养中心（养老院）》，http://www.shibohealth.com/nd.jsp?id=157；《老少携手 共学共享促成长——麻江县离退休老干部开展关爱儿童读书活动》，https://www.sohu.com/a/587558801_121106687；《红桥浩达公寓社区电子阅览室成老少同乐新阵地》，http://news.enorth.com.cn/system/2016/02/19/030815857.shtml；《河北大学开展老少同乐圆梦夕阳社会实践活动》，http://edu.sina.com.cn/l/2013-08-02/1855231424.shtml；《弘扬中国传统文化 莆田开展系列活动欢庆重阳节》，http://wmf.fjsen.com/2016-10/11/content_18559356_7.htm；《南京江宁区淳化街道：暑期老少同乐 共建文明社区》，http://jsnews.jschina.com.cn/nj/a/202207/t20220727_3043433.shtml；《河北：非遗进校园》，https://baijiahao.baidu.com/s?id=1700935767033870304&wfr=spider&for=pc；《沙坪坝区举办老少同乐趣味运动会》，https://www.cqcb.com/dyh/government/dyh91/2018-07-06/943891_pc.html；《宜都市启动“老少携手·生态环保”志愿行动》，http://lgj.yichang.gov.cn/content-38693-963089-1.html；就业指导图为江南大学商学院教授吴园一，退休后担任无锡市老科协江南大学分会会长时，热心为大学生提供创新创业指导。

（一）实现“老有所为”

1. 儿童与青少年发展

此类项目在国外也被称为“代际辅导项目”（Intergenerational Mentoring Programs），在形式上多以学校或社区为基础，由退休老年人为儿童与青少年提供教育与督导服务，如传授历史文化、写作、绘画、声乐知识等，促进其健康成长。相关研究表明，代际辅导项目在建立相互照料关系、增进代际理解①与信任②方面具有重要作用，尤其是对于那些经常旷课甚至有犯罪行为的青少年而言意义非凡③。

2. 教育或终身学习

充分利用区县、街道和居民区中存在的三级社区教育网络，促进老年人与年轻人共同学习、相互学习，如退休老年人在大学生的帮助下学习英语和现代网络通信技术，年轻人与老年人一起在社区中心学习《论语》等。

3. 家庭支持

帮助“困难家庭”走出困境，强化代际支持，如社区退休老年志愿者为随迁农民工子女、单亲家庭子女、经济困难家庭子女提供课后教育、生活照料、情感支持等。

4. 就业指导

退休老年专家与年轻人一对一结对，担任其人生导师，为其提供职业发展规划与生活建议等。

（二）实现代际反哺

1. 老年照护

年轻人深入社区或养老院，探访空巢、独居、孤寡、失能老人，并提供相应的照料支持与服务。

2. 健康与福祉

医学专业或医疗机构的青年志愿者为社区老人提供免费体检以及健康、营养与运动咨询等。

---

① E. Flaxman, C. Ascher, C. Harrington, *Mentoring Programs and Practices: An Analysis of the Literature* (New York: Teachers College, Columbia University, Institute for Urban and Minority Education, 1988).

② E. Schwalbach, S. Kiernan, “Effects of an Intergenerational Friendly Visit Program on the Attitudes of Fourth Graders toward Elders,” *Educational Gerontology* 28 (2002): 175 – 187.

③ J. P. Tierney, J. B. Grossman, N. L. Resch, *Making a Difference: An Impact Study of Big Brothers/Big Sisters* (Philadelphia, PA: Public/Private Ventures, 1995).

（三）致力于老年友好型环境建设

根据国外经验，发展代际共融可以促进社区的变革。[1] 在此类项目中，年轻人与老年人多会围绕其共同关心的问题联合起来展开服务，或为社区规划和发展提供资源投入。如国外的一些代际项目致力于保护地方历史、传承地方传统、促进废物回收和其他环境保护、组织社区自学活动、减少犯罪等。[2] 代际项目参与者通过深入了解彼此生活的关注点，识别社区内不同年龄群体之间的共同联系，制定社区变革的综合愿景，并共同规划和实施社区改进计划。具体内容包括以下四种。

一是休闲娱乐，包括老少运动会、老少厨艺大赛、老少围棋赛、老少文艺表演等。

二是环境保护，包括老少绿化种植、老少登山郊游、环境与节能教育等。

三是文化传承。此类项目的意义不仅仅在于促进传统文化和技艺的传递，还在于促进文化自豪和文化自觉。典型的形式如老年人与青少年一起庆祝传统节日；老年人为青少年讲解节日来历、文化源头，向青少年传授书法、国画、剪纸、京剧等。

四是社区发展，包括代际亲情住宅建设、代际共融的环境设计与改造（公共空间）、代际共享场所与设施建设（专业化互动空间），以及促进社区代际互助的活动等。

五 代际共融的社会意义

在目前中国式养老的支撑体系当中，政府、个人和家庭、社会、市

---

① M. Kaplan, M. Sánchez, "Intergenerational Programs and Policies in Aging Societies," *Chapters* 43 (2014): 1 - 16.

② S. Perlstein, "Intergenerational Arts: Cultural Continuity and Community Cohesion," *Journal of Aging and Identity* 2 (1997): 273 - 284.

场四种力量均在一定程度上发挥着作用。[①] 但对于那些没有退休金尤其是农村老人而言，来自家庭内部的代际支持仍然是最为重要的养老方式，并发挥着“安全网”的功能。[②] 但这种代际支持却不是一成不变的，在人口老龄化程度加深、青年一代外出工作、家庭居住安排变迁以及社会养老服务发展滞后的现实背景下，家庭养老面临严峻挑战，亟须社会层面的代际支持进行弥补，因此发展社会层面的“代际共融”绝非理论层面的空想，而是社会发展的现实要求，具有较强的社会意义。根据美国学者 Kaplan 和 Sánchez 的观点，在社会规划中采用代际视角具有七种必要性，即人口变迁的必要性、修复照料圈的必要性、积极老龄化的必要性、社会凝聚的必要性、宜居社区建设的必要性、文化传承的必要性以及社会支持的必要性。[③] 结合当前老龄化形势与养老实际来看，上述必要性分析对中国也较为适用，但由于需求的迫切程度与紧迫性不同，发展次序存在先后之别。但就整体而言，代际实践在以下几个方面具有较强社会意义。

（一）可为养老政策创新提供新思路

国外代际项目及实践的发展经验表明，关注社会层面的代际关系和引入代际项目理念，不仅可以为重新审视人口老龄化、生活方式以及社会支持等问题提供一种全新的综合视角，还可以为促进家庭、社区以及社会的可持续发展提供一种统筹的思路。比如，建立一个儿童和老年人共享的日间照料场所，就可以有效减轻中间一代人的照料负担，减少对多种照料设施的依赖，从而促进社会资源的优化配置和劳动生产率的提高。欧盟制定的“老年友好型欧盟宣言”就重点指出，要通过制订计划、政策措施和法律框架来增强各年龄群体的社会凝聚力、包容性和参

---

① 李俏、李久维：《回归自主与放权社会：中国农村养老治理实践》，《中国农业大学学报》（社会科学版）2016 年第 3 期，第 93 ~ 99 页。

② A. Xu，X. Xie，W. Liu，Y. Xia，D. Liu，“Chinese Family Strengths and Resiliency，” *Marriage & Family Review* 41 （2007）：143 – 164.

③ M. Kaplan，M. Sánchez，“Intergenerational Programs and Policies in an Ageing Society，” in S. Harper & K. Hamblin，eds.，*International Handbook on Ageing and Public Policy* （Cheltenham，England：Edward Elgar，2014），pp. 367 – 383.

与感，并强调社区应尽力为不同年龄群体提供参与志愿服务和文化、体育、娱乐活动的机会，从而创建和维护其社交网络以及一定的户外空间，包括建筑物、交通工具、适应性住房以及体育活动设施，以促进不同年龄群体独立生活和长期社会参与，同时增加代际交流的机会。[①] 这一政策对代际互动的创新性考虑促进了社会层面的代际融合发展。

（二）助推养老服务走向精准

随着人口寿命的延长和老年人教育水平的提升，能够自理但需要社会参与的老年群体规模逐渐扩大，老年人接纳新事物和运用现代技术的能力也在增强。然而，由于年轻子女外出工作或与老年人居住较远等原因，老年空巢和家庭养老功能衰退的现象突出，老人和成年子女之间出现了“赡养脱离”，加之“孝悌”文化的淡化，传统的家庭养老受到冲击。同时，我国的失独家庭也在不断增加，失独家庭的老人无子女赡养，其养老服务的需求更为迫切。而目前的社会养老服务则多侧重于日常生活照料与保健护理等层面，尚无法有效满足老年人的精神需求。因此，代际共融及其相关实践恰恰可以为家庭养老提供补充，代际参与机制可以纳入社区养老服务，代际合作精神则可以纳入社会助老实践，通过长幼共学、老少同乐、老幼互助等本土化方式，增进社会不同年龄群体的交流与理解。有活泼的儿童陪伴交流，恰恰可以慰藉老年人因社会参与缺失引发的失落与孤寂[②]，助推养老服务走向精准。

（三）有利于实现“老有所为”和“老有所乐”

根据积极老龄化的观点，“积极”不仅仅指体力活动和劳动，还包括老年人对社会、经济、文化等的持续参与并发挥作用。世界卫生组织更是直接将健康、参与和保障一并列为实现积极老龄化的三大支柱。2013 年由全国老龄办等 24 个部门联合下发的《关于进一步加强老年人优待工作的意见》也指出，政府有关部门要完善老年人社会参与方面的

---

① “The European Year for Active Ageing and Solidarity between Generations 2012. Finnish National Action Plan,” https://julkaisut.valtioneuvosto.fi/handle/10024/74499.

② 李静：《代际互助：“成功老化”的模式创新》，《东岳论丛》2018 年第 5 期，第 61 ~ 66 页。

支持政策，充分激发老年人参与社会发展的积极性和创造性。从代际的角度来看，积极老龄化也是代际的，它是我们所有人的未来而不仅是老年人的未来。[①] 此外，根据生产性老龄化的观点，老年人在当前的社会建设中应该扮演积极且有意义的角色，包括参与代际项目及活动等，这样可以充分认识到老年人在社会经验、专业知识、情绪管理等方面的优势，通过对老年人力资源的再开发，同时结合年轻人在现代科技与信息知识等方面的优势进行项目设计，既可以丰富老年人晚年生活，使其身心双受益[②]，又可以使年轻人从老一辈人那里获得成长帮扶与人生指导，实现“哺育”与“反哺”的平衡。

（四）有助于孝亲敬老文化的传承

长期以来，孝文化作为传统家庭伦理观念的核心，对中国人观念与行为产生了重要影响。目前国内学者多关注以“孝”文化为基础的反馈模式下的家庭养老、政府支持下的社会养老，并多从弘扬孝道观念、完善养老保障制度以及发展社会化养老服务等角度提出优化养老方式的方案。但应注意到，在社区和社会层面还存在着其他形式的代际联结，而这些通过建筑与空间设计、活动项目运作、志愿服务开展而形成的代际交流与互助，不仅有利于增进社区内不同年龄群体间的沟通与交流，形成地域共同体文化，打造共享社区，还有助于中国邻里守望相助传统的传承与孝亲敬老文化的弘扬。

---

① A. Walker, “Active Ageing in Employment: Its Meaning and Potential,” *Asia-Pacific Review* 13 (2006): 78-93.

② R. Fernández-Ballesteros, *Active Aging. The Contribution of Psychology* (Gottingen: Hogrefe & Huber Publishers, 2008).

第三章　国外代际共融的演进脉络及发展特点

本章着重对中外代际共融的横向比较，即结合文献资料，着重对国外代际共融的产生原因及发展脉络进行分析，揭示国外代际共融在不同历史时间的发展特点；同时通过对国外典型应用实例的探讨，获得相关经验与启示。

一　国外代际共融的演进脉络

代际项目发端于20世纪60～70年代的美国，随后逐渐向欧洲及亚洲国家扩展，内容和形式日趋丰富，日渐演化成一场声势浩大的社会运动。但在美国代际运动产生的早期阶段，社会中存在着有关“代际公平”的争议，媒体上也充斥着孩子与手杖的图像。当时代际项目设计的理念还不是整合性的，对不同年龄组的项目资助是竞争性的，即对一个年龄组的项目资助就意味着对其他年龄组项目资助的减少，后来才逐渐形成了“代际相互依存”的概念。虽然“代际公平”论证倾向于强调与寿命增加和老年人数量增长相关的社会成本增加，但整合性的代际框架则强调代际相互依存的价值，使某一代获益不必然需要以牺牲另一代人为代价。尽管难以用经济价值来衡量代际实践的价值，但通过代际收入、知识、时间、技能及服务的合作是可以实现资源共享的。比如，考虑到公共财政的成本效益比，将养老与托幼的场所建在一起，就可以在节约资源和投入方面带来经济效益。

（一）20 世纪 60 ~ 70 年代：代际项目萌芽期

20 世纪 60 ~ 70 年代，伴随快速的工业化进程，国外家庭碎片化趋势加剧，不同年龄群体因生活空间隔离而出现了“代沟”现象，代际项目开始出现。[①] 但当时的代际项目主要由人力资源服务部门发起，旨在消除社会对老年人的刻板印象、减少代际隔离和为低收入老年人提供经济支持，活动内容多与此相关，具体包括 1948 年由匹兹堡大学发起的“世代联合项目”（Generations Together）、1963 年由美国佛罗里达大学附属中学发起的“收养祖父母项目”（Adopt a Grandparent Program）、1965 年由美国社区服务协会创建的“祖父母养育项目”（Foster Grandparent）、1969 年由美国国家和社区服务团体承办的“退休老年志愿者项目”（Retired and Senior Volunteer Programs）、1976 年加利福尼亚州出现的“老年教育项目”以及 1976 年由密歇根大学安娜堡分校建立的“教 - 学社区项目”（Teaching-Learning Communities）等。

其中，“祖父母养育项目”和“退休老年志愿者项目”是最具代表性和影响力的两个项目。面对社会中老龄人口不断增多的现实，为缓解老年人贫困，美国联邦政府通过招募和培训 55 岁及以上的低收入且健康的老年志愿者，将其与具有特殊需求的孩子结对，身兼榜样、导师和朋友。老年志愿者每星期到学校、医院、少年教管所、日托中心服务 15 ~ 40 小时，为孩子们提供一对一的阅读辅导，为问题青少年和年轻母亲提供指导，帮助照看早产婴儿或残疾儿童，为受虐待或被忽视的儿童提供帮助等。作为回报，老年志愿者会获得由所在机构提供的事故责任保险和日常膳食，符合某些低收入条件的老年志愿者还会获得小额津贴。其重要意义不仅在于物质上的支持，更在于实现了老年人的社会参与，帮助其找到生活的意义。“退休老年志愿者项目”通过识别老年志愿者所具有的技能，并将其与社区需求相连接，以充分发挥老年志愿者的优势，推进社区的建设，其发展至今已成为美国最大的志愿者网络之一。服务

---

① K. Thorp, “Intergenerational Programs: A Resource for Community Renewal,” Wisconsin Positive Youth Development Initiative, Inc., 1985.

内容包括组织邻里守望、为弱势或残疾青少年提供辅导、装修房屋、教移民学习英语、为受灾者提供帮助等。

除此之外，以学校为基础的代际项目（也称校本代际项目）也在这一时期得到了初步发展。总的来看，这一时期的相关代际实践已开始展开，但尚未形式正式的结构框架，相关理论和评估研究还没有真正发展起来，项目成果更多是以教学手册、内部通信、技术报告、少量文章的形式呈现，且主要集中于介绍单个项目的发展、评价和效果。

（二）20 世纪 80 ~ 90 年代：代际项目奠基期

经过前一阶段的发展，代际项目在减少代际隔离和转变社会态度方面的成就开始得到社会的认可。到了 20 世纪 80 ~ 90 年代，代际项目转为更加关注老年人和青少年两类群体各自所面临的社会问题，如老年人因社会隔离而产生的孤独、酗酒、自卑、缺乏支持、失业等问题，青少年因家庭和社会等原因而出现自卑、逃学、酗酒、打架斗殴、学习成绩不佳等问题[①]，从而催生了大量代际项目，广泛涉及教育、家庭支持、老年和儿童照护、健康以及跨文化理解等领域[②]。1986 年，在美国老龄委员会、儿童福利联合会、退休人员协会以及儿童基金会四家机构的合作支持下，一个全国性的儿童、青年和老年联合组织——“代际联盟”在美国华盛顿成立，这标志着美国代际组织网络和管理体系的正式确立。这一时期涌现的相关项目包括 1984 年由美国退休人员协会发起的“老年志愿者与父母合作防止虐待和忽视儿童项目”（Older Volunteers in Partnership with Parents to Prevent Child Abuse and Neglect）、1989 年由美国老龄管理局和罗伯特·伍德·约翰逊基金会资助的“家庭朋友计划”（Family Friend Project）、1989 年由美国天普大学建立的“连接生命项目”（Project Linking Lifetimes）、1992 年由布鲁克代尔基金会资助的“布

---

① S. Newman, C. Ward, T. Smith, et al, *Intergenerational Programs: Past, Present, and Future* (Washington, D. C.: Taylor and Francis, 1997), pp. 56 - 57.

② N. Henkin, D. Butts, “Advancing an Intergenerational Agenda in the United States,” in Matthew Kaplan, Nancy Henkin, Atsuko Kusano, eds., *Linking Lifetimes: A Global of Intergenerational Exchange* (University Press of America, Inc, 2002), pp. 65 - 70.

鲁克代尔祖父母项目”（Brookdale Grandparent Project）、1995 年开始在美国费城、南布朗克斯、明尼阿波利斯、波特兰（俄勒冈州）和阿瑟港（得克萨斯州）五个地区试行的“体验团队项目”（Experience Corps Project）等。其中“体验团队项目”是持续至今的一个长期代际项目，同时也是老年服务和志愿者服务方面的典型成功案例。该项目包括招募、培训和发展 50 岁及以上的老年志愿者到中学为学生提供生活和学业指导，以提高学生的学业成就与生活适应能力，并分别在个体、学校和社区层面由专业工作人员进行介入性指导。实践证明，与“体验团队”老年志愿者合作的学生在读写能力方面会获得较大提高，有助于通过代际学习和教育的方式来消除贫困。

与此同时，欧洲也开始关注代际团结的问题。1993 年，欧盟将“老年人与多代团结”（Elderly & Solidarity between Generations）作为这一年的主题，体现了其对人口老龄化以及代际问题的关注。亚洲的新加坡、日本等国也开始尝试开展代际项目。早在 1986 年，新加坡在西部地区就建立了亚逸拉惹乐龄中心及托儿所；1995 年，又在东部地区建立了集托儿（2～6 岁）中心、学生（7～12 岁）托管中心以及托老（55 岁及以上）中心于一体的“淡兵泥”三合一家庭中心（Tampines 3-in-1 Center），不仅为儿童与老人提供了共同居住和生活的场所，而且通过每天特定时间开展的下棋、竞赛、烹饪、户外锻炼、交流、生日宴会、节日庆祝等代际交往活动[①]，满足了不同年龄群体的不同心理和社会需求，增强了相互间的社会支持。日本在 20 世纪 80 年代末也开始实施代际项目，并相继建立了多家集养老与托幼于一体的代际共享场所，并依托传统节日开展了相关代际活动。[②] 90 年代后，日本有关终身教育、社会福

① Amy Chong、于开莲：《新加坡日托中心的代际交往项目——“淡兵泥”三合一家庭中心简介》，《幼儿教育》2003 年第 6 期，第 24～25 页。

② M. Kaplan, A. Kusano, I. Tsuji, S. Hisamichi, *Intergenerational Programs: Support for Children, Youth, and Elders in Japan* (State University of New York Press, Albany, 1998).

利事业的研究报告逐渐增加，对城市独居老人代际交流的研究热潮兴起。[①]

这一时期，有关代际项目的总结报告在内容和形式上已变得愈加复杂，并开始重视项目结构、结果以及地区间发展差异，积累了大量的数据资料。相关学术专著也开始出版，如《老龄化课程：一个适用于小学六年级的代际项目》（*Curriculum on Aging*：*An Intergenerational Program for Grades K–6*，1982）、《宾州代际项目的发展沿革》（*Reaching across the Years*：*Selected Intergenerational Programs in Pennsylvania*，1983）、《代际教育项目》（*Intergenerational Education Programs*，1996）、《日本代际项目：为儿童、青少年和老人提供支持》（*Intergenerational Programs*：*Support for Children*，*Youth*，*and Elders in Japan*，1998）、《连接世代：将老年教育、代际项目与中小学课程结合起来》（*Connecting Generations*：*Integrating Aging Education and Intergenerational Programs with Elementary and Middle Grades Curricula*，1999）等。

（三）2000年以后：代际项目成熟期

2000年以后，美国的代际项目发展异常迅速，形成了多中心、多议题、多形式、网络化的发展特点，越来越多的老年人和年轻人参与到代际活动当中，并更加关注社区需求、能力建设、环境保护与设计等内容。尤其是伴随婴儿潮一代进入老年期，以及积极老龄化、生产性老龄化和成功老龄化等理念的倡导与推广，代际项目开始动员和吸收那些受教育程度较高、富有和健康的老年人参与社区服务来发挥其回馈社会的潜能。这一时期，代际项目更多地出现在学校、老年中心、儿童照料中心、图书馆以及社区组织中，老年人和年轻人的技能、需求和经验得到了充分运用。在沿袭和总结前期代际项目发展经验的基础上，这一时期的代际项目发展更具规模，目标也更明确，确定了以满足社区的某一特定需求为出发点和以代际合作为基础的发展导向，建立了个体间的互惠机制，

① 张凤鸣：《老龄化背景下图书馆促进社会代际融合思路研究》，《图书与情报》2017年第3期，第72～77页。

形成了良好的基础设施，开展了招募、培训和支持志愿者的活动，为各代人的学习与成长创造了机会。典型的如美国纽约的“DOROT's 青年志愿者项目”（DOROT's Youth Volunteer Program）、俄勒冈州波特兰的“连接牧场”（Bridge Meadows）、俄亥俄州克利夫兰的“代际学校”（The Intergenerational School）、加州洛杉矶的“圣人与寻求者项目”（Sages & Seekers）等。这一时期，欧洲也开始给予代际项目高度关注，并将其纳入政策框架。2011 年 9 月，欧洲议会和欧洲联盟理事会将 2012 年定为“欧洲积极老龄化与代际团结年”，强调要在促进各年龄群体团结与合作的基础上，建立积极的老龄文化，并为许多旨在促进代际实践的国际项目提供支持，例如“欧洲代际学习网络”（European Network For Intergenerational Learning）和“欧洲代际学习证书课程”（European Certificate in Intergenerational Learning）等。[①] 西班牙格拉纳达大学与当地的一个基金会合作，开发了一个叫作“国际代际学习证书”（International Certificate in Intergenerational Learning）的课程，为加强人们建立在合作基础上的代际联系提供了可能，以增强社会凝聚力。更具体地说，“国际代际学习证书”课程可以为致力于从事代际实践的工作者提供专业化的入门培训。

2016 年，在新加坡的中北部，新加坡政府还鼓励职工总会的下属机构建立毗邻托儿所和老年日托服务中心的机构，并开发和试点了一年的代际合作方案。2017 年，新加坡在西部地区建立了圣若瑟之家疗养院，它是新加坡首个加设了婴幼托儿所的疗养院。2018 年，新加坡动土实施了集疗养院（200 个床位）、日间照料中心（100 名老人）和学前中心（200～300 名儿童）于一体的“春冬计划”，并在北部建立了老幼综合中心。

与此同时，用于指导实践的相关理论与政策研究开始出现，专门关注代际实践的期刊《代际研究学刊》（*Journal of Intergenerational Relation-*

① M. Kaplan, M. Sánchez, “Intergenerational Programs and Policies in an Ageing Society,” in S. Harper & K. Hamblin, eds., *International Handbook on Ageing and Public Policy* (Cheltenham, England: Edward Elgar, 2014), pp. 367－383.

ships）2003 年开始出版发行，其他高水平的 SSCI 学术期刊上也开始刊载有关代际项目研究的文章。跟进性评估研究在这一时期也得到了较大发展，相关理论成果大量出现，代表性著作包括《连接生命周期：代际交换的国际视角》（*Linking Lifetimes：A Global View of Intergenerational Exchange*，2002）、《如何在幼儿保育和教育中心开展代际项目：幼儿从业人员指南》（*Developing an Intergenerational Program in Your Early Childhood Care and Education Center：A Guidebook for Early Childhood Practitioners*，2003）、《可持续社会的代际路径》（*Intergenerational Pathways to a Sustainable Society*，2017）等。

在政策层面，2002 年，联合国在西班牙马德里召开的第二次老龄问题世界大会，通过了《老龄问题国际行动计划》，倡导积极老龄化观念和构建一个为所有年龄群体服务的社会，要求加强世代之间的相互依存和相互支持。在此影响下，美国代际联盟就健康、家庭照料和公共教育服务提出了一系列的政策倡导，并发布年度公共政策议程和一系列的项目发展简报，以为政府制定和改进代际政策提供建议。在此影响下，2007 年的《美国老年人法案》（*The Older Americans Act*）增加了一项代际条款，即允许非营利组织通过获取示范补助金，以便在儿童保育、青少年日托、图书馆以及学校等领域开展多代社区参与活动。①

为了能够在长寿时代保持活力和凝聚力，新加坡社会发展、青年及体育部（Ministry of Community Development，Youth and Sports，MCYS）在 2002～2006 年专门成立了一个关于祖父母和代际联系的工作组，并在促进代际概念传播和资助创新项目方面发挥了重要作用。② 此外，2016 年新加坡政府在成功老龄化蓝图中还明确提出了促进代际和谐的措施，

① M. Kaplan，M. Sánchez，"Intergenerational Programs and Policies in Aging Societies，" *Chapters* 43（2014）：1-16.

② L. L. Thang，"The 'Depth of Engagement' Scale as a Tool for Intergenerational Program Development and Evaluation in Singapore，" in S. Yajima，A. Kusano，M. Kuraoka and M. Kaplan，eds.，*Proceedings of the Uniting the Generations：Japan Conference to Promote Intergenerational Programs and Practices*（Tokyo，Japan：Japan Intergenerational Unity Association，2007），pp. 201-203.

即计划在10个新公共住房中发展“集老年照护与幼儿抚育于一体”的共居场所建设。随着社会对以老少共居场所建设为手段的代际共融问题的更多关注，一种促进可持续代际理解的综合模式正在成为助推新加坡社会发展的重要形式。

日本2002年开始进入整合研究阶段，为老年人参与以学校为基础的课程学习和课后活动提供了新机会。[①] 此外，日本的志愿者组织——“铃之会”通过开发地缘邻里优势和组建社区互助网络的方式，将不同年龄阶段的社区居民联系在一起开展邻里聚会式沙龙等活动，使城市社区中日渐疏远的邻里关系得到了恢复，相互扶助的连带关系得到了重建，减少了社区居民在生活中面临的各种隐忧与实际困难。[②]

在欧洲，欧盟委员会为提高婴儿潮一代的就业率和推动积极老龄化发展，实施了延迟退休政策，并将代际项目视为消除积极老龄化潜在障碍的政策工具，主张在老龄政策制定上必须关注可能影响代际团结并危及未来社会代际公平的人口趋势。此外，欧洲议会和欧盟理事会还于2011年9月将2012年确定为“欧洲积极老龄化与代际团结年”。在此框架中，欧洲议会和欧盟理事会主张营造积极的老龄文化，以促进代际共享和世代之间的团结与合作。在此影响下，为加强代际项目专业人员和志愿者队伍的培养，一些促进代际实践的国际项目如欧洲代际学习网络和欧洲代际学习证书课程开始出现，并得到了政府的大力支持。其中，英国Beth Johnson基金会与保加利亚、斯洛文尼亚、西班牙、瑞典和英国的社会组织合作，对有关代际实践的相关资料进行收集与整理，并在西班牙格拉纳达大学马里亚诺·桑切斯（Mariano Sánchez）博士的领导下，创立了国际代际学习证书课程。截至2019年，已有300多人接受了培训。

---

① M. Kuraoka, “Intergenerational Exchange in Child Education,” in S. Yajima, A. Kusano, M. Kuraoka and M. Kaplan, eds., *Proceedings of the Uniting the Generations*: *Japan Conference to Promote Intergenerational Programs and Practices* (Tokyo, Japan: Japan Intergenerational Unity Association, 2007), pp. 37-38.

② 陈竞：《日本公共性社区互助网络的解析——以神奈川县川崎市Y地区的NPO活动为例》，《广西民族大学学报》（哲学社会科学版）2007年第1期，第89~94页。

在英国，强化家庭代际支持、改善工作场所的代际关系以及整合多部门合作，已成为地方政府开展代际实践的新政治要求。事实上，2009年英国政府启动了一项旨在通过代际示范项目来吸引新志愿者的政府倡议——“共同创造计划”（Generations Together Programme），有12个地方政府获得了财政支持。[①] 在德国，多元社会主体共同推动了代际政策在住房、志愿者、农村、经济和社会可持续领域的发展。其中一个典型的例子是由德国联邦家庭、老人、妇女和青年部实施的旨在促进代际合作从私人向公共领域发展的“多代屋”项目（Generations Together Programme），鼓励不同年龄段且来自不同家庭的居民生活在一个社区单元中，促进邻里间的互动交流，使老年人在此过程中得到生理和心理上的帮助。这一模式不仅促进了以血缘为基础的家庭养老模式向非血缘关系的社会互助养老模式的转变，还使社会邻里关系得到了重塑。[②] 在法国和意大利，代际项目或政策已经成为有关老龄化和家庭政策等更为宏观的社会规划的一部分，但并不存在全国性的代际项目或政策。在南美洲，代际关系和团结已被纳入政策议程的考虑之中，但仅是从老年人积极社会形象和福利水平的老年学政策的角度来探讨实践的方法。[③]

整体而言，国外代际共融在理论、方法、技术、政策等方面的探索较早，对我国深化开展这一领域的服务提供了重要镜鉴。

二　国外代际共融的发展特点

（一）从家庭团结到社区凝聚

从活动的目标来看，代际共融经历了从促进家庭内部团结到实现社

① M. Kaplan, M. Sánchez, “Intergenerational Programs and Policies in Aging Societies,” *Chapters* 43 (2014): 1-16.

② 乔琦、蔡永洁：《非血缘关系的多代居——德国新型社会互助养老模式案例及启示》，《建筑学报》2014年第2期，第17~21页。

③ M. Kaplan, M. Sánchez, “Intergenerational Programs and Policies in Aging Societies,” *Chapters* 43 (2014): 1-16.

区凝聚的发展过程。在国外，最初代际项目多在学校、养老院和社区实施，以在没有血缘关系的个体之间建立关系并增进理解。相比之下，在亚洲和非洲，由于家庭是提供老年照护、传播代际知识和价值的基本单位，因而更强调通过代际手段来增进家庭内部的代际支持与社会团结。如新加坡就开展了让老年人教儿童学地方话的代际实践，增进了祖父母辈与孙子女辈之间的沟通。[①] 但就整体而言，代际策略逐渐从关注代际互惠转向发展社区凝聚，目标越来越明确，含义也越来越丰富。

（二）从代际教育到社会生活

从活动的形式来看，代际共融经历了从代际教育到社会生活的拓展过程。国外发起代际策略最初的动因是改变社会对老年人的态度和加强社会融合，因而更偏重于依托学校和运用教育的形式来付诸实施。但随着人们认识水平的提高和社会需求的增加，代际共融的表现形式越来越多样，包括经济、科技、文化、体育、娱乐等；活动目标越来越具体、明确，含义越来越丰富，不仅旨在促进代际沟通、改变社会对老年人的态度，还包括促进个人健康发展、家庭可持续发展以及社会融合等；活动内容也逐渐从教育向更广阔的就业指导、社区参与、文化建设、环境改善等社会生活领域拓展。

（三）从代际活动到社会政策

为促进老年人更加活跃地迈入老年，使其在活得健康的同时继续工作、学习和成长，联合国早在 1992 年就开始倡导关注老年人的处境、终身的个人发展和代与代之间的关系，并主张建立不分年龄人人共享的社会。此后，世界各国纷纷开始重视代际相关政策的制定。如新加坡于 2016 年推出了"幸福老龄化行动计划"，涉及 12 个领域的 70 多个项目，包括医疗保健、应付退休所需、住房和交通等，政府总计投入 30 亿元，号召卫生部、交通部、教育部和人力部等多个政府部门联合推动该计划。

---

① L. L. Thang, M. Kaplan, N. Henkin, "Intergenerational Programming in Asia: Converging Diversitiestoward a Common Goal," *Journal of Intergenerational Relationships* 1 (2003): 49–69.

除了一般意义上的延长退休年龄、加强老年技能培训、培育老年志愿者、完善医疗服务等措施外，新加坡政府还计划在未来 10 年内，开发 10 个预购组屋项目，将护老设施和托儿所规划在一起，以促进跨代互动和交流。教育部还将老龄化相关内容纳入全国教科内容当中，以向年轻一代灌输、传递关爱和尊重长辈的意识，以营造跨代和谐的社会化养老氛围。这一上升至国家政策层面的代际实践有效促进了和谐社区的建设，也表明在国际上代际活动已开始扩展并落实到社会政策层面。

三　国外代际共融的应用实例

根据第二章所提出的依据实施内容将代际共融项目进行分类的标准，下面将结合国外的典型实践案例加以介绍。

（一）以教育或终身学习为主题的代际项目

此类项目主要用于支持和鼓励老年人积极参与社会活动，通过老年人与年轻人的共同互动与学习，帮助老人树立积极的老龄观，丰富其老年生活，同时也使年轻人对老龄化形成一个正确的认识和理解。

1. 美国的代际学习中心

在欧美国家，学校与家庭联系得较为紧密，家长（包括祖父母）经常会被邀请参与教学过程，通过代际知识传递的方式来促进教学效果的实现以及代际关系的和谐。“代际学习中心”（Intergenerational Learning Center）是指将需要照料的老人和小孩集中在一起开展共同学习和分享经验的活动，以促进老人和孩子之间的代际沟通和交流。目前这一形式在美国、德国、法国、日本等地实践较多，效果也较为显著。其在实施过程中存在两种组织形式：一是定期随访型，由养老院与邻近幼儿园合作，定期开展访问交流活动；二是紧邻而居型，养老院与幼儿园建造在一起或者相邻，通过一定物理隔离形成分离。老人通过参与代际学习过程可以获得陪伴服务质量的提升，而儿童通过参与代际学习过程可以获得教育服务质量的提升，因此这是一种代际合作共赢的实践，近年来被广泛应用于图书馆等领域的阅读推广项目当中。1980 年，位于美国西雅图的普罗维登斯山圣文森特私人养老院同时建立了儿童看护中心和养老院，统一进行管理。1991 年 9 月，在对养老院和儿童看护中心进行资源整合的基础上，成立了代际学习中心，每天在固定时间安排养老院中的老人与幼儿园中的幼儿一起进行打球、听音乐等活动。[①] 截至 2015 年，已经有 1000 多个儿童和 3000 多位老人参与了该中心的代际活动。[②]

2. 新加坡乐龄理事会的代际学习计划

2007 年，新加坡成立了乐龄理事会（Council for Third Age，C3A），尝试推行代际学习计划，即鼓励年轻人与乐龄人士（50 岁及以上的新加坡公民及永久居民）在共同的团体环境中学习，加强彼此的互信和互动。代际学习计划的三个主要目标是：增进年轻人与乐龄人士的代际关系；提供活跃乐龄生活，从而促进乐龄人士的身心健康；纠正社会对老化的观点和态度。在课程安排上，年轻人和乐龄人士会被安排在一组，进行一对一的学习。共同学习 5 ~ 8 堂实用课程如 Skype、Meta 等社会网络的应用课程，以扩大社会联系，以及其他有益于身心健康管理的课程包括保健、护理、瑜伽等，使乐龄人士获得新知识，使年轻人建立自信、勇于表达自己和分享经验。

3. 美国宾州州立大学的代际学习课程

美国宾州州立大学面向老年人和在校大学生开设了具有代际互动性质的两门课程——“老龄视角”（Perspective on Aging）和“感知老化”（Face Aging），分别包含 8 个课时。第一类课程“老龄视角”的主要形式是小组讨论，成员由来自不同专业的 15 名本科生和通过奥舍终身学习研究所（OLLI）招募的 15 名老年志愿者构成。每个小组由 1 位老年人与 1 ~ 2 个学生组成，紧密合作，共同商讨，并在最后一个课时各组配合完成一个自制的录像，讲述各自对老化的理解，并互送信件写下对代际

---

① 陈桂香：《美国代际阅读推广的研究及启示——基于拉斯韦尔的 5W 模式》，《图书馆建设》2020 年第 1 期，第 132 ~ 137 页。

② C. Flash, “The Intergenerational Learning Center, Providence Mount St. Vincent, Seattle,” *Journal of Intergenerational Relationships* 13 (2015): 338 - 341.

合作过程的真正体验与感受。课程结束后由老师分别给大学生和老年人发放课程结业证书，以示鼓励。该课程发现“学习新事物有助于健康老龄化”。第二类课程“感知老化”由美国宾州州立大学戏剧学的 Belser 教授设计提出，他于 2017 年设计了一个名为 FaceAge 的视频装置，即通过双向镜像拍摄以及计算机成像，让年轻人看到他们在年老时的外表；与此同时，还通过在年轻人与老年人之间进行一个简单的手势——伸出手来抚摸脸颊来增进双方的理解。这一手势在朋友和亲人之间传达的是关怀、信任和温柔，但在陌生的不同世代之间以及认为他们没有太多共同点的人之间，他们会感到恐惧、威胁。但在拍摄 FaceAge 影片期间，不同世代的合作伙伴触碰对方脸部的那一刻似乎标志着他们谈话的转折点。这一课程消除了代际的情感和感知障碍，并让年轻人明白，年龄增长不仅仅是一个失去的过程，还是一个获得快乐、幸福和智慧的过程。[①] 该影片获得了巨大成功，加深了不同世代的人对双方的认知和理解。目前 FaceAge 已成为宾州州立大学医学院第一学年课程的一部分，世界各地的博物馆也都希望将其作为社区参与活动的一个样板来加以展示。

4. 文化反哺项目

美国的教育学家迈克·普伦斯基（Marc Prensky）指出，伴随近 20 年来电子媒介尤其是网络的高速发展，社会中出现了迥然相异的两代人，即“数字化土著”（Digital Natives）和“数字化移民”（Digital Immigrants）。“数字化土著”是于近几十年与网络技术一起诞生和成长的一代，他们擅长使用电脑或其他电子设备，因此也被称为“网络的一代”。而“数字化移民”则是指年龄在 30 岁以上或 40 岁以上的成年人，由于 20 世纪 90 年代出现的全新数字化环境对他们来说就像是刚刚迁徙上岸的新大陆，他们就像移民一样必须要去适应自己面临的新环境，但在某种程度上他们又总是保留着自己的“口音”，其足迹还留在过去。[②] 对

---

① 美国宾州州立大学网站，https://news.psu.edu/story/520984/2018/05/15/research/mending-gap。

② Marc Prensky, “Digital Natives, Digital Immigrants. Part 1, Kids,” *On the Horizon* 9 (2001): 1-6.

此，我国南京大学的周晓虹教授于1988年提出一个著名的概念——“文化反哺”，指的是在急剧变革的时代中，传统的代际关系发生了颠覆，出现了由年轻一代将文化及其意义传递给年长一代的文化逆传承现象。[①]由于目前绝大多数的老年人在使用电子设备过程中会需要帮助，因此文化反哺自然而然地成为一个社会发展的必然现象，而以青少年反哺为主题的代际学习项目也就应运而生。2017年春季，受锡楚埃特教育基金会资助，美国马萨诸塞州的锡楚埃特老年服务中心开展了一项名为“老年人连接”（Seniors Connect）的代际项目，为老年人发放iPad，并邀请锡楚埃特高中的学生一对一指导以帮助其解决使用中的问题。目前该中心已经购买了大量设备，并协助高中生帮助老年人学习基本技术，以满足其需求并与青年同伴建立社交联系。

5. 代际阅读项目

2017年，美国的克莱顿公共图书馆（Clayton Public Library）应社区养老院的要求，于5月开展了“金色好牧羊人阅读志愿者”（Golden Good Shepherd Reading Volunteers）项目。该图书馆每个月招募和组织两名儿童和两名老年人，轮流为养老院住户阅读短篇故事并就这些故事进行讨论，每次有10~15个养老院住客参与，以为养老院中的老人带去欢乐，通过分享和交流促进代际理解和沟通。此外，2018年，为鼓励阅读和加强代际沟通与联系，美国的罗切斯特公共图书馆（Rochester Public Library District）与社区老年之家（Senior Living Community）合作，设计和开展了为期四周的“阅读伙伴（Reading Buddies）”项目。每周二下午，5位来自社区老年之家的老人会在图书馆与儿童见面，活动形式为给孩子阅读或聆听孩子阅读，每次活动时间为一小时，儿童参与该活动满四次便可领取一本免费图书作为奖励。在项目开始前有一个热身艺术活动，以促进代际阅读伙伴相互认识和了解，便于阅读活动的开展。[②]

---

① 周晓虹：《文化反哺与媒介影响的代际差异》，《江苏行政学院学报》2016年第2期，第63~70页。

② 苗美娟：《美国公共图书馆代际阅读项目的实践探析——以伊利诺伊州公共图书馆为例》，《图书馆论坛》2019年第4期，第110~117、141页。

（二）以健康与福祉为主题的代际项目

此类项目在形式上一般包括健康与福利两类：一是以健康为主要内容，即在代际联结的基础上，通过共同学习、操作和讨论等相关活动来帮助各代人形成健康的生活方式；另一类以福利为主要内容，典型的是美国的“时间银行”模式。

1. 健康生活项目

在宾州州立大学和当地一个社区老龄健康中心的指导和支持下，美国宾夕法尼亚州的利戈尼尔谷镇（Ligonier Valley）从2016年9月开始每月开展一次代际活动。该活动主要通过社区老龄健康中心来招募老年志愿者，通过与当地中学七年级的学生建立伙伴关系，共同参与园艺种植、食物制作、故事分享及健康讨论等活动，使两代人在分享感情和经验中共同成长，促进了当地老年友善社区的建设。除此之外，在卫生和高级服务部以及农业和教育部的倡议下，美国新泽西州也尝试推行了“学校早餐代际项目”，通过老年志愿者利用早餐时间为儿童（幼儿园到小学三年级）讲故事的形式，帮助小朋友认识到吃早餐和合理营养的重要性，在促进代际交流的同时，传递健康生活理念。

2. 日本的“REPRINTS”项目

在日本，由于人口老龄化加剧和出生率下降给国家和地方的社会保障（养老金、医疗和长期护理）带来了沉重的财政负担，家庭和社区结构的变迁也为老年人的养老支持带来了极大挑战，因而为老年人健康生活与社会参与创造机会便成为一个极具现实意义的重要问题。对此，日本东京老年人研究所的“社会参与和地域健康团队”于2004年启动了一个名为“代际同情的生产力研究项目”（Research on Productivity through Intergenerational Sympathy，REPRINTS），以代际参与、代际关系建立和终身学习为三大理念，让有文化的老年志愿者在教育环境中为幼儿园儿童和中学生读绘本，期望借此促进代际文化知识和价值观的分享，建立代际信任和代际支持。而选择通过阅读绘本的方式来连接老年人与儿童的原因在于，绘本更适合老年人理解和学习，且绘本并不需要太多的前期阅读经验，对老年人的要求不高。该项目本身亦作为一项研究课题，探讨了有声绘本培训项目和培训后志愿者行为对参与活动的老年人健康的影响。研究发现，代际项目参与对老年人的影响主要体现在心理、生理和认知功能上，通过建立社会支持网络的方式提高了老年人的身心健康水平；通过参与代际互动项目，增强了老年人的自尊心，扩大了社交网络，并对体验过阅读的孩子产生了积极的影响。①

（三）以休闲娱乐为主题的代际项目

此类项目通过开展一些休闲娱乐性的游戏等活动来增进代际沟通，提高社区生活质量。

1. 趣味运动会项目

在美国加利福尼亚州的圣地亚哥拉梅萨（La Mesa），政府老龄服务部门与地方中学、圣地亚哥州立大学合作，每年定期开展代际游戏活动，通过 50 岁及以上老年人与中学生配对的形式，共同参与为期半天的趣味性游戏（包括体能和智力）活动，之后共进午餐，以进一步加深感情。该活动的口号是“每个人都是赢家”，目的并不在于获得竞争的胜利，而在于传递健康生活与运动理念。通过参与该活动，老年人和年轻人都获得了对双方的认知和了解，建立了代际沟通的桥梁，并促进了代际合作。

2. “分享和重视我们的关系”项目

如上文提到的，美国宾州州立大学农业推广教育学的 Kaplan 教授面向社区老年人于每年春季开设“代际领导力”（Intergenerational Leadership Institute）课程，本着“助人自助”的理念，旨在培育老年志愿者成为社区代际项目的组织者与领导者，使他们学会为其他老年人和年轻人设计代际共融活动。此课程包含 8 次课（每周 1 次），课程学习内容包括识别当地问题、解决问题需要什么以及与老人和孩子一起工作的方法。

---

① Masashi Yasunaga, Yoh Murayama, Tomoya Takahashi, et al., “Multiple Impacts of an Intergeneration Program in Japan: Evidence from the Research on Productivity through Intergenerational Sympathy Project,” *Geriatrics & Gerontology International* 16 (2016): 98–109.

课程结束后每月还会召开小组会议，由 Kaplan 教授鼓励老年志愿者结合其专业知识和兴趣来提出计划想法，并对学员的后续想法与活动进行跟踪指导。最终通过对成员独立开展代际项目的能力评估，为合格成员颁发结业证书。在此类课程的带动影响下，一批老年志愿者获得了技能并活跃于社区代际活动中，其中一个叫作“分享和重视我们的关系”（SAVOR）的代际项目就具有一定代表性。这一项目由组织者将大学生与长期被隔离的老年人聚集在一起，共同进餐和开展唱歌跳舞等休闲娱乐活动，活动效果良好，但也遭遇了一些问题。即使志愿者打电话给老年人表示会上门接送他们参加，也会遭到一些老年人的拒绝，因此开展代际项目不仅需要组织者具有足够的热情，还需要他们有耐心和决心。

此类活动在代际项目中随处可见，比如美国俄亥俄州冠军代际中心的老年人就经常到哥伦布早教中心看望儿童，而国家教会社区的住户则和他们一起开展活动，包括游戏、音乐、艺术制作、太极拳等。

3. 代际合唱团项目

加拿大维多利亚大学的研究人员于 2018 年春天开展了一个名为“行动中的声音”（Voices in Motion）的代际合唱团研究项目。这一项目作为为期两年的社区研究项目的一部分，主要目标是减少阿尔茨海默病患者及其照顾者的高压力、抑郁和社会隔离。该项目每周三会进行为期两个小时的排练，主要参与者为阿尔茨海默病患者、护理人员和维多利亚州的高中生，通过共同学习民谣歌曲这一代际互动过程来影响阿尔茨海默病患者和合唱团成员的身体和情绪变化。通过连续 14 周的测量发现，合唱团中抑郁症患者的抑郁症状减轻，而阿尔茨海默病患者的抑郁症状也有所减轻。尽管阿尔茨海默病患者经历了认知衰退，但他们会以惊人的热情唱歌和分享故事，护理人员和阿尔茨海默病患者从列表中回忆单词的能力都有微小的提升。

（四）以社区发展为主题的代际项目

此类项目关注社区的变迁与发展，多运用回忆、讲故事、社区参与等方法来促进各代人之间的相互理解，实现社会融入与社会整合。从形式上看，此类项目主要包括社区变迁、社区建设和社区发展三种模式。

1. 社区变迁模式

在多代人、多种族共居却相互极少沟通和缺乏安全感的现实背景下，2000 年 12 月，荷兰乌得勒支市的 Lombok 社区组织了一项代际活动，来自荷兰、摩洛哥和土耳其的邻里共同庆祝开斋节和圣诞节，一起分享食物和文化，社区老年人还分享其对社区历史的记忆和故事，增进了社区内不同年龄群体和不同文化群体之间的交流，营造了良好的社区氛围。在此基础上，2001 年荷兰护理福祉协会（The Netherlands Institute of Care and Welfare）正式设立了一个具有社区融入性质的代际项目——“邻里回忆”（Neighborhood-Reminiscence），号召所有的社区居民增加接触并相互分享故事和经验。①

2. 社区建设模式

社区建设模式注重环境与空间上的改造与创新，具体包括老少互助空间设计和代际共享场所建设两种形式。

（1）老少互助空间设计

最典型的案例是美国的“Age to Age”项目。“Age to Age”是在美国明尼苏达州东北部 16 个农村乡镇中创办的项目，旨在将年轻人和老年人充分调动起来相互服务，并共同解决社区问题。在每一处活动地点，当地的基金会都会与一个由 20 多个儿童、老年人、教师和政府工作人员组成的团队一道，识别当地存在的问题、需求和机会，并资助相关活动。比如，位于穆斯湖的一个由不同年龄阶段的两代人组成的小组通过调研与商讨，决定要振兴一个衰落的公园。历经数千小时的志愿工作后，这个“世代公园”被建设成为该社区的明星场所，包括一个蝴蝶园、一个亭子、若干野餐桌以及一个农贸市场。

（2）代际共享场所建设

在促进可持续代际互动的多种方式中，为老年人和年轻人提供共同

---

① M. A. Mercken Christina, “Neighbourhood-Reminiscence: Integrating Generations and Cultures in the Netherlands,” *Journal of Intergenerational Relationships* 1 (2002): 81 - 94.

服务设施的场所建设显然是鼓励代际联系的最有效策略之一。代际共享场所项目（Shared Site Intergenerational Programs，SSIPs）是一种类型独特的代际项目，指儿童或年轻人与老年人在同一地点同时获得持续性服务的活动或项目设计。[①] 同时，作为一种独特的年龄整合社区模式，它还可以满足不同家庭的照料需求。此类项目一般会共享房屋、资源和工作者，且极有可能由同一独立组织或单独的不同实体来运营[②]，最常见的形式是儿童照料与老人日间或长期照料合为一体，目前在国内多被形象地译为“多代屋”。20 世纪 80 年代，德国出现了一种“多代屋”模式，即由不同年龄段人群同住一栋公寓或者同一个单元的居住模式，目的是促进不同年龄段的群体相互沟通、相互支持、相互照料，形成一种良性的代际共融生活状态。这种模式最先在民间兴起，后来得到了德国政府的大力支持，经过一系列的策划设计以及社会力量的介入，已逐步发展壮大，目前在德国已经发展得十分成熟。具体而言，“多代屋”的成功案例都表现出以下一些特点：一是整体的运营体系较为完备；二是具有极高的适应性和多元化特色；三是整体项目的规模适中；四是居民自主参与建筑的设计。[③]“多代屋”向我们提供了一种全新的社区生活方式，也对传统基于家族血缘的邻里关系进行了重塑，在社区范围内建立了一种公共意识，并依托政府和法律的保障，促进了公共参与机制的发展。德国还有一些城市由民政部门和大学服务中心组织将大学生与孤寡老人联系起来，大学生可以免费入住老人家里，但要求学生承担部分照顾老人的义务。此外，德国的德累斯由当地政府和福利机构合资建造了“老人之家”，引导和帮助单亲母亲与老年人组建互帮互助的“临时家庭”，相互支持。[④]

---

① “Shared Site Learning Network,” https://www.gu.org/projects/shared-site-learning-network/.

② Shannon E. Jarrot, Kelly Bruno, “Shared Site Intergenerational Programs: A Case Study,” *Journal of Applied Gerontology* 26 (2007): 239 – 257.

③ 乔琦、蔡永洁：《非血缘关系的多代居——德国新型社会互助养老模式案例及启示》，《建筑学报》2014 年第 2 期，第 17 ~ 21 页。

④ 刘妮娜：《互助与合作：中国农村互助型社会养老模式研究》，《人口研究》2017 年第 4 期，第 72 ~ 81 页。

除此之外，美国通过将育幼院搬进老年看护中心，建“隔代人日托所”的方式，让入托的老年人与孩子共处，一方面给老年人提供了发挥余热的机会，为老年人带来了活力和被需要感；另一方面也给孩子带来了更多关爱，因为老年人和每日匆忙的年轻父母不同，他们往往更有耐心，育儿经验也更丰富。[①] 荷兰小镇代芬特尔的一家养老院（Humanitas Retirement Home）推行“跨代共住”交换项目，以大学生每月陪伴老年人为条件，只要他们平常和院内的老人一起用餐、看电视或聊天，或是教老人使用计算机或购物等，就能免费入住养老院的房屋。[②] 法国里昂的一个非营利组织也建立了“年轻人与老年人配对共住系统”，通过促进留守老人与年轻人共同居住来达到老年人得到照顾、年轻人解决住房问题的目的，以有效缩小代沟。日本一个非营利团体“街 ing 本乡”推行了一个叫作“Home Share”的项目，让拥有住房的独居老人免费或低价出租房屋给从乡下到东京就学的年轻人。[③] 日本还有不少小学、幼儿园与附近养老院建立了固定互访制度。但这些案例多出现在经济发达的大城市中，并不具有普遍性，还需要参与者具有一定的责任意识与公德心，否则就容易衍生出一系列的社会问题，但其实践方式仍值得我们借鉴与学习。

3. 社区发展模式

社区发展模式主要通过社区内部不同年龄成员间的交流互助来促进整合社区面貌和氛围的变化。如纽约州北部一个叫朗维尤的退休社区与伊萨卡学院合作，学生与老年人白天聚在一起开展活动。音乐和舞蹈专业的学生为老年人表演节目；历史学和新闻学专业的学生帮助老年人记录人生故事；人口学与老年学专业的学生调查老年人晚年的各种体验；

---

① 熊建：《黄发垂髫，并怡然自乐　陶渊明怎么看养老》，《新湘评论》2017 年第 6 期，第 52 页。

② 《案例丨荷兰老人有人陪，青年有房住》，搜狐网，2018 年 6 月 3 日，https://www.sohu.com/a/233921704_275005。

③ 《青银跨代，共餐同居零距离——盘点欧、日 5 种「青银共居」新形态》，公益交流站网站，2019 年 8 月 14 日，https://npost.tw/archives/52257。

而物理学、医学、心理学、教育学以及语言学等专业的学生则帮助评估和治疗老年人的疾病。与此同时，朗维尤社区老年人可以使用大学校园的游泳馆、图书馆等设施，参加校园活动和旁听他们喜欢的任何课程。许多老年人都认为在那里生活得无比快乐，而且还学到了很多知识，充实了晚年生活，整个社区也由此变得非常知名，深受老年居民的欢迎。

从更宏观的层面来看，通过代际活动促进整个社会的融合与和谐发展也属于这种项目类型。在种族多元化的社区中，代际紧张与文化和民族分裂一样会削弱社会凝聚力，因此国外也多应用代际项目来减少种族和宗教冲突，提高社会凝聚力。

再如日本学术振兴会的社会技术研究与发展中心长期致力于通过多学科交叉研究的途径来解决社会问题，并由此制订了 4 个研究领域的 2 项计划，“通过代际共同创造设计可持续社会”则是其中一个非常重要的研究领域，并确立了三个发展目标：一是阐明代际共创如何有效实现城市和地区的可持续发展；二是在预期代际共创有效实施的领域，提出促进、实施和改进的机制；三是努力在社会中实践那些有效的机制，并建立交流经验和技术的网络。对此，该机构从 2014 年开始在日本国内资助和培训了 16 个代际项目，主要关注四个方面，即重塑区域资源与自然产业及文化的关系、通过个人与社区连接来支持生活和增进福祉、着眼于未来的生活方式和政策设想，以及在发达社会中创新福利形式。通过代际共创项目实践，该机构指出运用代际手段的优势有：鼓励老年人积极、年轻人主动；为地方社区互助提供基础；促进当地传统艺术、手工艺和工业的更新和继承；提醒人们历史的进程，引导他们思考当地的历史、自然及他们的后代；解决社会区隔造成的问题；减少参与者的心理障碍，实现可持续性；提升儿童的“治愈能力”。

（五）以家庭支持为主题的代际项目

此类项目主要通过开展一系列针对家庭需要的代际活动来为家庭成员提供必要的社会支持，以促进家庭的和睦。

1. 空手道家庭培训项目

美国宾州州立大学农业推广教育教授 Kaplan 指导当地社区开展了

一个以家庭代际支持为服务导向的代际项目——“空手道家庭培训项目”（Katrate Family Traming Program）。由于美国父母平时多忙于工作而缺乏陪伴孩子的时间，而青少年除了学习又缺乏有益健康的休闲活动，导致家庭代际交流较少，矛盾和冲突较多。为了更好地利用家庭成员在一起的休闲时间，Kaplan 教授设计了练习空手道这样一个项目。在每周一次的活动中，大多数学生是与长辈配对的，即父母和孩子或祖父母和孙子女结成一对，通过一起学习武术来促进双方的互动交流，将日益碎片化的家庭结构重新组合在一起。[①] Kaplan 教授通过跟踪研究发现，这一活动促进了代际的情感交流、相互理解与尊重、互助意愿，提高了家庭休闲生活的质量，并更好地延续了家庭友爱的传统。[②]

2. 社区“教母”项目

由于伊利诺伊州沃基根市没有经过认证的婴儿医院来介绍和传达有关母乳喂养的政策和做法，在新社区中心的支持下，瓜达卢佩圣母大教堂一群被称为“教母”的女性老年人便开始教授和引导拉丁裔妈妈进行母乳喂养。她们会为新妈妈提供有关母乳喂养知识的课程，讲解母乳喂养有利于保证呼吸和心脏健康，使妈妈和宝宝都可以保持健康体重，并提高孩子智商。与此同时，她们还经常进行家访和提供情感支持。最重要的是，她们使用西班牙语来完成所有工作，专门为拉丁裔母亲提供专业家庭服务，以帮助其为孩子提供健康生活，同时建立良好的母子关系。目前，这群“教母”已与当地的一家医院建立了合作伙伴关系，医院为其提供工作空间，至此“教母”们可以帮助新妈妈从一开始就学会母乳喂养。她们最关心的是教育整个社区——不仅是妈妈，还有爸爸和祖父母关于母乳喂养以及每个人如何在支持母亲和婴儿方面发挥作用。除此之外，她们认为教育是整个社区的事情，教育新妈妈还不够，还需要获得更多的社会支持，比如父亲也应该经常陪伴妻子去上课，以协助照顾

---

① 美国宾州州立大学网站，https://news. psu. edu/story/520984/2018/05/15/research/mending-gap。

② “The Family that Trains Together Stays Together,” https://aese. psu. edu/outreach/intergenerational/curricula-and-activities/handouts/factsheets.

孩子；只要出席，父亲就会接触到重要的家庭护理信息。对此，教堂还开设了社区“婴儿淋浴”项目，旨在让更多的父亲进入社区学习婴儿养育知识，以促进家庭的健康和睦。[①]

3. 三代同堂组屋

自2013年开始，新加坡政府就大力推动“三代同堂组屋”建设，这些房屋多设计成四居室，分为老年父母、成年子女及孙子女单间，并包括两个独立卫生间，面积一般为120平方米左右，能够较好地满足三代家庭共同居住的需求。随后，为鼓励成年子女和年长父母共同居住或紧邻居住，便于互相照应，新加坡政府建屋局还专门出台了“三代同堂优先计划”等措施，规定三代同居家庭可获得30000新加坡元购房津贴，紧邻居住的三代家庭也可获得20000新加坡元购房津贴。[②] 由此为弘扬孝道观念和倡导代际互助营造了良好的社会氛围，为支持家庭养老以及积极有效应对人口老龄化提供了可资借鉴的成功经验。

（六）以文化传承为主题的代际项目

此类项目多通过与地方文化节日、文化庆祝活动、地方经济特色相结合来开展活动，旨在促进文化的代际传承与交流。在美国的夏威夷就有许多以传承当地文化为主要内容的代际项目，老年群体在分享文化价值、传统和知识方面扮演了重要角色。[③]

1. 农耕文化传承项目

在文化传承方面，农耕文化的保持是一项非常有意义的内容，比较典型的是葡萄牙波尔特拉的“教育乡村”项目。波尔特拉是葡萄牙的一个偏远小村，设立该项目旨在减少村庄的人口流失，促进经济发展与代际沟通，提高社区活力和凝聚力。项目的形式是通过社区资源开发，将

---

① https://www.wkkf.org/what-we-do/featured-work/community-godmothers-keep-breastfeeding-traditions-alive.

② 曾毅：《完善人口政策和提倡尊老爱幼代际互助家庭模式》，《科技导报》2021年第3期，第130～140页。

③ M. Kaplan, J. W. III Lapilio, "Intergenerational Programs and Possibilities in Hawaii," in M. Kaplan, N. Henkin and A. Kusano, eds., *Linking Lifetimes: A Global View of Intergenerational Exchange* (Lanham, MD: University Press of America, 2002). pp. 101－117.

波尔特拉改造成一个教育农场，在这个农场里，老年人因为对园艺种植和家禽养殖，面包、果酱、酒和茶的制作技术以及锻铁工艺的了解而被尊称为“大师”，广泛邀请城市学校里的学生和城市游客到这个村庄参观，由那些被称为“大师”的农村老人为其讲解、演示和传授各种传统技术和工艺，从而促进了农村文化技艺的保护与传承。与之类似，日本宫城县也有一个旨在保存文化传统的代际文化艺术项目。这一项目由地方政府设立，招募老年人开展与农耕技艺有关的代际活动，以提高年轻人对传统农耕文化的认识，增强其民族自豪感，进而吸引更多的年轻人到乡镇上去参观。①

2. 传统工艺传承项目

参与美国宾州州立大学“代际领导力”（Intergenerational Leadership Institute）课程的 3 名女性老年志愿者组织设计了一个被称为“编织的智慧”（Weaving Wisdom）的代际项目，并于 2017 年夏天在 Schlow 图书馆举办了为期一天的研讨会，上午由老年志愿者面向成年人介绍香草兰和肯特布，进而介绍非洲的文化、历史和艺术；下午孩子们加入了小组，在老年志愿者的帮助下，每个孩子都会编织一个肯特风格的手镯。随后，3 名老年志愿者还继续开展其他以介绍和制作手工针织品为主题的代际活动，取得了较好的效果②，在加深不同年龄群体相互认知的过程中，也促进了文化的代际传承。

在苏格兰的格拉斯哥就有一个以传承文化为主要内容的代际项目——“织造之友：织造纱线、连接世代”（Friends of the Weavers: Weaving Yarns, Connecting Generations），旨在保护苏格兰的编织历史和提升当地一个名叫卡尔顿的村庄的正面形象（卡尔顿是 18 世纪在苏格兰非常闻名和繁荣的编织村）。该项目由热衷于保护当地历史和遗产的社区志愿者设计和组织，通过将年轻人和老年人聚集在一起讲故事、从事

---

① M. Kaplan, A. Kusano, I. Tsuji, S. Hisamichi, *Intergenerational Programs: Support for Children, Youth, and Elders in Japan* (State University of New York Press, Albany, 1998).

② 美国宾州州立大学网站，https://news.psu.edu/story/520984/2018/05/15/research/mending-gap。

艺术、开展学习和庆祝活动等方式，让他们相互倾听和学习，讨论如何建立复兴社区的支持体系，促进地方文化的传承与发展。[①] 在日本东京也有一个此类的代际项目——“萤火虫的栖息地”（Hotaru no Sato），旨在复兴日本自平安时代（794～1192年）以来的萤火虫文化传统。该项目发动社区中的儿童与成年人一起了解和学习萤火虫的育种，并为萤火虫创造栖息地，随后开展庆祝活动，以行动传达公众对传承地方文化传统和保护自然环境的需求。[②]

（七）以儿童与青少年发展为主题的代际项目

美国洛杉矶西圣费尔南多谷于1978年成立了名为“一代人”（ONE Generation）的社会组织，最初的定位主要是建设成为一个高级养老服务中心，但随着人口结构的变迁以及老年人寿命的延长，这一社会组织开始不断扩大经营规模和发展服务项目，包括建立日间护理健康中心等，1994年还发展了儿童保育计划。随后该组织将代际服务与承诺（在同一环境中发展成人日托和儿童保育）作为其发展理念加以实施。目前，这一组织为年龄在6周至6岁的儿童提供儿童发展性代际项目，该项目中的所有课程都获得了美国幼儿教育协会的认证。课程内容包括社会和情感发展、语言和文学、数学、视角和表演艺术、体育运动、健康、历史或社会科学、科学等。这些课程都是通过儿童和老年人互助的形式来进行，以帮助儿童获得新的兴趣、技能，学习理解别人、学习合作和认识同情的意义。对于那些没有生活在该地区的老年人家庭来说，可以让孩子有机会与其他老年人建立持续的关系，以促进其人格的完善与健康发展。[③] 凭借先进的代际共享理念、独特的代际活动设计，再加上专业的教师队伍和丰富的课程内容（包括体育、科学、体操、烹饪和音乐等），

---

① Cristina Fernández Portero, “Development and Implementation of Intergenerational Programmes in the European Context: Spain, Scotland, and the United Kingdom,” *Journal of Intergenerational Relationships* 10 (2012): 190－194.

② M. Kaplan, M. Sánchez, “Intergenerational Programs and Policies in Aging Societies,” *Chapters* 43 (2014): 1－16.

③ 参见 https://www.onegeneration.org/。

这一项目成为美国代际共享场所建设的典型，获得了极大的成功。

与之类似，新加坡从 2014 年开始也发起了一个“学校价值行动项目”（Value-in-Action Project in Schools），这一项目由陈振传基金会（TCTF）资助。学生为基金会支持的六个慈善机构（Canossavill 儿童之家、飞跃社区服务、湖滨家庭中心、狮子会爱好者服务协会、新加坡儿童协会和圣路加老人护理中心）的老年人设计和实施社区服务活动，为其带来欢乐。通过为贫困儿童和老年人开展活动，学生通过与他们的互动来传递良好的代际价值，这远比组织一项成功的代际项目更有意义。

（八）以就业指导为主题的代际项目

此类项目用于培育高中生和大学生的创业精神，提高他们与其他代人合作共事的能力。美国加州圣地亚哥的青年劳动专科学校就设立了一个就业培训项目，通过 6 个月的带薪实习来帮助年轻人实现顺利就业。除了每月一次的团队训练外，每位实习生都会配有一个生活导师给予单独辅导。而这些导师主要由 50 岁及以上的老年人来担任，通过榜样示范来鼓励实习者努力工作和继续学习。与之类似，2000 年 12 月，在欧盟委员会环境辅助生活计划的资助下，一个叫作“老年参与”（Senior Engage Project）的代际项目付诸实施，来自西班牙、匈牙利、奥地利、芬兰和英国的社会组织共同参与建立了一个网络社区，为专业领域的退休老人和年轻人搭建了一个交流和互动的平台，通过这种网络化的代际联结方法，老年人在分享专业知识与经验的同时获得持续参与感，而年轻人则从退休老人那里获得实践经验和职业生涯指导。①

在日本，为应对城乡社会发展不均，尤其是乡村社会人口老龄化与青年劳动力外流的问题，日本学术振兴会的社会技术研究与发展中心资助了一个以乡村职业发展为主题的代际项目。该项目旨在通过对地方森林资源的开发和利用来创造就业机会，具体运作机制为依托社区互助和老年人的指导来支持青年劳动力返乡或迁入乡村发展。

---

① M. Kaplan, M. Sánchez, J. Hoffman, *Intergenerational Pathways to a Sustainable Society* (Springer International Publishing AG, 2017), p. 14.

（九）以老年照护为主题的代际项目

此类代际项目是最为传统也最为普遍的一种，形式非常多样，以“时间银行”为代表。“时间银行”作为一种于20世纪80年代出现的新型社区互助养老实践，通过将服务提供者的服务时间等值换取为被服务时间，形成了可循环的互助关系网络。[①] 这种模式最早可以追溯到日本大阪的公民互助养老实践，当地通过建立一家志愿者劳动时间银行的形式，使志愿劳动时间可以和后续的养老服务进行转换，后来这一模式在日本各县得到了推广。但实际上，真正将“时间银行”理念推广到全球的是美国学者埃德加·卡恩，他认为可以用一种劳动时间积分的方式来帮助穷人从他人那里获得所需的服务，他将这种用来兑换服务的劳动称为“时间美元”。[②] 后来这一理念被广泛应用到社会弱势群体尤其是老年群体的服务当中，不仅在美国得到了推广，还传播到了其他30多个国家。

除此之外，国外的代际项目往往还涉及自然资源与环境保护等方面的内容，由于篇幅有限，在此不再一一列举。

四　国外代际共融的推进方法

经过多年的发展，目前国外在推进代际实践领域已经取得了实质性进展[③]，不仅制定出了相应的实践标准与准则[④]，还明确了从业人员履行其职业责任时所需的知识和技能。根据国外学者 Kaplan 和 Sánchez 的观点，从事代际项目的专业人员应具备的能力包括：能够与不同年龄段的

① M. M. Whitham, H. Clarke, “Getting Is Giving: Time Banking as Formalized Generalized Exchange,” *Sociology Compass* 10 (2016): 87 - 97.

② 景军、赵芮：《互助养老：来自“爱心时间银行”的启示》，《思想战线》2015年第4期，第72~77页。

③ S. Newman, S. Olson, “Competency Development: Professionalizing the Intergenerational Field,” *The Southwest Journal on Aging* 12 (1996): 91 - 94.

④ E. Larkin, V. Rosebrook, “Standards for Intergenerational Practice: A Proposal,” *Journal of Early Childhood Teacher Education* 23 (2002): 137 - 142.

个体合作；规划代际整合活动，以在发展和功能上适合参与者；与其他社区机构协同开展项目；设计有效且可持续的代际项目；发展年轻人和老年人之间的人际关系；将代际实践与研究和政策联系起来。[①] 此外，美国学者罗斯布鲁克（V. Rosebrook）和拉金（E. Larkin）也提出了具有代表性的六个标准，他们认为从事代际实践的专家应该具备如下一些能力：一是根据人类整个生命周期中的发展情况来规划和实施有效的项目，将年轻人和老年人聚集在一起，实现互惠互利；二是认识到需求并采用有效的沟通来支持代际关系的发展；三是理解并对合作和伙伴关系表示承诺；四是整合来自心理学、社会学、历史、文学和艺术等相关领域的知识以发展项目；五是采用来自教育和社会科学领域的适当评估技术为项目发展提供信息，以满足不同年龄群体的需求；六是将自己视作具有反思和关怀能力的专业人士。[②]

国外学者 Kaplan 和 Sánchez 根据对国外代际实践课程与培训资源的梳理，将发展代际项目的流程及需要注意的问题归结如下。[③]

一是结合“世代智慧”明确设定项目的总目标和分目标。在开展代际项目之前，需要确定灵活、现实、可实现的总目标与分目标，以作为代际工作的总方向。随着项目的发展，总目标和分目标可以根据实际情况随时调整，但是必须要有一个总目标，以区别于纯粹的代际互动。同时，还应该具有“世代智慧”，即世代自我意识，一种有关代际移情和在世代意识中行动的能力。[④]

二是建立适当的代际合作伙伴关系。从本质上讲，代际项目需要将来自不同社会和职业的年龄群体聚集在一起。由于社会中存在着解决不

① M. Kaplan, M. Sánchez, “Intergenerational Programs and Policies in Aging Societies,” *Chapters* 43 (2014): 1-16.

② V. Rosebrook, E. Larkin, “Introducing Standards and Guidelines: A Rationale for Defining the Knowledge, Skills, and Dispositions of Intergenerational Practice,” *Journal of Intergenerational Relationships* 1 (2003): 133-144.

③ M. Kaplan, M. Sánchez, “Intergenerational Programs and Policies in Aging Societies,” *Chapters* 43 (2014): 1-16.

④ S. Biggs, A. Lowenstein, *Generational Intelligence. A Critical Approach to Age Relations* (London and New York: Routledge, 2011).

同年龄群体需求的传统工作方法（青少年项目、儿童活动、成人教育等），所以代际工作必须重建跨年龄的代际伙伴关系或利用已有的代际合作方式。

三是建立内部支持，并让成员做好准备。代际项目组织中的每一个成员都应该了解项目的总目标、分目标及运作模式，以确保成员对项目的支持和热情，促进项目的长期可持续发展。

四是让现有和潜在的参与者都参与到项目的规划过程中。因为一般情况是，在项目开始之前参与的次数越多，参与者的动机就越强，投入也越大。

五是在项目开始前就为参与者做好准备，让他们了解项目中其他年龄群体是如何思考和感知这个世界的。甚至在参与项目的不同年龄群体见面之前就可以开展培训，以培养他们的自我认知与世代意识，这正与上面所提到的“世代智慧”概念相一致。

六是关注志愿者的需求和愿望。要建立有效的招募方法，以激励和维护志愿者，无论他们是年轻还是年老。

七是设计合适的活动。考虑到能力和限制方面的因素，代际活动应该是开放式的，强调过程而不是产品，并为规划和反思提供机会[①]。

八是结合文化来设计活动。由于不同群体在代际沟通方面的价值观和期望是存在文化差异的，考虑到这一点非常重要，因此需要以符合文化规范的方式来设计和实施活动。

九是根据参与者的现实关注点来设计活动。当活动能满足参与者的个人和社区需求时，他们更愿意进一步寻求代际交流的机会。

十是启动。代际沟通是一个持续的过程，始于“破冰”所产生的表面接触，当然也可以用一些更密集、更深入的沟通活动来替代此类热身活动，以为更个性化的接触提供机会。[②]

---

① A. Epstein, B. Boisvert, “Let’s Do Something Together: Identifying the Effective Components of Intergenerational Programs,” *Journal of Intergenerational Relationships* 4 (2006): 87 - 109.

② J. Angelis, “Intergenerational Communication: The Process of Getting Acquainted,” *Southwest Journal of Aging* 12 (1996): 43 - 46.

在实践层面，为了帮助老年人寻求终身学习创造机会和为社区创新、变革做出贡献，美国宾夕法尼亚州州立大学于2014年开始设立了一项叫作“代际领导组织”（Intergenerational Leadership Institute）的证书培训项目。这个项目本身除了可作为老年人终身学习和公民参与的项目之外，还是一个能够为老年人发挥余热提供跟踪性技术指导的组织，旨在促进满足当地需求的新型代际战略的发展。代际领导组织模式以及为参与者提供的学习与服务机会主要包括三个部分。

一是16学时的迷你课程。为参与者提供代际实践的基础背景和同伴团体设置，以帮助开发和实现他们的代际项目想法。

二是每月一次的“应用研讨会”。支持代际领导组织的参与者从事与他们的社区参与技能和兴趣相一致的项目开发工作。

三是由宾夕法尼亚州州立大学和相关伙伴组织提供的额外培训和网络连接机会，以帮助培养学员的领导技能（如代际游学、实地考察、特殊活动等），将代际项目理念转化为具体的计划和行动。

五 国外代际共融的经验启示

结合国外代际共融的相关案例，同时联系我国的文化传统与代际共融发展情况，本书认为以下几点启示值得重点关注和把握。

（一）倡导代际相互依存理念

关注代际关系和倡导代际共融理念，不仅可以为我们重新审视人口老龄化、生活方式以及社会支持等问题提供一种全新的综合视角，还可以为促进家庭、社区以及社会的可持续发展提供一种统筹的思路。比如，建立一个儿童和老年人共享的日间照料场所，就可以显著减轻中间一代人的照料负担，减少对多种照料设施的依赖，从而促进社会资源的优化配置和劳动生产率的提高。从全生命周期的角度来看，发展代际共融实际上就是构建了一个代际循环照料圈，有助于人类的繁衍与可持续发展。但代际共融的理念不能仅停留在观念和政策上，还需要具体落实到日常生活中。一方面，要积极运用代际共融的理念来进行老年宜居社区的规划设计，加强对老年人与年轻人代际交流与互动空间、代际共享服务环境与照料资源的考虑；另一方面，要积极引导老年人与年轻人通过回忆社区发展历史、讲述故事以及共同设计等活动参与到社区的发展与建设中来，共同为社区建设贡献力量。

（二）充分发挥老年人优势

第二次老龄问题世界大会指出：“老年人的潜力是未来发展的强大基础，社会将越来越依赖老年人的技能、经验和智慧。老年人不仅带头进行自我提高，同时也将积极地参与社会活动。”① 对此，发达国家大力宣传“积极老龄化”和“生产性老龄化”的理念，积极发挥老年人在社会经验、专业知识、情绪管理等方面的优势，激发他们的潜能，同时结合年轻人在现代科技与信息知识等方面的优势进行项目设计，组织开展了就业指导、技艺传承、共同学习等主题的代际活动，在丰富老年人晚年生活、帮助其获得生活意义和目标的同时，使年轻人从老一辈人那里获得成长帮扶与人生指导，实现“哺育”与“反哺”的平衡，促进良好社会风尚的形成。

（三）把握区域差异

虽然当前各国（地区）都有很多成功案例和优质经验值得借鉴，但在实际运用过程中，在看到优势的同时也应该看到不同地区的异质性。我国国情复杂，各地区发展具有不平衡性，借鉴外来经验时应当结合所在地区经济文化发展的实际状况和特色优势，具体问题具体分析。正如“多代屋”在德国的广泛落地，靠的不仅仅是政府支持和法律保障，也依赖其较为自由开化的社会意识形态，其家庭观念在本质上就与我国农村的传统观念不同，因此我国也就不具备这一项社会意识基础。同时，我国作为发展中国家与德国的经济实力也有差异，养老体系建设进程也

---

① 《第二次老龄问题世界大会的报告》，2002 年 4 月 12 日，https://documents-dds-ny.un.org/doc/UNDOC/GEN/N02/397/50/PDF/N0239750.pdf?OpenElement。

各不相同，一味地照搬照抄反而会适得其反，在推广过程中自然也会受到阻力。经济发展不能一蹴而就，观念转变也同样需要一个慢慢接受、引导的过程，明确了本地与案例中的区域的异质性所在，就能更好地发挥案例中的优势，使本地受益更多。

（四）加强政策法律保障

通过上文对代际共融实践案例的分析，可以看出德国的几个项目都得到了政府的支持，或者是首先由政府出面牵头，为特定群体搭建桥梁，并且还配以相关法律支持；美国则以代际联盟为代表性组织，每年都要政府提出一定的代际政策议案，发挥着社会倡导的作用，其社会影响力也在不断扩大。相比之下，国内的项目多数由社会机构和民间组织或者个人来牵头，政府的参与力度远远不够，也没有相关的法律法规使得项目发展有一定保障。而如何在现行制度框架下对农村社区养老服务进行优化组合，统筹不同年龄群体的利益诉求，探讨促进代际共融的政策改进的空间和途径，又需要一个稳定的外部环境和强有力的保障支撑。新模式的开发与探索离不开基层政府的自我实现、社会自我创新以及中央倡导支持结合在一起的综合驱动力，以支持引导更多社会资本的进入，鼓励支持基层社区的自我探索与实践并形成示范点，进而进行推广运用。

（五）整合代际资源

国外代际共融的相关案例向我们展现了更多代际组合的可能。养老可以与托幼结合，也可以结合区域特色进行产业融合，发展休闲教育基地。这些案例都告诉我们，应该广泛拓展思路，致力于开发更多的组合方式，多方位利用不同代际群体的特性，优势互补，和谐共融。虽然国家对农村地区的财政拨款、政策倾斜是必不可少的，但只依靠这种传统单一的方式已经无法解决问题，应当及时看到我国目前对社会资源的调动仍然缺乏活力，及时将目光转移至更为灵活的社区内部资源的调动。实现这种健康有序发展的目标，需要进一步通过分类推进、精准对接和灵活组合的方式对农村社区养老服务进行优化，出台更为精准的政策引导，提出具体方略，量化指标，着眼所有代际范围，调动社会资源，探索新型代际共融模式。除此之外，根据美国的发展经验，代际项目多是由社会非营利组织发起，并由基金会、大学、社区以及地方政府等提供资助，具有自下而上的特点，这也是确保代际项目具有旺盛生命力的主要原因。我们应注意到，虽然政府的推动是一个方面，但社会多元力量的共同参与无疑为代际项目的可持续发展提供了双重保障，因此，要在中国发展代际项目，如何促进社会资源的链接将是一个至为关键的问题。

（六）建立代际研究网络

以快速老龄化和低出生率为主要特征的日本为例，在第二次世界大战以后，日本在1947～1949年出生的人口迅速增至700万，再加上随后几年出生的人口合计达到1100万。伴随婴儿潮一代的陆续退休，社会上许多人开始担心这些老龄人口会对养老、医疗以及照料体系造成巨大负担。但从目前情况来看，日本社会虽然遭受了老龄化带来的冲击，却也受到了老龄化的积极影响。如果老年人能够积极地参与到社会或社区活动中，与儿童、年轻人以及中年人交流互动，就会形成一种更加积极的代际关系，从而为社会的和谐发展做出贡献。老龄问题不仅仅是个人层面的问题，同时也会对社区、社会、企业、经济、城市及整个国际社会产生影响。1999年被联合国定为“国际老年人年”，主题是“建立一个代际共享的社会”。在此政策影响下，2004年5月，日本来自社会保障、医疗护理、教育等跨学科领域的专家共同组建了“日本世代间交流协会”（Japan Intergenerational Unity），旨在通过培养下一代，重建积极老龄化的社区，开展研究和推进代际项目，同时促进与其他国家的合作。随后，新加坡于2007年成立了乐龄理事会，开始推行代际学习计划和代际共享场所建设，取得了较好的社会效果。对此，中国也应借鉴学习国外发展经验，建立起代际研究网络，在发展中国代际共融活动的同时，注重提炼本土思路，并加强对外交流，向外传递中国声音，推介中国经验。

第四章　中国代际共融的文化与历史传统

本章借鉴国外发展理念，着重对中国代际共融的纵向梳理，即结合对中国谚语、民间故事、儒家经典著作等历史文献资料的分析，挖掘中国代际共融的文化传统、历史形态及现实需求，从而为后文本土化的政策设计提供经验依据和理论支撑。

一　中国代际共融的名实之辩

在目前整个社会科学界，代际研究和代际视角在分析社会流动与家庭转型问题的学术圈中已经比较普遍。但是，国外学界与中国学界对于“代际”这个词的使用范围是有差别的，国外学者更关注社会各个不同世代之间的关系，而国内学者则更关注家庭内部各世代之间的关系。由于“个人主义”与“家庭主义”文化传统上的差异，所以在使用“代际”这一词时，国内学者往往不需要界定就可以自明其研究范围，同时国内外代际研究所使用的理论框架和实践方法也存在一些差异。① 对于中国开展代际共融实践有无根底、有无可能、有无必要，也需要做进一步的思考。这实质上是“代际共融”的名实之辩，需要合理地联系中国社会的历史文化传统及具体实践来探讨代际共融的适用性，从而为相关

① 李俏、王建华：《转型中国的养老诉求与代际项目实践反思》，《学习与实践》2017 年第 10 期，第 81 ~ 90 页。

活动的开展提供指导思路。

（一）“名”：不同语境下的文字表达

“名”在这里主要是指代际共融的使用名称问题。在学术研究领域，笔者尝试在中国知网全文数据库的主题词中输入“代际共融”进行检索，发现所获结果多为代际分化或差异方面的比较研究，而真正与之相关的研究成果微乎其微。在中国学术界，在含义上与“代际共融”最为接近的词应该是“代际团结”，但也是一个外来词语，主要用于分析和解释家庭层面的代际关系，范围较窄。随后，笔者利用百度和谷歌国内外两大搜索引擎，选取“代际项目、代际共融、代际和顺、代际和谐、老少同乐”五个关键词分别进行网页搜索发现[①]，中国并非没有代际互助的理念，也并不缺乏此类项目或实践活动，但由于文化语境与使用习惯上的差异，表达代际共融的词语有所不同。在使用英语的国家多使用“Intergenerational Program”，译为“代际项目”；在日本则用“Kizuna”（“绊”，切不断的联系）来指代不同世代间的关系[②]，而用“代际共创”一词来指不同世代间的合作与融合；在新加坡常表述为“跨代计划”“代际计划”；在中国香港、澳门和台湾地区则多译成“长幼共融”和“跨代共融”；而在中国大陆地区则多用“代际共融”“代际合作”“老幼互助”“老少结对”“老少同乐”“老少共学”“跨代共居”等词来表达，并常引用古典诗词中的语句来指代具体的名称，如“耆幼融融”“童叟共乐”“情系桑榆”“人间重晚晴”等，极具中国文化色彩。究其原因在于中国不同于国外的文化底色与发展轨迹。中国传统文化以绵延数千年的小农经济为基础，而这种小农经济又与自给自足、男耕女织的定居型农业的封闭性质有关[③]，以农户为农业生产的基本单位，使得人们在生产生活中更加注重发挥血缘关系的作用。费孝通在《乡

① 后文第五章对这一搜索方法有具体介绍。

② M. Kaplan, N. Henkin, A. Kusano, *Linking Lifetimes: A Global View of Intergenerational Exchange* (University Press of America, Inc., 2002)

③ 周晓虹：《孝悌传统与长幼尊卑：传统中国社会的代际关系》，《浙江社会科学》2008 年第 5 期，第 77～82、127～128 页。

土中国　生育制度》中曾指出“血缘是稳定的力量。在稳定的社会中，地缘不过是血缘的投影，不分离的。‘生于斯，死于斯’把人和地的因缘固定了”。[①] 由于对土地的依赖以及农业生产的需要，血缘群体成为最为主要的依托力量，导致家庭成为最主要的生产单位，由此也自然而然地衍生出社会对于建立在血缘基础上的家庭代际关系的重视。因此，中国人以家庭为主，工作、生活都是为了家庭，家庭成为人生的主要目的和意义所在。相反，西方社会以各种职业、政治、宗教为主要形式，团体之间界限分明，团体内部的公共责任和个体权利也十分明确，由此塑造了其强调的公共观念、平等精神和个体独立意识。[②]

（二）“实”：情理共通的社会追求

“实”是相对于“名”来说的，在这里主要指代际共融实践的实施开展。实际上，有关代际互助的思想和实践在中国历史上早就存在，只是并没有引起人们的特别关注和重视，在相关活动中也没有刻意突出“代际”关系，而是更多地被淹没在“家庭和睦”“邻里相恤”“社会互助”等更大范围的社会治理活动当中。这与中国农耕社会的文化传统密切相关。家庭作为最基本的生产和生活单位，成为向外扩散关系的核心和原点，个人往往需要依托家庭和宗族对外发生联系，所以中国往往不会具象地用“代际”来黏合一代人与另一代人的关系，而是采用“家庭”等团体来黏合非血缘性的社会关系，并认为“家”和“国”在组织结构和内部属性上极为相似，可以推而及之，正所谓“家国一体”。费孝通在《乡土中国》一书中曾提到，西方社会是团体格局，群己界限相对清晰；而中国社会是差序格局，人与人之间的关系较为复杂，也更具伸缩性。他指出：“中国的格局不是一捆一捆扎清楚的柴，而是把一块石头丢在水面上所发生的一圈圈推出去的波纹。每个人都是他社会影响所推出去的圈子的中心。被圈子的波纹所推及的就发生联系。每个人在

---

① 费孝通：《乡土中国　生育制度》，北京大学出版社，1998，第 70 页。

② 周飞舟：《一本与一体：中国社会理论的基础》，《社会》2021 年第 4 期，第 1 ~ 29 页。

某一时间某一地点所动用的圈子是不一定相同的。”[①] 但不管国内外文化差距多大，对于代际互助的推崇却是整个人类社会共同的情理追求和社会理想，即便是在相关的社会实践中也并不存在本质上的区别。因此，中国代际共融的名实问题实际上完全可以用“和而不同”这个词来概括，即国内外代际共融的动因和内容极为相似，但表达形式却有所不同。

二　中国代际共融的文化传统

代际关系作为人类社会最为重要的社会关系之一，也是社会利益结构体系的重要方面。[②] 但代际关系存在明显的区域和领域差异，在不同地区和领域中的表现和规范都有所不同。在传统的中国社会，代际关系更多地体现在家庭和家族领域；而在现代社会，代际关系随着人们就业与社会交往范围的扩大逐渐扩展至社会公共领域，导致社会代际关系表现得更加突出。中国传统文化绵延数千载，形成了独特的价值体系，潜移默化地对国人的思想方式和行为方式产生影响，从而导致中国的代际共融及其实践也很自然地具有自身的文化特色。正如上文如述，中国的代际实践更多地被隐含和整合到家庭、家族和宗族、邻里、社会等层面的代际关系处理当中，分别对应微观、中观和宏观三个层面。

（一）家庭代际支持：“长幼有序、父慈子孝”

在微观层面，代际关系被视为家庭诸多关系中最重要的关系形式，它不仅以血缘关系和婚姻关系为基础，而且是一种制度维系的关系，维系的社会力量包括法律、政策、道德、家规族训、风俗习惯等。[③] 总的来看，传统社会家庭代际的交往完全被约束在一整套既定的社会规则之

---

① 费孝通：《乡土中国》，生活·读书·新知三联书店，1985，第 23 页。

② 吴帆、李建民：《中国人口老龄化和社会转型背景下的社会代际关系》，《学海》2010 年第 1 期，第 35 ~ 41 页。

③ 王跃生：《中国家庭代际关系的维系、变动和趋向》，《江淮论坛》2011 年第 2 期，第 122 ~ 129 页。

中，按照“君君、臣臣、父父、子子”的纲常伦理来行动。[①] 主要原因在于传统社会中后代的人生经验与社会资源大都是从长辈那里获得的，再加上社会流动缓慢且前辈的经验够用，因此成年人的过去就是每个新生一代的未来，他们早已为新生一代的生活定下了基调。[②] 具体表现为两种形式。一是文化风俗的代际传承。社会通过长辈与子辈口耳相传的方式来实现文化知识与传统风俗的代际传播，这在没有文字的上古时代表现得尤为明显。二是农业生产技术的代际传授。过去由于农业生产周期长、季节性强，并需要一定的技术，往往需要知识和技术的长期积累，而有经验的人可以给予后代较多指导。鉴于尊老敬老在上述领域中的重要作用，古代统治者将其纳入礼仪制度加以约束，后代也大多沿袭，不仅表现为对老年人生活上的照料，还表现在老年人的福利待遇上，即达到一定年龄的老人可以免除赋税、徭役甚至刑罚。[③]

在家庭内部，子代对父代的“孝”与“顺”构成了传统代际伦理的核心，但孝道观念并不是一成不变的，而是随着社会环境的变化而不断调整。如先秦时期就较为重视相对性的伦理本质与孝道所蕴含的自然天性，因此这一时期亲子间感情的“相互性孝道”成为社会主流。但在汉朝至清朝时期，随着家国同构与忠孝混同的政治建制的兴起，亲子自然情感与社会体制高度结合，从而衍生出基于尊卑纲纪的绝对主义伦理观。主流孝道观也逐渐从“相互性孝道”移转到强调顺从尊长的“权威性孝道”。如秦代父亲对儿子具有生杀大权，唐宋对不孝者会施以杖刑，尤其是宋明律法中对于不孝之人的严惩也促进了孝道的极化，对不孝之子的处置基本上都是死刑，这使权威性孝道达到顶峰。[④]

---

① 窦畅宇、肖峰：《信息时代的代际伦理与青年的代际义务》，《中国青年社会科学》2017 年第 2 期，第 18 ~ 24 页。

② 〔美〕曼纽尔·卡斯特：《网络社会的崛起》，夏铸九、王志弘等译，社会科学文献出版社，2001，第 8 页。

③ 陈爱华：《关于老龄化社会弘扬伦理关爱精神的几点思考》，《江苏老年学研究》2022 年第 1 期。

④ 曹惟纯、叶光辉：《高龄化下的代间关系——台湾民众孝道信念变迁趋势分析（1994—2011）》，《社会学研究》2014 年第 2 期，第 116 ~ 144、244 页。

除了法律对于负面代际关系的惩戒外，儒家思想对于孝亲行为的鼓励和表彰，对于“父慈子孝、长幼有序”的规范和倡导，为家庭代际关系的和睦创造了外部制度环境，而传统文化“百善孝为先”的道德规范进一步约束了人们的行为。《诗经》中有“哀哀父母，生我劳瘁”的咏叹。《弟子规》中有“父母呼，应勿缓。父母命，行勿懒。父母教，须敬听。父母责，须顺承”的规范。《增广贤文》中不仅用“羊羔跪乳，乌鸦反哺”等生物界事实来教化人们对于父母恩情的感激和报答，还用“孝当竭力，非徒养身”来强调精神养老的重要性。孟子则规定了儒家人际关系之道是：“父子有亲，君臣有义，夫妇有别，长幼有序，朋友有信。”汉代《列女传》更是运用了一个“彩衣娱亲”的实例演绎了社会对孝行的理解，东汉明德马皇后所述的“含饴弄孙”则成为历来老年人的晚年理想生活。除此之外，流传千年的《二十四孝故事》《孝经》等古籍则是按照以“顺亲”或“无违”为中心的孝道观念，通过生动的事例向下传递了中国亲子关系最基本的行为模式，也将孝提升到道德高度。这些谚语和典故无疑为后世了解中国历史上的代际关系提供了佐证和线索，同时也从侧面解释了为何当前中国对于代际项目的称谓有别于国外，而多采用“长幼共融”“老少同乐”“代际和谐”等表达，因为中国历史文化中有很多比“代际项目”更生动形象、含义丰富的词语，更有助于传达本土化的代际互助理念和代际合作思想。总体而言，儒家思想认为家庭代际支持极为重要，并将家庭伦理共同体作为政治共同体的起点。“男女有别而后夫妇有义，夫妇有义而后父子有亲，父子有亲而后君臣有正。”①

（二）家族和宗族代际互助：“收养孤弱、聚族自保”

中国民间自古以来就存在互助共济的传统，用互助方式来实现社会保障的功能绝非新鲜事物。② 而家族和宗族作为中国传统农村社会的重要组织形式，自然在社会保障方面发挥了重要作用。家族通常指在共同

---

① （西汉）戴圣：《礼记全鉴》，东篱子解译，中国纺织出版社，2018，第 90 页。

② 王跃生：《社会变革中的家庭代际关系变动、问题与调适》，《中国特色社会主义研究》2019 年第 3 期，第 79 ~ 87 页。

血缘关系基础上由若干家庭单位结成的亲缘集团或社会群体单位，在这个意义上家族可以说是家庭的扩大版，是“同族”的意思。宗族则是基于父系世系群由一套特定社会规范体系和特定活动结构组成的社会组织，往往由具有共同祖先的家庭聚居一地，因“同宗同族”而结成宗族，即一个宗族常常包含了同一姓氏的多个家族，即“父之党为宗族”。可以说，中国传统社会是一个典型的宗族社会，而宗族最主要的功能之一就是社会保障功能，主要体现在守望相助的传统上。相关研究也表明，血缘关系是宗族建立的先决条件和维系纽带，也是中国传统宗族养老的情感基础①，因此宗族互助养老具有鲜明的血缘性和家族性特征②。传统宗族养老主要体现在制定赡养老人的族规、为族内贫困无依老人提供生活保障、宗族内部不同家庭之间互助养老和为族内的贫困家庭提供丧葬支持四个方面。③ 从西周开始，在中国宗族内部就出现了通财式互助，“孝”被作为宗族组织的重要伦理准则，用以约束宗族内部成员的行为，赡养父母逐渐取代祭祀祖先成为人们必须履行的义务。汉代时，宗族互助则发展成为民间代际互助的重要主体，主要表现在经济互助、散财同宗、收养族中孤弱和聚族自保等方面，在一定程度上促进了地方社会秩序的稳定和社会的和谐。④ 到了宋代，孝道日益变得极端化，成为一种政治工具，要求子女对父母“无条件的顺从”。宋代，乡约文化和义庄的出现标志着互助文化发展进入一个新的阶段，宗族互助逐渐朝制度化方向发展。到了清代，在最高统治者的鼓励下，宗族制度不断得到完善，宗族组织的养老功能也不断得到发展。在清代，妇女除了家庭养老还可以依靠夫家的宗族力量解决养老问题，主要依赖夫家宗族的“义庄义田”和夫家宗族个人捐助

---

① 徐娜娜：《论中国传统宗族文化对当代文化养老的影响》，《湖南社会科学》2014 年第 4 期，第 10 ~ 12 页。

② 张云英、张紫薇：《农村互助养老模式的历史嬗变与现实审思》，《湘潭大学学报》（哲学社会科学版）2017 年第 4 期，第 34 ~ 38 页。

③ 毕天云、刘梦阳：《中国传统宗族福利体系初探》，《山东社会科学》2014 年第 4 期，第 37 ~ 41 页。

④ 王文涛：《汉代民间互助保障的主体——宗族互助》，《学术交流》2006 年第 11 期，第 172 ~ 175 页。

两种方式。[①]

（三）邻里代际合作："出入相友、守望相助"

代际关系除了存在于建立在血缘基础上的家庭内部，在中观层面还存在于以地缘关系为基础的邻里关系当中。在小农经济主导的乡土社会中，血缘和地缘是中国最主要的两种传统社会关系。[②] 每一个家庭或家族成员都从属于特定的聚居共同体，并在这个结构体系中依据居住地点而与其他家庭或家族建立社会关系，从而形成一种带有感情色彩和秩序规范的社会关系，这种邻里关系在费孝通那里也被称为"熟人关系"。根据《周礼·地官司徒》中的定义"五家为邻、五邻为里"，邻里就是这样一种因相依居住而形成的社会关系。相关研究表明，中国古代邻里关系表现为：以农业社会和乡土中国为背景，与家族保持紧密联系，深受家族文化影响；是一种在熟人社会里的熟人关系；承载了一定的社会功能；受地方性的、宗族性的乡村治理模式和乡规民约的影响。[③] 虽然邻里范围的规定在不同朝代有所不同，但其中所隐含的代际情理却始终如一，并承载了养老、待寡、抚孤、济贫、让财、散财、担保等方面的社会功能，成为代际互济互助的一种重要表现形式。《左传·昭公三年》有言"非宅是卜，唯邻是卜"，强调迁居时选择好邻居的重要性。《增广贤文》中用"远亲不如近邻"指出了就近互助的效益，而《孟子·滕文公上》则进一步提出了"乡里同井，出入相友，守望相助，疾病相扶持，则百姓亲睦"的价值目标。我国传统文化中有关邻里代际互助的描述与社会实践，突出显示了善邻的价值，同时也传达了古人对于邻里代际关系的理想——邻里和谐。此外，传统社会更是视"相扶相助"（有无相通、疾病相扶、患难相救）为邻里间需承担的伦理义务，发展至今这种伦理诉求已演变成为中国民众的生活方式和道义传统。在实践上，

---

① 吕宽庆：《清代妇女宗族养老保障研究》，《兰台世界》2017 年第 9 期，第 125 ~ 128 页。

② 周晓虹：《孝悌传统与长幼尊卑：传统中国社会的代际关系》，《浙江社会科学》2008 年第 5 期，第 77 ~ 82、127 ~ 128 页。

③ 肖群忠：《论中国古代邻里关系及其道德调节传统》，《孔子研究》2009 年第 4 期，第 17 ~ 23 页。

邻里代际互助主要体现在如下两个方面。

1. 生活互助

虽然邻里范围的规定在不同朝代有所不同，但其中所蕴含的代际互助含义却始终如一，邻里和宗族之间不仅通过馈赠或者借用农业生产资料、生产工具、富余农产品等方式达到充分利用各类资源的目标，而且在建筑房屋、日常娱乐消遣中也展开了相互帮助，形成了具有隐形社会保障的村庄信息共享社会网络。《周礼·地官司徒·大司徒》和《周礼·地官司徒·遂人》中所提到的闾里、族党、州乡之类的聚落共同体大多是以地缘为纽带进行经济互助和生活互助的农村公社，强调老年人与年轻人在农村生活中各个方面的互帮互助。唐宋时期不仅经济繁荣，思想文化更是达到了顶峰，这一时期诞生的中国最早的乡规民约《吕氏乡约》就提出了既要关注村庄内的个体又要关注集体，以期共同进步，这成为当时代际互助组织发展的重要思想基础。

2. 养老互助

在中国历史上，村落社区中不同世代之间在家庭生活、经济生产、政治运动、社会文化发展中都存在着广泛的合作关系，尤其在养老方面形成了一定的互助传统。其中最典型的当属唐代的“侍老”制度，即通过赋役优免和邻里代际支持来辅助发挥家庭养老的社会功能，没有子女赡养的老人，可以从邻居中选人进行奉养。《户令》就曾规定：“诸年八十及笃疾，给侍丁一人。九十二人，百岁三人。皆先尽子孙，次取亲邻，皆先轻色。无近亲外取白丁者，人取家内中男者，并听。”除此之外，侍丁按照唐代法令还可以免役。[①] 这表明邻里代际相扶在传统社会还上升到了法律层面，得到了制度性的保障。在清朝，伴随社会救助事业的蓬勃发展，农村代际互助行为不断增多。[②] 新中国成立之后，中国农村在集体互助中也形成了十分强烈的代际互助养老意识，倡导在不同年龄

---

① 肖群忠：《论中国古代邻里关系及其道德调节传统》，《孔子研究》2009 年第 4 期，第 17 ~ 23 页。

② 李俏、刘亚琪：《农村互助养老的历史演进、实践模式与发展走向》，《西北农林科技大学学报》（社会科学版）2018 年第 5 期，第 72 ~ 78 页。

群体间实现互助与合作，当前国内涌现的一些代际项目多以邻里互助为主题来推进社区建设。典型的如万科物业从2003年开始举办社区“HAPPY家庭节”，2015年又开始于每年9月的最后一个周日举办“朴里节”，邀请社区内的男女老少都来参加社区庆祝活动，借此来传承中国五千年来的友邻互助传统。香港劳工福利局及安老事务委员会自2008年起就开始推行具有社会工作性质的“左邻右里积极乐颐年试验计划”，活动内容包括义工培训、关怀活动、探访活动、长者兴趣班。其目的在于通过跨界合作动员社区组织及义工协力推进邻里互助、长幼共融及护老敬老风尚，识别与帮助有自杀倾向或可能是家庭暴力受害者的老年人等。仅在2008～2010年的两年间，香港开展此项目的社区服务机构就达18个，活动项目有75项，受惠老年人达20万人次。2012年之后，这一项目又将目标扩展至优化邻里支持网络和促进家庭和谐，显著发扬了邻里守望相助的精神，促进了社会和谐。[①] 还有广东省广州市东山街家庭综合服务中心开展的“发现东山之美”小组活动[②]、广东佛山沥西社区实施的“关爱尊长·予爱成长”社区长者探访计划等，都是对新时代邻里代际关系的新诠释。

（四）社会代际关系：“老吾老以及人之老，幼吾幼以及人之幼”

代际关系在微观层面表现为一种家庭结构，在中观层面表现为一种邻里结构，在宏观层面则表现为一种社会结构。但是社会代际关系并不总是和谐的，因为要在没有血缘关系的不同世代之间建立起良好融洽的关系并不容易，所以必然需要社会道德的约束，像“尊老爱幼、长幼有序”等口号便反映出传统伦理道德对社会代际秩序的引导。而在这些代际秩序的形成过程中，儒家思想发挥了主导作用。儒家思想强调要以孝悌伦理为基础，将处理血缘亲子关系的孝道从适应宗法制度需要的礼仪

---

① 《「左邻右里积极乐颐年」试验计划展开（附图）》，新闻公报，2008年1月26日，https://sc.isd.gov.hk/gb/www.info.gov.hk/gia/general/200801/26/P200801250156.htm。

② 《东山家综长者“发现东山之美”小组圆满结束》，新浪博客，2016年8月12日，http://blog.sina.com.cn/s/blog_14d01b53e0102wipo.html。

典章扩展为日常生活中每个人所必备的行为准则，由一种外在的行为规范转变为一个人发自内心的情感需求。与此同时，孔子还强调“仁者，人也，亲亲为大”，“亲亲而仁民”，认为只有爱自己的父母才能爱其他人，并将行孝与为政相联系①，以至于后世发展为“以孝治天下”，并将“孝与否”作为朝廷识别人才和重用人才的标准之一。

经过几千年的发展，传统孝道所包含的内容也发生了演变，内容越来越丰富，并逐渐从亲子关系的准则扩展到人际关系的原则，并进一步成为社会和政治德行。在《礼记·礼运》中，孔子曾构想了一个理想的大同世界，即“大道之行也，天下为公，选贤与能，讲信修睦。故人不独亲其亲，不独子其子，使老有所终，壮有所用，幼有所长，鳏寡孤独废疾者皆有所养”②，这就体现了对和谐社会代际关系的理解。在此基础上，《孟子·梁惠王上》进一步勾画了孟子对于这个大同世界的认识——“老吾老以及人之老，幼吾幼以及人之幼”，突出强调了建立和谐非血缘性代际关系的重要性。东晋文人陶渊明还曾借《桃花源记》，用“黄发垂髫，并怡然自乐”表达过对长幼共居、其乐融融生活的向往。《增广贤文》中也有“和气致祥，乖气致戾”等表述。虽然中国具有以家庭和宗族为本位的传统，但同时也有突破血缘与地缘关系来促进人际关系和谐的文化风尚。尤其在当前中国改革进入深水区的重要阶段，家庭内部的“长幼有序”和邻里间的互帮互助固然是一个重要方面，但社会层面的代际共融更是一个重要的发展方向，因为协调不同年龄群体的利益和需求，有助于达成社会共识，从而促进社会的良性运行与和谐发展。

三 中国代际共融的现实需求

美国学者 Kaplan 和 Sánchez 指出，在社会规划中采用代际视角具有

① 周晓虹：《孝悌传统与长幼尊卑：传统中国社会的代际关系》，《浙江社会科学》2008 年第 5 期，第 77～82、127～128 页。

② （西汉）戴圣：《礼记全鉴》，东篱子解译，中国纺织出版社，2018，第 299 页。

七种必要性，即人口变迁的必要性、修复照料圈的必要性、积极老龄化的必要性、社会凝聚的必要性、宜居社区建设的必要性、文化传承的必要性以及社会支持的必要性。[①] 结合当前老龄化形势与养老实际来看，上述必要性分析对中国也较为适用，但由于需求的迫切程度与紧迫性不同，发展次序存在先后之别。但就整体而言，代际实践在以下五个方面存在着发展的可能。

（一）代际友好：适应家庭变迁的需要

伴随人口老龄化，当前中国家庭呈现规模小型化、结构简化、居住模式丰富、非传统类型家庭大量涌现等变动趋势，传统“四世同堂”的大家庭逐渐减少，核心家庭日益增多，但尚不能将中国家庭转型模式简单归结为“核心化”，因为当代中国家庭只是“形式核心化”，还具有“功能网络化”的特点[②]，向下期望的责任伦理影响较大[③]。在此背景下，如何在尊重中国传统家庭养老的基础上，促进“老年友好”与“青年友好”结合，探索扩大和增进社会支持的方法，成为迫切需要解决的问题，而这无疑为引入和发展代际实践提供了可为空间。应注意到，中国拥有孝文化积淀，孝文化应当成为现代人的行为规范。因此，探索促进孝文化代际传承的有效途径意义重大，但这还有赖于社会道德的约束与持续性的代际行动，这将影响不同年龄段的人认识孝道对于家庭和社会的重要性、及时性，并真正地参与到孝亲敬老的行动中来，让更多老人得到陪伴，也让年轻人认识到代际共融的好处，从而推动整个社会形成孝亲敬老的良好氛围和社会环境。

（二）积极养老：老年健康发展的需要

当前社会普遍存在将人口老龄化视为消极社会问题的倾向，强调其

---

① M. Kaplan, M. Sánchez, “Intergenerational Programs and Policies in an Ageing Society,” in S. Harper & K. Hamblin, eds., *International Handbook on Ageing and Public Policy* (Cheltenham, England: Edward Elgar, 2014), pp. 367 – 383.

② 彭希哲、胡湛：《当代中国家庭变迁与家庭政策重构》，《中国社会科学》2015 年第 12 期，第 113 ~ 132、207 页。

③ 杨善华、贺常梅：《责任伦理与城市居民的家庭养老——以“北京市老年人需求调查”为例》，《北京大学学报》（哲学社会科学版）2004 年第 1 期，第 71 ~ 84 页。

给社会成本与财政支出、家庭照料、社会服务与健康服务供给以及社会保障体系带来的巨大压力。然而，事情都有两面，从积极的方面看，随着医疗卫生条件的改善和人口寿命的延长，老年人口可以活得更久、身体更健康，因而在他们身上也蕴藏着促进生产和回馈社会的潜力。实际上，很多老年人都在经验、知识、技能方面具有独特优势，在经济发展、文化传承、矛盾纠纷调解、维护社会稳定等方面仍可发挥重要作用。从代际的角度来看，其挑战就是如何为老年人参与社区建设与社会服务构建一种新机制，以为老年人继续学习、再就业和参与有意义的志愿服务创造更多机会和空间。相关研究表明，借助一些具体的代际项目，可以显著提高老年人的自我认同感、心理福利以及社会联结感[①]，从而成为实现积极老龄化的重要手段。从积极养老的角度来看，根据世界卫生组织的定义，健康应该是一个全方位的概念，即健康不仅指良好的身体机能状态，还包括积极的生活方式以及持续参与社会、经济、文化、社会事务的机会。[②] 中国作为世界上老年人口数量最多、老龄化速度最快的国家，且人口老龄化进程与新型工业化、信息化、城市化、农业现代化相伴随，在此背景下，更应该树立和培育积极的养老观念。而代际共融作为对积极老龄化的一种具体实践，较好地将就地养老与精神养老融合在一起，有利于挖掘人口老龄化背景下经济社会发展的新活力和新机遇，真正促进“老有所学”“老有所为”“老有所乐”的实现，因而具有较高的应用价值。

（三）文化反哺：代际伦理转型的需要

随着当代科学技术的发展，传统生活方式开始衰落，信息化及网络化生活方式日渐兴起，人们的生存方式和社会交往方式都发生了变化。与传统社会的学习方式不同，互联网的普及扩大了信息和知识的获取渠

---

① M. Freedman, *Prime Time: How Baby Boomers will Revolutionize Retirement and Transform America* (New York: Public affairs, 1999).

② WHO, "Active Ageing: A Policy Framework," http://apps.who.int/iris/bitstream/10665/67215/1/WHO_NMH_NPH_02.8.pdf.

道，人们可以自由地进行选择性的学习，个性化发展日益被看重。与此同时，社会流动速度加快，户籍和地域对人的限制越来越小，旧有的熟人社会被陌生人社会取代，公共领域不断拓展，传统道德规范对于个人的束缚日益减弱。社会变迁速度的加快，导致传统经验在指导当代实践中的作用日渐失效，代际经验和经历的差异越来越大。青年人共享着老年人未曾有过的网络经验，老一代人的生活经历基本不再会在下一代的生活中出现，代与代之间的断裂就成了必然。也就是说，由于社会的快速变迁，老一代人不仅无法再为年轻人提供参照范本，而且还面临着能否融入社会生活的挑战。尤其是对于那些已经退休、年龄较大的老年人来说，自己学会使用信息网络技术往往是不太可能的。因此，为弥合代际的“数字鸿沟”，就需要进行代际的文化反哺，要求青年人具有同理心，以宽容且感恩的心态与前代人从“对抗”走向“对话”，通过协商来重建信息时代的伦理秩序，从而维护家庭和社会的稳定。[①] 具体而言，青年人要与老年人建立起合作伙伴关系，并帮助老年人学习使用信息技术，使其能够真正地融入社会。

（四）社区发展：宜居社区建设的需要

为消除老年人参与家庭、社区和社会生活的障碍，营造对老年人友好的城市环境，世界卫生组织 2006 年提出了建设老年友好型城市的理念，并于翌年颁布了《全球老年友好城市建设指南》。受此政策影响，美国的纽约、英国的曼彻斯特和伦敦、意大利的乌迪内等一些城市纷纷响应，并制定了相关指标来推进“老年友好型城市”建设。[②] 2009 年，全国老龄办也开始在全国 7 个省 14 个城市推行“老年宜居社区”和“老年友好型城市”建设试点工作，并初步将“居住舒适、活动便捷、设施齐全、服务完善、和谐安康、队伍健全”确定为老年人宜居社区

① 窦畅宇、肖峰：《信息时代的代际伦理与青年的代际义务》，《中国青年社会科学》2017 年第 2 期，第 18～24 页。

② 梁捷、甘力心：《老年宜居环境建设：变“养老”为“享老”》，《智慧中国》2016 年第 4 期，第 16～18 页。

的评定标准，但其中只有“和谐安康”属于文化建设内容，其余均属于软件制度建设和硬件环境建设的范畴，人文关怀较为欠缺。由于目前中国老年宜居社区建设尚处于发展的初级阶段，社会各界对老年宜居社区的概念内涵、发展规律、未来走向不甚明晰，相关研究尤其是多学科的交叉研究还比较少，导致目前各地推行的老年宜居社区建设也多着眼于新建社区和住宅小区在布局结构、住宅建筑、生活服务设施、公共活动场地等方面的适老环境建设，而对于如何促进老年人的社会参与考虑较少。对此，中国在宜居社区规划与设计方面还有待引入新理念，注重强化文化内核，而这正为代际策略的中国实践提供了发展的空间。

（五）社会共享：和谐社会建设的需要

随着中国人口老龄化程度的加深、家庭规模的缩小、人口流动速度的加快以及公共领域中社会关系的不断扩展，老年人从社会和家庭中获得的支持越来越少，而社会代际关系尤其是老年人与其他年龄群体之间的关系变得日趋复杂和敏感，并日益超越伦理道德，而在利益、机会与资源配置以及制度安排层面各种形式的代际矛盾和冲突层出不穷，表现为“代沟”、老年歧视等问题。究其原因，既有社会个体对老年人的认知偏见、情感疏离和行为排斥的原因，也有社会制度和文化的原因。[①] 2017 年 6 月，中华网更是爆出了河南省洛阳市王城公园“广场舞大妈抢占篮球场”新闻，几位打篮球的年轻人和跳广场舞的老年人因为场地问题发生了矛盾，双方还因此大打出手，后经警方介入，篮球场归年轻人打篮球，老年人跳舞另找了一个地方。[②] 这一事件突显了调和代际矛盾和发展代际共融的重要性。《“十三五”国家老龄事业发展和养老体系建设规划》强调：“要以人为本，实现不分年龄、人人共建共享。”实现代

---

① 吴帆：《代际冲突与融合：老年歧视群体差异性分析与政策思考》，《广东社会科学》2013 年第 5 期，第 218～226 页。

② 《小伙为打篮球与广场舞大妈抢场地 双方挥拳相向》，中华网，2017 年 6 月 1 日，https://news.china.com/socialgd/10000169/20170601/30621747.html。

际共融也是和谐社会建设的需要，是实现社会共享的重要手段和途径。

四　中国代际共融的历史形态

结合当前中国代际共融的实践情况发现，代际共融有多种表现形式，但在养老领域过去多是以互助养老的形态表现出来的。

（一）代际共融与互助养老相交织

如上文所述，代际共融在中国具有深厚的文化传统，但由于中外对这个问题的定义与认识不同，不同国家和地区对于“代际共融”的表述不同。具体落实到实践层面上，代际共融以结构化的项目形态出现只是近 30 年的事情，而历史上的代际共融则更多地被隐含在互助养老的实践当中。互助养老作为一种对社区资源和老人自身资源进行开发利用的养老方式，与家庭养老、社区养老、机构养老有所区别。它实现了对中国传统儒家互助思想的再继承与再挖掘，是一种极具本土化色彩和社区重建思想的新型就地养老方式，对推进老年友好社区建设和宜居社区建设都具有重要的现实意义，可以促进对社区各类养老资源的整合，并使老年人的智力、体力及社会资源得到有效充分利用，实现自我价值和社会价值的最大化，全面提升老年人的成就感和幸福感。实际上，互助养老中就包含了许多代际共融的思想，互助的参与主体不只是老人，还包括其他世代尤其是年轻世代，如果没有年轻世代的参与，互助养老往往也是没有生机和不可持续的。

在中国历史上，个人、家庭、集体成员或组织成员之间形成的以获得利益和情感为目的所表现出的互相援助、互帮互助的社会文化，是互助养老得以产生的文化基础。[①] 它产生于我国历经千年而形成的儒家文化中，表现在人伦关系层面便是按照差序格局的方式由内而外、由近及远扩展。早在春秋战国时期，儒家的孔子、孟子和墨家的墨子的思想中

① 张姗姗：《中国古代契约的互惠性与互助性及其文化解读》，《法制与社会发展》2011 年第 3 期，第 83～91 页。

就已经体现了互助的特点，而唐宋则是互助思想发展的鼎盛时期，由“蓝田四吕”[①] 在北宋时期制定和实施的《吕氏乡约》就是互助思想的集中体现。这部乡约由德业相劝、过失相规、礼俗相交、患难相恤四个部分组成，其中患难相恤属于典型的民间自发救济，倡导乡邻互助互爱。在此影响下，当时社会上也出现了一批以互助为核心、以养老为目的的组织机构。此后，清朝延续了唐宋时期的互助养老思路，但在接下来百余年的动荡时期，其发展举步维艰。直到新中国成立后，随着“大跃进”和人民公社化运动的开展，“互助”才重新进入政策视野。从历史发展的时间维度，同时结合互助养老在不同时期的表现形态，可将农村互助养老的演进历程梳理如下。

1. 唐朝的农社

在唐朝，民间结社是一个广泛存在的社会组织，因破坏或干扰了官社祭祀（最主要的表现方式是国家的祭祀礼仪）的严肃性一度被国家禁止。但它由于拥有坚实的社会基础、生命力十分顽强，最终得到了政府的承认。经史料推断，虽然唐开元年间对民间结社的态度是禁断的，但当时作为互助养老载体的“农社”却是个例外，它得到了朝廷的正面鼓励而不是包办代替，成为一个官督民办的特殊存在。[②] 所谓“农社”就是把临近的几家或几十家组织起来进行结社而成为一个整体，以保证在发生困难时内部成员之间能够互相帮助，从而实现自救。农社创立的目的主要是帮助年纪大的人，尤其是没有子嗣的老人解决养老问题。古书记载：“农民在‘丁壮’之时，虽可以耕种过活，但老弱以及‘鳏茕’者，则恐无以为生，故必须‘事资拯助’，才可免晚年之忧患。”[③] 此外，无子嗣老人可在农社内寻求侍丁，只要双方愿意，上报政府、得到同意后便可履行奉养义务，给老人养老送终。而且，随着农社的推广，互助

① “蓝田四吕”是指活跃于北宋时期的吕大忠、吕大防、吕大钧、吕大临兄弟四人，他们制定了我国历史上最早的村规民约，即《吕氏乡约》。

② 孟宪实：《唐朝政府的民间结社政策研究》，《北京理工大学学报》（社会科学版）2001 年第 1 期，第 25～30 页。

③ 刘兴云：《浅议唐代的乡村养老》，《史学月刊》2007 年第 8 期，第 120～123 页。

养老作为家庭养老的辅助方式也得到了一定的发展。

2. 宋代的义庄

义庄是在血缘和地缘的基础上，由宗族中有能力的仕宦、士绅、地主、商人等捐置房屋和田产，以达到使本宗族发扬光大之目的的一种封建宗族赈恤组织。[①] 历史上，义庄的发展经历了“宋代的倡导与勃兴、明代的停滞与恢复、清代的发展与成熟”三个阶段。[②] 中国历史上第一个义庄是范仲淹于1050年在其故乡苏州设立的范氏义庄，因发展较好而成为义庄的代表。综观我国历史上的义庄，虽然发展程度有所差异，但主要功能归结起来不外乎赈济救助、兴办义学、教化社会、稳定地权、赡族等。其中，赡族功能主要包括以下两种：一种是普惠性家族福利制，即按照亲疏远近的排序向家族成员发放口粮、衣料、婚姻费、科举费、丧葬费等，有特殊需要时也可向义庄借贷、借房屋居住，以保证正常生活，并为宗族中的老人提供经济上的供养，范氏义庄采取的就是这种方式；另外一种是特殊救济制，即对族中鳏、寡、孤、独、老、贫等符合特定条件的对象进行救济，但受财力限制，大多数义庄主要针对老人进行救济，还有一些义庄会给族内的高龄老人发放补贴。在当时的历史条件下，以义庄为载体所开展的家族互济，不仅在一定程度上弥补了家庭养老的局限性，还为后世以民间社会组织形式开展互助养老提供了经验借鉴。

3. 清朝的太监庙和姑婆屋

清朝是我国古代社会救助事业发展的鼎盛时期，义庄在这个阶段得到了前所未有的发展，与此同时还出现了一些专为太监服务的组织机构。朝廷专门设置了一些官方养老机构，如净乐堂、安乐堂、恩济庄等，但由于其救助力度不大，很多太监在服役之后选择尘世之外的寺庙为其养老之所。因此，在民间便产生了具有互助性质的“太监庙”。一般而言，

---

① 李学如：《20世纪以来的宗族义庄研究》，《合肥师范学院学报》2015年第1期，第33～38页。

② 王日根：《义田及其在封建社会中后期之社会功能浅析》，《社会学研究》1992年第6期，第90～99页。

大多数太监在其年富力强的时候，就做好了养老规划，与寺庙保持良好的关系，他们有时会买地捐献给寺庙，有的直接认寺庙的主持做师父，或者捐钱用于修建寺庙，以便出宫之后就可以直接进入寺庙，这具有较强的投资和交换色彩。据统计，清末民国时仅北京周围就有30余座“太监庙”。[①] 太监们在寺庙中过着集体生活，既避免了孤单寂寞，也可以在年老时相互照顾和扶持，死后寺庙附近的坟地便是他们的安身之所。在当时，“太监庙”运作模式不一，除上述一般运作模式外，有一种被称为“兄弟庙”，即入庙者需要缴纳一定的费用才能在年老之后入寺养老，吃住不用花钱，有点类似现今的养老院；还有一种被称为“子孙缘”，即无须缴纳任何费用，凭师徒关系入道，磕头进庙即可，但年轻者要照顾年老者，后死者为先死者送终。而广东一带的自梳女作为矢志终身不嫁、独身终老的女性，则会通过缴纳一定费用进入“姑婆屋”，缔结金兰来进行互帮互助，以实现生有所养、死有所祭。[②] 这两类实际上都是互助养老的雏形。

4. 新中国成立初期的福利生产养老组织

新中国成立以后，农村开展的互助活动都有典型的合作化特征。1953年开始，我国农村地区开展了一系列的合作化运动，传统的互助变为生产互助。1956年五保供养制度的建立，要求合作社对社内无劳动能力和无子女奉养的老人进行生活上的照护，使他们的生养死葬都能得到保障，这让集体互助养老变为当时的一种典型的养老模式。“大跃进”运动中，部分地区在互助养老方面的尝试也是可圈可点的。其中，江西省泰和县书院农业社为解决五保户与农业社社员之间的矛盾，提高社员平均收入，于1958年建立了福利生产养老组织，包括一个福利生产养老院和三个福利托儿小组。其中，以旧祠堂改建而成的福利生产养老院共吸纳了五保户、孤老烈属等17人，老人在院内主要从事一些副业生产，

---

① 张雪松：《清代以来的太监庙探析》，《清史研究》2009年第4期，第89～96页。

② 方静文：《超越家庭的可能：历史人类学视野下的互助养老——以太监、自梳女为例》，《思想战线》2015年第4期，第78～82页。

如饲养家畜家禽和制作豆腐等；三个福利托儿小组也吸纳老人加入，共照看幼儿24人，以保证其母亲能顺利出勤参与生产劳作。福利生产养老组织成效显著，孤寡老人们心情舒畅，生产热情也普遍提高，社员们对五保户的看法也发生了转变，矛盾得到了解决。此外，为了促进这种养老组织的发展，泰和县书院农业社还总结了一些经验，如坚持自愿、因地因事制宜、生产形式多样化、加强骨干领导、建立管理制度等。[①]

人民公社化时期也开展了许多集体互助养老的实践，比如吉林省四平市的梨树公社敬老院，该养老院主要收纳本社丧失劳动能力、无子女、有子女但不赡养的老人。养老院还安排了充足的服务人员，保证老人衣被充足，修建了专门的老人食堂，并且有专门的宿舍，一时成为全国的典范供人参观学习。[②] 在当时的生产方式下，许多贫困农民的养老问题得到了有效解决，促进了社会的公平。然而，受经济社会发展水平的限制，当时的社会保障水平和服务水平都较低，存在一定的局限性。在农村青壮年农民大量外出务工的历史条件下，农村空心化和人口老龄化现象严重，这种传统的村社互助形式已不能适应现代农业现代化的发展需求，也无法满足老人的养老需求。

5. 改革开放后的互助养老

互助养老多是老年人自主发起的，如20世纪70年代初就已经在江苏高寨村出现了国内第一个老年组织——“老人互助会”[③]。随后在企业、高校、社会组织以及政府等多元主体的广泛支持下，乡村老年协会在浙江、福建、湖北等地不断涌现，进一步助推了不同年龄阶段老年人的互助发展。在老龄事业不断发展的今天，中国许多城市互助养老组织都鼓励低龄老人加入志愿服务队伍，如通过低龄老人志愿提供的服务来

---

① 江西省民政厅基点工作组：《泰和县书院农业社建立福利生产养老组织的经验》，《江西政报》（1958年第15号），第29～33页，http://zfgb.jiangxi.gov.cn/module/download/downfile.jsp?classid=0&filename=05172f82c2a54fd1ba0410eddadcdf3f.pdf。

② 何昌勤：《敬老院：人民公社时期的集体养老实践》，硕士学位论文，华中师范大学，2013。

③ 邓燕华、阮横俯：《农村银色力量何以可能？——以浙江老年协会为例》，《社会学研究》2008年第6期，第131～154、245页。

使高龄老人得到照料，或者由健康老人为失能老人提供服务。但仅仅让非血缘的低龄老人去服务高龄老人的方式在中国农村未必是可行的，因为每个人都有权利去决定是否为他人提供服务，这种服务能否持续主要取决于个体因素。除此之外，中国低龄老人大多是隔代照料的主力军，当低龄老人没有时间和精力或者不愿意参与这种互助服务时，建立在地缘上的代际互助就显示出了极大的优势。以目前开展老年人互助卓有成效的河北、浙江为例，两省分别通过在当地农村建立幸福院和“时间银行”的方式，将低龄老人和高龄老人集中起来，给予低龄老人一定的养老回馈，既保障了整个老年群体的晚年生活，为高龄老人的生活照料提供了人力资源，又为低龄老人实现“老有所为”提供了机会与空间。除此之外，一些农民合作社也为发展农村老年人间的互助提供了平台，如江苏省宜兴市后洪村的丰汇水芹专业合作社就通过延长水芹生产产业链的方式吸纳农村老年人就业，组织不同年龄阶段的老年人集中互助①，并帮助腿脚不便的老人联系生产大户和推荐老人参与分拣水芹、制作酱菜、包装等工作，让这些老人也能获得经济收入，从而提高了农村老人的经济收入。

综上所述，中国历史上的互助养老大致经历了从宗族和个体结社到集体互助，从民间自发到组织化、制度化的发展过程。② 受传统儒家孝道伦理规范的影响，宗族互助占据着一定的地位，却不是互助养老的全部，非血缘个体之间的联合也是广泛存在的，并为当前代际共融实践的探索提供了宝贵经验。

（二）互助养老的适应性问题

以传统互助文化为依据，互助养老在发展过程中面临着一些共性的问题亟待引起关注和重视。

---

① 陈云霞：《江苏省宜兴丰汇水芹专业合作社 互促互帮 以产业实现养老》，《中国合作经济》2017 年第 4 期，第 7 ~ 11 页。

② 张云英、张紫薇：《农村互助养老模式的历史嬗变与现实审思》，《湘潭大学学报》（哲学社会科学版）2017 年第 4 期，第 34 ~ 38 页。

1. 老人需求与服务供给之间的矛盾

相关研究表明，当前农村空巢老人的需求主要集中在生活照料、医疗保健和经济供养三个方面，其中低龄空巢老人对于精神慰藉的需求较多。[①] 互助养老建立的初衷是满足老年人日趋增长的养老需求，但在现实条件下，目前形态各异的互助养老模式为节约运营成本，主要靠老年人进行自我服务与自我管理，内部缺乏专业的服务和管理人员，导致其服务质量、服务内容和服务水平受到限制。由于绝大多数的互助养老模式采用集中居住的形式，许多老年人都会在入住初期因居住方式的变化而产生一定的心理或生活适应性问题，亟须专业人员给予必要的专业指导，但现实中这类需求往往得不到满足。此外，一些互助养老组织明确规定，加入互助养老的老人需具有一定的自理能力，这也使得互助的范围狭窄，那些由于家庭功能弱化而难以得到照料的高龄老人则被排除在外；互助内容也多停留在情感慰藉方面，而“互助”中相互照料的作用则被削弱。此外，由于互助养老目前尚处于发展初期，规模较小，医疗卫生服务等配套公共设施也不完善，其规范化程度也较低，在服务供给层面的问题较多，尚难以有效满足老年人对于医疗保健等方面的需求。

2. 传统思想与新生事物的共同阻碍

受几千年来的儒家孝文化影响，传统“多子多福、养儿防老”的观念仍在农村发挥一定作用，导致家庭养老仍然是老年人最为理想的养老方式。[②] 即便家庭养老靠不住，多数老年人也倾向于自我养老，老年人对于互助养老的接受程度还有待进一步提高。考虑到地方传统、社会风气、政策支持力度、互助养老规范化程度、区域经济发展水平等因素，互助养老的受欢迎程度势必会受到一定影响，这也是制约互助养老大面积推广的重要因素。相关研究表明，互助养老模式对乡村的自治传统和集体经济基础均存在较高要求，目前由于缺乏相应的配套机制，互助养

---

① 王银秀：《关注农村“空巢”家庭的养老问题》，《中国人口科学》2005 年第 S1 期，第 160 ~ 164、178 页。

② 李俏、朱琳：《农村养老方式的区域差异与观念嬗变》，《西北农林科技大学学报》（社会科学版）2016 年第 2 期，第 93 ~ 102 页。

老的社会参与不足。[①] 此外，互助养老作为一个新生事物，多数农村老年人对它的认识还浮于表面，往往将其与机构养老画等号，而对“互助”的理解不足，导致志愿性服务不易开展，互助的功能发挥受限。与此同时，子女对此类新生的互助养老方式往往也心存疑虑，而缺乏对互助养老的信任与支持，导致互助养老在现实发展和推广中面临一定困难。

3. 政策缺失与资金瓶颈的双重约束

互助养老作为一种新型农村养老方式，如何实现规范化发展是一个重要问题。2012 年，民政部发布的《关于鼓励和引导民间资本进入养老服务领域的实施意见》明确提出，要支持农村互助养老发展；2013 年，国务院制定的《关于加快发展养老服务业的若干意见》提到，要探索建立健康老人参与志愿互助服务的工作机制；2017 年，国务院发布的《“十三五”国家老龄事业发展和养老体系建设规划》强调，要通过邻里互助、亲友相助、志愿服务等模式和建立农村幸福院、养老大院等方式，大力发展农村互助养老服务。但这些政策目前仍多停留在书面文件中，而对互助养老的运作模式、资金支持、管理主体、法律规范等缺乏操作化指导，从而不利于互助养老的进一步发展。此外，相较于机构养老，尽管互助养老投入的资金较少，但仍需要一定资金来维持互助场所的建设修缮、老人日常的水电暖气以及相关福利性支出，而目前这些运营资金多来自地方政府的支持、村集体的公益金以及少数精英的捐赠与募集，而来自家庭和社会的支持较少，相关的鼓励机制也不太健全，后备资金的不足严重影响了互助养老的可持续发展。

（三）代际共融是互助养老的发展方向

1. 从“民间互助”向“规范互助”转变

通过上文对中国互助养老历史演变形态的梳理发现，互助养老源自民间，是民众在应对养老危机过程中形成的自发性策略，且具有深厚的文化底蕴和历史根基，像范氏义庄等民间养老形态都对后世的互助养老

---

① 陆益龙：《后乡土中国的自力养老及其限度——皖东 T 村经验引发的思考》，《南京农业大学学报》（社会科学版）2017 年第 1 期，第 11～19、144 页。

产生了深远影响。但历史也表明，如果民间自发的互助养老能获得政府的认可、鼓励和支持，就会逐渐发展出一套完善的组织管理制度，使互助养老走上更加规范化和制度化的轨道，像唐朝的农社和集体化时期的福利生产养老组织便是如此，只是要把握好政府介入管理的边界和程度。在人口老龄化程度不断加深、空巢家庭数量不断增多的现实背景下，互助养老正逐步从民间自发走向制度化，并发展成为一种集居家养老、机构养老和社区养老于一体的新型养老方式，成为家庭养老功能弱化和社会养老缺失的有效补充。对此，一方面，应立足我国发展互助养老的深厚道德基础，注重对“出入相友，守望相助，疾病相扶持”“老吾老以及人之老”等互助文化传统的再挖掘，力促互助养老形式与中国传统文化相结合，以发挥最大效应；另一方面，各级政府应加强对民间互助养老形式的管理、引导与支持，通过政府购买公益性岗位、对领导者与服务者进行培训、提供配套资金和人力等方式，促进互助养老逐步从“民间互助”向“规范互助”转变。

2. 从“一元互助”向“多元互助”转变

从居住地点上看，互助养老具有“离家不离村、离亲不离情、养老在乡村、享乐家门口”的特点[①]，因而仍属于就地养老的范畴，在社区资源整合方面具有先天优势。面对当前互助养老仅停留在简单生活照料层面的现实情况，还应加强对农村社区内部资源的挖掘与开发，促进互助养老功能从“一元”向“多元”转变。对此，首先，伴随城市化和工业化的发展，大量农村青壮年劳动力进入城市务工或经商，农村闲置房屋和土地日益增多，为开展农村互助养老提供了可以改造利用的场地。同时，可以结合地方的乡村振兴战略规划进行养老服务设施建设，建立老年人文体活动场所。其次，为满足农村老年人日益增长的医疗保健和精神文化需求，有条件的地方还可设法整合村图书阅览室、文化站、卫生院等设施和资源，开展医疗保健服务和文化娱乐活动，提高老年人的

① 赵志强：《河北农村互助养老模式分析》，《合作经济与科技》2012 年第 10 期，第 68 ~ 69 页。

生活质量；还可联合农村经济合作组织，整合入住互助养老院的老人的土地开展规模化经营，有劳动能力的老人还可以参加农业生产，在丰富其闲暇生活的同时，增加其经济收入。除了上述物质资源之外，还应积极挖掘农村人力资源，组建村民志愿小组，为老年人提供更多的社会支持，也可以将农村留守老人与留守儿童的关爱服务纳入统一规划设计，建立全方位的互助养老供给体系。

3. 从“老老互助”向“代际互助”转变

如上文所述，中国历史上不仅有老年世代自发互助养老的传统，还有年轻世代孝亲敬老、养老助老的传统，这就需要吸收两种传统，拓展互助的范围。可借鉴目前国外老少合租、老少共学、老少同乐等代际互助模式，拓展互助的范围，实现从“老老互助”向“代际互助”的转变。首先，可充分整合附近中小学以及省内高校等资源，开展相关的代际联谊、终身学习或文化传承活动及项目，让老人与青少年共同分享技能、知识和经验，促进代际交流和沟通，建立起代际支持和互惠的关系网络，既发挥农村老年人的个人潜能，促进传统技艺和文化的传承，实现“老有所为”和“老有所乐”，又让青少年从老人身上学到勤俭节约的美德、获得技能和了解当地传统文化。其次，可鼓励和动员农村留守妇女与老人结对，老人可以帮助照看孩子，而妇女可以为老人提供生活上的照料和精神上的关怀。同时，还可经常组织开展积极向上的代际文娱活动，以促进代际的沟通与交流，丰富老人精神文化生活。最后，应积极探索互助养老院在调解婆媳不和、邻里纠纷和维护社会治安等方面的作用，在提高老年人权威和社会地位的同时，促进社区内资源的有效利用，增强居民的社会凝聚力和归属感。

4. 从“志愿互助”向“储蓄互助”转变

面对政策缺失与资金瓶颈，互助养老要想实现可持续发展，不能仅依靠政府的资助和支持，还需要结合现实情况对互助形式进行不断创新。就实际发展情况而言，目前“志愿互助”仍然是最为普遍的服务形式，即老年人出于一种助人的社会责任和利他的社会道德，无偿地为其他需要帮助的老年人提供帮助。从服务方向上看，志愿互助主要包含以下两种：一种是“单向的救助式”互助，指一些老人通过加入某些互助组织而志愿为高龄、空巢、病残等老年人提供帮助，如生活照料上的代购、洗衣、做饭、打扫卫生等，精神慰藉上的主动陪聊、仔细倾听以及帮扶老人外出散步、参加各类活动等，甚至有些老人还帮其他老人调解邻里关系、家庭纠纷，帮助老人维护合法权益等，典型的如浙江等地的“银龄互助”活动；另一种是“双向的抱团取暖式”互助，指将住址相邻、爱好相近、性格相似或者职业相同的老人集中起来共同居住，无偿照顾彼此，典型的如美国的“家园共享”和德国的“老人之家”。考虑到老年人在不同生命周期的体力与健康情况，如果仅仅是农村高龄老人间的互助，效果往往不太显著，而实现互助效果最大化的形式应该是不同年龄段老人间的互助，即由低龄老人照顾高龄老人效果更好。但问题是囿于高龄老人的健康状况，如何体现和实现“互助”。较好的实现方式就是要促进“志愿互助”向“储蓄互助”转变。所谓“储蓄互助”，在运作形式上与“时间银行”相似，让老人提供的服务经历一个“付出—积累—支取”的爱心储蓄过程，使老人的服务成果得到认可并获得激励，实现良性互助循环。

第五章　中国代际共融的具体实践及其特点

本章着重从宏观层面上，运用关键词网页搜索的方法对有关中国代际共融报道的网页进行搜索与筛选，建立指标并运用 SPSS 软件进行分析，呈现中国代际共融的发展现状及特点。

一　研究方法

目前有关中国代际项目的信息还较少，在国际学术研究与实践领域也较少发现中国代际项目的踪迹。如前文所述，中国并不缺乏代际研究，但多局限于家庭范围内，对跨越家庭范畴的社会代际关系的关注还较为有限。相关代际实践不成规模且不活跃，尚未引起足够的重视。受此影响，目前国内还没有专门机构和部门统计有关代际共融的资料，因此要想了解中国代际项目发展的具体情况，实际上是一件非常困难的事情，因此本书尝试使用内容分析法，即借助百度和谷歌这两大国内外搜索引擎来获得相关资料，再通过对网页信息的截取与编码分析来呈现相关内容。尽管网页搜索这种方法并不十分有效，因为很多发生在基层社区的代际项目并不一定会通过网络来进行宣传，但在现实背景下，这却是一种较为实用的数据获取方法。同时，有必要指出的是，此部分并不侧重于运用定量数据来进行分析，而主要侧重于通过对案例的整理、分类、汇总等来展现中国代际项目发展的大致情形。

网页搜索的具体实施步骤如下。第一步，为尽可能地收集更多的数据，分别选取“代际项目、代际和顺、代际共融、代际和谐、老少同乐”作为网页搜索的关键词，其中“代际项目”一词为英文 Intergenerational Programs 的直译，“代际和顺、代际共融、代际和谐”则分别取自近年来的国家涉老文件[①]，“老少同乐”则是初步搜索中发现的国内用于表述代际项目的高频民间词语。第二步，考虑到代际项目在国外的发展时间主要从 20 世纪 70～80 年代开始，而中国式养老急剧变动的时间也是在 1978 年改革开放以后，所以将搜索的时间设定为 1980 年 1 月 1 日至 2017 年 5 月 10 日。第三步，根据预搜索所获资料情况，同时结合既有研究情况，分别设定“活动时间、城乡、地点、内容、服务方向、组织机构、活动周期”七个指标作为编码变量。第四步，依次将五个关键词输入百度和谷歌中分别进行搜索，以网页可及、内容相关、信息充分为标准筛选出相关网页。[②] 第五步，结合代际共融定义，按照代际多元（至少有两代人参与）、代际有明显互动、项目目标和内容明确三项标准，对相关网页进行再次筛选，并去除重复内容，最终共获得 518 个有关国内代际共融的样本，并将其录入 SPSS 21.0 中进行分析（见图 5－1）。

二　中国代际共融发展现状及特点

（一）活动内容日趋丰富

从百度和谷歌搜索的结果来看，国内代际共融活动日趋丰富（见表 5－1），广泛涉及老年照护、终身学习、健康与福祉、家庭支持、儿童与青少年发展、文化传承、就业指导、社区发展、环境保护、休闲娱乐等，基本涵盖了国外代际共融所涉及的内容。但从分布上看，国内代际活动

---

① “代际和顺”出自 2011 年 9 月发布的《中国老龄事业发展“十二五”规划》，“代际共融”出自 2013 年 12 月发布的《关于进一步加强老年人优待工作的意见》，“代际和谐”出自 2016 年 10 月发布的《关于推进老年宜居环境建设的指导意见》。

② J. Brophy, & D. Bawden, “Is Google Enough? Comparison of an Internet Search Engine with Academic Library Resources,” *Aslib Proceedings: New Information Perspectives* 57 (2005): 498－512.

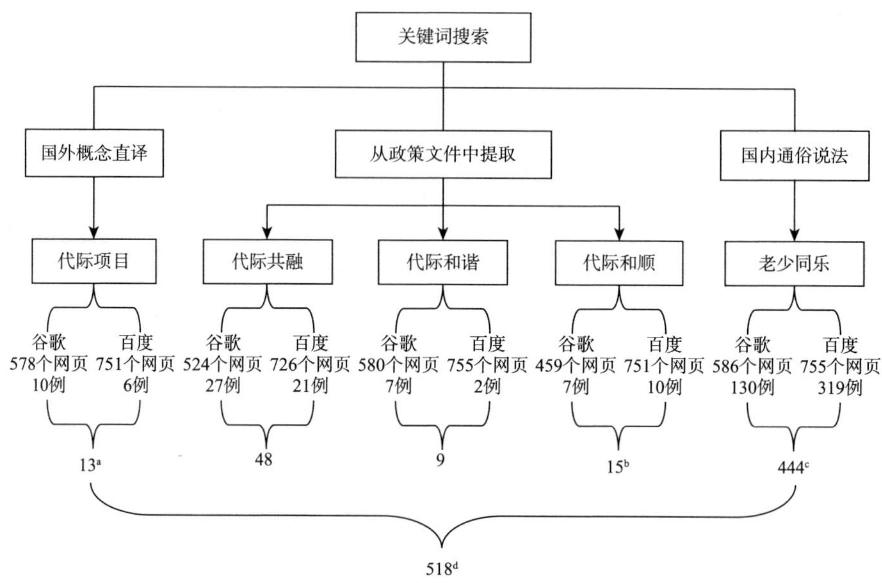

图 5－1　关键词搜索方法

注：a. 16 个结果去掉 3 个重复项；b. 17 个结果去掉 2 个重复项；c. 449 个结果去掉 5 个重复项；d. 529 个结果去掉 11 个重复项。

内容多样，多呈现复合性特征，即通常会在一项代际活动中同时包含多项内容，若按首要内容分类（单选），则集中在文化传承、休闲娱乐、老年照护、儿童与青少年发展等领域（见图 5－2）；若按多项内容分类（多选），国内代际活动主要集中在上述四大领域，但所占比重有所变化（见图 5－3）。此外，研究还发现国内代际活动具有明显的本土特色，通常将中国传统节日（如春节、元宵节、端午节、中秋节、重阳节等）与传统文化元素（书法、绘画、乐器、京剧、剪纸、美食等）有机融合，使代际活动内容呈现多样化特点，并通过拟亲情和家庭泛化的方式开展老年探访、老少联欢、老少共学等活动，使代际关系从家庭向社区和社会扩展，中国“尊老爱幼”“孝亲敬老”的文化美德在活动过程中得到了大力弘扬和传承，促进了代际共融和社区和谐发展。参照美国代际共融的发展过程，各个时期所关注的代际议题与经济水平、文化素质以及价值观念存在较大关系，受整个社会结构的影响和制约。相比之下，中国老年群体的“弱势”并非仅仅体现在精神孤寂等层面，往往还体现在生活照料和物质层面，由此也就导致探讨慰问等形式成为国内代际共融的主要内容。

表 5－1　中国代际共融涉及内容分类举例

内容分类	主要形式	项目实例
老年照护	探访、慰问老人	2016 年，广东省佛山市“生命的余荫——关爱独居长者行动”；2016 年，安徽省合肥市海星社工服务中心和磨店社区政府推出“星星点灯，照亮乡村”老少陪护服务项目
教育或终身学习	各类老少共学项目	2016 年，香港理工大学承办的“代代有爱全英传语跨代共融英语计划”；2017 年，江苏省张家港市保税区占文村举办代际学习项目
健康与福祉	营养、健康生活、积极养老	2004 年，香港社会福利署发起的“长者专门店计划”；2015 年，香港仁济医院推出的“仁济跨代共融义工服务计划”
家庭支持	为正常或功能缺失家庭提供帮助	2015 年，香港家庭福利会推出的“婆媳缘 · 祖孙情”多代家庭教育及支援服务；2017 年，澳门街颐康中心与镜湖护理学院合办“耆青互动、长幼共融——关爱技巧系列”工作坊
儿童与青少年发展	儿童早期教育与看护、青少年学业辅导和照顾等	2013 年，上海市实验学校附属小学开展的“老少结对关爱幼苗”项目；2015 年，浙江省宁波市海曙区启动的“关爱服务老少互动”项目
文化传承	传统文化艺术与价值观念传承、传统节日庆祝等	2013 年，浙江省金华市社会福利中心老人到浙江师范大学婺州外国语学校开展传统文化教育活动；2013 年，河北非遗进校园活动
就业指导	老年志愿者为年轻人的就业与工作提供辅导和帮助	2013 年，成都理工大学校团委发起的“老少 1＋1”项目；2014 年，天津科技大学启动了“老少同行善满校园”志愿服务项目
社区发展	代际共享场所建设、代际交流空间设计与环境改造、和谐社区建设等	2003 年，香港耆康老人福利会推出的“跨代同行互关怀——社区共融计划”；2013 年，北京市朝阳区双井恭和苑推行的“幼儿园＋养老院”的“一老一小”模式
环境保护	绿化、种植、资源节约等	2015 年，广州市广爱社会工作服务中心组织的“长幼共融 · 社区添绿大行动”；2016 年，吉林省关工委开展“老少共植希望林”活动
休闲娱乐	运动、游戏、生日庆祝等	2013 年，安徽省合肥市当涂路社区开展老少同乐生日会活动；2014 年，重庆市天正街社区举办老少同乐趣味运动会

注：此表每类项目中有选择性地只列举了较为典型的 2 个实例。

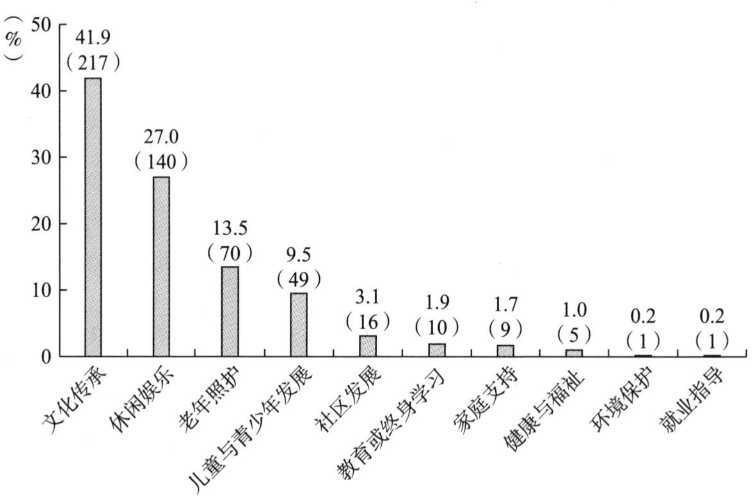

图5－2　国内代际活动首要内容分类（单选）

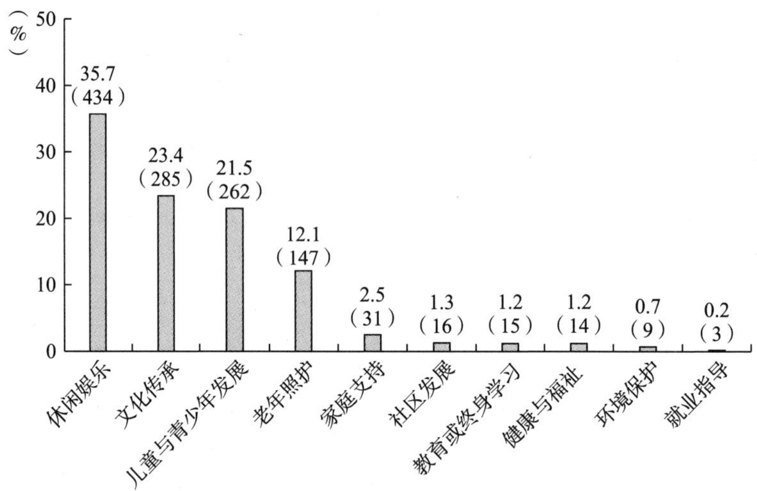

图5－3　国内代际活动多项内容分类（多选）

（二）多元社会力量广泛参与

通过网页搜索发现，目前国内代际实践领域已初步形成了多元主体共同参与的格局，相关代际活动的组织者和资助者形态多样，不仅有地方政府，企业、社区、社会组织、高校、中小学、幼儿园、老年大学、妇联、医院、关工委、志愿者团体等也广泛参与其中，这表明中国的民间社会力量正在逐步发展壮大，并在公益事业与社会服务领域发挥着重要作用。值得关注的是，一些房地产企业已经发现了中国养老产业所蕴含的商机，纷纷进军这一领域，强调“代际共融”、“多代共处”或“跨代共居”。如朗诗绿色集团有限公司于2012年提出了绿色养老战略的发展理念，开发了“一碗汤”项目、“老少居”项目，以及老年综合功能社区、养老连锁服务体系建设；北京新松房地产开发有限公司于2013年在哈尔滨推出了“新松·茂樾山”服务式跨代亲情社区项目；乐成老年事业投资有限公司于2013年在浙江宁波鄞州区推行的乐成代际亲情养老社区项目，以及在北京朝阳区双井恭和苑创建的“幼儿园+养老院”的“一老一小”模式。这些将“代际沟通与互助”纳入建筑空间设计和服务设计之中的尝试，均体现出国内企业在养老服务方面的新思想与新理念。参照国外代际共融的发展经验，民间社会力量的壮大和积极参与，不仅可以为代际共融的发展注入动力和活力，有利于活动的多样化发展，而且可以更加有效地契合社会不同年龄群体的发展需求。

（三）与社会工作联系紧密

根据本次百度和谷歌搜索结果发现，61.1%的代际共融实践活动中有专业社会工作者的身影，从而使得中国的代际共融活动具有明显的社会工作特色。代际共融活动的运作与实施，实际上需要由专业的人才队伍来落实完成，而社会工作者恰恰满足这一需求。社会工作者在代际共融活动中的作用，不仅体现在项目设计、运作、发展和评估等程序性的工作当中，还体现在对外链接资源和对内组织协调等方面，他们是连接老年志愿者与儿童及青年志愿者的重要纽带和桥梁。此外，个案工作、团体工作、社区工作等方法在代际实践活动中也得到了充分展现，社会工作的专业优势不断凸显。这无疑为国内代际共融活动的运行和发展提供了充分的人力和技术保障，从而使国内代际共融活动在发展内容、形式上都与国外差距不大，推进了中国代际共融活动的专业化与职业化发展。

（四）服务过程的互惠性

代际共融活动类型多样，很难用统一的标准来衡量。若按项目的服务方向分类，代际共融活动可以划分为老年人支持或服务年轻人、年轻人支持或服务老年人、老年人和年轻人一起活动或服务社区①、老少共享场所建设四种类型。本次搜索结果显示，老年人和年轻人一起活动或服务社区是中国代际共融活动的主要类型（286 例，55.2%），其次是年轻人支持或服务老年人（171 例，33.0%），再次为老年人支持或服务年轻人（49 例，9.5%），最后为老少共享场所建设（12 例，2.3%）。虽然代际共享场所建设的案例相对较少，却向我们展现了代际共融的可能与具体实现方式。典型的如北京市朝阳区双井恭和苑推行的“幼儿园 + 养老院”的“一老一小”模式；南京市锁金村第一幼儿园和社区老年照料中心两块牌子挂在一起探索的“幼”“养”结合模式；上海市杨浦区控江社区建立的旨在解决托幼和养老问题的“多代屋”；北京爱丽斯养老公寓将学龄前儿童艺术学校和养老公寓开在一起的“老少同乐”养老模式；武汉童心苑老年公寓推行的“老幼共托”模式；厦门市海沧街道建立老少活动文化站；无锡市崇安寺街道胜利门社区设立了“老少同乐”的文艺专用场地等。从以上结果可以看出，国内代际共融活动更注重服务过程的互惠性，强调代际共建共享。

（五）与公益创投同步发展

根据网页搜索结果，自 2012 年以来国内有关代际共融的网页报道大幅度增加，并呈现逐年增长的态势，仅 2016 年就有 129 例，占样本总数的 24.9%（见图 5－4）。这一结果一方面可能与互联网的普及与应用有较大关系，另一方面也可能与国内公益创投项目的发展存在一定关联。香港社会福利署早在 1998～1999 年推行的“老有所为活动计划”中就开始涉及倡导关怀长者的一些活动，并于 2003 年将其纳入常设项目，同时

① J. S. Ayala, J. A. Hewson, D. Bray, G. Jones, & D. Hartley, “Intergenerational Programs,” *Journal of Intergenerational Relationships* 5（2007）：45－60.

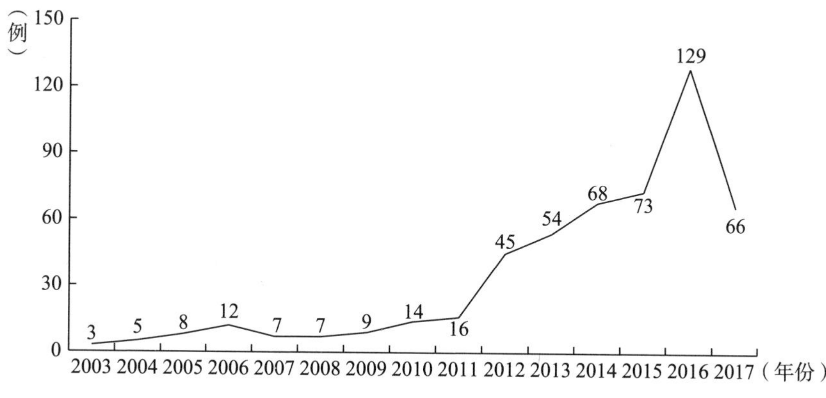

图 5－4　中国代际共融活动网页搜索显示的时间

注：有 2 个缺失值，即 2 个中国代际共融活动网页上未显示举办时间。

由香港耆康老人福利会发起了“跨代同行互关怀——社区共融计划”。相比之下，代际共融在内地出现略晚，其发展速度、数量与公益创投项目在中国的发展进程基本保持一致。公益创投理念是在 2008 年前后被引入中国内地的，随后在各地逐渐加以尝试推广。2014 年底，“公益创投”首次出现在国务院文件中，得到了公共政策的肯定和支持，发展力度更大，发展速度也更快。受此影响，国内的代际项目也随之得到了快速发展，这从侧面反映出国内代际共融的发展情况。

（六）实践内容中的孝道泛化趋向

孝道作为中国最具代表性的传统文化，不仅规定了亲子代际互动的原则，而且统摄着辈分、年龄与性别阶序，辅助家庭功能的发挥。通过对案例资料的分析发现，孝道这一本土元素如今已被中国新兴的代际项目借鉴吸纳，并将其泛化到社会层面的非血缘性代际互动上，在实践中取得了较好的效果。如 2015 年 5 月，由全国妇联老龄工作协调委员会办公室、全国老龄工作委员会办公室宣传部、全国心系系列活动组委会共同启动的“心系老年”孝心工程“青春伴夕阳”孝心微行动，通过高校大学生教老人英语和使用电脑、为老人普及急救常识、陪老人画扇面和做手工等形式，结合大学生所学专业和所长开展各种孝老活动，获得了社会的广泛赞誉。[①] 此外，围绕一年一度的重阳节，各地各部门也相继开展了丰富多彩的以“尊老、敬老和孝心”为主题的代际文化与娱乐活动，如由医院举办的文艺汇演与保健服务，由关工委和政府等部门合办的老少舞蹈比赛，由社区组织的庆祝活动，由幼儿园、青少年服务中心、大学、社会组织和志愿者团体组织的敬老院探访等，使孝道观念与敬老价值观通过代际互动的方式得到传承与弘扬。

（七）项目设定中的家庭隐喻

学者 Kaplan 和 Thang 通过对日本代际项目运作特点的考察发现，家庭经常被作为一种隐喻来描述代际项目对参与者的积极影响，从而折射出一种以家庭为本位的文化传统。[②] 对于同属于东亚儒家文化圈的中国而言，在此方面则是有过之而无不及。家庭作为切入理解中国代际关系的重要视角，始终是最具亲密感，也最能提高老人晚年生活幸福度的领域。通过网页搜索发现，目前在中国涌现的代际实践很多都使用了类家庭的比喻性名称和活动手法，以契合中国强化家庭代际关系的现状。如吉林博友多代屋幸福家庭项目[③]、东莞“爱·传·承之家庭义工计划”和“外孙计划”敬老志愿服务项目[④]、延吉“老少同乐一家亲”活动[⑤]、深圳宝安区“关心下一代之家”[⑥] 等，单从项目名称的设定上就能感受到浓厚的家庭气息，在内容上更有家庭扩大化的活动安排。除此之外，一些幼儿园在开展代际活动时，积极调动父母或祖父母参与其中，通过家庭内外代际互动将“小家”与“大家”联系起来，以达到社会代际共

---

① 《“心系老年”孝心工程“青春伴夕阳”孝心微行动介绍》，人民网，2014 年 1 月 10 日，http://ccn.people.com.cn/n/2014/0110/c366510-24083703.html。

② M. Kaplan, & L. L. Thang, “Intergenerational Programs in Japan: Symbolic Extensions of Family Unity,” *Journal of Aging and Identity* 2 (1997): 295-315.

③ 《省民政厅厅长乔恒到长春市调研社会养老服务工作》，吉林省民政厅官网，2017 年 2 月 14 日，http://mzt.jl.gov.cn/mzyw_74261/tpxw/201702/t20170214_2597578.html。

④ 《东莞市最佳志愿服务项目“外孙计划”敬老志愿服务》，中国政府采购网，2015 年 11 月 17 日，http://www.ccgp.gov.cn/gpsr/gdtp/201511/t20151117_6156158.htm。

⑤ 《其乐融融迎新春　老少同乐一家亲》，延吉新闻网，2020 年 12 月 15 日，http://www.yanjinews.com/html/2020/beishanjd_1215/148570.html。

⑥ 郑礼军：《顾秀莲点赞宝安关心下一代》，《宝安日报》2016 年 4 月 8 日，第 A3 版。

融的效果。

（八）活动集结中的文化元素

针对具有不同生活经历、不同兴趣爱好、不同价值观念的老年群体与青少年群体，如何将其集结到一起并开展特定主题的代际互动是需要特别关注的问题。本章通过网页搜索发现，目前中国代际实践中的本土文化元素特色鲜明，并常常与休闲娱乐、终身教育、儿童与青少年发展、老年探访等内容结合在一起，形成了功能多样的代际活动。如围绕端午节、元宵节、重阳节、春节、中秋节等传统节日，许多地方将老年人与青少年聚集在一起，开展道德与环境教育、传统食物制作、文艺表演、猜灯谜、写春联、分享故事等活动。在此过程中，传统文化得到了充分体现，并成为调动和集结老年群体与青少年群体的重要方法，发挥着黏合剂的作用。这些活动一方面丰富了代际活动的内容，在利用文化进行整合的同时促进了文化的传承；另一方面促进了社会代际的交流与沟通，在使青少年受到教育和熏陶的同时，也丰富了老年人的晚年生活。

三　中国代际共融的实践问题

（一）自主发展不足

从本次搜索到的国内代际共融实践资料来看，虽然绝大多数项目是由社会组织或社区组织承办或发起的，但一半以上的项目都属于政府购买的公益创投项目。也就是说，中国各级政府在推动代际项目及相关实践活动的过程中发挥了重要作用，扮演了“实质性资源提供者”的角色。自 2013 年党的十八届三中全会首次提出“要推广政府购买服务”以来，政府购买服务在公益服务领域扮演了重要角色。如上海市民政局在 2016 年下发的《关于在社区开展老年社会工作服务试点项目的通知》中就明确强调，要针对适合的独居老人开展代际融合小组活动，促进代际融合和社区融合；安徽省合肥市自 2012 年起将“老少活动家园”纳入民生工程建设，并陆续在 496 个城市社区“老少活动家园”开展购买服务活动，并推动了相关代际活动的开展。政策的引领及地方政府财力的支持，成为中国代际项目迅速发展的直接原因。这一点与国外区别较大，国外代际项目起源于老年群体被隔离、老化刻板印象突出、代际冲突不断加剧的社会现实。政府虽然也是其中的一个组织力量，却不是主导性的，代际实践更多地依托各类私人基金会、企业、社会组织、高校等形成和发展起来，是市民社会高度发展的产物，更具有独立性，较少受到政府的干预。在发展方面，国外代际实践因迎合人口老龄化与老年友好社区建设的需要而具有较强的草根性和自发性。相比之下，目前中国代际实践的草根性还较弱，但多元参与的格局已为代际项目的本土化发展搭建起了基本发展框架，既有利于代际项目的管理，也有利于提升代际项目的实施效果。

（二）区域分布不均

从代际共融活动的区域分布来看，它主要集中在东部沿海地带，中西部以及东北地区的相关活动则相对较少。若按代际共融在各地区的分布比例计算，排在前 10 位的省（区、市）分别为江苏（84 例，16.2%）、浙江（79 例，15.3%）、安徽（48 例，9.3%）、广东（40 例，7.7%）、山东（35 例，6.8%）、北京（30 例，5.8%）、天津（30 例，5.8%）、福建（29 例，5.6%）、香港（20 例，3.9%）、湖北（20 例，3.9%），中西部内陆地区则较少。这说明代际共融的发展与区域经济发展水平存在一定关系，经济条件好的地区发展代际实践的可能性更大。由于中西部地区经济条件稍差，各级政府财力有限，公益项目投入往往会受到一定影响。除此之外，人们的观念和意识也是一个重要影响因素。在社会化服务体系发展尚不健全而严重依赖家庭养老的地区，人们在观念上可能仍多偏向于家庭支持，而对发展社会层面的代际关系缺乏认知与体会。

（三）城乡发展失衡

从城乡角度来看，代际共融活动出现在城市地区的比例较高（490 例，94.6%），而出现在农村地区的比例较低（28 例，5.4%），且主要集中广东、江苏、浙江等地，即便在农村出现，也都处于东南沿海一带经济相对发达的地区，这充分体现出代际共融在城乡发展中的失衡状况。伴随农村青壮年劳动力的大量外流，家庭代际支持不断弱化，农村作为中国老龄化较为严重的地区，社会层面的代际共融活动理应发展得更快，但事实却并非如此，具体原因如下。

一是人力资源与资金投入匮乏。虽然在农村地区发展代际共融活动因“熟人社会”的性质而更具地缘优势，但因大量青壮年劳动力外流而导致“村庄空心化”问题突出，使得村内年轻人不足，发展缺乏活力。结合目前的实践情况来看，代际共融活动的参与者主要是留守在农村的老人、妇女和儿童群体，而缺乏中青年群体的加入，很难实现全年龄群体参与的代际互助，再加上缺乏相应的资金与政策支持，现行的农村代际共融活动覆盖水平低、受益老年人数少，为农村代际共融的进一步发展带来了极大挑战。

二是农村老年群体参与不足。从城乡统筹的角度来看，代际共融在农村的发生概率较低，主要是由于发展代际共融活动的实施主体、资金来源和服务人员多集中在城市，农村老年人组织发展滞后，专业社工等服务人员也较少深入农村，从而导致农村老年群体参与不足。从农村内生性发展的角度来看，要调动农村老年群体参与互助合作，既需要农村社会精英的带领，也需要具有一定的资金和资源条件，而缺乏这些资源的农村就会在调动老年人参与方面出现困难。此外，当前农村老年人在参与村庄服务与管理、调节邻里纠纷、维护农村治安、参与老年志愿服务等方面的积极性并不高，因此如何吸引和调动其参与也是发展代际共融面临的首要问题。

三是代际互助形式单一。如上文所述，当前社会各界对代际互助的认知还多停留在血缘基础上的家庭内亲子互助形式，而缺乏对非血缘性代际共融的认知与认可，从而导致在政策制定与项目设计等方面还未将发展多种形式的代际共融纳入考虑与实施的范畴，多过分强调发挥家庭代际互助的功能，而忽视了邻里代际互助以及社会代际共融的作用。在当前家庭养老功能不断弱化、农村空巢老人不断增加的现实背景下，发展多种形式的代际共融有其必要性与合理性，亟须引起重视和关注。

四是服务水平不高。代际共融作为一种新型互助方式，由于缺乏政策、资金与人力资源等方面的支持，民众关注度也较低，其发展水平很难与城市地区相比。目前能够发展农村代际共融活动的村庄多是以合作社经济为主、农村旅游业发展得较好、能够产生经济效益的村庄，或邻近城市的城郊农村，而在自然资源极度匮乏、经济落后的村庄则很难实现。此外，一些欠发达的农村地区还因缺乏专业社会组织的指导介入而缺乏发展代际互助的专业服务人才，导致其不仅在设计和开发此类项目方面存在较多困难，而且难以满足多样化的服务需求。

（四）可持续性不强

尽管本次网页搜索共收集到 518 个国内代际共融实践案例，但依照国际“代际项目”高度强调计划性和结构性的标准，并非所有的代际共融实践都是以项目的形式呈现出来的。因此，借鉴国外学者的观点，从形式上可以将代际共融实践划分为三种类型，即代际活动（单次或少数几次）、代际项目、代际空间与共享场所建设。[①] 结果表明，样本中符合代际项目定义的仅有 93 例，占 18.0%；而 413 例的代际共融实践都属于代际活动范畴，占 79.7%；另有 12 例属于代际空间与共享场所建设类型，占 2.3%。典型的如上海杨浦区控江社区的“多代屋”、吉林的“博友多代屋”、朝阳区双井恭和苑推行的“幼儿园 + 养老院”的“一老一小”模式、武汉童心苑养老公寓推行的“老幼共托”模式等。总的来看，目前国内的代际共融实践已有一定基础，一些居家养老服务项目中都已包含代际参与的成分，却没有使用代际项目的标签。原因在于代际参与仅是活动中的一部分，指向并不明确，也没有完整和深入的设计，在专业性与结构化设计上还有待进一步加强，亟须学习和借鉴国外代际项目成功运作的经验，积极倡导专业社会工作者的介入。

---

① M. Kaplan, M. Sánchez, J. Hoffman, *Intergenerational Pathways to a Sustainable Society* (Springer International Publishing AG, 2017), pp. 14 – 15.

（五）社会认识不足

如上文所述，代际共融在中国更多地被视为家庭亲子关系层面的内容，社会公众普遍对社会层面的代际共融认识不足、理解不够。如武昌区复兴路社区的童心苑养老公寓属于社会养老机构，率先于2005年开始推行“老幼共托”模式，即在这所特殊的养老院中，二楼是安老院，一楼则让幼儿园搬进去，它是武汉市内得到政府认证的老幼共托院。除了每天早晨孩子与养老院的老年人一起做操外，他们还经常一起进行互动，让老人在孤单的养老院里也感受到家庭的温暖，有益于老人身心健康。这一做法在形式上完全可以与国外接轨，但在实际操作中却面临重重困难。一是在创办之初就有家长以各种理由退园，甚至有专家从行为心理学的角度称孩子与老年人距离太近，会给孩子成长带来不利影响；二是家长担心一些老人有传染病。由此也使武汉的另外两家老幼同养机构在运营模式上做出了调整，养老院与幼儿园仅仅是共用一个大门，内部则完全分开，由两套班子分管幼儿园和养老院，卫生完全分开，且不收留有传染病或精神病的老人；同时在机构内安装了多个摄像头，方便家长随时查看录像，并在二楼铺设细网，以防止老人吐痰或扔东西。除此之外，老人与孩子“泾渭分明”，孩子们上课时，老人才出来活动。在这种情况下，虽然童心苑模式极具启发意义，但难以复制，也无法大面积推广。如果要借鉴其经验则需要满足很多前提条件，比如老年人的平均年龄不能太大、需要获得幼儿家长的支持等。由此可见，要进行代际共融实践，转变和加深社会公众对“代际共融”的理解极为重要，这还需要依赖国家的政策宣传与引导以及相关部门的配合与支持，以为代际共融营造一个良好的制度与社会环境。

（六）功利化思维

根据网页搜索结果，目前国内农村地区的代际共融活动还较为缺乏，而城市相关活动则较多。从需求角度来看，中国农村作为青壮年劳动力的主要流出地，农村留守老人、留守妇女和留守儿童的问题较为严重，理应成为发展代际共融的绝佳选择，但事实却并非如此。这不仅与地方政府的财政支持与社会组织的发育情况有一定关系，也与参与者的素质和意识存在一定关联。根据笔者对美国一些代际项目的考察发现，积极参与代际项目的老年群体多具有一定经济基础和社会公德心，并呈现出“三多”特征，即老年妇女多、文化程度高的多、住在高级退休社区的多，也就是说，他们多属于衣食无忧和乐于奉献的那类老年人。虽然也有像“祖父母义工项目”会招募一些生活贫困的老年人到中小学参加代际活动，但也都是经过筛选的符合某类标准的老年人，且此类项目只占少数。因此，无论是在国外还是在国内，经济基础都是在开展代际项目过程中不能回避的重要影响因素，由此也在一定程度上限制了代际项目的可能覆盖范围，并影响到实施的直接效果。由于当代中国乡村社会的“个体化”或“公共性的消解”[①]，人际关系逐渐变成了待价而沽的交易关系——当人们行动时，总是要问自己“我能从中得到什么好处”。人们过分注重这种交易关系，以至于把社会关系量化为金钱的形式。[②] 在当今社会，不乏一些人过于追求个人利益，即使顾及他人利益也是在满足自身利益后，从而导致现代社会中的自我中心主义盛行而相互信任不足。因此，要在国内开展和实施代际共融实践，其情况要比国外复杂得多，难度也更大。当前功利性的社会风气与思维方式便是一个重要的阻碍，这就要求我们在发展与设计代际共融活动时要把老年群体的多种需求考虑进去，不能单纯地号召老年群体发挥余热和“无私奉献”，还要多强调“互惠”，并在此方面下足功夫。

四　中国代际共融的应用实例

根据上文提到的有关代际共融的分类标准，同时结合国内代际共融实践的主要内容，列举新兴的、具有代表性的应用案例如下。

---

① 吴理财：《个体化与当代中国农村宗教发展》，《江汉论坛》2014 年第 3 期，第 135～139 页。

② 〔英〕保罗·霍普：《个人主义时代之共同体重建》，沈毅译，浙江大学出版社，2010，第 60～61 页。

（一）多代屋空间改造

当前“多代屋空间改造”在国外是一个非常新兴的研究领域，美国学者 Kaplan 等将其称为“代际接触区”（Intergenerational Contact Zone），指不同世代相遇、互动、建立关系（如信任和友谊）以及共同努力解决当地问题的空间焦点。这种空间实际上可以在我们周围的社区环境中找到，如学校、公园、酒馆、阅览室、会所、博物馆、社区花园、环境教育中心、社区多功能中心等。[①] 虽然国内尚没有形成这样的理论观点，但在实际建设中却已对“代际接触区”有所设计和实践。

1. 上海杨浦区的“多代屋”

为了兼顾育儿服务和社区养老服务需求，同时借鉴德国“多代屋”的建设理念，上海杨浦区的 12 个街道建立了具有中国特色的“多代屋”，巧妙地将不同年龄阶段的人集中在一起，不仅为他们提供了共同相处、相互照料的空间，还经常组织他们开展集体活动，巧妙地解决了托幼与养老问题。在这些地区可以同时看到老年人们扎堆聊天、看书读报，年轻人上网看书，孩子们则可以一起嬉戏玩闹，中年主妇们切磋厨艺，营造出了代际共融的良好氛围。暑假里，“多代屋”的优势更加明显，一些家长把孩子带来，让他们在这里做功课，请邻居阿婆帮忙照看，就可以安心上班去了。且在一些地方还配有专业社区工作者和多名志愿者共同管理，所有活动均免费。[②] 这种“多代和谐共处、互相关爱”的“多代屋”深受当地社区居民的喜爱，给不同年龄段的人创造了交往和融合的机会，不仅构建了和睦的邻里关系，还满足了老年人的精神需求，提升了中青年人的幸福感，也为儿童和青少年的发展提供了支持，真正实现了“老有所用、壮有所为、幼有所长”。类似的案例还有厦门市海沧街道建立的老少活动文化站、无锡市崇安寺街道胜利门社区设立的

---

① M. Kaplan, L. L. Thang, M. Sanchez, & J. Hoffman, *Intergenerational Contact Zones: A Compendium of Applications* (University Park, PA: Penn State Extension, 2016). https://aese.psu.edu/outreach/intergenerational/articles/intergenerational-contact-zones.

② 《“多代屋”年内杨浦 12 个街道推广》，新浪财经网，2011 年 7 月 13 日，http://finance.sina.com.cn/roll/20110713/094710146675.shtml? from = wap。

"老少同乐"的文艺专用场地等。

2. 吉林博友多代屋幸福家庭项目

吉林博友多代屋幸福家庭项目是一项基于社区为家庭服务的微公益项目，于2014年由一位叫作刘奕阳的学者连同3位博士后以及多名博士发起。该项目也借鉴了德国"多代屋"的发展理念，以幸福人生、幸福家庭、幸福社区和幸福社会建设为服务宗旨，建立了老中青幼互动、交流、生活的场所，将养老、托幼与多代（重点是大学生）创业相结合，促进了代际融合，用生命影响生命，旨在构建和睦邻里关系，注重老人精神赡养，提升中青年幸福指数和培养孩子人文情怀，以最终实现"老有所用、壮有所为、幼有所长"的传统文化目标。① 博友多代屋幸福家庭项目自创立以来，在长春、四平等地进行实践，秉承"凡影响一人便影响全世界"的信念，不断开展各种公益活动。

3. "养老院+幼儿园"模式

作为从国外引入的一种新型实践模式，近几年国内各地展开了积极探索，典型的如北京恭和苑的"一老一小"模式。为填补老年人精神层面的缺失，2013年作为北京市"医养结合"首家试点项目的朝阳区双井恭和苑，与幼儿园共同建立了"一老一小"模式，改变了传统意义上老年人在养老院里呆板乏味的生活氛围，组织小朋友与老年人一起开展活动，通过由老年人给小朋友讲故事、一起做手工等形式，不仅有效提升了养老服务质量，也在为老服务中创新了幼儿教育的形式，实现了老少"双赢"。除此之外，恭和苑的老人们还积极参加附近中学的圣诞晚会表演，春节前夕与乐成国际学校的中学生一起写春联、福字，元宵节与幼儿园一起联欢。通过这些代际实践活动，老人实现了自我价值，找到了生活的乐趣；孩子们也在和老人相处的过程中学习到很多书本上接触不到的知识和人生态度，对老人和孩子双方来说都是一种共赢模式。②

---

① 《长春电视台城市速递报道博友多代屋幸福家庭项目》，腾讯视频网，2017年5月10日，https://v.qq.com/x/page/x0501vzksqq.html。

② 《"一老一小"模式：把幼儿园办进养老院后的"化学反应"》，新华网，2017年4月11日，http://www.xinhuanet.com//local/2017-04/11/c_1120784918_2.htm。

再如内蒙古赤峰市美丽河镇四家村探索建立的“代际乐园”老年公寓。[①]该公寓是由当地民政局批准建立的一家民营养老院，创新性地将幼儿园建在养老院中，并设立了一个两代人共同参与的代际共融项目——“代际乐园”，旨在通过将不同辈分的老年人和幼儿集中到一起开展唱歌、跳舞、画画、做饭、讲故事等活动，改变传统养老院了无生气的现状，以改变入住养老院的老年人颓废、孤寂与失落的精神状态，帮助老年人积极融入社会，实现人生价值。实施方法是充分利用幼儿课间活动时间，让老人和孩子待在一起，让孩子认知和感受衰老过程，认识到老人是需要帮助的，要互相关爱。类似的实践还有南京市锁金村第一幼儿园和社区老年照料中心两块牌子挂在一起探索的“幼”“养”结合模式，北京爱丽斯养老公寓将学龄前儿童艺术学校和养老公寓开在一起的“老少同乐”养老模式，武汉童心苑老年公寓推行的“老幼共托”模式等。这些代际共融活动的开展，不仅使中华民族的传统孝文化得到了弘扬，也满足了老年人的精神需求，丰富了老年人的日常生活。

4. 混龄生活模式

这种模式类似于德国的“多代屋”，即充分利用社区与生活空间，促进不同年龄阶段的人群混合居住在一起，以增进不同世代间的沟通与理解。例如，中国台湾省新北市政府就在三峡区社会住宅设立了“青银共居”体验营，使希望减少房租开支的年轻人与老年人共同居住在一起，一方面年轻人可以通过向老年人传递新的信息和技术来回馈社会，另一方面老人也可以通过经验传承的方式来发挥余热，建立了一个相互学习的途径。该项目于2011年开始推广，直至2017年才得到落实，目前主要通过两种形式来运行：一是与台湾有类似经验的“玖楼共生公寓”合作，由新北市提供3间社会住宅，通过市民自行申请、政府选择的方法，筛选出符合条件的年轻人和老年人入住；二是“银发房东”计划，即年满60岁、身体健康的老年人可以提出申请，经由政府相关部门调查核实后，允许其将自己的房屋分租给邻近的年轻人，房东则可获得

① 参见 http://www.djlylngy.com/。

修缮费用补贴 1 万元，房客也可以享受到最高 2400 元的租金补助。在体验营的规划设计中，社会住宅通常是三房两厅，通常第一房间会搭配 1 位老年人和 2 位年轻人，使他们能够在一起共食、共乐，每次签约可入住半年至一年，会有专门的管理机构负责定期访查，并对房客进行急救教育和建立紧急情况的救护系统，以保证老年人的生命健康。目前该项目通过三阶段的试运行之后，反馈效果较好，并进行了发展完善，计划未来向其他地区推广。①

（二）代际亲情住宅

伴随中国全面进入老龄社会，养老问题越来越突出，很多年轻人忙于打拼事业经常外出而无法留在父母身边，空巢老人、独居老人随处可见。为了更好地顺应老龄社会的发展需求、完善养老服务、提高养老质量，国内一些养老地产商不断开发出多种类型的代际共居住房项目，包括建立老年综合功能社区、代际共居“一碗汤”项目、“老少居”项目，通过建立“类地缘关系”来促进社会非血缘性代际互助，以实现不同年龄群体共享共建的目标，并已成为养老产业发展的一个新兴方向，如香港、杭州、福州、哈尔滨等城市就先后提出建设“代际亲情住宅”项目，并采取了相应的行动。香港房屋协会早在 2013 年就发展了第一个结合出租及出售的混合式住宅发展项目——位于筲箕湾的乐融轩，以推广“长幼共融”的新居住模式。由于该地区多为中产人士，老年人较多，加上住宅面积小，大多数子女结婚后与父母分开居住，所以该协会认为该项目有一定吸引力，可以鼓励香港人照顾老年人。值得一提的是，该住宅为非资助性质住宅，项目提供私人单位及租住式长者单位，以增强跨代家庭的凝聚力。朗诗绿色集团有限公司于 2012 年提出了绿色养老战略的发展理念，开发了“一碗汤”项目、“老少居”项目，以及老年综合功能社区、养老连锁服务体系建设。北京新松房地产开发有限公司于 2013 年在哈尔滨推出了“新松·茂樾山”服务式跨代亲情社区项目。乐

---

① 《房租省 30%！「青银共居」90 岁奶奶当朋友... 传承生命经验》，新闻云网站，2017 年 10 月 29 日，https://www.ettoday.net/news/20171029/1029318.htm。

成老年事业投资有限公司于2013年在浙江宁波鄞州区开始推行多层代际亲情公寓建设。山东青岛于2015年也引入发展“代际亲情公寓”的理念，推出明德小镇建设项目。“代际亲情住宅”项目作为养老产业发展的一个新方向，既与时代发展与社会需要相接轨，又符合中国养老的文化传统，可以满足家庭成员与老年人共同生活或就近居住的需求。合理开发建设老年公寓、老年商业、代际亲情公寓等，可以让老人满足与子孙同堂的居住需求，为社区居民赡养老人提供方便，以减少城市空巢老人现象，为其提供更多的社会支持。

（三）时间储蓄

“时间储蓄”一词源于中国老龄科研中心一些同志到马耳他学习后将国外这一做法介绍到中国，直译为“时间银行”（Time Bank）。目前学术界对于时间储蓄还没有形成统一说法，但一般认为时间储蓄是指低龄老人为高龄老人志愿服务，由工作人员记录后存入档案，志愿者将来也可以享受同样时间的志愿服务，实质上是一种“我为人人，人人为我”的接力式养老模式。[①] 20世纪90年代后期，“时间银行”理念开始传入我国，上海和广州两个城市率先进行了具体实践。如上海虹口区提篮桥街道晋阳居委会率先在1998年建立了“时间储存式为老服务”模式，动员晋阳居委会10多位50~60岁低龄、健康老年人与平均75岁的高龄、体弱老年人结对，然后将其服务时间记录存档，等到服务者将来有需要时，再组织别的低龄老人为其提供类似的服务；广州寿星大厦住宅区在之后的一年也实行了类似的模式，帮助老人储蓄时间换取服务。随后，山西太原、北京朝阳、浙江杭州、江苏南京鼓楼区中央门街道也纷纷效仿上海，进行了“时间储蓄”和“时间银行”的具体实践，随后“时间银行”开始向西南、华东、华中等地拓展，从事这一服务的志愿者队伍也不断扩大，使之成为一种新型养老模式。例如，江苏省泰州市姜堰区的11个社区都建立了“时间银行”的服务平台，也召集了一批

---

① 陈功、杜鹏、陈谊：《关于养老“时间储蓄”的问题与思考》，《人口与经济》2001年第6期，第67~73页。

服务空巢老人的志愿者，由他们为老人提供包括饮食起居照料、谈心解闷等在内的20多项服务。当这些志愿者需要服务的时候，可以向平台提出申请，支取自己之前储蓄的服务时间，便可享受同等服务，这种互利互惠的服务形式，既可以满足各自的养老需求，也可以给予他人便利。但整体而言，“时间银行”模式在实践中的效果并不理想。如上海虹口区的试点不仅很难复制推广，而且难以为继，由于还没有较好地解决通存通兑的问题，当初登记储蓄的服务因居民搬迁、居委会人员更迭、记录册丢失、后来参与者缺乏等各种原因而成为坏账无法支取。此外，作为互助养老的一种实践形式，“时间储蓄”在中国的发展却远滞后于其他志愿活动，原因在于其操作程序不够制度化和规范化，缺乏有效的组织管理、信用保障、明确的标准和专业化的指导，还存在着一系列的风险。但这并不能抹杀“时间储蓄”在应对人口老龄化挑战以及老年人力资源开发方面的积极意义与推广价值，并在一定程度上可以为日益衰落的家庭养老模式提供辅助性支持。然而，如果“时间储蓄”模式在服务当中只依赖老年人力资源仍然是有缺陷的，因为绝大多数的低龄老人未受过专业的照料护理培训，且只适合轻体力的照料工作，在服务过程中还存在着健康风险，可持续性值得商榷。这种服务模式因为在服务人员与被服务者之间存在年龄差异，所以也可以称为“代际服务”。但要想真正焕发“时间储蓄”的生机与活力，引入青年人则是一个值得思考的方向。对此，国内有学者主张推行义工制度，这主要是考虑到“时间储蓄”的强制性与自愿选择，倡导各年龄群体的积极参与，并融入“代际”成分，即在青少年教育中加入“时间储蓄”内容，把青少年是否参与力所能及的社区服务活动作为德育考核标准；在成年人中规定将社区服务义务工作时间作为社会工作考核标准，并作为就业、升迁、奖励的重要条件，学习和借鉴义工制度。①

① 陈功、杜鹏、陈谊：《关于养老“时间储蓄”的问题与思考》，《人口与经济》2001年第6期，第67~73页。

（四）代际学习

代际学习是通过将不同辈分的老人和幼童集结在一起学习或者参与形式多样的活动来达到知识共享与交流的目的。代际学习可以给两代人提供学习的机会，增进彼此的了解，并且能让他们给予对方更多的关心和爱护。

1. 英语作为第二语言的代际项目

2009 年，香港理工大学由来自 23 个学科的研究人员成立了活龄学院，开展了“英语作为第二语言的代际项目”（Intergenerational-English As Second Language）。该项目得到李锦记家族基金会资助，以“双赢”方式建立，将经过语言教学和代际沟通技巧培训的老年志愿者与中学生配对，为有兴趣提高英语技能的中学生提供两年的课程教育。通过老年人与中学生一起参与有趣和有意义的英语对话等活动，一方面改变了学生学习和练习英语的方式，另一方面促进了积极老龄化，并增加了家庭或非家庭的代际接触。

此外，北京师范大学 - 香港浸会大学联合国际学院也设立了“英语作为第二语言”的代际辅导项目（IG - ESL AP）。它之所以被提出是基于两个原因，一是为了支持该校提出的以英语为第二语言（ESL）、为教学媒介的政策，二是为丰富本科心理教育课程。该项目运用一种自下而上的方法来为学生有目的的交流提供更多的机会。该项目的形式是在香港招募退休公民，让他们进入中国内地与一群心理学系的大学生进行接触。通过以终身学习、生活和语言为主题的代际活动，将大学校园发展成为促进代际和跨界共融的交流区。从粤港澳大湾区经济发展蓝图中也可看到推进这一项目模式的最终意义，该项目突出强调了香港、珠海和其他地区之间的协同作用、区域间互联互通和经济一体化发展。该项目主要内容如下。[①] 招募：招募两名在香港拥有较高英语水平的退休公民作为志愿者。安置：将老年人安排在一个有学分的心理学课程中。职责：

---

① 根据北京师范大学 - 香港浸会大学联合国际学院理工科技学部的黎伟麟副教授在“2018 代际共融国际学术研讨会”上的发言《跨代共融英语计划》（*Intergenerational-ESL Auditor Program*）整理。

志愿者的职责包括为课堂内的学生提供练习英语的机会、分享生活经验，并作为合作伙伴在课程活动、项目、任务、讨论等方面为学生提供支持。因此，老年志愿者实际上将扮演导师和共同学习者的双重角色。负责人：邀请北京师范大学－香港浸会大学联合国际学院的一位心理学教授作为该项目的负责人。在辅导制度的支持下，这位教授将考虑如何通过代际共融来完善大学生的心理课程。现场支持：将提供现场支持以方便老年志愿者和学生之间的交流。评估：北京师范大学－香港浸会大学联合国际学院的副教授黎伟麟将对项目整个实施过程和结果进行评估。评估报告将提交给校长，如果项目被发现是有效的，评估报告还将包括项目扩展的建议。持续时间：2 个月或 6 次沟通机会（即每人 3 小时）。预算：志愿者的津贴＋交通费＋餐费＋保险，即（1200 元＋3000 元＋600 元＋保险）×志愿者数量。

2. 香港长者学苑计划

为维持老年人的身心健康，实现“老有所为”，加强公民教育，促进长幼共融和跨界共融，香港劳工及福利局和安老事务委员会于 2017 年初推行了一个具有香港特色，并以中小学为平台的“长者学苑”计划，让老年人进入小学、中学继续学习。由于不少长者反映他们有“上大学读书”的期望，以及部分长者希望有机会参与更具学术性和更深入的学习课程，香港劳工及福利局和安老事务委员会随后便将“长者学苑”模式进一步推广至大专院校的层面，包括香港公开大学、香港城市大学、香港理工大学、香港教育大学、岭南大学和香港树仁大学。主要是基于各学校的现有资源和基本设施（学生、教师、校友、退休教师、家长会、礼堂及特别设施如电脑室和图书馆等），利用课余时间（每日下午 4 时至 6 时）或周末借出校舍开办“长者学苑”课程，以减少开展长者学习计划的行政费用，而学校的学生则可借此机会在校园为老年人提供义工服务，通过服务老年人培养其公民教育及社区参与的意识。截至 2021 年，香港各区大专院校及中小学共设立“长者学苑”190 所①，不仅拓宽

① 长者学苑网站，https://www.elderacademy.org.hk/tc/aboutea/index.html。

了老年人的社交圈子，还促进了老年人与青年学生的沟通。

3. 张家港占文村代际学习项目

在城乡融合的发展过程中，出现了失地留守老人现象，他们的日常娱乐活动形式大多局限于搓麻将、聚在房前屋后晒太阳、聊天、看电视等方面，与社会的隔阂日益加深，对社会缺乏认同，对社区的归属感也不强。为了促使这部分失地老年人在思想观念、生活方式等方面的转变，丰富其精神文化生活，江苏省张家港市占文村通过与占文小学合作，对村内的教学资源进行了有效整合，建立了代际学习团队，打造了一个老年人与青少年共同学习交流的平台，充分发挥银龄志愿者的模范作用，引导他们和孩子们一起学习、生活。老少结对帮扶，不仅使老年人得到了关爱，还促进了老年人的社会参与，消除生活的隔离感和孤寂感，提高了老年人的生活质量，同时也解决了新市民子女、困境家庭校外教育和看护等问题。与此同时，青少年志愿者通过假期探访老人并与老人共同活动，学到了许多书本上学不到的知识，促进了其健康成长。[①]

4. 慢时光蜗牛乡村文化营

为实现农村老人养老不离乡，几个年轻人于2016年2月在上海市松江区叶榭镇堰泾村建立了一家名为“幸福老人村”的民建养老机构[②]，以本村和附近农村的老年人为服务对象，提供24小时照顾护理、日间照料托养、居家养老等服务，并使目前已享受政府居家养老服务补贴的农村老人也可在此选择集中养老。[③] 有别于公建民营的运作方式，该养老机构由第三方社会组织出资进行规划设计和建造经营，政府只发挥监督和指导作用，体现出了对民间社会力量的充分调动，激发了社会组织参与农村养老供给的热情与活力，为探索农村养老服务的市场化路径提供

---

① 《［张家港］张家港保税区占文村举办代际学习项目启动仪式》，凹丫丫网站，2017年3月13日，http://www.szzsjyxh.com/show.asp?id=266。

② 黄勇娣、贾佳：《养老不离乡丨上海松江“幸福老人村”里的幸福事》，上观网，2016年8月30日，https://www.shobserver.com/news/detail?id=29130。

③ 《在上海黄浦江上游，出现一座“慢时光”乡村文化营?》，网易网，2018年10月14日，https://www.163.com/dy/article/DU35FPI505453TJX.html。

了思路。该机构通过租用农民闲置住宅，按照日金折算，增加了村民的经济收入，同时将周边农村的闲置自留地规划为绿化区和农家小菜园，作为入住老人的“田园劳作”之所，使耕作活动既能休闲又有意义。

针对农村代际学习空间与机会较少的问题，幸福老人村充分调动企业、中小学校以及政府等各类公益资源，共同参与提供养老助老服务，并定期举办老年人关爱活动。目前幸福老人村已与当地学校合作建立了实践基地，将老人与学生结对，定期开展帮扶活动；同时开展了绿植培育项目，鼓励有精力的老人动手参与绿植小盆栽养护，丰富老年人的闲暇生活，然后通过公益义卖的形式减免养老服务费用。此外，幸福老人村还设计并开展了“慢时光蜗牛乡村文化营”活动，建立农村代际学习新空间。其活动不只针对本村入住者，还向以本镇为主的老人开放。比如，开设爷爷奶奶一堂课等，让老人和孩子通过参与形式多样的知识共享活动和田园体验活动来获得相互陪伴，促进传统文化、农耕文化和孝文化的传承。这些代际共融活动在使老年人的生活变得更充实和有意义的同时，又使老年人的能力与兴趣得到发展，增强了老人与青少年的代际情感联系。

（五）家庭支持

1. 多代家庭教育及支援服务

在家庭生活当中，除了夫妻关系外，还存在姻亲关系，而在众多姻亲关系中，婆媳关系引发的问题最多，也最受社会关注。已有研究发现，紧张的婆媳关系会导致两代分家[①]，而分家后婆婆越来越处于劣势地位，不仅不能够再约束儿媳妇，而且生活来源也慢慢地依靠儿子儿媳妇来提供[②]。随着下一代出生，亲子和祖孙关系更会为各家庭成员带来新的冲击和挑战，不少妇女或是其他家庭成员在面对婆媳和隔代相处上感到有压力，影响情绪，甚至精神健康。对此，受李锦记家族基金会资助，香

① 费孝通：《论中国家庭结构的变动》，《天津社会科学》1982 年第 3 期，第 2～6 页。

② 陈讯：《候权与赠权：妇女在家庭中的地位是如何转变的——基于鄂中 T 镇婆媳关系演变历程的分析》，《妇女研究论丛》2012 年第 3 期，第 22～27 页。

港家庭福利会于2015年10月开展了为期三年的“婆媳缘·祖孙情”多代家庭教育及支援服务，协助多代家庭建立正面和谐的代际关系，并借此唤起社会对多代家庭需要的关注。2021年8月，李锦记家族基金会与基督教香港信义会合作展开为期一年八个月的“「义」代同行”计划，尝试通过不同活动，让祖父母能连接区内其他祖父母发挥同伴支持作用，并使孙子女和祖父母建立伙伴关系，共同参与不同义工服务，从而扩大他们的社交网络，将他们的能力和潜力作为社会资本，以服务社区。[①]

2. 耆青互动·长幼共融关爱技巧工作坊

2017年3月6日至8日，澳门镜湖护理学院与澳门街坊会联合总会颐养中心、水荷雀坊众互助会，在日假学院校本部建立了“耆青互动·长幼共融关爱技巧工作坊”，邀请学院老师担任培训导师，通过教学、实地演练、问题讨论等形式进行。该工作坊分为“爱家庭”与“沐浴安全、喂养”两部分，前者主要介绍婆媳、长幼之间的相处与沟通技巧，后者则主要介绍婴儿沐浴、喂养以及新生儿照顾等知识。其主要目的是提高市民对代际问题的认识和学会处理技巧，推动代际共融。

3. 妇联+社区：共促家庭代际融合

无锡市妇联非常重视家庭能力建设，除了注重开展有关核心家庭内部夫妻关系、亲子关系等内容的活动外，还关注祖辈对孙辈的隔代教育问题。为了更好地促进祖孙之间的有效交流，推动隔代教育的良性发展，妇联携手社会组织开展了“妇联+社区：共促家庭代际融合”系列活动。活动内容主要体现在以下三个方面：一是通过建立“祖辈家长聊天室”和“家长成长辅导加油站”等方式，为老年人（祖辈）增能，提升其代际沟通能力；二是将社会组织中的社会工作者引入隔代教育中，以促进祖孙关系的融合；三是充分动员和发挥关工委“五老”（老干部、老战士、老专家、老教师、老模范）的先进作用，邀请具有专长的老年志愿者为社区青少年提供课余辅导，改变老年形象，助推社区文化建设。

---

① 《代代传家福：「义」代同行计划》，代代有爱网站，http://www.lkklovingfamily.com/cn/event/mgbp/。

除此之外，国内各地幼儿园还借助相关节日如重阳节、妇女节、母亲节等，开展了一些以家庭和顺为目标的代际共融活动，邀请孩子的母亲、奶奶或姥姥到学校与孩子一起唱歌、跳舞、做游戏、制作食物和手工等，通过庆祝节日的方式来影响孩子对长辈的态度，帮助孩子从小学会孝亲和感恩，以促进家庭和睦。

（六）老年照护

由于老年照护项目的内涵、服务内容与传统的敬老、孝老传统相一致，所以目前此类项目发展成为国内代际共融实践中最为普遍的一种，并被广泛应用于社区服务与政府服务当中。如 2016 年，河南省兰考县民政局、妇联与启航社会工作服务中心合作，在东坝头乡敬老院举办了“尊老爱老情　童心贺元宵”联欢会，并为老人们带去了慰问品。孩子们、志愿者和社工为老人表演了歌曲、舞蹈、朗诵、笛子独奏等精彩节目，不仅给老人们带去了欢笑和温暖，也培养了孩子们的奉献精神和尊老爱老的美德。联欢会结束后，医务志愿者还为养老院的 69 位老人进行了义诊。这项活动集老年照护、健康与福祉、儿童与青少年发展、文化传承、休闲娱乐等内容于一体，在多个方面实现了共赢。目前大多数老年探访活动还属于每年一次或短期活动，且多在传统节日扎堆进行，老年人与青少年互动不深入，效果也不显著。但现实中也不乏一些结构化的以老年照护为主要内容的代际活动，具体如下。

1. “外孙计划”

广东东莞的大众社会工作服务中心从 2010 年就开始针对莞城区内高龄老人，开展了“外孙计划”敬老志愿服务。活动形式是将 1 位五保或高龄老人与 2 名爱心志愿者结对，由志愿者进行长期、固定和有深度的入户探访，在老年人与志愿者之间建立一种类似亲属“外孙”的亲密关系。由于社工的加入，这一代际项目具有较强的专业性、结构性和计划性，具体表现为：活动之前社工会对老年人的需求进行评估，然后选出 20 名较迫切获得亲情关怀、有一定交流能力的老人作为“外孙计划”的服务对象。此外，该项目还严格挑选出 40 名志愿者。该项目以半年为一期，探访频率为每周一次。在连续开展了多期活动之后，2014 年在原来实践经验基础上增加了“长者生命故事”环节，由志愿者通过文字记录下长者的生命故事，增进了老人与“外孙”的感情，同时老人的生命价值也得到了肯定，为后辈留下了宝贵的精神财富。①

2. “青春伴夕阳”孝心微行动

除了社会组织，企业也参与到老年照护的相关代际活动当中。如 2013 年 5 月，中国老龄事业发展基金会与京都念慈庵总厂有限公司合作，在北京林业大学启动了“心系老年”孝心工程——“青春伴夕阳”孝心微行动，全国首批 30 所高校加入了本次活动，成为 2013 年中国“孝心敬老”的新模式。具体形式为：大学生将结合专业和个人所长，通过与老年人一起运动、做手工、教老人急救知识、普及交通安全知识等 30 项微行动，为老人提供保健、文化、娱乐、现代知识等全方位服务。“心系老年”孝心工程以传承和推广传统孝文化为主要目标，坚持“孝心倡导、孝之所表”的教育理念，以营造家庭和睦、代际和顺、社会和谐新风尚。这一活动在理念上与代际共融的精神相契合，倡导老年人与青年人之间的平等互助、互惠合作，希望通过活动使青年人从中学习到老年人身上的优秀品德、宝贵经验和人生态度，学会理解他人、感恩父母、服务社会，进而健康成长；同时，让老年人收获健康、快乐与知识，丰富其精神文化生活。②

3. “妇老乡亲”模式

当前中国农村人口老龄化水平高于城市，但面向农村的社区养老服务与市场服务发展尚不完善，大部分农村留守老人养老还要靠自己和家人，部分老人还承担着抚养孙辈的责任。与此同时，农村留守妇女的生活、劳动负担超重，生理、心理需求得不到满足，家庭关系因此受到不

---

① 《东莞“外孙计划”：不是“外孙”胜“外孙”》，东莞阳光网，2014 年 10 月 29 日，http://news.sun0769.com/dg/headnews/201410/t20141029_4594919.shtml。

② 《“心系老年”孝心工程“青春伴夕阳”孝心微行动介绍》，人民网，2014 年 1 月 10 日，http://ccn.people.com.cn/n/2014/0110/c366510-24083703.html。

同程度的破坏。[①] 如何减少对外部力量的过度依赖和激活乡村内生力量，一直是政府和社会组织在发展农村养老服务项目时着力避免的问题。为了给农村空巢老人和留守妇女提供更多关爱、促进中国养老模式的创新，河北省荷花公益基金会从2016年起与省内五家团队合作，分别在河北平山、邯郸磁县和永年等地探索开展“妇老乡亲”养老模式。该基金会结合农村社会需求，立足村庄内部资源，对农村内生力量进行挖掘与孵化，发现留守妇女和低龄老人这两类群体是当前农村中较为核心的力量，如果能充分调动这两类群体的社会参与和服务积极性，将有助于改善农村养老服务供给不足的问题。对此，该基金会分别将农村的留守妇女以及相对健康和积极的农村老人组织起来，建立了妇女组织（如志愿者队等）和老年协会，其中老年协会负责村庄养老服务的组织和运作，妇女组织则开展针对农村失能失智老人的服务工作。然后在两个组织间开展互助，即对农村留守妇女进行专业护理培训，鼓励其考取护理证，再发动其为农村老人提供生活照料；而老年协会则作为村里的权威，既可以帮助协调处理家庭纠纷，又可以参与社区治理，促进乡村善治。[②] 发展至今，“妇老乡亲”模式已覆盖石家庄、邯郸等地的20多个村庄，通过建立老年人关爱服务中心、开设养老餐厅、组织文艺活动等形式，使近万老人受惠。

4. 乡村居家养老护理员培训项目

伴随年龄的增长，高龄老人陷入失能失智的风险逐渐加大，一旦生活无法自理，就需要家庭和社会为其提供生活照料以及基础性的医疗护理。[③] 而家庭结构变迁和社会流动速度的加快使得家庭居住模式发生极大改变，使老年人依靠家庭成员获得的照顾资源骤减，家庭成员提供照

① 于建嵘：《农村留守群体：问题、根源与对策》，《社会政策研究》2017年第1期，第95～109页。

② 《“妇老乡亲”模式探索农村养老模式》，河北乡村振兴网，2019年4月10日，http://hbfp.hebei.com.cn/system/2019/04/10/019571281.shtml。

③ 罗丽娅、郭林：《“家庭主义福利”的审视与再修正——来自西班牙老年长期照护服务发展的经验》，《国外社会科学》2019年第4期，第112～121页。

护的机会成本也随之升高。[①] 针对这一问题，一家叫作“益多公益”的社工机构通过成都慈善总会购买服务的方式，在四川省芦山县设立了乡村居家养老护理员培训项目，招募当地60岁以下妇女或志愿者进行居家养老护理培训，通过考核评估培训质量，对服务质量进行监管。护理员考核合格后，在工作人员的带领下为芦山县失能、高龄老人提供有针对性的上门服务。通过该服务项目的实施，老年人的生活照料和精神慰藉需求得到了有效满足，并有效缓解了高龄、失能老人的孤独感和无助感。[②]

（七）儿童与青少年发展

1. “关爱服务老少互动”项目

2015年，浙江宁波海曙区在鼓楼街道和19个社区试点推行了“关爱服务老少互动”项目。该项目以“一单三失”老人和有各种特殊困难需要援助的未成年人为服务对象，具体包括单身独居、失独、失能、失偶老人以及家庭缺失教育能力和抚养能力的“双失”未成年人。主要通过将社区“一单三失”老人与有特殊需要的青少年家庭对接的方式，一方面丰富了“一单三失”老人的闲暇生活，实现了对社区老年人力资源的开发利用；另一方面由老年人陪伴其学习与成长，使孩子得到了更多关怀，有助于培养青少年的责任意识，实现了老少互惠共赢的目的。[③]

2. 碧荷泉韵民乐团活动

自2014年以来，山东省济南市历下区甸柳新村街道第一社区成立了碧荷泉韵民乐团，以“社区＋社团＋社工”的工作模式，形成了代际共融的新局面。为了满足社区居民日益增长的服务需求，该社区通过对社区老党员、文体骨干等人力资源的开发，邀请有技艺的老年人担任指导老师，面向青少年开展了小百灵合唱团、碧荷泉韵民乐班等兴趣培养课

---

① 曹信邦：《中国长期护理保险制度构建的理论逻辑和现实路径》，《社会保障评论》2018年第4期，第75～84页。

② 《农村互助型居家养老，最适合中国农村的社会化养老模式》，链老网，2019年5月27日，https://www.linkolder.com/article/8563326。

③ 《宁波海曙“老少”代际融合现人间真情》，宁波文明网，2015年3月31日，http://nb.wenming.cn/wmjj/201503/t20150331_2532953.shtml。

程，每周二、周三、周四3天晚上在社区二楼文体活动室为愿意来社区学习民乐的孩子们免费上课、排练，扬琴、二胡、古筝等乐器也都由社区免费提供给孩子们使用。通过社区这一平台为青少年提供服务、向孩子们传授传统技艺，不仅促进了青少年的发展，还丰富了老年人的退休生活，实现了“老有所为”。

3. 银龄行动

为将老年人的知识、智慧和创造力激发出来，尤其是充分发挥老年科技工作者在知识传播、技能传授、科普宣传、治病救人、生产攻关、技术改造、科学养殖种植等方面的智力和技能优势，实现“老有所为”和“老有所乐”，全国老龄委自2003年开始在全国范围推行“银龄行动”，主要是通过支教、助医、支农、扶贫、科技援农等形式，组织动员发达地区的老年知识分子支援西部或经济欠发达地区的经济社会建设。发展至今，“银龄行动”已发展成为中国老年志愿服务的一张名片，发挥了积极作用。受此影响，为进一步加强农村教师队伍建设和充分利用退休教师优势资源，教育部、财政部于2018年7月联合印发了《银龄讲学计划实施方案》，按照自愿、择优的原则，在全国范围招募1万名65岁（含）以下的优秀退休教师，深入国家连片特困地区县、国贫县、省贫县、深度贫困县，贫困的民族县、革命老区县、边境县等地，特别是“三区三州”等深度贫困地区开展形式多样的讲学活动。具体形式包括开设公开课、研讨课或专题讲座，指导青年教师，协助学校做好教学管理和开展教研活动等，以实现对优质教师资源的再利用，发挥老教师的示范引领与辐射作用，从而为农村学校提供智力支持，也为解决城乡在师资配备与教学资源方面的矛盾提供了新思路。[1]

（八）文化与民间技艺传承

1. “爷爷奶奶一堂课”

“爷爷奶奶一堂课”是由中国青少年发展基金会支持的一项全国性

---

[1] 王顶明：《银龄讲学计划为农村教育注入活水》，中国网，2018年8月1日，http://news.china.com.cn/live/2018-08/01/content_132211.htm。

公益项目，于2015年由公益创始人与理事长贺永强发起，以“老人得尊重、孩子受教育、文化得传承”为发展理念，致力于乡土文化教育的推广和传递，目前这一代际项目已得到了新华公益和中国好公益平台的战略支持。“爷爷奶奶一堂课”关注孩子人格养成和健全发展，主要针对8～15岁的儿童开展乡土教育，邀请社区德高望重、有一技之长的老人走进学校或社区活动中心，为孩子讲述历史、人物、文化、风俗、地理五个层面的知识，让孩子从老人的故事里找到自己的“根”，以解决孩子学习与生活脱节的问题，并对成长生活环境产生价值认同，健康自信地成长。发展至今，“爷爷奶奶一堂课”已经在山东、四川、甘肃、江西、黑龙江等17个省份设立了59个项目点。但在运营资金来源上，目前该项目仍主要依赖基金会捐赠和政府购买服务，试图通过社会和政府的倡导来获得市场的认同，这也是今后该项目发展中面临的主要挑战。

2. 福建金山村的农家学堂

福建的金山村利用村小学的部分校舍，同时联合居家养老服务站创建了农家学堂，设有电脑室、阅览室、书法室、什音室、科技展示厅、农具展示厅等。充分利用村里老年人在农业技术方面的经验与优势，请村里老年人为周边中小学学生讲解农业劳作和科学常识。同时，当地的一种民间音乐——什音也通过老年人的教学，实现了文化与民间技艺的传承，使农家学堂成为老年人与孩子们的共同活动室与代际学习的场所。①

（九）就业与工作指导

1. “千名银发人才服务千家企业”活动

2016年4月，无锡市委老干部局、人社局、民政局等部门联合发起了“千名银发人才服务千家企业”的活动（以下简称“双千”），市老科协作为活动的主体单位积极响应，层层发动，推进了这一活动的深入实施。2016年“双千”活动立足团队服务项目，整合现有资源，建立了

---

① 任杰慧：《把“无缘”变“有缘”：中国农村养老模式研究》，《西南民族大学学报》（人文社会科学版）2018年第7期，第7～15页。

"银发人才智库"；2017 年深化服务内容，扩大服务团队，拓展了服务领域，打造了服务品牌；2018 年完善服务机制，形成了规模效应。无锡市老科技工作者的"传帮带"在促进企业发展的同时，也促进了技术经验的代际传承。其具体服务形式与内容如下。

（1）技术服务

组织各级各类涉老科技团体与企业结对，开展科技咨询、成果应用、产品鉴定、项目合作、研发生产等，着力帮助企业破解关键性技术难题，提高企业科技水平和市场竞争力；服务"三农"项目，在新农村建设、新品种养殖种植、农田水利建设、农村科技示范基地等方面献智出力。

（2）业务培训

根据企业需求，适时组织高层次老年专家和学者举办讲座，帮助企业及时把握宏观经济形势和行业发展现状，为企业发展现状把脉，提供意见建议；组织资深离退休管理人员深入企业一线，组织同级技能人才、班组长、青年职工、新员工培训，协助企业开发人力资源；应企业需求，开展其他培训。

（3）党建指导

宣传党的路线方针政策，强化党建意识，引导企业重视和支持党建工作；指导企业党组织开展"两学一做"活动，充分发挥基层党组织和党员的"三个作用"，帮助企业建立党组织、发展党员、培训党员和开展相关活动；引导企业职工自觉践行社会主义核心价值观，强化职业道德、社会公德和家庭美德。

（4）医疗保健

定期组织医疗专家进企业开展义诊，提供健康咨询服务；组织保健专家举办医疗保健知识讲座，指导企业职工做好体检、日常保健等，强化企业职工安全意识、健康理念；应企业需求，提供其他医疗服务。

（5）法律援助

定期向企业职工宣讲《公司法》《劳动合同法》《专利法》等有关政策法规，帮助企业用好国家各项优惠政策；协助企业解决有关知识产权保护、专利申请、合同签订、环境评估、项目落实等方面的问题；指导企业建立畅通的职工诉求表达、劳资关系协调、社会保障等方面的渠道，维护企业及职工合法权益。

这一项目在就业指导方面的典型案例之一是由退休老年人担任大学生创业导师，并为其提供多方指导。如江南大学商学院教授吴园一退休后担任无锡市老科协江南大学分会会长，热心为无锡新格尔软件有限公司、江苏恩普勒斯传媒有限公司、江苏微盛网络科技有限公司、江苏雅索信息科技有限公司等提供创新创业指导。他按照需要，对大学创业者进行创业价值观、创业团队建设、创业文化培育建设、新型商业模式、绩效考核激励机制、市场营销战略战术、市场资源匹配分析等方面的讲解和指导。组织创业小沙龙以促进创业团队相互交流和合作，并帮助创业大学生链接政府资源、人才资源，拓展人脉、金融渠道等。

2. “两代人携手共进”活动

为充分发挥离退休干部政治优势、经验优势、威望优势，引导他们为党和人民的事业增添正能量，自 2005 年起，无锡市委组织部、老干部局在全市离退休干部中组织开展了“两代人携手共进”主题活动。截至 2017 年，无锡市已有 2500 多名离退休干部与 2100 多名大学生村官牵手结对。[①]

2005 年，在离退休干部和青年干部中开展以“你学我精神经验，我学你思维观念”为主题的代际学习活动，采取新老结对、小组集中学习、个别交流等形式，通过开展“走访红军故乡，传承长征精神”和“党的光辉照我心”电视访谈、向聋哑少年捐助献爱心等系列活动，为青年干部与离退休干部之间的沟通交流搭建了平台，促进了“两代人”共同进步。

2011 年，重点在离退休干部和大学生村官中开展“离退休干部牵手大学生村官”主题实践活动，围绕“政治上引导、工作上指导、创业上

---

① 《无锡发挥广大老干部正能量 为建设新无锡助力添彩》，中共江苏省委老干部局、中共江苏省委离退休干部工委网站，2017 年 9 月 5 日，https://lgbj.jszzb.gov.cn/cn/fhzy/info_47.aspx?itemid=37614。

支持、感情上联络、生活上关心”五个方面内容，采取签订“牵手活动承诺书”、制订“牵手活动计划”、建立“牵手活动联系制度”、设立“工作驿站信箱”、召开座谈会为大学生村官出“金点子”等形式，通过举办“两代人红色主题党日”、“薪火相传”征文和“牵手结对”经典案例展示等活动，指导大学生村官在基层大舞台上建功立业、健康成长。

除了上述具体的代际活动与项目外，实际上代际共融的理念已开始得到社会各界的普遍关注和重视。相关研究表明，近年来涵盖更广泛的年龄层、构筑代际沟通的纽带等作用开始融入综艺节目的追求之中，新的探索也成为家庭、社会代际沟通的新话题，使得代际对话和传承创新开始成为综艺市场的新动向。例如，东方卫视播出的《中国梦之声·我们的歌》，邀请德高望重的“前辈歌手”和颇具人气的“新声歌手”同台演绎，在双向盲选的情况下进行代际合唱，以音乐为语言进行对话。而场下的歌迷也覆盖了不同年龄层，流露出对同一首“经典再现”的共同喜爱，在节目上形成代际对话与互动。①

五 中国代际共融的实践反思

尽管国外有关代际项目的研究成果较多，但多着重从现代化或西化进程的角度来考察其对代际项目的影响，而对于不同于国外的历史文化脉络缺乏思考，尤其对转型期中国的社会变迁趋势甚少着墨。对中国代际实践内容及其运作方式的探讨，将有助于把握中国代际项目的发展方向，发展出契合老年人生活福祉的具体策略，以为代际项目的本土化提供实质性建议。

（一）对家庭与社会关系的再认识

不同于欧美社会以国家福利或社会保险体系承担养老保障功能以及个人主义盛行的特点，中国延续了小农经济时代以家庭为生产和生活单

---

① 《光明日报：让综艺节目发挥“代际对话、传承创新”作用》，人民网，2019 年 11 月 14 日，http://media.people.com.cn/n1/2019/1114/c40606 - 31454087.html。

位的历史传统，家庭养老仍然是主流[①]，而社会保障制度和社会养老服务目前仍只是辅助性的，尚无法替代家庭在养老支持中的作用。但随着人口转变的持续深化、社会流动的加速以及家庭结构的变迁，与子女分开居住的空巢老人数量不断增加，家庭抵御养老风险的能力受到极大挑战，家庭养老功能严重弱化[②]，孝道的影响力逐渐减弱[③]，曾经由家庭成员提供的精神慰藉在这种结构转变中不可避免地遭遇到一些危机。相关研究发现，当子女不能有效为父母提供精神慰藉的时候，老年父母多给予理解和宽容，并不会苛责子女，只是希望子女提供一个家庭养老所必需的亲情环境。[④] 在这个意义，家庭功能的部分退出与社会服务功能的部分进入，恰恰是代际项目在中国日益涌现的客观原因。代际项目作为一种增进社会中任何两代人之间合作、互动与交换的手段，不仅可以促进技能、知识和经验的分享，还可以通过社会互动来实现不同年龄群体互利互惠的目标。[⑤] 然而，本书发现，囿于中国延续几千年的孝文化与“家国一体”的传统，国内代际项目在发展过程中多以“家”的形式出现，并以此来吸引老年人和青年人积极参与，增强其幸福感。

因此，我们必须正视这一现实需求，立足中国的国情，把握好家庭与社会的关系。家庭与社会并非简单的二元对立关系，实际上是一种双向互动的关系，家庭内部的代际照顾不容忽视，因为它支撑着中国家庭的维系运作。[⑥] 但在家内养老支持与情感慰藉不足时就需要社会代际支

---

① 郝明松、于苓苓：《双元孝道观念及其对家庭养老的影响——基于2006东亚社会调查的实证分析》，《青年研究》2015年第3期，第66~75、96页。

② 穆光宗：《当前家庭养老面临的困境及应对》，《人民日报》2014年6月16日，第15版。

③ 余飞跃：《家庭养老的困境与出路——兼论孝与不孝的理性》，《重庆大学学报》（社会科学版）2011年第5期，第124~130页。

④ 杨善华、贺常梅：《责任伦理与城市居民的家庭养老——以“北京市老年人需求调查”为例》，《北京大学学报》（哲学社会科学版）2004年第1期，第71~84页。

⑤ M. Kaplan, M. Sánchez, “Intergenerational Programs and Policies in an Ageing Society,” in S. Harper & K. Hamblin, eds., *International Handbook on Ageing and Public Policy* (Cheltenham, England: Edward Elgar, 2014), pp. 367－383.

⑥ 刘汶蓉：《当代家庭代际支持观念与群体差异——兼论反馈模式的文化基础变迁》，《当代青年研究》2013年第3期，第5~12页。

持来补全，可通过引入家庭和模拟家庭等形式来协调处理好二者之间的融合问题。对于社会服务不健全、不完善的地方，则坚持以家庭为基础；对于家庭功能弱化和缺失的部分，由社会来补足，扩大和发展社会层面非血缘性代际关系，从而形成助老的社会支持网络，促进社区的融合和社会的和谐发展。

（二）对代际项目可持续发展的再讨论

代际项目及其相关实践活动在中国不断涌现的事实表明，代际共融的理念已初步形成，但深入分析却发现，国内代际项目在可持续发展方面还存在一些问题。一是很多项目在内容设计上缺乏连续性，代际互动往往仅被包含在几次短暂的活动中，对实施效果缺乏客观评估，因而项目的可持续性问题难以预计。二是相关活动形式和程序也较为简单，缺乏系统性。如活动前多缺乏对相关老年志愿者与青年志愿者的培训，活动后也缺乏对双方共享情感、互动感受的交流引导，往往导致活动内容很丰富，但一旦项目结束，双方互动也就停止，深化、延伸效果不强。三是缺乏第三方机构对代际项目实施过程与效果的客观评估，导致目前所能了解到的相关项目结果基本上都是由项目发起方自己来评价的，结果不够真实、客观。四是国内代际项目多以政府购买的形式付诸实施，来自民间社会资助的比例较小，这就容易使代际项目对地方政府的财力产生较强的依赖性，并对项目设计与实际运作产生了一定影响，这是为何我国中西部代际项目没有发展起来的主要原因。相比之下，美国代际项目在资金来源上是较为多元的，政府的资助只是很小一部分，更多来自社区和各类基金会的捐赠，这也是维系其可持续发展的重要原因。中国代际项目的发展，固然离不开政府的政策引导和财力支持，但民间社会力量的壮大、多元资金募集渠道的建立将更有利于代际项目的健康与可持续发展。

（三）对代际项目城乡发展的再定位

通过网页搜索发现，国内九成以上的代际共融实践出现在城市，在农村的发生概率较低。然而，相关研究表明，农村老龄化趋势更为严峻，子女外出务工对留守老人的老年生活影响显著[①]，导致农村老人自我养老的现象较为普遍[②]。除此之外，农村老人的精神生活也相对匮乏，其休闲娱乐活动以看电视、串门聊天、打牌下棋为主，其他形式的文化娱乐较少。[③] 那么，有理由推断农村地区更需要开展代际项目，以增进农村老人与留守儿童间的代际支持，但事实并非如此，原因就在于服务资源分布的不均衡。虽然在农村地区发展代际互助因“熟人社会”的性质而更具地缘优势，但因大量青壮年劳动力外流而导致“村庄空心化”的问题突出，使得村内缺乏年轻人，发展缺乏活力。结合目前的实践情况来看，代际互助的参与者主要是留守在农村的老人、妇女和儿童群体，而缺乏中青年群体的加入，很难实现全年龄群体参与的代际互助。再加上目前国内代际项目的实施主体、资金来源和服务人员多集中在城市，农村老年人组织发展滞后，鲜有专业的社会工作者等服务人员深入农村，从而导致国内代际项目在参与群体上多以城市为导向，农村老年群体参与不足。这些问题势必会影响到代际项目的普及，如果代际项目仅成为满足少数城市老年人发展性需求的活动，便会造成服务上的区隔，影响到社会公平公正的实现。对此，亟须国家政策支持和社会组织力量的发展，同时还需要在代际项目的策划与设计上兼顾不同类型老年人的多层次需求，逐步开展契合城乡老年群体需求的代际项目。

（四）对国外经验与中国实践的再想象

纵观国外代际项目的发展过程，其关注内容逐渐从早期的减少代际刻板印象向社区议题转变，广泛涉及健康与福祉、代际共享的房屋设计、空间改造、环境保护等，视角越来越广阔，内容也越来越丰富，并日渐得到政府的关注和重视，这与其强烈的社会问题意识密切相关。结合中

---

① 杜鹏、丁志宏、李全棉、桂江丰：《农村子女外出务工对留守老人的影响》，《人口研究》2004年第6期，第44～52页。

② 陆益龙：《后乡土中国的自力养老及其限度——皖东T村经验引发的思考》，《南京农业大学学报》（社会科学版）2017年第1期，第11～19、144页。

③ 李俏、朱琳：《农村养老方式的区域差异与观念嬗变》，《西北农林科技大学学报》（社会科学版）2016年第2期，第93～102页。

国代际项目的实践情况及国家的政策走向，健康与福祉、社区发展和环境保护可能是中国未来代际项目较具潜力的发展方向。国务院在2017年2月发布的《"十三五"国家老龄事业发展和养老体系建设规划》中强调："要大力发展社区养老服务，鼓励老年人参加社区邻里互助养老；推动老年人共建共享绿色社区、传统村落、美丽宜居村庄和生态文明建设成果。"2017年中央一号文件也指出："要大力发展乡村休闲旅游产业，发展富有乡村特色的民宿和养生养老基地。"这些都为我们把握中国代际项目的未来走向提供了前瞻性的思路与指导。面对中国区域经济发展不平衡以及城乡分割的现象，在城市可以侧重于发展满足老年人精神需求的代际项目，但在农村还需要顾及老年人物质层面的需求，因此，如能围绕地方资源禀赋，将代际共融与农村休闲旅游、生态保护、文化传承、健康生活等主题联系起来，在实施代际项目的过程中带动经济发展，或在发展特色产业的过程中促进代际项目发展，都将成为推进代际项目本土化的有益探索。

（五）对老年世代参与主动性的再调动

如上文所述，在中国的文化背景中，家庭内部的代际支持在老年人晚年生活中占据重要地位，同时也是影响其生活满意度的重要因素，家庭本位的观念使得中国老年群体普遍对社会代际关系关注不足，也认识不够。通过对搜索到的案例材料的分析发现，只有极少数老年大学学员和关工委的老同志积极到中小学、幼儿园、社区等开展代际联谊与教育活动，在代际活动中表现出较强的主动性。除此之外，目前国内代际项目中的老年参与者大多属于居住在敬老院或社区里的孤寡老人和空巢老人，处于被青少年探访的状态，在活动参与过程中的表现主要就是感激、夸赞和高兴，在行动上仅止于观看或消极回应，主动与青少年互动的情形并不多。还有一些老人则是以家庭为单位带着孙子女一起参加活动，如祖父母到幼儿园与孙子女一起参与"六一"儿童节或重阳节庆祝活动，或陪孙子女一起参加社区举办的夏令营活动等。在这种情况下，非血缘性的社会代际互动效果并不理想。相比之下，国外代际项目多得到了老年志愿者的积极回应，许多退休老人主动参与其中，他们愿意尽己所能服务社会，参与项目的主动性较强。

从服务受益方向上看，代际共融不单纯包括年轻人支持或服务老年人，还包括老年人支持或服务年轻人，以及老年人和年轻人共同合作的情况。但一直以来，国内都较为重视文化的传承，对子女及下一代人的行为规范与要求较多，却对老年人的行为规范与要求较少。而数字化社会的到来已为老年人的社会适应带来了挑战，更新知识、学习新技能、积累新经验在当下已显得尤为重要。当前中国老年人的受教育程度整体不高，尤其是农村老年人受教育程度更低，这也在一定程度上增加了代际共融的难度，并影响到了活动的效果。对此，老年人也必须客观认识现代社会与传统社会的差异，正视自己这一代人与年轻人各自的优势与不足。当前这个社会既需要文化传承，也需要文化反哺，这就要求老年人要通过自我反思、自我学习、积极参与、尊重他人、互助合作的方式来积极融入社会生活。同时，国家在政策层面也要加强对老年人精神世界与学习方式等的必要引导，不断完善终身教育体系，加强老年志愿者队伍建设，使老年人能够积极生活、发挥余热，提高其晚年生活质量。

（六）对代际互动深化途径的再挖掘

中国传统文化发展脉络中蕴含着丰富的代际传承思想，相应的代际实践也从不缺乏，但真正规范意义上有目的、有组织、结构化的代际项目在近些年才出现。伴随家庭结构与功能的变迁，代际项目在中国的应用可以为家庭养老提供支持，在丰富老年人精神文化生活的同时，促进老年群体与年轻群体的沟通与交流，从而提高整个社区的生活质量。当前代际实践在中国尚处于起步阶段，在一定程度上受到欧美国家代际项目运作模式的影响。例如，在吉林建立的博友多代屋，在杭州和上海出现的老少合租，以及在武汉、北京和南京等地实践的将养老院与幼儿园建在一起的模式，多是从国外的“共享住宅”（Shared Housing）和“共享场所”（Shared Site）中获得启发并引入的，在使其本土化过程中还面临着一些实际问题，如价值观冲突、生活习惯适应、社会信任达成等。

再比如，当前代际支持在老年人使用手机微信的过程中的作用不容忽视，子代通过持续性的信息反哺帮助亲代融入数字时代。这种自下而上沿着新媒体技能、知识以及与之相关的文化和价值观的反哺被国内学者称为“数字反哺”，但这种反哺当前还主要是一种单向的、以被动求助为主的技术性手段，多强调子代的主导性和积极的态度①，而如何进一步设计和发展出互惠的机制还有待进一步研究。对此，在借鉴国外经验设定相关政策与制度时，一方面要重视对本土文化脉络和现实养老诉求的观照，充分吸收和运用家庭代际关系中的孝道观念，以减少资源浪费或政策运作上的隔阂；另一方面应将促进社会代际融合纳入政策落实层面，推动非正式的代际活动向规范化的代际项目方向发展，拓展代际互动的范围，深化代际互动的内容，创造代际互动的环境和氛围，真正实现不分年龄、人人共建共享。

（七）将代际共融纳入理论和政策视野

目前代际项目在国外已得到学术界的关注和认可，并被广泛应用于教育、志愿者服务、儿童发展、服务学习与老年学等领域，学科交叉成果不断出现。相较之下，国内在相关研究领域还存在一些问题。一是国内有关代际的研究还多停留在对家庭内代际关系、代际收入与流动、代际贫困恶性循环等问题的讨论上，从而局限于家庭结构与功能变迁、经济发展、社会流动以及群体价值观与态度转变等领域，而缺乏对社会层面代际关系及其社会影响的关注，研究范围狭窄，研究视角也较为单一。二是对代际项目实践过程的经验研究不足，从而无从了解和把握国内代际项目的实际发展与运作情况。三是对代际项目功能和效果的评估研究较为缺乏，相关评价多为宏观上的模糊描述，尚未形成科学的评价指标体系。四是系统性的理论研究更为缺失，国内代际项目在发展中仍处于摸索阶段，缺乏理论上的指导。此外，尽管“代际共融”曾于2013年作为一项基本原则被写入《关于进一步加强老年人优待工作的意见》的政

---

① 李思思：《数字反哺：老年人微信使用中的数字鸿沟与代际支持》，中国社会科学网，2019年8月1日，http://news.cssn.cn/zx/bwyc/201908/t20190801_4949369.shtml。

策文件中，但其影响力和号召力尚不够明显。在实践层面，国内也尚未形成有力的组织化管理与引导体系。相比之下，美国早在 1986 年就成立了“代际联盟”，日本于 2004 年组建了“日本世代间交流协会”，新加坡于 2007 年成立了乐龄理事会，欧洲也建立了“国际代际项目联合会”（International Consortium for Intergenerational Programs，ICIP）。中国急需借鉴国外代际项目方面的发展经验，将代际共融的理念纳入政策设计的考量范围，并建立相应的组织与管理体系，围绕社会需求设计代际行动方案，推动代际项目在中国的实施和推广，从而使各代人受益。

第六章　中国发展代际共融的挑战及实施重点

本章在对国内代际项目发展情况进行全面反思的基础上，借鉴国外发展经验，紧密结合中国传统文化元素，深入挖掘代际共融的时代内涵及其对老龄政策设计的价值意涵，将促进代际共融的考虑纳入政策制定框架，通过对社会层面代际资源的合理利用、空间开发与流程再造，提出中国代际共融的本土化发展思路，并构建出与之相配套的代际支持政策体系。

一　中国发展代际共融的具体挑战

近年来，养老顾问、老年人饭堂等新型服务业态不断涌现，预示着我国老年人的需求结构已进入多层次、多样化、个性化阶段，社会角色从过去被动接受照顾型向主动寻求社会参与型转变。[①] 但当前我国的社会保障制度与养老服务体系尚不健全，且在经济社会发展方面还存在着明显的城乡与区域差异，导致代际共融在实践上还面临一些挑战。

（一）家庭抑或社会：代际的双重认知与表达

对于代际关系，国内外的认知与表达是不同的。几乎在整个东亚文化圈内，都较为关注家庭层面的代际关系，而像美国等发达国家则更为

① 《“不只是被照顾”我国养老服务需求呈现新趋势》，新华网，2018 年 7 月 30 日，http://www.xinhuanet.com/politics/2018-07/30/c_1123197415.htm。

关注社会层面的非血缘和非姻缘的代际关系。国外的代际关系是典型的“接力模式”，即父母有抚养子女的义务，但子女不一定要对父母做出回报，其要做的只是继续抚养下一代，代际关系是单向传递的。但在中国，父母与子女之间的关系则是相互的，父母对子女有抚养的义务，子女对父母也负有义不容辞的赡养责任。[①] 这种代际关系被称为“反馈模式”，也称“哺育”和“反哺”。[②] 但随着城市化进程的推进、人口老龄化速度的加快以及人们价值观念的变化，中国的家庭结构正在发生变迁，老年人在居住问题上表现出很强的独立性，与子女分开居住的现象越来越普遍[③]，传统意义上频繁的代际沟通逐渐减少，已开始与国外趋同。因此，中国要开展代际实践，家庭与社会并不是对立的关系，而是共生的关系。这两个均是重要的实践领域，依托家庭开展代际实践，有助于强化对传统家庭养老模式的支持；而在社会层面开展代际实践，则有利于人们价值观的改变、生活满意度的提高以及社会政策的完善。与此同时，社会层面代际实践的发展还要受到老年人对社会的认知、受教育水平、经济条件等因素的影响，其中是否具有社会公益心也是一个重要影响因素。如果老年人过于注重家庭代际关系，而对参与社会代际活动不感兴趣或没有热情，那也不利于代际活动的开展。如何在具体的活动中将家庭与社会有机联系在一起，是一个值得深入思考的问题。

（二）物质抑或精神：代际项目的本质动因

发展代际项目最主要的挑战就是本土化问题。代际项目作为一个舶来品，产生于西方，相关实践与理论均根植于西方工业化和城市化的发展进程中，其适应性问题值得反思，亟须结合中国实际进行本土化的思考与设计。在国外，基于代际沟通缺失的国情，代际项目设计的原初目

---

① 费孝通：《家庭结构变动中的老年赡养问题——再论中国家庭结构的变动》，《北京大学学报》（哲学社会科学版）1983 年第 3 期，第 7～16 页。

② 郭于华：《代际关系中的公平逻辑及其变迁：对河北农村养老事件的分析》，《中国学术》2001 年第 4 期，第 221～254 页。

③ 杨善华、贺常梅：《责任伦理与城市居民的家庭养老——以“北京市老年人需求调查”为例》，《北京大学学报》（哲学社会科学版）2004 年第 1 期，第 71～84 页。

的是转变人们对老年人的负面态度与看法。相比之下，这或可成为中国发展代际项目的一个重要方面，却不能成为本质动因。根据马斯洛的需求层次理论，中国老年人的养老需求要比美国老年人复杂得多，既包括物质和生活照料需求，还包括精神需求。从国际经验来看，很多代际项目都是在为老年人提供自理、照护、救助一体化居住设施和服务的“持续照料退休社区”（CCRC）中进行或与此类社区合作。也就是说，居住在此类社区的都是经济基础较好、教育水平较高的老年人，他们有参与代际项目的条件和热情。反观中国的现实条件，许多老年人被照顾孙子女束缚，还有一些农村老年人要整日忙于农业生产与家务，对于相关社区活动根本没有热情。因此，在这个意义上，中国要实施代际项目，还需要因地制宜地结合需求导向来进行精准化设计。

（三）政府抑或民间：代际项目的推动力量

纵观国外代际项目的发展历程，政府与民间是两个最为重要的推动者，但由于国情不同，推动形式不一。新加坡、日本和英国注重发展中央政府主导型的代际项目：2002～2006 年，新加坡政府在社区发展、青年和体育部下设隔代教养和代际联合组；2002 年，日本教育、文化、体育、科学技术部专门颁布了支持老年人参与校本课程和课后活动的政策；2009 年，英国政府出台“代际共享计划”，倡议通过代际示范项目来招募新志愿者，12 个地方政府得到资助。而美国和德国则更侧重于发展非营利性社会组织主导型和多元主体共同参与型的代际项目。1986 年，美国成立了一个非营利性社会组织“代际联盟”，倡导运用代际视角优化医疗保健、家庭护理和公共教育等领域的服务政策。德国则通过多元社会力量的参与，推动了代际政策在住房、志愿者、农村经济以及社会可持续领域的发展。[①] 借鉴国外代际项目的发展经验，多元民间力量协同共建是最佳思路，但在资源链接、角色定位与功能协调方面具有一定难

---

① M. Kaplan, M. Sánchez, “Intergenerational Programs and Policies in an Ageing Society,” in S. Harper & K. Hamblin, eds., *International Handbook on Ageing and Public Policy* (Cheltenham, England: Edward Elgar, 2014), pp. 367－383.

度，代际项目在中国的具体实施与运作中难免会遭遇一些现实问题。党的十九大报告指出，“要积极应对人口老龄化，构建养老、孝老、敬老政策体系和社会环境，推进医养结合，加快老龄事业和产业发展”。因此，强化政府对老年服务工作的支持将是推进代际共融的重要手段，应鼓励公益创投项目开展与促进代际共融有关的服务内容。

（四）城市抑或农村：代际项目的实施地点

如上文所述，目前国内非血缘性代际互助在农村的发生概率较低，主要是由于发展代际互助的实施主体、资金来源和服务人员多集中在城市，农村老年人组织发展滞后，专业社工等服务人员也较少深入农村，从而导致农村老年群体参与不足。但就发展代际项目的迫切性而言，农村老年人精神文化生活匮乏和情感需求增加等现实问题使得农村地区比城市地区更需要发展此类项目。从城乡统筹的角度来看，在城市和农村发展代际项目都非常有必要，并不存在孰轻孰重的问题，关键是要有一种整合的系统发展思路，即通过城市与农村不同年龄群体间的合作，构建城乡融合的代际互动交流机制。如城市的中小学生可以通过到乡村体验与旅游的形式，从农村老年人那里学习农业生产与乡村生活知识，而农村老人也可以从中受益，充实晚年生活，提高生活质量。同样，城市退休老年人可以通过在社区参与“四点半课堂”与结对帮扶的形式，为进入城市的随迁农民工子女提供课业辅导与精神关爱。

二　中国发展代际共融的实施重点

考虑到中国当前老龄化社会的整体需求、不同地区及城乡间的社会经济发展差异、国人的文化习惯、社会服务体制等诸多因素，应在学习借鉴其他国家老龄社会治理经验的基础上，探索具有中国特色的代际共融服务体系。实施重点应该放在对代际关系协调、代际发展需求、代际组织形式及其背景因素的考察上；在理论研究方面，则需加强学科交叉研究，将宏观与微观相结合、机构与个体相结合，从而弥补代际理论指导不足的缺陷；在政策制定方面，亟须引入代际视角，加强顶层设计，完善相关政策，因地制宜地开发、创建代际互动和参与平台，形成多主体参与的服务机制与激励机制。在具体发展方向上，则可从如下四个方面着手。

（一）文化自觉：依托家庭推进养老托幼一体化

与国外不同，在中国让不同时代背景、不同生活方式、不同兴趣爱好、没有血缘关系的两代人共同参与代际活动，进行沟通、交流与分享，实际上并不是一件容易的事。尽管诸多研究表明，转型期中国传统的家庭代际关系发生了较大变迁[①]，但现实中流动的、临时的三代同堂的家庭仍然相当普遍[②]。中国文化中有关亲属责任、义务以及亲情的生活逻辑仍然发挥着重要作用。[③] 家庭作为发展代际关系的核心领域，“子女孝顺”、“含饴弄孙”和“老有所安”是中国理想代际关系的最佳体现。因此，在发展代际共融的理念与行动设计上，必须重视这一家文化根底，考虑到很多老年人在实际生活中还承担着抚育孙子女的责任，应将代际共融的理念贯穿住宅、服务场所、设施建设与项目设计的全过程，兼顾社会对养老和托幼两方面的服务需求，尤其是要为家庭内老人与其孙子女共同参与和相互照应提供便利。同时，也可以通过扩大和泛化家庭的方法来发展社会层面的代际活动，如以家庭为单位，开展随迁农民工家庭与城市家庭之间的代际沟通与互助活动等，可能更容易为人们所接受。再有，为弘扬孝道观念和支持家庭养老功能发挥，还需要积极应用“智慧化”手段，搭建社会化的服务平台，建立透明和完善的监督体系，借助互联网平台让工作中的子女可以随时掌握父母的养老和子女的托幼情况，降低代际接触中的隐含风险。

---

① 马春华、石金群、李银河、王震宇、唐灿：《中国城市家庭变迁的趋势和最新发现》，《社会学研究》2011 年第 2 期，第 182 ~216、246 页。

② 石金群：《转型期家庭代际关系流变：机制、逻辑与张力》，《社会学研究》2016 年第 6 期，第 191 ~213、245 页。

③ 唐灿、陈午晴：《中国城市家庭的亲属关系——基于五城市家庭结构与家庭关系调查》，《江苏社会科学》2012 年第 2 期，第 92 ~103 页。

（二）需求契合：选取适宜主题开展代际合作

在中国实施代际策略，既要注重形式，也要注重内容，只有以需求为导向进行代际项目设计，才能有效地契合人们的心理诉求，实现代际策略的可持续发展。对此，一是政府相关部门和学界要加强需求评估研究，深入了解当前老年人的养老需求以及年轻人的发展需求，寻找二者之间的交叉领域。一方面，要结合地方经济社会发展水平，结合养老应用场景，科学评估老年人的服务需求，明确服务的内容和标准，设计相应代际服务项目。只有让代际服务与养老应用场景有效契合，代际共融的发展才可持续，具体可围绕老年人的生活起居、衣食住行、医疗救助、情感互动、社会交往等诸多方面进行服务设计。另一方面，要考虑到不同年龄群体的特点，重点关注高龄、失能、贫困、伤残、计划生育特殊家庭等困难老年人的特殊需求，并采用多元化服务供给模式，为所有有需要的老年人提供方便可及的代际共融服务，比如吸引隔代家庭成员一起来参加社区代际活动，加强对两类群体的教育、培训及引导等。二是要充分利用老年人在社会经验、专业知识与情绪管理方面的优势，以及年轻人在现代技术与潮流知识方面的优势，鼓励他们积极参与代际活动的策划，多开展以经验传承与反哺为主题的代际活动，在满足年轻人精神需求、使其获得人生指导的同时，丰富老年人的精神生活，帮其找到生活意义。对于社会而言，这种以需求为导向的代际合作，不仅可以增进彼此感情、促进代际知识传递，还可以推动社会机制的创新与文化的变革，形成良好的社会风尚。三是要加强对代际共融活动的总体规划，通过政策引导、社会参与、市场开发的机制，提升资源运用的有效性，满足不同类型老年群体生活需要，提供有针对性的代际服务。

（三）资源整合：建立社区代际互助机制

社区不仅是血缘性代际支持的主要依托，也是开展地缘性代际互助的主要场所，更是实现社会代际共融的重要载体。全面推进社区互助文化建设，大力发展社区代际共融，对中国应对农村老龄化更具重要意义。对此，一是要深入挖掘地方互助文化传统，倡导和弘扬良好的家风、乡风与民风，通过家庭支持、邻里互助、社会关爱等形式，引导、整合农村社区力量参与社区互助文化建设，形成激励和整合机制。二是建设和完善图书馆、健身房、活动室、社区文化与艺术中心等文化设施，鼓励有基础、有条件的社区组建多种类型的代际互助服务组织，统筹不同年龄群体的利益诉求，对社区现行的养老服务资源进行优化组合，大胆进行自我探索与实践，为代际互助模式的示范与推广提供经验借鉴与实践参考。三是针对农村空心化问题，充分利用“熟人社区”优势，立足农村现有的“三留守群体”——妇女、老人、儿童，挖掘其各自的服务优势与特长，探索结对互助的可行模式，鼓励中小学生在敬老月、重阳节等时期针对留守老人开展探访、文化交流等活动，促进社区老中青共同参与不同形式的活动，实现养老资源的集约化。同时，还要全面激活农村闲置房屋、土地等资源，为老年人提供进行文化活动的场地、物质等，并积极加强与农村中小学、文化站、志愿者组织等的联系，努力在农村推行代际互助的观念，争取建立一种协同性的代际互助养老服务体系。四是借鉴德国“多代屋”和美国的“代际学习中心”模式，注重开发社区内生互助力量，将养老设施和托幼设施相结合，成立一体化的代际看护机构，在给老人生活带来活力的同时，也发挥老人的余热给孩子提供必要的关爱服务。同时，鼓励邻近的养老机构与托幼机构建立固定互访与开展代际活动的机制，在兼顾老人和孩子各自生活习惯和作息时间的基础上，组织双方互动交流，促进形成老少共融的氛围。

（四）社会协同：搭建多元主体参与平台

由于代际项目具有公益性质，除了少数涉及住房、旅游等领域具有明显的经济收益外，多数项目仅产生社会效益，因此难以用经济指标来衡量。再加上中国公民社会发展不成熟，非营利性社会组织发育不健全，缺乏私人基金会捐赠的传统，导致中国在代际实践方面面临一定资金困境。要想真正促进代际项目的落地生根，仅凭政府某一个或几个部门是不行的，还要搭建多元主体参与的平台。一是在坚持政府引导的同时，充分发挥市场和社会的资源配置作用，鼓励和支持更多社会资本和市场投资的进入，并给予税费优惠政策。根据《关于全面放开养老服务市场提升养老服务质量的若干意见》，不断降低养老服务机构的准入门槛，激发各类市场主体活力，鼓励和引导社会资本进入养老服务业，减少民间资本进入养老服务市场的壁垒，培育发展专业化的养老服务机构，满足老年群体的养老需求，不断增强人民群众获得感。二是将政府购买服务作为调动市场和社会力量积极性的重要手段，围绕老年人在医疗、保健、心理和精神等方面的现实需求进行代际互助项目设计，充分发挥社会工作者在养老服务中的作用，提高养老服务的专业化水平，满足老年人多样化、多层次的养老需求。三是不断完善志愿者服务，形成规范的服务机制和激励机制。可以借鉴荷兰和美国代际项目的发展经验，在高校附近建立养老机构，方便老年人就近利用高校的教学与服务设施，丰富其晚年生活，同时也便于学生结合所学专业开展相关养老服务，为其社会实践提供平台，从而实现多方共赢。

三　中国发展代际共融的保障机制

在当前人口老龄化趋势加剧的背景下，代际共融凭借互惠的特点和服务资源易获取的优势，应当被纳入我国社区养老服务的范围，以满足老年人日益多样化的养老服务需求，达到增加养老服务有效供给的目的。

（一）制定具有前瞻性的代际政策

近年来国家先后发布的《中国老龄事业发展“十二五”规划》、《关于进一步加强老年人优待工作的意见》、《关于推进老年宜居环境建设的指导意见》、《“十三五”国家老龄事业发展和养老体系建设规划》以及《关于制定和实施老年人照顾服务项目的意见》等多项政策都直接或间接地提出了强化代际支持的口号，倡导营造互尊互爱互助的良好氛围，促进社会和谐。这些顶层设计无疑为老龄社会代际共融的发展指明了方向，但为了促进代际共融进一步专业化、规范化、制度化发展，各级政府还应出台相关政策，明确代际共融的内涵和类型，并在人才配备、场地建设、资金投入等方面给予进一步的政策支持。对此，一是要贯彻代际共融的理念，围绕中国式养老中涌现出的多元化需求，将代际共融纳入政策考虑，构建代际共融的社会政策体系。二是鼓励人们学习借鉴国内外代际共融的典型经验，创新养老服务模式和运行机制，在社区层面试点建设“养老托幼一体化服务中心”，在社会层面积极引导市场设计和建设代际亲情住宅，建立更多具有代际共融理念的休闲娱乐场所、设施与公共空间，为代际正面接触与互动创造各种可能与机会。三是鼓励政府相关部门、社区、企业、高校、中小学、幼儿园、社会组织等开展敬老爱老的代际志愿服务，广泛利用电视、网络等信息传播方式，加强对代际共融理念的宣传，并将此理念融入积极养老全过程。四是由于当前国内代际项目的运作资金主要来自地方政府的资金投入，因此各级政府应该在养老与托幼领域给予代际项目更多的发展空间与财力支持，设立专项基金来推进其更好发展。五是各级政府应出台税收减免等优惠政策，吸纳企业资金、社会捐赠等民间资本为开展代际项目提供更多资金支持，为政府分担财政压力。六是制定具体的人才配备政策，保证代际项目运作的专业性，尤其是需要为农村社区开展相关活动配备专业人才，并积极改善相关服务人员的工作环境和薪酬待遇。七是在落实各项政策时，政府要加强监督管理，确保能无遗漏地顺利开展，同时还需探索制定养老托幼一体化建设与服务的各项标准，进行客观的评估工作，对各方面服务质量达标的试点给予奖励，以激励其可持续发展。

（二）营造代际共融的社会氛围

考虑到中外在经济社会层面的复杂性与差异性，在中国发展代际共融，不仅需要对中国式养老进行翔实、深入的研究与解释，更需要建构本土化的知识体系。西方社会崇尚个人主义，在发展代际项目的思路上也多推崇自下而上的制度建构，强调对个体精神需求的满足，并尽可能弱化对制度的依赖。相比之下，中国延续几千年的孝文化与家庭主义思想影响深远，在市场发育与私人捐赠并不成熟的现实背景下，代际项目的发展仍离不开制度的支持和政策的推动。党的十九大报告提倡“构建养老、孝老、敬老政策体系和社会环境”，强调要继续发扬中国传统的孝老、敬老文化。对此，一是需要立足传统孝文化根基，推进代际支持向拟亲情的扩大化方向发展；二是积极构建养老、孝老、敬老的社会道德环境，形成良好的社会道德规范，增进社会其他群体对老年人的认同，建立和谐的代际关系；三是积极开展以代际传承为主题的文化与社会活动，加强国际合作，拓展代际共融的空间，以实现中国式养老的福利泛化与本土经验的国际表达；四是在社区层面还需要借助已经出台的政策和法律手段来宣传代际共融的理念，引导社区内部成员树立代际共融观念，并通过运用专业化的服务手段组织和引导不同年龄群体参与其中，营造代际共融的社区文化氛围。

（三）建立代际共融的教育机制

老年人虽然在经验、阅历等方面具有优势，但面对科学技术的快速发展，很多老年人出现了不同程度的不适应问题，需要积极探索建立代际教育共享机制，为老年人继续学习提供平台，帮助其更好地融入现代生活，避免与社会脱节、疏离。一是出台相关政策措施，在高等院校开设代际领导力、代际教育、代际交流、代际项目等课程，重点培养该领域的高级专业人才，并通过与社区、老年大学、养老机构建立教学实训基地等方式，加大对代际项目专业技能型人才的培养力度。二是广泛开展多种形式的代际共学活动，逐步发展可持续性的代际项目。可通过将老年人引入中小学、幼儿园课堂，将大学生等引入老年大学课堂，或老年大学与中小学对接等形式，建立合作项目与平台，加强代际交流与沟通，在为青少年提供经验指导的同时，丰富退休老年人的精神生活。三是结合养老需求与生活实际，联合高校、社区、老年大学、中小学、幼儿园、民政部门、社会组织等多元主体，开展内容多样的代际共学活动。如退休老年人为青少年提供课业辅导、为大学生提供人生与职业指导，青少年教老年人使用网络与手机，老年人与青少年共同学习与讨论环境保护问题、开展社会调查等，以充分发挥代际互惠的功能。

（四）形成规范化的项目管理体制

从代际项目发展的国际经验来看，专业性的代际项目多是由社会力量遵循国际代际项目工作理念、知识体系和服务而开展的活动和建立的实践体系，其出现与工业化、城市化、老龄化进程密切相关，是为应对社会转型过程中集中出现的社会问题而发展起来的社会工具和服务体系。而在国内，此类实践活动仍主要是由以民政部门、社区为主的制度与服务输送系统提供，再结合近年来因老龄化程度加深而触发的大量养老问题来看，现行的行政性养老保障制度应对乏力，而社会化的养老服务体系尚不完善，这就为专业性代际项目的发展提供了空间。但这一发展并不完全是靠社会和市场自发，还需要政府建立一系列的制度安排，在坚持政府引导的原则下，继续推进“放管服”改革，加大对代际项目的社会购买力度，并将促进代际融合与提高老年人生活质量纳入国家社会和经济发展的总体战略与规划当中，并作为一个独立的专业领域给予优先考虑，以推动其发展成为名副其实的社会服务事业。具体而言，相关政府部门应制定完善的管理制度，对代际共融实践进行科学规范的管理。建议中央层面出台有关代际共融的政策文件，明确发展理念与指导思想；地方老龄工作部门因地制宜地配合出台具体的代际共融实施办法，成立明确的业务主管和指导部门，规范代际共融实践的管理运行，并进行相应的监管和指导。

第七章　中国践行代际共融的方法

在过去的几十年里，人口的预期寿命不断延长，而生育率和死亡率却在下降，使人口结构从金字塔型向柱状加速转变。根据国家卫健委发布的《2021 年我国卫生健康事业发展统计公报》，全国居民人均预期寿命已由 2020 年的 77.93 岁提高到 2021 年的 78.2 岁，孕产妇死亡率从 16.9/10 万下降到 16.1/10 万，婴儿死亡率从 5.4‰下降到 5.0‰[①]。这就意味着，大多数人都有望活到 70 多岁，由此必然会颠覆性地影响到政治、经济和文化结构，给社会保障、健康养老服务供给、家庭照护等带来了一系列挑战。但这同时也意味着老年人有更多的时间从事新的活动，如志愿服务、学习、兴趣爱好、隔代照料等，他们可以以不同的方式为家庭和社区做出贡献。当我们进入到一个比历史上任何时期都要更长时间地与老年人共存的时代，十分有必要重新思考代际和谐相处的方式与方法，以积极主动应对时代的变化，迎接人类社会的新挑战。在实际工作层面，尤其对于从事老龄事业与产业服务的实务工作者而言，要践行代际共融，必然需要学习从项目设计、实施到监测评估的一系列跨领域的结构化的代际工作专业化方法，从而为改变不同年龄群体的态度、提升其技能、建设代际友好的社区和社会做出积极贡献。

一　中国践行代际共融的思路

代际共融在西方表现为一套高度结构化的社会服务或介入活动，在

① 孙红丽：《国家卫健委：我国居民人均预期寿命由 77.93 岁提高到 78.2 岁》，人民网，2022 年 7 月 12 日，http://health.people.com.cn/n1/2022/0712/c14739-32473145.html。

国内具体践行过程中，还需要系列化的项目设计，这样才能为开展代际共融活动提供一种结构化的、经过认可的方法。

（一）建构代际共融中的积极关系

虽然代际共融可以有多种实践形式，但最终目标都是为了能够建立积极的关系，为所有参与者创造共同利益。为了实现这一目标，需要将一系列过程联系在一起，并高度重视参与代际项目或活动的两代人之间的互动关系。对此，美国学者 Matthew Kaplan 曾提出过一个用于解释两代人之间可能发生接触程度的模型，他将代际间的接触划分为七个层级（详见表 7－1），认为只有代际间接触程度达到五级以上，才能真正地称之为“代际项目”。

表 7－1　代际间接触的七个层级

接触层级	接触程度	具体表现
一	低接触	了解其他年龄段群体 参与者通过非实际接触的方式，了解其他年龄段群体的生活。例如，学校开设老龄化相关课程，孩子们可以学到有关老年人的一些知识，但他们可能很少接触老年人。
二		远距离观察另一个年龄段群体 两代参与者可以互相了解，但没有发生实际的联系。例如，两代人通过视频、写信、分享艺术作品等方式进行交流，但不发生面对面的接触。
三		会面 在年轻人和老年人之间发生某种形式的会面，但这种会面仅停留于一次性的体验。例如，一群学生探访养老院，老少聚在一起举办文艺活动。
四		年度或定期活动 通常与社区活动或有组织的庆祝活动联系在一起，每年或定期举行会面活动。例如，在美国的“爷爷奶奶节”当天举行的学校代际活动；年轻人和老年人都参与的一年一度社区舞会等。
五		示范项目 主要表现为包含丰富代际对话和学习内涵的定期会议和共同活动。例如，一群年轻人和老年人共同创作并表演一出戏剧；老年志愿者为年轻人求职、面试和工作提供为期十周的技术指导。

续表

接触层级	接触程度	具体表现
六		持续运行的代际项目 从组织机构的角度来看，上一个层级的示范项目已被认可为成功或有价值，并被纳入组织的一般性活动中且获得相应支持，成为组织机构未来工作实践方法的重要组成部分。例如，一项以学校为基础的志愿服务项目，不仅建立了老年志愿者培训方案，还为他们安排任务并为其提供持续支持与认可。
七	高接触	代际共融的社区环境 在社区环境规划和功能建设中，更加重视代际互动价值的注入，使根植于社会规范和传统的代际交往机会变得越来越丰富。例如，打造一个拥有儿童和青少年设施（幼儿园或课后项目）的社区代际环境；打造一个能够吸引和满足全年龄段群体娱乐兴趣的社区公园等。

数据来源：M. Kaplan, "Toward an Intergenerational Way of Life," *Journal of Family and Consumer Sciences*, 2 (2004): 5 - 9.

在第一个层级，由于没有发生直接接触，不同世代间的相互认知还仅停留在书本和媒体的相关介绍，对于其他年龄群体的认知较为模糊、不够深入，个体的认知和态度较易受到外部因素的影响。在第二个层级，不同世代通过视频、互换信件、分享艺术作品等远距离接触的方式来增进相互认知与理解，虽然在形式上相较于第一层级有所进步，但仍停留于书面与影像交流，缺乏面对面的会话、互动与回应，相互认识仍不深入，切身体验感、存在感和真实感均较弱，双方的印象仍不深刻。在第三个层级，不同世代间通过直接会面的方式，增进了对彼此的了解，但受一次性体验的时间限制，代际间的接触印象仍不全面和深刻，代际互动的效果难以得到有效巩固与强化。在第四个层级，虽然代际间互动的频率有所增加，但仍缺乏专业化的活动设计与有效干预，导致代际互动的目标与结果指向均不明确，互动过程也缺乏相应的引导。在第五个层级，代际互动已进入到一个有明确目标且有实质性内涵的层次，互动机会增加且有专业社工指导，有效促进了代际间的相互了解与亲密合作。到了第六个层级，代际互动已得到了社会认可，并被纳入社会组织机构的未来工作方案中，形成了稳定的工作机制与运作机制。进入到第七个层级，代际互动已上升至地方设施建设与发展规划层面，并融入环境改造与建设之中，真正实现了全年龄段、全生命周期的社会共建与资源共享。由此可见，要促进代际共融真正地落实到相关政策、制度与项目实施过程中，还需要加强对于代际互动的重视，并在政策引导、宣传教育、环境与空间建设、项目设计中树立代际共融的理念，促使代际间相互了解并建立积极伙伴关系，打造全龄友好型城市和全龄友好型社区，建立代际利益共同体。

代际共融项目或活动实质上是一种双向互动模式，关键在于建立起积极互动关系，实现互惠互利。从心理特征上看，老年人因生理机能衰退、社会角色转变而极易产生孤独感、失落感等负面情绪，而年轻人则好奇心强、活泼好动、愿意主动学习新知识和新技能，后者恰好可以对前者形成有益引导。在价值实现上，老年人拥有丰富的人生经验和生活阅历，做事沉稳有耐心，能够通过知识经验传递帮助年轻人成长，而年轻人在互动过程中表现出来的愉快和生机勃勃，又能够让老年人感受到生命的活力，减少消极负面情绪。因此，建立 积极互动关系是对两代人有益的事情，不仅有助于实现对老年人力资源的开发利用，为老年人提供积极参与社会活动的机会，有效解决老年人孤独和边缘化问题，促进老年人社会价值再创造，还有利于年轻人成长。

（二）抓住代际共融的核心要素

如果代际项目组织管理不善，不仅达不到预期目标，还可能会产生消极后果，而一项好的代际项目则可以避免这些问题。虽然代际项目实施的文化环境与实践内容各不相同，但成功的代际项目基本上都具有一些相同的特征，一般包含以下六个核心要素（见表 7 - 2）[①]。

① I. Springate, M. Atkinson, and K. Martin, "Intergenerational Practice: A Review of the Literature," LGA Research Report F/SR262, 2008, https://www.nfer.ac.uk/publications/LIG01/LIG01.pdf.

表 7－2　成功代际项目的六个核心要素

要素	内容
可持续性	长期策略 资金保障 监测与评估
人员配置	技能培训 承诺与热情 时间可及 稳定性
活动	参与者自决 参与性 灵活多样 关系发展
参与者	准备 老年志愿者 互惠
组织	计划 时间安排 交通
合作	战略参与 关系处理

数据来源：I. Springate, M. Atkinson, and K. Martin, "Intergenerational Practice: A Review of the Literature," LGA Research Report F/SR262, 2008, https://www.nfer.ac.uk/publications/LIG01/LIG01.pdf.

1. 可持续性

代际项目的可持续性主要取决于三个因素：长期策略、资金保障、监测与评估。(1) 长期策略。考虑到"一次性"的代际接触不太可能促进代际关系的发展[①]，因此需要采用长期策略。长期策略是指为促进代际项目预期效益实现而采取的一系列促进代际关系发展的手段。具体来说，就是在项目设计中要有长期发展的理念，通过策划系列性的代际交流活动来确保年轻人和老年人能有足够的时间进行接触并发展为伙伴关系。(2) 资金保障。对于代际项目实施而言，资金支持是项目运转的最基本保障，对于项目的可持续发展至关重要。代际项目在人员、场地、

① G. Stanton, P. Tench, "Intergenerational Storyline: Bringing the Generations together in North Tyneside," *Journal of Intergenerational Relationships* 1 (2003): 71－80.

场景布置、宣传材料等方面都需要一定的经济支持。虽然存在着一些志愿服务性质的代际项目，如代际结对互助服务等，看似不需要什么资金，但其实此类项目也需要专业社会工作者的指导与帮助，如果缺乏资金支持与必要的物质激励，自发性的项目一般也很难长期维持。（3）监测与评估。对于项目实施过程、活动内容及对参与者的影响进行监测与评估是十分必要的[①]，不仅可以用于判断项目的有效性，还可以及时发现项目实施过程中存在的问题，为促进项目的可持续发展提供技术支持。

2. 人员配置

对于一个成功的代际项目而言，人员配置也十分重要，其中四个关键性因素包括：技能培训、承诺与热情、时间可及、稳定性。（1）技能培训。对于代际项目工作人员而言，他们可能知道如何与年轻人打交道，但不一定知道如何与老年人打交道，而实际上其需要同时掌握与两类群体打交道的技能，而且其行为举止还得让两类年龄群体都能接受[②]，因此接受一定的技能培训是十分必要的。（2）承诺与热情。相关研究发现，在以学校为基础的代际项目中，工作人员的承诺和热情、老师和家长的支持是影响项目效果的重要因素[③]。（3）时间可及。准备和策划一项代际项目不是一件容易的事情，需要花费大量的时间，因此需要给予工作人员足够的时间来进行准备。（4）稳定性。相关研究发现，对于发生在学校或大学中的代际项目而言，员工的变动和高流动性是代际项目实施的重要阻碍[④]。因为当项目参与者已熟悉和习惯于某一工作人员的风格与方式后，人员一经调换，参与者与工作人员又需要重新经历到从陌生到熟悉的过程，这种反复的适应过程很可能会影响到参与者对项目

---

① S. Moore, E. Statham, "Can Intergenerational Practice Offer a Way of Limiting Anti - Social Behaviour and Fear of Crime?" *The Howard Journal* 5 (2006): 468 - 484.

② S. Salari, " Intergenerational Partnerships in Adult Day Centres: Importance of Age Appropriate Environments and Behaviours," *The Gerontologist* 3 (2002): 321 - 333.

③ S. Feldman, H. Mahoney, T. Seedsman, "School based Intergenerational Programmes: Laying the Foundations for Sustainability," *Journal of Intergenerational Relationships* 2 (2003): 47 - 66.

④ S. E. Jarrot, K. Bruno, "Shared Site Intergenerational Programmes: A Case Study," *Journal of Applied* Gerontology 3 (2007): 239 - 257.

的评价，甚至影响到项目的实施效果。

3. 活动

需要以老年人和年轻人的需求为核心，通过有组织或自发性的代际交流互动，架起两代人之间的情感关系连接。就代际实践所涉及的活动类型而言，有四项重要的影响因素：参与者自决、参与性、灵活多样和关系发展。（1）参与者自决。参与者自决是代际项目实施中一项非常重要的原则，而要使参与者能够在活动中积极发言并享有主动权，则需要在活动前期深入开展参与者需求调研，在掌握不同世代参与者需求的基础上，再进行活动策划，并鼓励他们参与项目的制订与策略选择，严禁盲目指定活动，否则会影响活动效果。（2）参与性。一般而言，要使年轻人和老年人都能够真正“动”起来，还需要专业工作人员通过组织开展契合年轻人和老年人两类群体喜好、满足其实际需求且具有趣味性的主题活动，调动大家参与的积极性，避免两代人成为“旁观者”①。在现实中，许多代际项目和活动都能够在形式上满足要求，但在内容与效果上却不那么令人满意，主要原因就在于活动内容设计不够合理，没有真正调动起不同世代群体的参与积极性。（3）灵活多样。在活动过程中，要想维持参与者的兴趣和热情不是一件容易的事情，需要尽可能地设计多样化的项目形式，避免千篇一律、毫无变化，要多采用一些创造性和多样化的参与方法。（4）关系发展。促进两代人之间达成理解、发展关系并建立友谊是代际项目的主要目的，如果在活动过程不重视双方的关系发展，可能会产生一些消极结果，并强化刻板印象，而这有赖于采用一些必要的干预手段，如适时的引导、调节和鼓励等。

4. 参与者

对于成功的代际项目而言，与参与者有关的三个关键因素包括准备、老年志愿者和互惠。（1）准备。在开展活动之前，需要做好充分的准备，以使年轻人和老年人能够分别化解他们各自的担忧。可以在代际活

① A. Epstein, C. Boisvert, “Lets do Something together: Identifying the Effective Components of Intergenerational Programmes,” *Journal of Intergenerational Relationships* 3 (2006): 87 - 109.

动开展之前，建立一套有效应对刻板印象的基本规则，并进行初步的练习，还应该对参与者有无犯罪记录进行严格审查，并向老年群体介绍儿童保护的相关要求，形成一套大家都认可并遵循的规则[①]。（2）老年志愿者。应尽可能招募那些积极性高、擅长与年轻人沟通并能够热心提供支持的老年人作为志愿者，鼓励他们为年轻人树立良好榜样。可根据老年志愿者的态度和技能，将他们与年轻人进行匹配，以便开展互动与合作。对于一项成功的代际项目而言，老年志愿者的热情和奉献精神是极其重要的，如果老年志愿者不配合、不主动或不愿付出，不仅不利于代际互动的顺利开展，还将对年轻人产生负面示范效应。（3）互惠。在代际项目中，所有的参与者都应被平等对待，并应尽可能地考虑到年轻人和老年人的特点与需求，以确保活动达到预期目标。世代是以群体间的异质性为标准来进行区分的，所以不同世代会因所处社会环境的不同而具有不同的人生经验。在当今社会主要表现为：年轻世代作为生于长于互联网时代的"数字土著"，对于网络具有与生俱来的适应性和熟练度；但对于老年人来说，互联网属于新生事物，需要克服旧经验重新学习。这种因经济社会发展所引起的知识更新迭代极易引发"老年数字鸿沟"问题。但知识无关年龄和阶层，在学习方面不同世代之间具有平等性，不管是代际传承还是代际反哺，实际上都是终身学习的重要手段。在实践过程中，一些代际项目或活动还存在着活动环境与服务对象不适配的问题，如有些代际活动的内容和环境只适合儿童，导致老年人在代际活动中被"婴儿化"[②]；还有些代际活动的内容只适合老年人，导致年轻人不愿意参与等。因此，十分有必要加强对于工作人员的培训，以确保两代人都能从活动中受益。

---

① R. Pain, "Intergenerational Relations and Practice in the Development of Sustainable Communities," 2005, https://docslib.org/doc/2082397/intergenerational-relations-and-practice-in-the-development-of-sustainable-communities.

② S. Salari, "Intergenerational Partnerships in Adult Day Centres: Importance of Age Appropriate Environments and Behaviours," *The Gerontologist* 3 (2002): 321 – 333.

5. 组织

受制于活动内容、时间、群体特点等多种主客观因素的影响，如何将不同年龄段的群体凝聚起来开展活动不是一件容易的事情，这需要在计划、时间安排和交通方面做好组织工作。（1）计划。成功的代际项目离不开周密的计划与有效的组织管理。为有效地开展代际项目或活动，需要制定出明确的活动日程和任务清单，确保各项工作衔接有序、扎实推进。（2）时间安排。代际项目的时间安排一般不能太过随意，尤其是对于有学生参与的代际项目或活动而言，时间安排要充分考虑到学生的学习任务并尽可能不对其课程学习带来困扰。在这个意义，尽力争取得到学校管理层和学校工作人员的理解、认可与支持也是至关重要的①。（3）交通。考虑到不同年龄群体参加代际项目的便利性，如果活动地点距离较远，一些老年人可能会因为交通不便而对参加活动产生抗拒心理。因此，应尽可能考虑到每个老年人的特殊需要，为老年志愿者提供交通工具，工作人员一定要有耐心、细致的工作态度。

6. 合作

为达到代际共融的目标，加强不同世代间的合作并发展出有效的伙伴关系是非常重要的，这在操作层面上主要包括战略参与和关系处理两个方面。（1）战略参与。也就是说，需要在前期做好项目设计，明确项目的目标、人员构成、责任分工、活动内容，并制订切实可行的实施方案，要确保所有参与者都能够全面地参与项目规划、流程设计和评估过程，统一思想、统一行动。（2）关系处理。不管是在组织机构之间，还是在不同年龄群体之间，都需要建立起牢固的互信互利的合作伙伴关系，否则将对代际项目或活动的实施造成不必要的障碍，这有赖于组织机构以及人员之间的良好沟通与协调。例如，要在养老机构的老年人与学校小学生之间开展一项代际项目，首先就需要在机构和学校层面做好沟通

---

① H. Cohen, B. Hatchett, and D . Eastridge, "Intergenerational service-learning: an innovative teaching strategy to infuse gerontology content into foundation courses," *Journal of Gerontological Social Work* 2006: 161 – 178.

并达成共识，同时也需要在参与代际项目的养老服务人员和学校教师之间做好沟通，加强对于参与人员的教育培训，并建立起相互信赖的关系。

（三）挖掘代际共融的潜在资源

伴随人口老龄化程度的加深、因学习和就业而导致的社会流动性的提高、工作时间的增加以及技术创新的加速，年轻一代和年老一代之间交流和互动的机会变得越来越少。年轻人通常把大部分时间花在上学或照顾孩子上，中年人则忙于工作，而许多老年人则在单调的生活和社交环境中独处，几代人之间缺乏积极交流，变得相互隔离，由此导致不同世代极间极易产生刻板印象。然而，不同世代的人身上蕴藏着对彼此有价值的资源，且他们对于工作、教育、犯罪、安全等民生问题往往有着共同的关切。每一代人都与其他不同世代的人在年龄、预期寿命、经历、社会角色、发展阶段等方面存在显著差异，但同时又在某些方面十分相似，这就要求在代际共融工作中将这种矛盾联系转化为一种优势，抓住不同世代的共同点，建立代际共同语言和兴趣，立足于共性来探寻具体的实践方法。

除此之外，还要关注不同世代各自所拥有的服务资源，比如，老年群体拥有丰富的经验和社会资本，利用并开发他们的潜能，让老年人相信自己仍然拥有能力去完成目标，增强老年人的自信心。整合多种资源为老年人提供一个继续发挥余热的平台，使老年人能有更多的途径来发挥自己的价值，避免产生被社会边缘化的无力感及自我怀疑、失落的心理。老年人是一种宝贵的社会志愿服务资源，尤其是低龄老年人群体，他们一般刚退休不久，身体条件相对较好，时间也相对充足。有人担心促进老年群体的再就业会挤占年轻人的就业机会，但其实这部分人就业的性质和发挥作用的领域与年轻人不太相同，且绝大多数并不会真正再就业，而是参与社会志愿服务。这就需要引起相关行政职能部门和社会组织的重视，建立完善的管理与服务体系来为他们赋能，支持他们“老有所为”。再如，年轻人精力充沛、对于新兴科技接受度较高，正在成为引领新经济、新职业、新文化、新价值、新生活的重要力量。在科技日新月异的今天，如何让老年人跟上互联网时代的步伐就是一个迫切需要解决的问题。对此，除了加强网络基础设施、终端等硬件建设、软件产品设计与网络安全环境监管之外，国内已有不少社区街道、老年大学开始组织老年人学习新媒体使用技巧，但还需要来自家庭和全社会的理解与支持，这就需要倡导和发挥年轻人在“文化反哺”中的作用，让年轻人充分带动老年人，从而真正实现社会的共建共享。

二　中国践行代际共融的有生力量

代际共融不仅目标多样、形式灵活、内容丰富，还涉及不同的参与组织和个体，由此构成了一个组织资源体系（见图 7－1）。就践行代际共融可以依托的力量而言，主要可以从组织和个体行动者两个方面展开探讨。国内开展代际共融项目所依托的组织主要有政府部门、妇联、社区、企业、学校、社会组织等。与个体形态的行动者相比，组织往往更

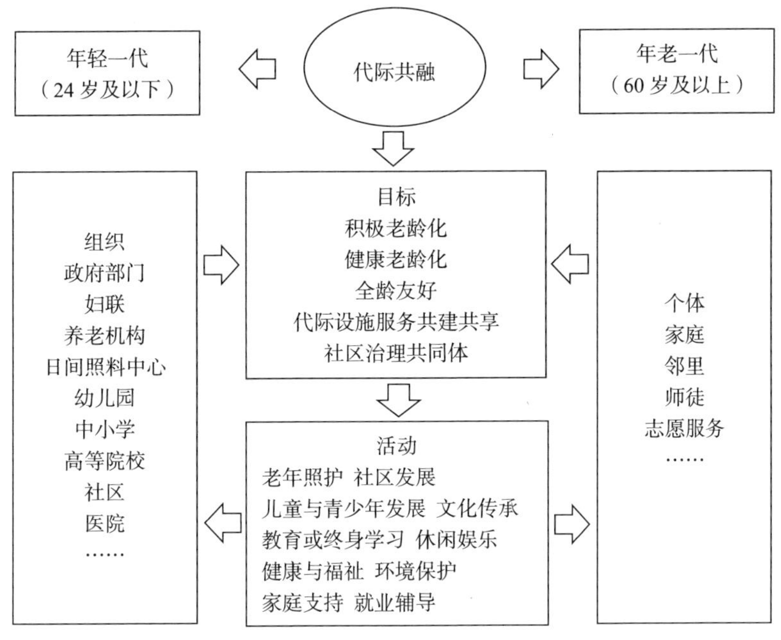

图 7－1　代际共融的组织资源体系

具有正式性，承载着更大的社会容量、更强的社会功能，拥有更为典型的公共性①，对于代际间的成功交流极其重要。

（一）依托政府部门而开展的代际共融

1. 关心下一代工作委员会

中国关心下一代工作委员会（即中国关工委）于1990年2月经党中央国务院批准成立。中国关工委是以热心关心下一代工作的离退休老同志为主体、党政有关部门和群团组织负责人参加的，以关心、教育、培养青少年健康成长为目的的群众性工作组织，是党和政府联系青少年的桥梁和纽带。中国关工委主要通过组织和动员老干部、老战士、老专家、老教师、老模范（即“五老”）等老同志，大力弘扬“忠诚敬业、关爱后代、务实创新、无私奉献”的“五老”精神，着力加强青少年思想道德建设，引导青少年树立和践行社会主义核心价值观，支持和帮助青少年成长成才，团结教育广大青少年听党话、跟党走②。相关数据显示，2020年全国关工委组织已达107万个，从事关心下一代工作的“五老”有1300多万人，中国关工委已成为深受青少年欢迎、具有广泛社会影响的群众性工作组织③，以及中国当代最具特色的代际共融实践主体。2015年8月，习近平总书记就做好关心下一代工作作出重要指示：“广大老干部、老战士、老专家、老教师、老模范等离退休老同志是党和人民的宝贵财富。我们要弘扬“五老”精神，尊重“五老”，爱护“五老”，学习“五老”，重视发挥“五老”作用，推动关心下一代事业更好发展”④。“五老”经历了中国革命的苦难与辉煌，拥有更丰富的生活阅历，他们可以利用自身的学识与经验为新一代青年答疑解惑，为他们的

---

① 田毅鹏：《乡村振兴中的城乡交流类型及其限制》，《社会科学战线》2019年第11期，第214～224页。

② 《中国关心下一代工作委员会简介》，中国关心下一代工作委员会网站，2015年6月6日，https://www.zgggw.gov.cn/zuzhijiegou/1914.html。

③ 《中宣部学习强国平台推送：中国关工委30年工作综述》，中国关心下一代工作委员会网站，2020年11月24日，https://www.zgggw.gov.cn/zt/30zt/mt/2020-11-24/13835.html。

④ 《习近平：坚持服务青少年的正确方向 推动关心下一代事业更好发展》，新华网，2015年08月25日，http://www.xinhuanet.com/politics/2015-08/25/c_1116368834.htm。

生活和学习指点迷津，这不仅可以丰富退休老同志的退休生活，更让有限的知识获得了更广阔的传播空间，同时也有利于年轻人的发展与进步。

以无锡市民政局为例，现有关工委组织 11 个。其中，局关工委 1 个，局下属单位关工委 10 个；共有关工委成员和“五老”骨干 187 名，参与关心下一代活动的军休干部达到 1200 余名。自市民政局关工委成立以来，始终以关心、教育、培养青少年健康成长为首要目标，找准关工委工作与民政工作契合点，积极开展青少年思想政治教育、精神文化熏陶和物质生活资助活动。无锡市民政局各军休所军队离退休干部，有参加过抗美援朝的老兵，也有参加对越自卫反击战的功臣，通过充分发挥军休干部的资源优势，有计划地开展传统报告、专家义诊、捐资助学、结对帮教、网吧监督、微博互动、社工辅导等活动，有效提升了局关工委工作的整体水平。在实践中，已形成了“一委三团两基地”的发展模式，即在局关工委领导下，充分发挥三个特色团（薪火传承报告团、戎辉真情关爱团、锡戎之声合唱团）、两个教育基地（烈士陵园红色记忆之旅教育基地和市军休中心军史教育基地）的作用，为青少年弱势群体提供帮扶服务（见图 7－2 和 7－3）。

图 7－2　无锡市清扬军休所离休干部为青少年做爱国主义教育

图 7－3　无锡市溪南军休所军休干部对助学学生代表讲革命传统故事

2. 各级老干部局

广大离退休干部具有丰富的实践经验、深厚的群众基础和广泛的社会影响力，是教育青少年、培养下一代的重要资源。社会撤离理论认为，随着年龄增长，老年人能力下降，社会降低了对他们的期待，并减轻他们的工作压力，这是为了给予老年人更多关爱，让其更轻松地度过晚年。但是对于部分老年人来说，这与他们的意愿是背道而驰的，他们会因此处于社会的边缘，造成了权利的流失，个人价值得不到实现。各级老干部局就注意到了这种社会现象，在代际共融领域做出了积极探索，主要表现为积极搭建代际互动平台，邀请老干部继续为社会提供知识和经验，充分发挥离退休干部政治优势、经验优势、威望优势，引导他们为党和人民的事业增添正能量。这不仅促进了老年人人际关系的拓展，完善了老年人社会支持网络，同时也增强了老年人的自信心，帮助老年人发掘自己的潜能，促进了老年人自我意识的觉醒。

以无锡市老干部局为例，无锡市委组织部、老干部局自 2005 年起开始在全市离退休干部中组织开展“两代人携手共进”主题活动（见图 7－4）。该项活动根据新形势对干部队伍建设提出的新要求，不断丰富活动内容，活动形式有分有合、形式灵活，既通过组织老干部与年轻干部共同参加学习小组，开展社会实践考察、专题调研，从事公益活动等集中性活动，也通过两两结对、个别谈心、专题访谈等方式开展活动。

图 7－4　无锡市新区两代人携手共进启动仪式

2011 年，重点在离退休干部和大学生村官中开展“离退休干部牵手大学生村官”主题实践活动（见图 7－5 和图 7－6），主要做法如下。首

图 7－5　无锡市梁溪区广益街道离退休干部与大学生村官座谈会

图 7－6 宜兴市和桥镇退休干部与大学生村官举行第二轮牵手结对活动现场

先，用坚定的承诺引导。在对无锡市离退休党员干部身体状况、兴趣爱好和专业特长认真梳理和对无锡市大学生村官情况及所在村（社区）情况摸底调查的基础上，组织结对双方签订“牵手活动承诺书”，商定“牵手活动计划”，建好“牵手活动联系簿”，结对双方在“你学我精神经验，我学你观念思维”的氛围中，增强了对老少结对的认同，坚定了携手共进的信心。其次，用丰富的载体驱动。通过开展离退休党员干部为大学生村官出“金点子”活动，在离退休党员干部和大学生村官中开设“工作驿站”信箱、“牵手工作客厅”，推进“一村一品”、“一园一特色”大学生村官创业富民项目，举办“两代人红色主题党日”、“薪火相传”征文和“牵手结对”经典案例展示等活动，积极为离退休党员干部传帮带大学生村官搭建载体、提供平台（见图 7－7 和图 7－8）。最后，用先进的典型激励。充分运用网络平台、活动专刊等媒介，通过召开现场会、推进会等形式，及时总结推广各地开展“牵手活动”的经验，着力培育典型品牌，使“牵手结对”的正能量得到进一步释放，形成“点亮一盏灯，照亮一大片”的示范效应。多年来，全市涌现出了“全国离退休干部先进个人”“全国人大代表”“全省创业之星”等一大批老少典型，形成了“一村一品”大学生村官创业项目近千个，许多大学生村官在“牵手活动”中走上了领导岗位。

图 7－7 宜兴市徐舍镇老干部向大学生村官传授农村工作实务经验

图 7－8 宜兴市丁蜀镇老干部与大学生村官在田头了解夏种情况

大学生村官是农村基层组织的骨干力量，是新农村建设的生力军，是党政机关后备人才的重要来源。开展牵手活动有利于推动大学生村官在基层一线干事创业、创先争优、成长成才，增强基层党组织创造力、凝聚力和战斗力，为推进农村改革发展提供坚强的组织和人才保证；有利于引导广大离退休党员干部在推动社会发展、促进社会和谐中进一步发挥作用，为培养合格的社会主义建设者和接班人做出新贡献；有利于建立离退休党员干部和大学生村官沟通协调机制，形成全社会关注基层干部成长的良好氛围，促进乡村振兴战略的顺利实施。

以上活动，实际上都是新老干部互相学习、互相教育、互相启发的过程。年轻人的青春活力感染了老同志，使他们更加快乐；年轻人积极向上的工作热情，激发起他们关心下一代健康成长的责任意识和历史使命感；年轻人的创新思维，使老同志增强了老骥伏枥、志在千里的奋勇争先意识。参加活动的干部深有感触地说："在这个集体里人人都是老师，人人又是学生。"

（二）依托妇联而开展的代际共融

中华全国妇女联合会（以下简称妇联）成立于1949年4月3日，是全国各族各界妇女为争取进一步解放与发展而联合起来的群团组织，是中国共产党领导下的人民团体，是党和政府联系妇女群众的桥梁和纽带，是国家政权的重要社会支柱。妇联不仅注重维护妇女儿童的合法权益，还重点关注家庭领域的代际共融建设，其主要任务之一就是"弘扬中华优秀文化，组织开展家庭文明创建，支持服务家庭教育，传承中华民族家庭美德，树立良好家风，推动形成家庭文明新风尚"。无锡市妇联长期重视家庭能力建设，除了注重开展有关家庭内部夫妻关系、亲子关系等内容的活动外，还关注祖辈对孙辈的隔代教育问题。为了更好地促进祖孙之间的有效交流，推动隔代教育的良性发展，无锡市妇联携手社会组织开展了"妇联+社区：共促家庭代际融合"系列活动。活动内容主要包括以下三个方面：一是通过建立"祖辈家长聊天室"和"家长成长辅导加油站"等方式，为老年人（祖辈）增能，提升其代际沟通能力

（见图 7－9）；二是将社会组织中的社会工作者引入到隔代教育中，以促进祖孙关系的融合（见图 7－10）；三是充分动员和发挥关工委“五老”的先进作用，邀请具有专长的老年志愿者为社区青少年提供课余辅导（图 7－11），助推社区文化建设。

图 7－9　祖辈家长聊天室活动现场

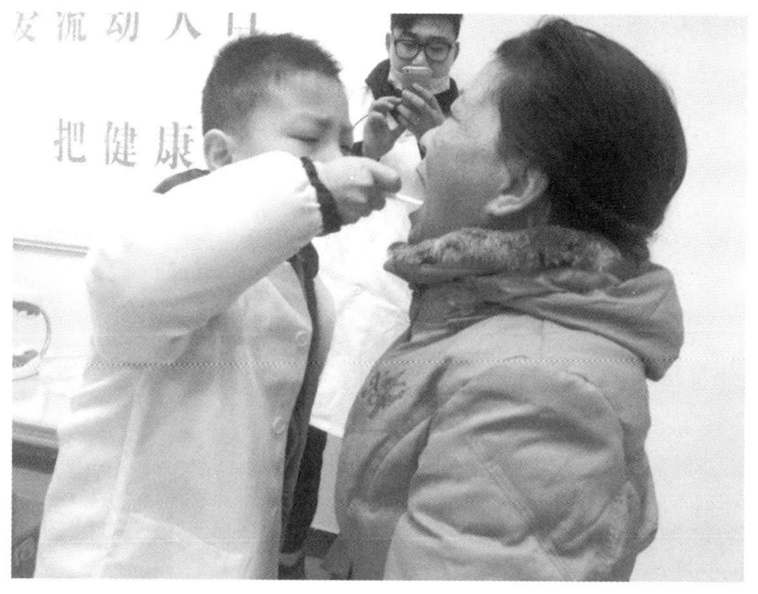

图 7－10　亲子互动活动

图 7-11　老干部为社区青少年讲解如何做一名小记者

（三）依托社区而开展的代际共融

虽然当前老年人有多种养老方式可供选择，但居家养老始终是全球最主要的养老形态。根据世界卫生组织对于 10 个发达国家的比较研究，只有 2% ~5% 的老年人住在养老机构，剩下的老年人都住在自己家里①。国内的情况和国外非常相似，这可从国内部分省份提出建设“9073”“9064”“9055”等养老格局的政策目标中得到印证。对于老年人而言，居家养老中的“家”意义非凡，其物理意义大于伦理意义。环境心理学和老年学的研究表明，居住地方在健康老龄化中的作用十分突出②，尤其是伴随年龄的增长，老年人的反思和回忆不断增加，居住地方所承载的意义会变得更大③。而老年人保持与居住地方的联系，可以增加幸福感，这种稳定的联系在变化时期可以提供安心感和安全感，让老年人保

---

① World Health Organization, “Towards an International Consensus on Policy for Long-Term Care of the Ageing,” 2000, https://apps.who.int/iris/bitstream/handle/10665/66339/WHO_%20HSC_%20AHE_00.%201_eng.pdf? sequence = 1.

② G. Andrews, M. Cutchin, M. K. McCracken, D. Phillips, J. Wiles, “Geographical Gerontology: The Constitution of a Discipline,” *Social Science & Medicine* 1 (2007): 151 - 168.

③ R. Hay, “Sense of Place in Developmental Context,” *Journal of Environmental Psychology* 1 (1998): 5 - 29.

持能力和独立感及积极的自我形象和身份①。此外，居家养老也是人类最基本的养老形态，因为从全生命周期的角度来看，养老一般都会从居家阶段开始，只有当老年人进入到依赖性阶段产生护理需求，或是追求更全面、更高质的社会养老服务时，才会逐渐寻求机构养老。然而，伴随家庭结构日趋小型化和居住方式的变迁，传统的由家庭成员提供照料的模式已经不再适应经济社会的发展，社区逐渐成为提供老年人照料和精神关爱的重要载体。

中国养老服务体系建设已持续数十年，对于社区养老服务的角色与地位的认识也经历了一个逐渐深化的过程。早在2000年中共中央、国务院下发的《关于加强老龄工作的决定》中，就倡导“建立以家庭养老为基础、社区服务为依托、社会养老为补充的养老机制”，当时是将“家庭养老”视为养老机制的基础。2006年2月，国务院办公厅转发的《关于加快发展养老服务业意见》中明确提出“建立和完善以居家养老为基础、社区服务为依托、机构养老为补充的服务体系”，首次使用了“居家养老”的说法，这主要是为了与传统家庭养老相区分，因为伴随人口老龄化程度的加深，人民群众对于社会化养老服务的需求不断增加，家庭养老已无法有效满足养老需求。2019年10月，党的十九届四中全会通过的《中共中央关于坚持和完善中国特色社会主义制度 推进国家治理体系和治理能力现代化若干重大问题的决定》提出，“积极应对人口老龄化，加快建设居家社区机构相协调、医养康养相结合的养老服务体系”。2020年10月，党的十九届五中全会通过的《中共中央关于制定国民经济和社会发展第十四个五年规划和二〇三五年远景目标的建议》再次强调，“构建居家社区机构相协调、医养康养相结合的养老服务体系”。2021年3月，《中华人民共和国国民经济和社会发展第十四个五年规划和2035年远景目标纲要》仍然沿用了这一表述。这些文件一再将

① J. Wiles, R. Allen, A. Palmer, K. Hayman, S. Keeling, N. Kerse, “Older people and their social spaces: a study of well-being and attachment to place in Aotearoa New Zealand,” *Social Science & Medicine* 2009: 664 - 671.

“居家”与“社区”“机构”统筹起来进行表述，而不再强调各自的角色地位，反映了养老需求的新变化，即未来社区和机构都要与居家养老服务结合起来发展，也就是说老年人以居家生活为主，但需要社区为其提供或联系相应的照护服务。事实上，社区所扮演的角色是资源配置或供需对接的一个中介服务平台[①]，通过引入养老机构、家政公司或社会组织等为有需求的居家老人提供服务。近年来，为满足老年人多层次的居家养老服务需求，国家政策一再鼓励城乡社区建立老年服务中心和日间照料中心，其一般是由地方政府无偿提供场地，再交由第三方机构运营，由其自身或通过供应商为居家老人提供助餐、助浴、助洁、助急、助医、助购等服务，政府则根据服务流量给予一定补贴。在这个意义上，社区作为老龄社会治理的“最后一公里”，以及党和政府联系群众、服务群众的“神经末梢”，在“一老一小”服务方面也发挥着极为重要的作用。从20世纪60年代起发达国家也逐渐认识到院舍养老成本高、环境单调、探访不便以及财政难持续等弊端，陆续推进社会福利改革，出现了养老“回到家庭和社区”的趋势。在此背景下，社区层面的代际共融建设也逐步发展起来，典型如德国的多代屋、新加坡的老幼综合中心、日本的老幼复合型设施等。

在国内，由社区作为推动主体而开展的代际共融项目或服务较多，是代际共融的主流实践形式。社区一般会通过购买服务的方式，交由社会组织专门提供相应的社会服务。典型如禾康智慧养老服务中心于2016年12月承接了吴江区松陵镇社区的社会化服务项目，随后相继在几个社区开展了“社区公益学堂”和“你的故事我的歌”两项代际共融活动，目的在于实现代际互惠，促进代际共融。其中，社区公益学堂开展的代际共融活动的内容如表7-3所示。通过开展社区公益学堂活动，增进了社区居民对社区的了解；促进了社区老年人和青少年的融合，弥补了家庭照看的不足；发掘社区资源，使社区基础设施和人力资源都得到了充分的利用。

---

① 赵曼、邢怡青：《“居家社区机构相协调”：政策机理与实现路径》，《社会保障研究》2021年第2期，第55~60页。

表 7－3　社区公益学堂

名称	时间	教学内容	学员数量	教师	经费支持
二村社区书法班	每周六 8：30—9：30	退休老人教小学生学习书法	15～20 人	一位退休老人，在老年大学学习近 3 年的书法	由项目每次支付志愿者补贴
二村社区乐器班	每周六 9：30—10：30	退休老人教小学生乐器	15～20 人	一位社区退休老人，爱好葫芦丝，能使用各种乐器	由项目每次支付志愿者补贴
东门社区国学班	每周六 9：00—10：30	中年人教小学生学习国学	20～30 人	两位爱好国学的老师	申请市志愿服务项目，茶点由家长支付，每人每月 20 元
梅石社区书法班	每周六 9：00—10：00	退休老人教小学生练习书法	5～10 人	一位退休居民，在老年大学学习书法多年	由项目每次支付志愿者补贴

"你的故事我的歌"是禾康智慧养老服务中心从 2017 年开始在二村社区实施的一个代际项目，旨在引导中小学生关爱社区老年人，聆听社区老人的故事，并从老人的故事中学习人生经验。项目社工在暑期集中招募 10 名中小学生，每 2 名中小学生组成一组，由社工和成年志愿带领，到 10 名有故事的社区高龄老人家中探访。老人给中小学生讲一个自己的人生故事，探访的中小学生为老人唱一首歌（见图 7－12 和图 7－13）。在这项

图 7－12　社区年探访项目：你的故事我的歌

活动中，老人通过回忆美好往事，自我的价值感得到了提升；中小学生也从中学习了老人的人生经验，体验到了作为志愿者的乐趣。

图 7－13 中小学生听社区高龄老人讲故事

（四）依托社会组织而开展的代际共融

在国家治理能力现代化进程中，政府、企业、社会组织与公民等多元主体是构建共建共治共享的社会治理格局的重要力量。与政府相比，社会组织更加贴近基层，可以最大限度地整合和利用各类社会资源，具有较大的优势。同时，社会组织作为国家与社会之间的沟通中介，可以通过对话、协商和交流等手段来推动多元主体互动，助力社会治理共同体建设。在代际共融项目或活动中，社会组织一般会委派社会工作者采用专业化的服务方法，引导不同世代进行互动、交流与合作，进而达到代际利益共同体建设的目标。虽然当前国内社会组织的力量还较为弱小，但在代际共融的实践发展中扮演着极为重要的角色。现阶段我国农村地区开展的代际互助类项目多由政府发起，由农村社区的基层自治组织协助运行，再由公益组织和企业等社会力量提供资金支持。除了少数服务规模小、村集体经济状况好、村民参与意识较强的农村依靠政府与村两委等公共支出维持日常运行，其他大部分的运行资金来自公益组织、爱心企业等渠道[①]，而这可以充分挖掘和发挥慈善组织的社会捐助潜能，有利于形成长效、稳定的注资链条[②]。

以河北省荷花公益基金会为例，该基金会成立于2015年，是全国首家专注服务农村空巢老人的公益慈善组织。在当地政府部门的指导下，基金会提供资金与专业支持，专业机构负责具体孵化执行，农村妇女组织、老人组织则具体实施，他们探索出的“妇老乡亲”养老模式，动员年轻的帮助年老的，体强的帮助体弱的，使村内的每个人都成了受益者和志愿者。目前“妇老乡亲”模式已覆盖22个村庄，活跃在村里的志愿者已经有650多人，农村老年协会、妇女组织日益壮大，近万名老人受益，为解决农村地区养老问题提供了有益参考[③]。不同于一般意义上由低龄老人照顾高龄老人的互助养老模式，“妇老乡亲”养老模式在参与主体上不仅有老年人，还有中年群体等的加入。因此，这一养老模式中的“代际共融”主要体现在因地制宜和全龄参与上，在农村青壮年劳动大量外出务工的现实背景下，该模式结合当地农村现有资源和养老服务发展实际，积极动员农村留守妇女关心照料老年人，实现了对于农村留守人力资源的充分利用，是对代际共融的创造性实践。

（五）依托学校而开展的代际共融

在代际共融活动的招募过程中，一般老年群体比较容易动员，因为老年人退休之后的空闲时间相对较多，尤其是那些独居和空巢的老年人，他们有时间也意愿参与一定的社会活动。相比之下，年轻人尤其是儿童和青少年群体却不那么容易招募，因为他们正处于接受义务教育的重要阶段，闲暇时间相对较少。现在的家长多希望自己的孩子能够出人头地，所以在教育上的投资较多，花费的精力也较多，孩子除了平常上课之外，

---

① 刘妮娜：《农村互助型社会养老：中国特色与发展路径》，《华南农业大学学报》（社会科学版）2019年第1期，第121～131页。

② 李翌萱、蒋美华：《农村互助养老服务支持体系的多元整合与优化——基于关中农村9所互助院的调研》，《中州学刊》2020年第6期，第83～87页。

③《守护银发空巢，这个基金会探索“妇老乡亲”养老模式谱写公益新篇》，腾讯网，2019年12月31日，https://new.qq.com/rain/a/20191231A0F1RG00。

在课下时间家长可能还会为他们安排补课以及报各种各样的兴趣班，如绘画班、音乐班、舞蹈班等，导致儿童和青少年的空闲时间并不多。因此，要真正实施代际共融项目或活动，还需要重点依托学校，既包括幼儿园、中小学、初高中、职业院校和大学，也包括老年大学和社区大学，这种形式在西方也被称为“由学校倡导的代际活动”（Schools-Initiated Intergenerational Initiatives）或“以学校为本的代际项目”（School-Based Intergenerational Program）。相关研究表明，代际项目在国外的学校里较为流行，因为这不仅对老年人有益，且对儿童在学习、社交和情感领域都具有积极影响[①]。因此，以加强教育课程、促进学生的学习和个人成长、丰富老年人精神生活为目的，由学校组织年轻人和老年人聚集在一起进行相互交流、激励、支持和照顾的代际项目在国外已形成了实践的热潮。比如，老年人在国外常被视为一座“活着的图书馆”，他们的人生经历和经验非常宝贵，一些学校在讲授第二次世界大战的历史时，便会邀请有过二战经历的老年人参与授课，由这些老年人回忆第二次世界大战时期的人生过往、生活经历与感受，再由教师引导两代人围绕相关历史议题进行交流与互动，这往往能达到非常生动与深刻的授课效果，使学生从中获得对于历史事件的多维认知，并获得人生感悟。但在依托学校开展代际共融活动的过程中，一定要注意相关活动与学校课程之间的有机联系，只有代际共融活动与学校教育有机衔接、功能互补，才能真正调动起学校和学生参与的积极性。

1. 学校劳动教育的发展契机

实际上，国内代际项目也存在类似的发展契机。2019 年 3 月，习近平总书记在学校思想政治理论课教师座谈会上强调，要努力培养担当民族复兴大任的时代新人，培养德智体美劳全面发展的社会主义建设者和接班人。按照这一要求，劳动教育是培养时代新人的重要一环。2020 年 7 月，教育部关于印发《大中小学劳动教育指导纲要（试行）》的通知

① J. Cohen-Mansfield, & B. Jensen, “Intergenerational Programs in Schools: Prevalence and Perceptions of Impact,” *Journal of Applied Gerontology* 3 (2007): 254 -276.

中明确规定："要有目的、有计划地组织学生参加日常生活劳动、生产劳动和服务性劳动，让学生动手实践、出力流汗，接受锻炼、磨炼意志，培养学生正确劳动价值观和良好劳动品质"[①]，倡导在课外校外活动中安排劳动实践。这无疑为代际共融项目或活动在学校的实施提供了发展空间，许多老手艺人、老科技工作业者、老农民等都可以成为劳动教育的重要参与者，通过演示、传授手艺、讲解原理等方式，帮助学生掌握相关知识与技能，感受劳动的价值，体会平凡劳动中的伟大。

2. 食育教育的日本经验

除了劳动教育，当前以食物为载体的教育在日本也较为盛行。食育是一种将健康生活方式与养生、行为规范、教养礼仪融合在一起的教育理念，主要内容包括科学饮食、营养和健康知识、环保意识和学农教育、普及日本的饮食文化等。2005 年 6 月，日本国会通过了《食育基本法》，从法律层面来保证国民的身心健康，塑造孩子们健全的人格[②]。发展至今，食育已演变成为日本全民终身教育的重要组成部分，而这种教育方式的发展必然离不开成年人的引导、陪伴，而老年人则是传授饮食健康经验与烹饪技术的绝佳人群，其中所蕴含着极大的代际共融潜力。当前美国也已将食育相关内容融入代际共融的活动当中，如邀请老年志愿者早晨到幼儿园给幼儿讲授吃早餐的重要性以及早餐的营养与搭配，组织老年志愿者到学校与学生一起烘焙点心等，引导学生从小树立健康生活理念和形成健康生活习惯。

3. 耕读文化的传承机制

与日本食育教育理念相类似，中国也存在耕读传家的价值理念。耕读文化代表着一种理想的生活方式，家族中慎终追远，家庭中长幼有序、讲究伦理、重视读书。但从发展的角度来看，耕读文化作为中国农耕文

---

① 《教育部关于印发〈大中小学劳动教育指导纲要（试行）〉的通知》，中华人民共和国人民政府网，2020 年 7 月 7 日，http://www.gov.cn/zhengce/zhengceku/2020－07/15/content_5526949.htm。

② 邢雪艳：《日本食育 从健康养生到教化育人》，中国社会科学网，2019 年 10 月 31 日，http://www.cssn.cn/zm/zm_hwsc/201910/t20191031_5024071.shtml。

明的核心源泉，并不是一成不变的，而是处于一个动态发展的过程当中，其发展定位与功能作用在不同历史时期的表现有所不同。作为一种生产与教育相结合的现象，耕读文化最早可以上溯到远古时期。在原始社会，原始教育就是与生产劳动紧密联系在一起的，因为当时还没有专设的教育机构，教育尚未从社会生产中分离出来[①]。进入到阶级社会，有关于耕读活动的记载逐渐增多。学界一般认为严格意义上的耕读文化出现于春秋时期，当时管仲把人民划分为“士农工商”四个阶层，使得“耕”与“读”作为社会阶层的象征性意涵得以确立。但当时孔子认为“耕”是小人的事情，“读”是君子的追求，二者不可兼得[②]。孟子也讲人天生有劳心者和劳力者两种，劳心者治人，劳力者治于人[③]，因此耕读观念在这一时期呈现出对立的情况，并且在民间形成了“万般皆下品，唯有读书高”的价值理念，这种理念一直持续到了宋代才有所改变。在南宋之前，人们普遍注重的是读书作为生计手段的工具性价值。南宋以后，理学在各个阶层发展起来，强有力地重塑着人们的观念，耕读传家也被赋予了立德兴家的崭新意义[④]。朱熹曾说：“予闻古之所谓学者非他，耕且养而已矣”[⑤]；南宋袁采也在《袁氏世范》卷上《睦亲·子弟不可废学》中指出：“大抵富贵之家教子弟读书，固欲其取科第及深究圣贤言行之精微”，强调科举应与立德兼顾[⑥]。在这种思想的影响下，读书不再是奢侈品，而是必需品，耕读不仅是科举必需，也是生活乐事[⑦]。进入到明末清初，耕读理论逐步完善，“读而废耕，饥寒交至；耕而废读，礼仪遂亡”成为明清时期对“耕”与“读”二者关系的现实描述，也体

---

① 胡青：《耕读——中国古代的教育与生产劳动相结合》，《江西师范大学学报》1992 年第 3 期，第 9~12 页、第 22 页。

② 钱逊：《论语（下册）》，济南出版社，2015，第 39~99 页。

③ 金良年：《孟子译注》，上海古籍出版社，2016，第 111 页。

④ 刘培：《耕读传家观念与士绅文化形态——以南宋文学中岩桂意象的生成为中心》，《吉林大学社会科学学报》2018 年第 6 期，第 148~160 页、第 207 页。

⑤ 朱熹集（卷 77），四川教育出版社，1996，第 4017~4018 页。

⑥ 刘培：《耕读传家观念的重塑与强化——以南宋中后期辞赋为中心》，《中山大学学报》（社会科学版）2018 年第 5 期，第 46~53 页。

⑦ 程民生：《论“耕读文化”在宋代的确立》，《社会科学战线》2020 年第 6 期，第 93~102 页。

现出民众对耕读并重生活的向往。近代以来，随着科举制度的废除、宗法氏族的没落以及乡绅阶层的消亡，传统耕读结合的社会基础被颠覆，耕读传家的价值理念和文教传统式微。改革开放以后，伴随工业化和城市化的发展，以农为本的产业结构、人口结构、生产生活方式发生了极大变化，传统以村社为地理空间、以宗族为治理单元的耕读文化被现代社会的多元场域和公民教育理念所替代，呈现出传统与现代碰撞过程中文化撕裂的状态。但在党的十九大报告明确提出实施乡村振兴战略之后，耕读文化得到了社会认同，其时代内涵也得以乘势挖掘，相关实践形式也变得越来越多样。

耕读文化一方面强调“耕”，体现出对生命个体的尊重，另一方面还强调“读”，倡导发扬自强不息的精神，注重劳动和思考融合发展。在古代，耕读是文化普及和可持续发展的深化形态，把文化融进社会生产活动，鼓励士人像重视读书一样重视农业，号召农民像重视生产一样重视文化。这种体力劳动与脑力劳动结合、精神文明与物质文明并举的模式，既是生产模式，也是生活模式，是做中学、学中做的典范。实际上，耕读文化也可以成为代际文化传承的重要内容。农村有大量老年人，他们熟知农业生产经验、技艺技巧，也具有丰富的人生阅历，从某种程度上可以说是行走的耕读文化“教材”。因此，学校可以在社会实践活动中设置相关活动，如由农村老年群体指导学生参与农作、使用农具、制作美食等，让学生们走出校园到乡村参加实践活动，这不仅有助于学生亲近自然，增进其对于农耕天人合一理念的认识，滋养健康的身心和塑造健全的人格，丰富人生感受，还有助于农业技艺与民俗文化的传承，重塑城乡关系纽带，培养学生对于传统文化的兴趣，提高其对于“三农”问题的关注度。

除此之外，还有依托企业而展开的代际共融活动，如前文提到的由中国老龄事业发展基金会与京都念慈总厂有限公司合作，在北京林业大学启动了“心系老年”孝心工程—“青春伴夕阳”孝心微行动等。当然，还存在以个体行动者为单元的代际共融活动，包括家庭内部的代际支持、邻里之间的代际互助、师徒之间传帮带以及社会层面的志愿服务等，前文已有相关介绍，在此不再赘述。

三　中国践行代际共融的基本流程

（一）树立代际共融的发展理念

家家都有小，人人都会老。“一老一小”是关系保障和改善民生、促进国家长治久安、增强大国发展韧性的大事。自古以来，中国就有“老吾老，以及人之老；幼吾幼，以及人之幼”的大同思想。党的二十大报告中提出，要实施积极应对人口老龄化的国家战略，推动实现全体老年人享有基本养老服务。伴随家庭结构以及家庭居住方式的变化，家庭晚辈对于老年长辈的代际支持有所弱化，迫切需要社会层面的服务来加以补位。同时，老年人力资源开发机制也不健全，低龄、健康老人的经济社会价值未得到有效发挥，在社会治安、公益慈善、民事调解、文教卫生、全民健身等方面的独特优势还没有得到开发，老年人的知识、经验、技能等银发资源存在大量闲置。在育幼层面，家庭的负担和压力较大，由于年轻父母工作忙、长辈又不在身边等原因，儿童照护方面的需求也在不断增加。“十四五”期间，“一老一小”问题已上升至国家重要战略层面，要求以养老托育领域供给侧结构性改革为主线，推动养老托育服务体系一体化发展。代际共融作为一种有效应对人口老龄化和托育服务问题的社会工具，在国外得到了充分的重视并发展成熟。相关研究显示，相较于与同龄人一起，学生通过参与代际共融类项目在与老年人相处之后，会在自身行为管理方面有所改进，并表现出更多的亲社会倾向[①]。而老年人通过参与代际共融类项目，身体和心理健康指标会得到明显改善[②]。对于学校而言，开展代际共融类项目，可以通过代际导

---

① E-M Kessler, U. M. Staudinger, “Intergenerational Potential: Effects of Social Interaction between Older Adults and Adolescents,” *Psychology and Aging* 4 (2007): 690 – 704.

② M. A. Molpeceres, S. Pinazo, R. Aliena, “Older Adult Mentors and Youth at Risk: Challenges for Intergenerational Mentoring Programmes in Family-Centered Cultures,” *Journal of Intergenerational Relationships* 3 (2012): 261 – 275.

师支持困难学生的方式实现教育目标的低成本运作[①]。因此，关注代际关系和引入代际团结理念，不仅可以为我们重新审视人口老龄化以及社会支持等问题提供一种全新的综合视角，还可以为促进家庭、社区以及社会的可持续发展提供了一种统筹的思路。比如，建立一个共享的儿童和老年人日间照料场所，就可以显著减轻中间一代人的照料负担，从而促进社会资源的优化配置和劳动生产率的提高，以及营造代际和谐的社会氛围。社会各界都需要树立代际共融的理念，把“一老”和“一小”的问题统筹起来考虑，把握“一老一小”问题解决方案的共通之处，高度重视、加强研究、一体推进、各担其责、综合施策。

（二）做好代际共融的活动设计

代际共融的理念不能仅停留在观念和政策上，还需要具体落实到日常生活中，尤其是要实现专业化和职业化发展，还有赖于科学的活动设计。一是明确开展代际共融项目的背景和目标。组织者要明晰开展代际共融项目的动因是什么，是基于什么样的社会背景，要解决什么样的社会问题，列清通过项目开展要满足两代人哪些方面的需求，以及能达到怎样的结果。目标的制定可以避免代际共融项目没有方向感，因为没有方向感，就很容易使成员感到无所适从，项目很难取得实效。二是对实施代际共融项目或活动的资源条件进行分析，尽可能多地发掘可用资源，包括场地、物资和人力资源等，并做好资源的动员工作。三是招募和筛选成员。招募的方式有多种：可以通过社区居委员、老年大学、养老机构、老科协、关工委、老干部局等进行宣传，也可以请这些部门协助推荐适合人选；利用大众传媒加以宣传；与社会上从事养老服务工作的社会组织合作，请他们协助宣传和推荐；直接接触，或请认识的老年人相互宣传、介绍和推荐。在筛选方面，对于老年成员的年龄可不做过多限制，但筛选标准一般包括：具备参与相关活动的行为能力；善良、有耐

① M. A. Molpeceres, S. Pinazo, R. Aliena, “Older Adult Mentors and Youth at Risk: Challenges for Intergenerational Mentoring Programmes in Family-Centered Cultures,” *Journal of Intergenerational Relationships* 3 (2012): 261 - 275.

心并且喜欢与儿童互动；无性犯罪记录；能用普通话交流；具有良好的品性；能够认同代际共融的价值目标；承诺积极参加培训和项目相关的活动。还要注意，同一组参与代际共融活动的老年人受教育水平不能相差太大，成员的身体活动能力最好差不多，老年人对于活动的期望与兴趣也最好较为均衡，避免出现太大反差。具体可通过观察、面谈、电话沟通、与成员家庭等相关人员见面的方式，评估预备成员是否符合活动要求。四是做好需求调查，做到供需匹配、精准服务。要对年轻一代和年老一代两类参与群体分别进行调研，了解各自的服务需求与兴趣爱好，以“需求满足”为切入点动员两类群体参与活动，核心要义在于发现两类群体的需求并对其进行精细化分类。可以从年龄、身份、性别、地域、职业、兴趣、喜好、性格、教育背景等维度去发掘不同年龄群体的需求，通过精细化分类，再付之以权变理论（如时间安排、场地选择等更灵活），以需求创造、激发两类群体参与社区活动的积极性。积极引导老年人与年轻人通过回忆社区发展历史、讲述故事以及共同设计等活动参与到社区的发展与建设中来，共同为宜居社区建设贡献力量。五是科学策划项目或活动的流程，明确任务分工。有必要列出项目或活动的具体时间表、活动内容、所需资源与具体任务，并理顺活动之间的逻辑关系，要注意活动内容一般要前后相继、有效衔接，不能相互割裂或跳跃式进行，否则会影响到活动的效果。六是要对项目或活动中可能遇到的困难与风险有一定把握，如活动冷场、人际冲突、人身风险、老年突发性疾病等，需要充分做好应对的各项准备。七是做好项目或活动的资源保障工作。在项目或活动运行的过程中，难以避免会遇到一些超出工作人员处理能力的问题，这些问题就需要政府部门来统筹协调解决。

（三）完善代际共融的实施工作

1. 加强“一老一小”复合型人才教育培训

代际共融工作的顺利实施，不仅需要相应的资金支持、场所空间和技术手段，还需要有专业化的服务人才作为支撑。因为人才是支撑代际共融事业发展的基础，服务人才肩负着守护“一老一小”的重要使命。

然而，从当前国内代际共融的实践情况来看，与持续攀升的老龄人口以及广大老年人多层次、多样化的养老服务需求，以及日益增长的家庭托育需求相比，单独具备服务年轻人或老年人相关知识与技能的人才不少，但具备“一老一小”复合型知识与技能的专业化服务人员则相对稀缺，尚不能满足“一老一小整合性服务”发展的需求，从而成为制约代际共融工作发展的重要因素。因此，十分有必要加强对于“一老一小”复合型人才的教育与培训，为开展代际共融工作提供强有力的人力支撑。首先，积极引导高等学校、职业院校与政府相关部门、企业、养老机构、社会组织等进行合作，协同开发“一老一小整合性服务”课程体系，加强教学标准化建设，并通过共建实习基地、开展科学研究、深化项目合作等形式，加强代际共融专业化人才培养；要鼓励高等学校和职业院校在养老专业和育幼专业中开设代际共融相关课程，提高从业人员的综合知识储备水平。其次，借鉴欧盟开发“欧洲代际学习网络”“欧洲代际学习证书课程”的方式，国内可依托高等学校和职业院校，开发线上线下职业教育培训体系，面向在岗的养老服务人员、育幼服务人员，提供相应的教学课程，提升服务人员的职业技能；也可通过开展相关培训和职业技能比赛的方式，提升“一老一小整合性服务”从业人员的综合素质和专业技能。最后，加大对“一老一小整合性服务”从业人员的专项补贴力度，提高从业人员的福利待遇，畅通职业晋升通道。同时，还要逐步提高“一老一小整合性服务”的行业标准，加强行业服务标准体系与制度规范建设，不断提升服务品质。

2. 培育老年志愿服务组织

对于发展代际共融而言，需要建立一支由专业人员和志愿人员组成的工作队伍，除了相关行政管理部门、群团组织、企业、学校、社会组织这些建设主体之外，还可以考虑培育建立老年人组织。因为老年群体身上还蕴藏着丰富的经验、智慧、技能等资源，可为两代人相互交流、学习和支持创造更多机会。要实现这一目标，在尊重老年人意愿的前提下，应积极开展“银龄行动”，培育发展多种形式的老年人志愿性互助服务组织，为老年志愿者提供方便有效的培训，使其具备代际共融的理念和知识技能，引导和支持老年人积极参与乡村振兴、社区治理、公益慈善、移风易俗、民事调解等工作，组织开展自助、互助和志愿活动。同时，应扩大老年教育资源供给，建立终身职业技能培训制度，建立全民终身学习教育体系。再有，政府应加大对于老年人志愿性服务组织的支持力度，鼓励其自我开展和参与社区老年人精神关爱方面的服务项目。此外，还要鼓励和支持专家团队为老年志愿性服务组织提供咨询与指导，为其运行管理与项目执行提供技术支撑，尤其在项目设计与实施中帮助其制定更具可行性、操作性、持续性目标，促进其健康可持续成长。

3. 培养老年领袖

发展代际共融，除了需要专业社会工作者的引导与介入，还需要充分挖掘老年群体的内部潜能，尤其是需要加强老年人力资源开发。由于老年群体自身的特点，老年人更易与同龄群体进行交流，相互之间也容易产生依赖感，同年龄群体间相互影响较大，十分有必要加强老年领导者的培养，尤其是要强化老年人领导能力的培训，使其懂得如何去领导、带动和凝聚团队成员，这对于实施代际共融活动十分重要。如前文所述，美国宾夕法尼亚州立大学的 Matthew Kaplan 教授于 2014 年开发了一门叫作“代际领导组织”（Intergenerational Leadership Institute）的课程认证计划（见图 7－14），旨在通过培养老年人在代际共融方面的领导能力来丰富老年人的社会生活、强化家庭关系和推进社区建设，同时也面向其他从事代际共融相关活动的实务工作者开放（见图 7－15）。这种培训方式不仅注重代际项目知识理念的传授、项目实施能力的培养，为学员提供非正式的持续性跟踪指导，还通过实地考察、会议参与和外出学习等方式，帮助学员扩大视野，深化和拓展代际资源网络（见图7－16）。这种培训的独特之处在于，它充当了代际项目的孵化器，并为老年人提供了发挥余热的机会，老年人可以运用所学知识和技能将他们的想法转化为具体的计划、项目和行动（见图 7－17）。事实证明，接受过代际领导组织培训的老年人，确实对代际项目有了更加深入的了解，且他们中的多数人本身就是老年群体中的活跃分子，在学习和掌握代际共融理念与方法的基础上，往往能快速地参与到相关项目设计与组织当中去，切实发挥引领与示范带头的作用。

图 7－14　美国宾夕法尼亚州立大学“代际领导组织”培训课程图标

图 7－15　美国宾夕法尼亚州立大学“代际领导组织”培训课程学员留影

注：图为 2017 年 10 月 25～26 日美国宾夕法尼亚州立大学举办“代际领导组织”课程培训时的学员合影，第一排左一为 Matthew Kaplan 教授，第二排右四为笔者。

图 7－16　代际学习学校参观

注：2017 年 6 月，笔者与“代际领导组织”课程的老年学员一起参加了 2017 年美国代际联盟在密尔沃基召开的学术年会及相关工作坊，图为返程途中一起调研“代际学习学校”时的合影，右一为笔者。

图 7－17　代际领导力课程结业展示

注：笔者曾于 2017 年 3 月至 2018 年 3 月在美国宾夕法尼亚州立大学跟随美国代际项目知名学者 Matthew Kaplan 教授进行访问学习，图为笔者与 Matthew Kaplan 教授于 2017 年 9 月 21 日在美国宾夕法尼亚州立大学旁听“代际领导组织”课程后参观结业展示。

4. 探索代际共融的多元实现模式

近年来，“一老一小”问题已上升至国家重要战略层面，《关于促进养老托育服务健康发展的意见》《“十四五”积极应对人口老龄化工程和托育建设实施方案》等政策文件，都强调要将代际共融纳入同一服务体系进行考虑，推动养老托育服务一体规划、一体实施、一体突破。在地方层面，各地区也结合实际情况进行了创新性探索。例如，成都市民政局引导在社区综合体内科学植入相关业态，营造老幼“代际融合”社区生活场景，初步确定了8个老幼复合型社区综合体项目选址①；《杭州市养老服务业发展“十四五”规划》提出，鼓励建设全龄社区、终身住宅、多代居住宅和连续照护社区，让老年人融入社会，打造年轻人和老年人共同生活、代际融合的家庭、社区和社会场景②；《北京市养老服务专项规划（2021年—2035年）》鼓励儿童福利设施和残疾人福利设施与养老服务设施复合设置③；《上海市促进养老托育服务高质量发展实施方案》明确提出，要促进“一老一小”融合发展，将养老托育服务纳入“15分钟社区生活圈”和家门口综合服务体系，加强资源统筹和共建共享④。这些全龄友好社区将成为养老育幼服务供给侧改革的重要推进方向。具体实践方面，一是要加强对于时间银行服务模式的探索。可在街道试点时间银行的基础上，逐步在区级、市级层面推广，统一服务平台，动员全年龄段群体广泛参与，并支持社区服务机构、基层老年协会、企事业单位等开展互助养老活动。二是可选取一批环境宜居的小镇，利用

---

① 《成都今年将推出21个社区养老服务综合体》，成都市发展和改革委员会网站，2021年4月19日，http://cddrc.chengdu.gov.cn/cdfgw/fzggdt/2021-04/19/content_8ff2c21414084d6888a71f6cd21b55d7.shtml。

② 《杭州市民政局关于印发〈杭州市养老服务业发展“十四五”规划〉的通知》，杭州市人民政府门户网站，2021年8月13日，https://www.hangzhou.gov.cn/art/2021/8/13/art_1229541463_3924863.html。

③ 《北京市民政局 北京市规划和自然资源委员会关于印发〈北京市养老服务专项规划（2021年—2035年）〉的通知》，北京市人民政府网，2021年9月7日，http://www.beijing.gov.cn/zhengce/zhengcefagui/202109/t20210930_2505867.html。

④ 《上海市人民政府办公厅关于印发〈上海市促进养老托育服务高质量发展实施方案〉的通知》，上海市人民政府网，2022年1月29日，https://www.shanghai.gov.cn/202206bgtwj/20220322/93ef76ce78fd46b9a02c09dc41d91ce0.html。

农村闲置资源探索建立田园康养社区，打造一批老年健康旅游基地，吸引城市老年人到农村进行季节性养老、旅游休闲养老，探索城乡代际共融的实现形式。三是有条件的街道和社区还可以利用公共空间建立“代际共融文化体验中心”，充分将本土的代际文化展示出来，并通过代际游戏、互助设施、共融空间、学习新知识等来促进代际共融理念的传播。

5. 搭建代际共融的信息服务平台

进入数字化时代，移动互联网、大数据、云计算、区块链、人工智能等数字技术的全面应用，要求养老服务向数据联动、综合管理、安全监护、健康管理、生活服务、精神慰藉等方向发展，让老年人能够在日常生活中摆脱时间和地理环境的束缚，居家过上高质量生活，缩小数字鸿沟。近年来，中央一直高度重视推进智慧养老服务体系建设。2011年，国务院发布的《中国老龄事业发展“十二五”规划》提出“要加快居家养老服务信息系统建设，做好居家养老服务信息平台试点工作，并逐步扩大试点范围”。2013年，全国老龄委专门成立了“全国智能化养老专家委员会”，为我国智慧养老服务事业与产业发展把脉导航。2015年国务院印发《关于积极推进“互联网+”行动的指导意见》，明确提出了“促进智慧健康养老产业发展”的目标任务。2017年，工业和信息化部、民政部等制定了《智慧健康养老产业发展行动计划（2017—2020年）》，要求到2020年基本建成覆盖全生命周期的智慧健康养老产业体系。2019年，国务院办公厅印发《关于推进养老服务发展的意见》，提出要实施“互联网+养老”行动。2020年，工业和信息化部、民政部和国家卫生健康委制定了《智慧健康养老产品及服务推广目录（2020年版）》。2021年，工业和信息化部、民政部、国家卫生健康委共同制定了《智慧健康养老产业发展行动计划（2021—2025年）》，进一步提出了六大重点工作任务和三个专项工程。这些政策的密集出台充分体现了新发展阶段推进智慧养老服务体系建设的紧迫性和重要性，但在实践过程中往往过于重视技术研发与网络平台建设，而忽视了老年人的需求调研；强调平台的数据收集，而轻视了对信息的分析与利用；上线了各种服务，但线下的人力支持不足；研发了各类智慧产品，但跟进的服务缺乏。

面对数字化时代给养老服务带来的诸多机遇与挑战，代际共融也需要与时俱进、积极应对。在操作层面，一是可以通过代际共融网站、微信公众号、App 等载体，在社区、学校、养老机构中先行试点建立代际共融信息服务平台，将两代志愿者基本信息、服务需求、兴趣爱好、空闲时间等信息统一纳入平台，根据双方的实际情况进行精准匹配，开展有针对性和时效性的代际共融活动。二是要夯实平台的社工队伍，建立“线上 + 线下”代际共融顾问体系，确保代际共融需求的精准识别与服务资源的有效衔接。三是培育或引入专业社会服务组织，在平台上定期发布多种代际共融活动招募信息，做好宣传、推介与组织工作，并可适当地运用激励机制加以引导。四是做好代际共融活动的督导与评估工作，线上及时公布代际参与的活动内容与各项流程，并围绕活动内容、形式与服务满意度等进行评价，建立线上线下的反馈机制，形成闭环式的代际共融服务模式，为社区老年人和儿童创造更多融合活动场景，更大程度上促进老幼群体情感上的交流。五是要深入开展老年人“数字素养”教育。一方面，要从总体上摸清老年人的需求与意愿，通过体验学习、尝试应用、经验交流、互助帮扶、示范推广等形式进行宣传，提升老年人对信息技术产品的接受度；另一方面，鼓励青年人和志愿者帮助老年人解决日常生活中遇到的网络使用问题，常态化推进社区针对老年人学习用智能手机而开展的培训和帮办服务，并积极动员子女有意识地与父母使用智能产品进行互动，通代际联动提升老年人数字化技能水平。

（四）强化代际共融的督导与评估

督导与评估是确保代际共融活动质量的重要工作，也是一项科学的工作。评估是根据特定的标准和系统性的判断原则探讨代际共融活动做了什么，以及目标达成的有效程度。代际共融活动评估一般包括三种形式：目标评估、过程评估和效果评估。一项成功的代际项目在规划中就应该对项目的预期结果有一个清晰的认知，由此构成了整个评估的核心。

过程评估主要是在代际共融活动实施的过程中，根据活动需要，主要评估活动历程中的引导与介入是否合适及这些引导和介入对参与者产生了什么样的影响等。实际上，围绕项目目标而制定的实施过程也构成了督导的重要内容，督导的主要目的是检查项目是否走对了路，从而为项目改进提供相关建议。除此之外，还需要加强对于活动效果的评估，因为所有人都想知道活动的成效，因此需要评估代际共融活动达成目标的情况、社会影响以及活动的有效性，也可以根据实际需要评估项目特点、项目准备情况、代际参与和互动的深度、预期的收益和困难等。代际共融的评估方法一般有观察法、问卷调查与访谈法。观察法是指由代际项目督导根据一定的研究目的、研究提纲或观察表，用自己的眼睛、耳朵等感觉器官和辅助工具（现场视频、录像、录音等）去直接观察代际共融活动参与者，从而获得资料的一种方法。问卷调查是督导在评估代际共融活动时最常用的一种方法，需要设计一份适合的调查问卷，要能实现对于所要评估内容的操作化，还要注意问题的层次性，问题之间要有逻辑关系。访谈法则可以根据项目需要，有针对性地对参与代际共融活动的组织者、工作者、不同世代参与者进行面对面的交谈，了解他们的行为与感受。

（五）打造代际共融的示范样板

作为一种有效应对人口老龄化及社会服务供给整体不足的创新模式，代际共融在国外已经形成相当成熟的发展模式。然而，目前代际共融在国内仍处于探索起步阶段，社会各界对于代际共融的认知和了解程度较低，成功实施“代际共融”项目与环境空间建设的案例并不多。如何总结提炼出成熟的“代际共融”发展方法，形成一套可复制推广的经验模式，并使其从地方实践上升到政策层面，是促进代际共融长期稳定可持续发展的关键。根据2022年10月住房和城乡建设部办公厅、民政部办公厅出台的《关于开展完整社区建设试点工作的通知》中的要求，“聚焦群众关切的‘一老一幼’设施建设，聚焦为民、便民、安民服务，切实发挥好试点先行、示范带动的作用，打造一批安全健康、设施完善、管理有序的完整社区样板”①，还需要选树典型，做好示范样板。具体而言，一是加快探索多代包容的家庭居住场所。根据国家2017年提出的“代际亲情住宅”建设要求，鼓励地方政府积极运用代际共融的理念来进行老年宜居社区规划，强化对老年人与年轻人代际交流与互动空间、代际共享服务环境与照料资源方面的考虑；鼓励地产企业加强对于“代际亲情住宅”的实践探索，打造多元的代际共融居住场景，促进家庭代际共融。二是试点建立共址、共享的代际共融站点。要鼓励养老机构、社区日间照料中心与幼儿园场所共址，实现资源共享、设施共建。三是探索建设社区“一老一小”服务综合体。倡导以“一老一小”为服务重点进行全龄化社区规划设计，综合考虑“一老一小”的发展需要与共同的利益诉求，建立既可以分开活动又可以促进代际交流的活动功能区，如餐厅、游乐场、厕所等，配套提供健身、文化、娱乐等设施，增进代际间的接触与互动。鼓励有基础、有条件的地方先试先行，学习借鉴新加坡“春冬计划”的建设理念，通过新建、改扩建等形式在街道和社区层面推进“一老一小”整合性服务设施建设，打造集养老和托育服务于一体的代际共融服务综合体，同时解决老年人社会参与和少年儿童社会照顾的问题。四是推进代际共融的公共活动空间建设。倡导中央和地方各级政府统一认识，将“一老一小”整合性设施建设纳入财政预算，在城市建设中逐步推进代际共融的公共活动空间建设，并建立政府、社区、学校、社会组织、企业等多元主体协同的工作机制，打造能让人们相互照顾的社区网络，避免老年群体与社会隔离，打造凝聚力强、代际和谐共处的全龄友好社区。

① 《住房和城乡建设部办公厅 民政部办公厅关于开展完整社区建设试点工作的通知》，中华人民共和国中央人民政府网站，2021年10月9日，http://www.gov.cn/zhengce/zhengceku/2022-11/01/content_5723231.htm。

结语与展望

从研究内容的角度来看，对社会层面代际共融的研究无疑带来了内容意义上的革新，具有跨学科和跨领域的启示性。但是，目前不管是国外还是国内，代际共融研究仍较多地停留在经验和行动层面，实质性的理论框架缺乏，研究发现过于零散，相关描述往往也只提及个别案例，彼此之间不易比较，对发展模式、生成基础与条件及其对社会生活的意义等的总结还较少。为此，本书在梳理与总结国外代际项目发展脉络与经验的基础上，系统研究中国代际共融的理论与实践问题，勾勒中国代际共融的发展图景，提炼总结中国代际共融的经验与特色，以期开拓国内老龄科学研究的新领域，与国际同类研究进行对话，并为后续展开跨学科研究提供理论借鉴。结合中国代际共融的发展阶段和实践情况，本书将相关结论归纳如下。

一　代际共融的中国特色

（一）“家为核心”的实践底色

经验研究发现，血缘关系不仅可以促进族群的繁衍和壮大，还可以使个体生命因血缘的延续而绵延，通过生物意义上的传承而获得无限性[①]，因而以血亲价值为基础的家庭养老具有不竭的生命力[②]。许多国内

① 寇思：《新时代家庭幸福观的维度》，《中国社会科学报》2022 年 3 月 22 日，第 5 版。

② 姚远：《血亲价值论：对中国家庭养老机制的理论探讨》，《中国人口科学》2000 年第 6 期，第 29～35 页。

的代际共融现象和社会机制难以运用国外社会学理论进行深入和贴切的解释，这是因为国外的理论多带有较强的个体化和理性化的理论预设，而中国以“关系”尤其是“父子之伦”为主的社会，既缺乏具有独立权利和意识的个体，也缺乏连接个体成为“团体”的公共规则和制度。[①]中国代际共融的特色就在于以“家”为核心向外拓展，家庭代际关系是分析的核心，也是我们理解整个社会生活的底色。因此，中国发展代际共融必须加强对历史文化发展、孝道传统演进过程的追溯，不仅仅是为了建立文化自信，也可为当前和今后代际共融的发展提供不可或缺的历史经验。

（二）“老少同乐”的话语体系

虽然“代际项目”的概念是西方进入工业化社会和城市化社会之后的产物，但中国传统文化中不乏与之相关的表述与实践。历史上田园派诗人陶渊明在《桃花源记》中所描绘的“黄发垂髫，并怡然自乐”的代际共融图景，被历来文人称道。中国代际共融在几千年的发展中，形成了自己的一套话语表达方式。在社会实践中，有“长幼共融”“耆幼融融”“童叟共乐”“老少一家亲”等多种说法，其中“老少同乐”最常用，用词形象而生动，较好地体现了代际共融的互益效果，概括出符合中国实际又具有一定普遍意义的中国方案。当今世界正处于百年未有之大变局，中国要发展代际共融，更需要在与世界的互动中创造出融通中外的新范畴、新表述，向国际贡献中国主张、中国智慧、中国方案。通过代际共融的学术交流与互动，增强学术自信，提升学术影响力。

（三）“多元共创”的运作风格

如前文所述，国内代际共融实践已初步形成了多元主体共同参与组织的格局，包括地方政府、企业、社区、社会组织、高校、中小学、幼儿园、老年大学、妇联、医院、关工委、志愿者团体等，尤其是各级关工委在促进青少年健康成长、加强社会主义精神文明建设、促进社会和

---

① 周飞舟：《一本与一体：中国社会理论的基础》，《社会》2021 年第 4 期，第 1～29 页。

谐稳定等方面发挥了重要作用。与此同时，一些房地产企业也纷纷进军这一领域，探索代际亲情住宅建设；大量社会组织广泛动员多代参与探索社会共治模式等，从而体现出中国政府在积极应对人口老龄化方面发挥的正向引导作用，并充分调动市场力量，聚集各种创新资源，为代际共融的发展注入动力和活力。

二　代际共融的延伸领域

虽然国内对于“代际项目”的本质含义并不陌生，但目前国内的“老少同乐”活动还多处于一次性活动的发展阶段，“代际实践”的操作也多被蕴含在社区服务、老年服务与青少年教育当中，而没有作为一个单独的领域来发展，而国外“代际项目”因其是一种结构化的活动设计已达到了一个非常专业化的层面。因此，在具体的实践过程中，还存在一些问题有待后续研究的跟进。一是在代际共融项目的分层设计中，如何统筹考虑区域、城乡代际共融的差别？二是在代际共融项目的分类设计中，如何有针对性且差异化地开展面向血缘性与非血缘性代际对象的活动？如何促进农村老年人的参与？如何更有效地推进代际共融的发展？活动的内容与形式应该侧重于哪些方面？

（一）跨学科的交叉融合

在学术研究层面，代际共融作为一个多学科交叉的研究领域，广泛涉及人口学、社会学、管理学、环境心理学、设计学、建筑学、医学、护理学、图书馆学、博物馆学、计算机科学等。伴随人口老龄化速度的加快，老年人社会参与、情感慰藉、学习交流方面的需求会不断增加，亟待根据我国当今老龄化社会的整体需求以及不同地区的现实需要，借鉴发达国家代际项目发展经验，围绕这一主题展开多学科的交叉与合作研究，构建代际共融的场景规划、引导政策与服务体系，为积极应对人口老龄化提供智力支撑。

（二）多代融合的空间规划

将养老与托幼纳入一体化的政府建设规划，将面向两代群体的服务资源统筹在一起进行考虑，找寻连接养老与托幼的服务枢纽，探索建立一体化的老少同乐空间与场所，如尝试将街道或社区的老年服务中心与儿童之家建在一起，但不是分别孤立的存在，而是要引入“代际共融”的理念，打造“代际接触区”，打造老少共享的空间。同时，还可探索养老院、社区老年人日间照料中心与幼儿园结合设计的模式，建立互助协作的照料中心，优化服务功能，节约社会资源，创新服务形式。

（三）顺应潮流的实践创新

在实践层面，应积极吸纳社会组织参与提供代际共融服务，可鼓励养老机构、老年大学、老干部局、社会组织、老年志愿者、大中小学、幼儿园等，结合中国老年人的生活习惯、中国传统养老观念，探索代际共融的实践新模式，总结优秀建设经验，推广具有示范效应的实践模式。此外，还需要制定具有中国特色的代际政策，建立相应的制度与规则，加大宣传力度，开展代际共融的公益宣传，提高公众知晓度和参与度，向全社会推广代际共融的理念，促进形成多元主体共建共治共享的格局。

（四）贯穿生命全周期的代际教育

为实现代际共融，应将“终身学习、终身教育”的理念贯穿始终，通过家庭、学校、社会多元教育手段，推行生命全周期的代际教育。在家庭层面，倡导加强道德教育，树立良好家风，建立慈孝一体的代际关系，促进家庭中长辈与晚辈之间的双向良性互动。同时，还要倡导建立学习型家庭，将传承与反哺结合起来，增进不同代之间的理解，改善代际关系，助力全面建设学习型社会。在学校层面，应将代际共融的理念融入劳动教育、思政教育与人生观教育等课程建设中，从小就要引导、培养儿童和青少年树立孝亲敬老的道德观念。在社会层面，应贯彻终身学习理念，打破老年歧视观念，引导老年人积极地参与社会活动，践行“活到老，学到老”的终身学习理念。

三 代际共融的未来展望

《中共中央 国务院关于加强新时代老龄工作的意见》明确指出："把积极老龄观、健康老龄化理念融入经济社会发展全过程，加快建立健全相关政策体系和制度框架，大力弘扬中华民族孝亲敬老传统美德，促进老年人养老服务、健康服务、社会保障、社会参与、权益保障等统筹发展，推动老龄事业高质量发展，走出一条中国特色积极应对人口老龄化道路。"面向未来，要促进中国的代际共融从"一次性活动"向"项目"方向发展，可以朝六个方向去发展。

一是专业化方向，需要专业服务人员的介入，需要广泛学习与借鉴国外经验，加强对专业服务人才的培养与培训，尤其需要规范服务流程，完善项目设计，加强事前对参与群体的培训，在活动开展过程中要有促进两代人互动的机制，活动结束后也要引导两代人进行体验交流与反思。

二是社会化方向，满足老年群体多样化、个性化、高品质生活与学习需求，坚持政府支持、多元供给的思路，广泛借助公益创投项目、社会企业服务项目的开展来推进此领域活动的深入，同时鼓励企业与各类社会捐赠的投入。

三是普惠化方向，未来中国代际共融的发展必须突破区域、城乡、参与群体的局限，借助完善的互助平台与服务体系，推动代际共融场所、居住区与公共空间的建设，整合资源、协调发展，推动老龄事业与产业、基本公共服务与多样化服务协调发展，促进代际共融活动的广覆盖，让更多的老年人共享社会发展成果。

四是政策化方向，需要国家和各级政府加强政策保障和引领，更新为老服务理念，为深入探索"一老一小"整合化服务提供思想指引。同时，还要注重对成功模式的示范推广，提高社会大众对代际共融的认识，充分发挥老年群体的经验、智慧与创新潜能，培育"老有所为"的老年文化。

五是智慧化方向，伴随中国进入数字化社会，科技进步了，社会制度、社会服务和人类行为也要相应地发生变迁，亟须结合当下老年人数字化生活需要设计和开展相关的代际共融活动，将养老服务需求与社会媒体、新技术、互联网结合起来，使代际活动更具创造性、刺激性和表现力，增强不同世代间的联结感，获得更加丰富深刻的互动体验。

六是理论化方向，虽然中国的代际实践研究业已开展，但是总体而言仍处于起步阶段，缺少系统、深入和具有本土化特色的研究。如果国内始终没有形成强有力的基础理论研究，则难以支撑这一领域的实质性发展。对此，借鉴国际有益做法，国内学界应关注和重视这一新兴领域，展开多学科的交叉研究，努力提炼该领域的理论模式，不断总结实践活动中的先进做法，为形成该领域的学科范式做出积极探索。

附　录

附录 1　江南大学代际共融中心简介

江南大学代际共融中心是在美国宾夕法尼亚州立大学 Matthew Kaplan 教授指导下建立的下设于无锡老龄科研中心的二级研究推广机构。该中心于 2018 年 6 月 29 日在江南大学召开的“代际共融：老年社会工作理论与实务交流会”上正式揭牌成立。

江南大学代际共融中心发展的优势条件主要包括如下五点。一是国内尚无专业化的代际项目指导机构。虽然目前代际项目理念已被美国、欧盟、日本、新加坡等经济体接受，并应用于丰富老年精神生活、提升家庭照料能力、完善教育体系、增强社区凝聚力以及促进文化传承等方面，但国内实践相对较少，且缺乏专业指导和支持。二是无锡具有发展代际项目的战略优势。无锡作为全国较早进入老龄化社会的城市之一，也是全国人口老龄化发展速度快、水平高的地区之一。截至 2021 年底，全市 60 周岁及以上户籍老年人口达 136.3 万，占比 26.44%，高于全国平均水平 7.54 个百分点，位列全省第二。“十四五”期间，全市户籍老年人口预计将以年均 4 万人左右的速度增长；到 2025 年，全市户籍老年人口将达 154.9 万，占比达到 29% 左右，高龄、失能、纯老（空巢）、独居等老年群体数量持续增加，少子化与老龄化叠加，养老服务压力不断增大。但无锡市在养老服务、设施建设与政策创新方面都走在全国前列，再加上区域经济发展水平较高，老年人的精神需求也更高，具有试点引入新型养老服务模式的现实条件。三是无锡市政府、无锡市老龄工作办公室、无锡市民政局、无锡市老年学学会等组织和机构都高度关注和支持老龄事业和产业发展，建立代际共融中心较易获得政策支持。四是有美国宾夕法尼亚州立大学和江南大学的联合支撑。一方面，以美国宾夕法尼亚州立大学 Matthew Kaplan 教授为首的专家咨询团队，能够提供及时有效的工作指导；另一方面，依托江南大学市校共建的“无锡老龄科学研究中心”及法学院的社会工作专业，可以深入实施和开展具体的科研、教学与实践活动。无锡老龄科学研究中心具有良好的发展基础，目前已针对无锡市人口老龄化的重点难点问题，开展了大量战略研究和代际实践活动，积累了丰富经验。

江南大学代际共融中心的发展定位是：依托江南大学的学术资源、社会影响力、师资力量及志愿者团队，与无锡市民政局、街道社区、老龄办、企业、社会组织等紧密合作，发展成为一个集科研、教育和实践于一体的研究推广机构，以服务于老龄社会的发展需求。

江南大学代际共融中心成立以来，先后举办了“2018 代际共融国际学术研讨会”“代际共融经验交流与学术报告会”“数字化时代的老龄社会治理与康养融合论坛”“第二届智能社会治理与康养融合论坛”等学术会议。

附录 2　无锡老龄科学研究中心简介

无锡老龄科学研究中心根据《中共无锡市委、无锡市人民政府关于加快我市老龄事业发展的实施意见》（锡委发〔2009〕70 号）文件要求，以及江南大学服务地方民生事业发展实际需求，经无锡市老龄工作委员会、江南大学、无锡市老年学学会协商一致，报请无锡市人民政府同意，于 2012 年 1 月正式揭牌成立（见图 1 和图 2）。无锡老龄科学研究中心为市校共建，三方联建。研究中心设在江南大学，行政上由江南大学管理，业务上接受无锡市老龄工作委员会和无锡市老年学学会指导。研究中心实行双主任制，现名誉主任为无锡市副市长刘霞，校方主任是江南大学刘焕明教授，市方主任是民政局原副局长韩富才。

江南大学无锡老龄科学研究基地是在无锡老龄科学研究中心基础上成立，是首批设立的五个江南大学人文社会科学市校共建研究基地之一，于 2013 年 3 月正式成立，基地设在江南大学法学院，基地负责人为王金元副教授。2015 年，成功申请成为省老年学学会批准的江苏省老年学研究与培训基地；2018 年 6 月，正式建立“江南大学代际共融中心”；2021 年 9 月，依托无锡老龄科学研究中心，联合江南大学设计学院健康设计研究团队、人工智能与计算机学院人工智能与大数据团队，与无锡市民政局、中国科学院物联网研究发展中心下属高新企业江苏中科西北星信息科技有限公司，共同申办由中央网信办、民政部、教育部等八部门批复的“国家智能社会治理实验特色基地（养老）”（全国 10 家之一），全力打造“政产学研用”五位一体的研究、教育与服务平台。

研究基地现有教授 4 人、副教授 5 人、讲师 5 人，其中具有博士学位研究人员 12 人，已形成了一支结构合理的研究团队。近年来，研究团队成员主持国家社科基金 5 项、省部级项目 10 余项，在权威期刊发表论文 217 篇，出版著作 13 部，科研获奖 19 项，有 4 篇研究报告获得无锡市人民政府市长、副市长批示。2015～2022 年，先后组织 10 次国内学术会议（见图 3）、1 次国际学术会议，召开无锡老龄成果发布会 8 次（见图 4），成员外出参加会议及出国访学达 80 人次。

研究基地整合校内医学和设计学专业资源，立足江苏省与无锡市实际，设有“老年福利与社会政策”“农村养老与服务供给”“代际融合与健康医疗”“老年人力资本开发与社会工作”四个研究方向，注重社会学、社会工作、心理学、医学与护理学、社会政策等多学科的交叉融合。近年来，基于健康中国建设目标，以老龄健康为对象，从生理、心理、社会环境与照顾服务支持等多层面开展了相关研究。同时，根据人口老龄化发展的趋势与规律，研究无锡市人口老龄化发展趋势、养老服务体系建设、老年医学与护理康复、老年福利政策与法规体系等迫切需要解决的现实问题，为无锡市积极应对人口老龄化与健康老龄化提供决策建议与政策支持。

图 1 无锡老龄科学研究中心签约揭牌仪式

图 2 无锡老龄科学研究中心揭牌

图3　无锡老龄科学研究中心承办“省老年学研究与培训基地建设经验交流会暨专家委员会 2015 年工作会议”

图4　无锡老龄科研中心成果发布会

附录3 无锡国家智能社会治理实验特色基地（养老）简介

为了更好地服务于中国老龄化的社会治理，充分发挥制度和技术优势，实现康养服务智慧化升级，探索完善共建共治共享的社会治理制度，在江南大学社科处的组织引导下，江南大学法学院牵头，整合无锡老龄科学研究中心、设计学院健康设计研究团队、人工智能与计算机学院人工智能与大数据团队等校内资源，联合无锡市民政局、中国科学院物联网研究发展中心下属高新企业江苏中科西北星信息科技有限公司，政府、院校、企业多方聚力，于2021年9月联合申办了由中央网信办等八部门联合批复的国家智能社会治理实验基地，全国共获批10家综合基地和82家特色基地。江南大学联合无锡市民政局共同入选“国家智能社会治理实验特色基地（养老）”，为全国养老领域的10家特色基地之一。

基地的建设主体主要由三部分构成（详见图1），研究主体是江南大学（主要为江南大学法学院无锡老龄科学研究中心），应用主体是无锡市民政局，技术主体是江苏中科西北星信息科技有限公司。《无锡市推进“国家智能社会治理实验特色基地（养老）”建设实施方案》《国家智能社会治理无锡实验基地（养老）管理制度》《国家智能社会治理实验特色基地（养老）实验方案》等文件，对于基地的发展定位、总体要求、主要目标、主要任务、亮点工程、社会实验、运营管理与保障措施等方面做出了具体规划，为基地的有序发展提供了方向指引。

如图2所示，基地主要围绕智慧康养研究、典型案例库建设、系列性标准研制、应用场景搭建、研究体验馆建设、养老人才培育六个方面开展建设，紧扣国家战略需求与地方经济社会发展需要，将积极应对人口老龄化和健康老龄化战略融入实际工作，立足无锡城市数字底座、老龄事业和养老服务体系建设基础以及江南大学科研实力，致力于建成集

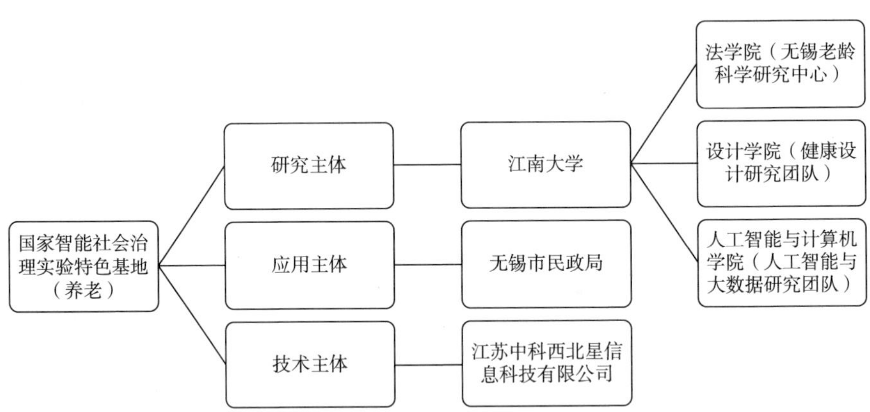

图1　无锡国家智能社会治理实验特色基地（养老）的建设主体

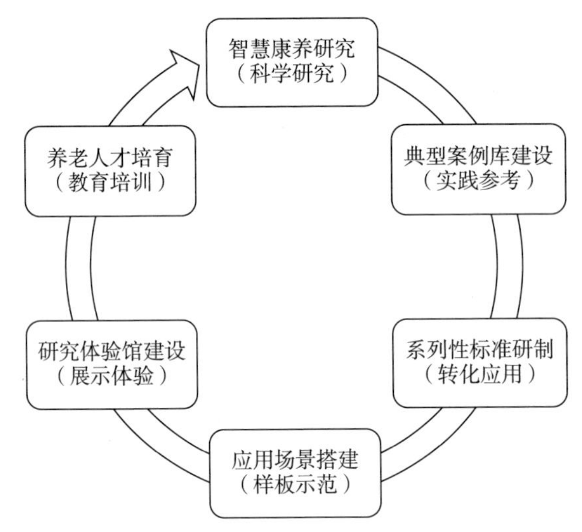

图2　无锡国家智能社会治理实验特色基地（养老）的发展定位

科学研究、实践指导、标准研制、展示体验、示范推广以及人才培训于一体的智慧康养综合服务创新中心。

目前基地已在研究、技术和实践层面取得了一定成果，不仅强化了对于无锡市智慧康养发展模式与特色经验的总结，为服务地方经济社会发展资政建言，还搭建了养老服务与管理的多重应用场景，全力打造“锡心养”城市养老服务品牌。与无锡市民政局联合研究制定《无锡市推进“国家智能社会治理实验特色基地（养老）”建设实施方案》，为无锡市智慧康养服务的发展提供了方向指引。组织开展“首批全市智慧康养服务典型案例征集推介活动”，对征集到的典型案例进行了评选，后续还将通过对评选出的试点单位进行调研、指导，努力将其打造成智慧康养的示范样板。基地申报的选题《智慧康养服务的地方实践经验研究》成功入选由中央八部门发布的“2022年智能社会治理研究选题”，结项报告被评审为优秀成果，并获得一定奖励。相关研究成果先后被中共江苏省委宣传部《江苏宣传工作动态·社科基金成果专刊》、江苏省政协《社情民意》、江苏省侨联《江苏侨情专报》、无锡市政协《建言献策》等刊用，被无锡市老龄工作委员会办公室采纳，产生了积极的社会影响。

基地还积极与中国人民大学、北京大学、清华大学、南京大学、河海大学、华东师范大学、中南财经政法大学等高校开展了广泛的学术交流与合作，连续主办两届“智能社会治理与康养融合论坛”，承办“蠡湖论坛暨数字化时代居家养老服务提质增效研究课题研讨会”等学术会议。此外，基地还上线了微信公众号“智慧康养研究与实践”（见图3），及时发布和更新基地建设动态，有专人对接“智能社会治理网”（由之江实验室智能社会治理研究中心承办），同步进行信息发布。基地动态已被汇编到《国家智能社会治理实验基地工作专刊》中，发挥了良好的宣传作用。

下一步，基地将积极围绕国家智慧康养供给侧和需求侧改革要求，充分发挥政、校、企三方研究、实践和技术优势，采用社会实验等规范性方法开展智能社会治理的理念和工具研究，为养老改革的科学决策提供服务，为康养产业的有序发展提供引领，为老年人的精准服务提供支撑，努力提升智能社会综合治理和服务能力，助力国家治理体系和治理能力现代化建设。图4至图11为基地成员调研的情况。

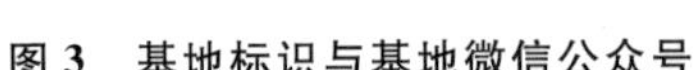

图 3　基地标识与基地微信公众号

图 4　基地成员赴江苏中科西北星信息科技有限公司调研

图 5 基地成员赴耘林生命公寓调研

图 6 基地成员赴无锡市梁溪区时间银行服务管理中心调研

图 7　基地成员赴福康通到家信息科技有限公司调研

图 8　基地成员赴百禾怡养院调研

图 9 基地成员赴新安街道居家养老中心调研

图 10 基地成员赴鸿山九如城颐养中心调研

图 11　数字化时代居家养老服务提质增效研究课题研讨会

附录 4　“代际共融”打造为老服务新思路*

2018 年 6 月 29 日，由无锡科学研究中心主办，无锡市老龄办、江南大学法学院、无锡市老龄办、无锡市老年学学会承办，无锡市民政局社会福利处、社会组织处、无锡市社会福利中心协办的“代际共融：老年社会工作理论与实务交流会”在江南大学召开，多位省内从事老龄科学研究的专家学者和从事老年服务工作的实务工作者出席了本次会议。

“代际共融中心”当天揭牌，聘任江南大学李俏博士担任代际共融中心主任，并向其发放了聘书（见图 1）。代际共融中心是与美国宾夕法尼亚州立大学合作，在无锡老龄科学研究中心下设的一个独具特色的二

* 相关报道详见：《“代际共融”打造为老服务新思路》，《江南晚报》2018 年 7 月 1 日 A07 版。

级研究与推广机构。目前代际共融中心已与来自美国宾夕法尼州立大学、肯塔基大学、西班牙格拉纳达大学、新加坡国立大学、法国巴黎－萨克雷高等师范学院、日本东京都老人综合研究所、美国代际联盟等高校的国际代际专家团队达成了初步合作意向，于 2018 年 11 月 3 日至 5 日在江南大学召开“2018 代际共融国际学术研讨会”，并邀请国际代际专家参加会议和指导代际实务工作，共同交流代际研究与实践经验。

图 1　江南大学李俏博士受聘代际共融中心主任

无锡老龄科学研究中心校方主任刘焕明教授指出：“组建代际共融中心，旨在探索社会层面的代际沟通与合作途径，意义重大。不仅可以突破传统代际研究仅以家庭为主要研究领域的局限，在理论上进行拓展，还可以为丰富老年服务和实现社会的共建共享提供新的工作思路与服务方法，同时也标志着无锡老龄科学研究中心在研究与实践领域更进一步。”

会上，南京农业大学社会学系系主任戚晓明博士、江南大学设计学院肖东娟博士、江南大学法学院李俏博士，分别做了题为《独居老人精神慰藉的实务研究》《基于文化传承的代际沟通服务设计》《代际共融的本文脉络与中国图景》的学术汇报，对代际共融的项目运作、课题设计与发展情况进行了深入介绍。

无锡市社会福利中心、无锡净慧颐养公寓、无锡市便民服务中心、无锡市九色公益发展中心、苏州禾康智慧养老服务等从事为老服务的社会机构，也在会上就老年社会工作服务与代际活动经验进行了交流（见图 2 和图 3）。

图 2　会议现场

图 3　会议合影

附录5　2018 代际共融国际学术研讨会在江南大学召开

——社会代际共融、学科跨界融合、思想中西汇通*

2018 年 11 月 3 日至 5 日，“2018 代际共融国际学术研讨会”在江南大学召开。研讨会由江南大学法学院与无锡老龄科学研究中心主办，无锡市老龄办、无锡市老年学学会、江南大学代际共融中心承办，美国宾夕法尼亚州立大学、美国代际联盟、新加坡国立大学、西班牙格拉达大学、日本东京都老年学研究所合办，无锡市民政局社会福利处及社会组织处、无锡市社会福利中心协办。来自美国、西班牙、新加坡、日本、韩国以及国内各地的 60 余位专家学者及实务工作者参加了本次会议。

会议伊始，江南大学副校长吴正国教授、无锡市民政局调研员高建强以及会议的外方主席美国宾夕法尼亚州立大学 Matthew Kaplan（马修・卡普兰）教授分别致辞（见图 1），开幕式由江南大学法学院院长曾祥华教授主持。

9 点开始，与会人员围绕“新时代的代际共融：国外经验与中国思路”这一主题展开了深入讨论，主旨报告分别由江南大学社科处处长刘焕明教授、江苏省老年学学会副会长张伟新女士以及江南大学法学院赵向红教授主持。北京大学人口研究所、老年学研究所常务副所长陈功教授，美国宾夕法尼亚州立大学农业经济学、社会学与教育学系 Matthew Kaplan（马修・卡普兰）教授，西安交通大学人口与发展研究所所长、人口与社会政策研究中心主任、老龄与健康研究中心联合主任、斯坦福

* 参见江南大学法学院网站，https://webvpn1.jiangnan.edu.cn/http/77726476706e69737468656265737421fcf656d22d39695e790688a2d6502720613e14/content.jsp?urltype=news.NewsContentUrl&wbtreeid=1022&wbnewsid=3857。

图 1　美国宾州州立大学 Matthew Kaplan（马修·卡普兰）教授致辞

大学人口与资源研究所兼职教授李树茁教授，新加坡国立大学人文与社会学院日本研究系主任、家庭与人口研究中心副主任 Leng Leng Thang（汤玲玲）副教授，华中师范大学社会学院江立华教授，中国人民大学新奥国际教席教授、韩国大陆战略研究所所长 Ik Ki Kim（金益基）教授，西班牙格拉纳达大学社会学系 Mariano Sanchez（马里亚诺·桑切斯）副教授，日本东京都老年人研究所 Masataka Kuraoka（仓冈正高）研究员，北京师范大学—香港浸会大学联合国际学院理工科技学部 LAI，Wai-Lun Alan（黎伟麟）副教授，以及江南大学代际共融中心主任李俏副教授，分别做了题为“代际共融：以时间银行有效应对人口老龄化”、“将老年志愿者转变为领导者的发展途径：来自美国代际领导组织的经验”（*Developing Pathways for Converting Older Adult Volunteers into Leaders*：*Lessons Learned from the Intergenerational Leadership Institute*）、“中国农村家庭变迁与老年人福祉的动态研究——以老年人长期照护为例”、“致力于可持续代际理解的老少共居场所建设经验——以新加坡为例”（*Developing Age-Integrated Co-Locations for Sustainable Intergenerational Understanding*：*The Singapore Example*）、“人口老龄化问题与问题化”、“仁川—京畿道省

（韩国）和山东省（中国）老年人社会参与的差异比较研究”、“西班牙的代际交流与项目：对研究、实践和政策的简要自我评估”（*Intergenerational Contact and Programs in Spain：Condensed but Self-Critical Appraisal of Research，Practices and Policies*）、“日本提升老年人健康水平的代际方式”（*Promoting Older People's Health with Intergenerational Approach in Japan*）、“代共融英语计划”（*Intergenerational-ESL Auditor Program*）、“中国式养老与代际共融的视域融合”的主旨报告。

11 月 3 下午 3 点同时在行政楼 B305 和 B307 进行了学术与实务两个分论坛的讨论，分别由江南大学法学院副院长王芳副教授和无锡市社会福利中心管华盈主任主持。学术分论坛以探讨老龄与代际关系问题为主，江南大学商学院汪长玉副教授、西安交通大学公共政策与管理学院崔烨博士、江南大学法学院社会学系彭青云副教授、无锡职业技术学院刘娟博士、江南大学商学院本科生陈可鑫分别进行了发言。实务分论坛则以探讨代际项目运作机制与实践经验为主，江苏省新苏师范学校附属小学陶六一校长、香港资深注册社工石天伦先生、爷爷奶奶一堂课发起人贺永强先生、江南大学大学生创业导师吴园一副教授、禾康智慧养老服务中心项目主管张大伟先生分别进行了发言。最后由江南大学代际共融中心主任李俏副教授进行了当天的会议总结。

11 月 4 日大会第二天，国内外与会专家学者先后赴江南大学大学生创业园、无锡市新吴区江溪街道社区创新发展园、无锡市社会福利中心进行了实地考察（见图 2 至图 4），并对企业代际共融、社区代际共融与养老院代际共融的实践情况进行了讨论，国外专家还提出了建设性意见。

11 月 5 日大会第三天，国外专家学者与无锡老龄科学研究中心成员就 2018 年 6 月刚筹建的“代际共融中心”的建设与发展问题进行了讨论，国外专家就如何进一步开展教学、研究与实践领域的合作与推广等问题提出了宝贵建议，同时邀请江南大学代际共融中心加入“国际代际联盟”，并建议我方承办国际代际联盟会议，以提高江南大学的影响力，向国际传递中国声音。最后，会议明确提出了连同国外专家发表“代际共融宣言”的倡议，以促进代际共融理念在我国社会层面的传播。

此次大会在江南大学成功举办，旨在通过专家学者对话促进社会代际共融、学科跨界融合、思想中西汇通，为来自全球的参会嘉宾提供深度交流的平台。这一会议也是目前国内首个明确以代际共融为主题的国际会议，希望借此会议宣传国际代际项目的发展理念，推动国内代际实践活动的深入开展。

图 2 无锡市社会福利中心实地参观考察

图 3 新吴区社区创新发展园实地参观考察

图 4　全体参会人员合影

附录 6　无锡老龄科学研究中心“代际共融经验交流与学术报告会”在江南大学举行*

2019 年 3 月 8 日，代际共融经验交流座谈会在江南大学法学院 316 会议室举行，来自日本科学技术振兴机构（JST）—社会技术研究开发中心（RISTEX）“可持续多代际共创社会设计”研究组的区域主任 Takashi Omori、企划运营部主管 Eriko Inoue 及主任调查员 Yasuyuki Maruyama，日本科技振兴机构北京代表处副所长李清，无锡市老龄委员会办公室副主任张兴堂，江南大学法学院副院长王芳，无锡老年学学会副

* 参见江南大学法学院网站，https://webvpn1. jiangnan. edu. cn/http/77726476706e69737468656265737421fcf656d22d39695e790688a2d6502720613e14/content. jsp? url type = news. NewsContentUrl&wbtreeid = 1125&wbnewsid = 6794；日本科学技术振兴机构北京代表处的相关报道，https://www. jst. go. jp/inter/beijing/activity_ 2019. html。

会长杨韵辉，无锡老龄科学研究中心教授赵向红、王金元、李俏等6名成员参与了本次座谈会。

本次座谈会以“代际共融的经验交流”为主题，首先由日本专家介绍了目前日本的人口老龄化特点及代际共融活动的开展情况，随后由无锡老龄科学研究中心—江南大学代际共融中心主任李俏博士从实施领域和活动内容两个方面介绍了目前无锡市代际共融活动的具体实践。双方就代际共融方面的实践经验、研究发现与推进方法进行了深入交流（见图1和图2）。

图1　座谈会现场

下午在江南大学法学院B107会议室，Takashi Omori教授还为江南大学法学院的师生进行了一场“有关代际共融的研究发现”的学术报告。无锡市老干部局政治处处长沈晓兵、江南大学老科协秘书长吴骥一以及江南大学法学院和设计学院的师生共40余人聆听了报告。报告中提到，长期以来，日本社会技术研究开发中心都非常重视通过多学科交叉研究的途径来解决社会问题，目前已形成了4个研究领域和2个计划，“可持续多代际共创社会设计”则是其中一个非常重要的研究领域。Takashi

图 2 会议合影

Omori 教授重点介绍了目前日本正在支持发展的 16 个代际项目的选择过程、发展情况、研究问题、关键词、政策影响及未来合作方向，为我们认识和建设可持续社会提供了一种代际分析的视角。Takashi Omori 教授在现场还与江南大学的师生共同研讨交流了有关代际项目的研究与发展问题。

在座谈会上，日本专家还邀请无锡老龄科学研究中心成员于 2019 年 9 月参加在日本举行的相关学术会议。借此契机，无锡老龄科学研究成果得到了向外传播的机会，同时也推动了代际共融的国际交流与合作。

附录7 “数字化时代的老龄社会治理与康养融合论坛”成功举办*

2021 年 12 月 12 日，由江南大学法学院与江苏省老年学学会精神关爱专业委员会主办，无锡市老龄工作委员会办公室、无锡市民政局、无锡市老年学学会、江苏中科西北星信息科技有限公司协办，国家智慧康养无锡实验基地、江南大学无锡老龄科学研究中心承办的“数字化时代的老龄社会治理与康养融合论坛”成功召开。受疫情影响，此次论坛采用了线上与线下会议相结合的方式，线上会议以腾讯会议模式进行，线下会议在法学院 A316 会议室召开。来自美国宾夕法尼亚州立大学、中南财经政法大学、河海大学、华东师范大学、北京师范大学－香港浸会大学联合国际学院、清华大学、郑州大学、南京农业大学、南京航空航天大学、哈尔滨工程大学、中国计量大学等高校的师生及实务界专家共 1509 人参加并观看了会议。

上午为大会发言，第一阶段的开幕式由江南大学法学院院长王君柏主持，江南大学社科处副处长邓嵘、江苏省老年学学会副会长张伟新、无锡市卫健委老龄办副处长张兴堂、无锡市民政局四级调研员解建华分别致辞，江南大学法学院副院长李俏宣读了《关于表彰“首届老年人精神关爱和代际共融案例大赛”获奖案例的决定》，共评选出实务创新奖案例 3 项，特等奖案例 4 项，一等奖案例 10 项，二等奖案例 15 项，三等奖案例 34 项。图 1 为大会开幕式。

第二阶段的主题报告由江南大学法学院教授、无锡市老年学学会会长赵向红主持，来自美国宾夕法尼亚州立大学的 Matthew Kaplan 教授，河海大学公共管理学院的韩振燕教授，华东师范大学公共管理学院曹艳春副教授，中南财经政法大学的周红云副教授，北京师范大学－香港浸

---

* 参见江南大学法学院网站，https://webvpn1.jiangnan.edu.cn/http/77726476706e69737468656265737421fcf656d22d39695e790688a2d6502720613e14/info/1125/775.htm。

会大学联合国际学院理工科技学部的黎伟麟副教授和邢琳娜博士，江苏中科西北星信息科技有限公司董事长王蒙博士，江南大学法学院的彭青云副教授，围绕代际共融、精神关爱与智慧康养议题进行了专题发言。

Matthew Kaplan 教授围绕代际共融主题，从“代际接触区”入手，结合丰富的实践案例介绍了“代际接触区”的概念框架（见图2）。他指出“代际接触区”是一个空间聚集点，可以使不同世代的人在这里见面、互动并建立信任和友谊之类的关系，对于有需要的还可以共同解决当地人们所关注的问题，因此营造“代际接触区”不仅是一种理念，还是一个项目运作、资源整合和环境设计的工具，对于建设老年友好型社会、完善老龄政策与服务均具有重要现实意义。

韩振燕教授立足于老年人精神关爱需求快速增长的背景，对国家和江苏省的相关政策进行了系统梳理，同时结合学术界关于精神关爱研究成果的分析，指出该主题从 2004 年起发展到今天已经成为了一个独特的研究领域。最后，结合对现存挑战，她从制度落地、供需精准、服务专业、资源整合、科技助力五个方面提出了完善养老服务中精神关爱的具体策略，从而为推进老年人精神关爱工作提供了有益思路。

曹艳春副教授首先介绍了华东师范大学公共管理学院在国家智能社会治理实验基地申报和建设方面的经验特色，并以上海市长宁区仙霞街道为例，从硬件建设、软件服务、队伍建设等维度，深入细致地阐述了智慧养老的发展理念与实施方法，提出了富有建设性意义的发展思路，为相关单位后续推进国家智慧养老实验基地建设提供了有益借鉴。

周红云副教授从供给主体的角度，对“互联网 +”时代如何推动社区居家养老服务供给社会化这一问题进行了探讨。她指出，从供给侧发力满足日益增长的社区居家养老服务需求，是现实而又紧迫的重大社会问题，而进行供给侧结构性改革必须走社会化之路，要以多元主体协同供给为核心。她通过对政府、市场、社会、家庭四个供给主体的分析，从共建、共治、共享的角度提出了“互联网 +”推力下实现供给社会化的具体路径。

黎伟麟副教授从粤港澳大湾区的发展现状与学术界对代际共融的研究

情况入手，指出代际共融不仅需要学术研究推动，更需要转化为具体行动。同时，结合其团队的长期实践经验，提出了“实务方程式”的概念特性，强调“实务方程式”是一种以行动为导向、依序式、波浪般、衍生/有机、动态发展的行动方案集合。随后，邢琳娜博士结合该团队所开展的“代际健康回顾”“代际旁听生计划”“代际导读计划”等，深入阐释了“实务方程式”的实施框架，为推进代际共融提供了丰富的实践经验。

江苏中科西北星信息科技有限公司董事长王蒙博士，从技术与养老管理融合、技术与养老服务融合、技术与养老模式融合、“养老＋智链网＋各行各业”融合四个层面，分享了公司在智慧养老建设方面的成功经验。他指出养老更需要从重塑“价值链”到重塑“价值网”转变，智慧化养老服务有助于为老年人多层面增能。他还从志愿者、居家适老智能化、社区载体、机构、标准化建设五个维度，提出了完善智慧养老服务的方法。

彭青云副教授从产出性老龄化角度，阐释了长寿红利的内涵，指出长寿红利是因健康寿命延长而创造出的经济社会健康效益，不仅可以从数量维度，还可以从年龄、教育、健康、健康寿命、技能、心理素养等质量维度进行分析。通过对长寿红利潜力的深入解读，她倡导加强对于长寿红利的挖掘利用，强调长寿红利是积极老龄化的一部分，将为推动积极应对人口老龄化国家战略提供发展契机。

第二阶段的专题报告由李俏教授进行总结发言，她衷心感谢各位专家能够在百忙之中参加本次论坛，指出老龄社会治理是一个系统性工程，需要多方参与和支持，本次嘉宾谈到的发展理念、文化传承、平台建设、供给主体、行动实践、技术创新、人力资源开发等，恰从不同角度将老龄社会治理研究推向深入。希望通过本次论坛的举办，能够增加我们对于积极应对人口老龄化和推进老龄社会治理这个领域的信心。

当日下午，智慧老龄社会治理、精神关爱、代际共融、智慧康养四个专题论坛在线上同时进行，会上对老龄社会治理领域的重点、难点、热点问题，进行了研究探讨与案例展示，来自全国高校师生和养老服务实务专家共 35 人就各个专题展开了热烈讨论。分论坛分别由周辉、安姗姗、周悦、孙圣 4 位博士主持，由王金元、杨涛、彭青云、李娟 4 位副教授进行点评。

图 1　大会开幕式

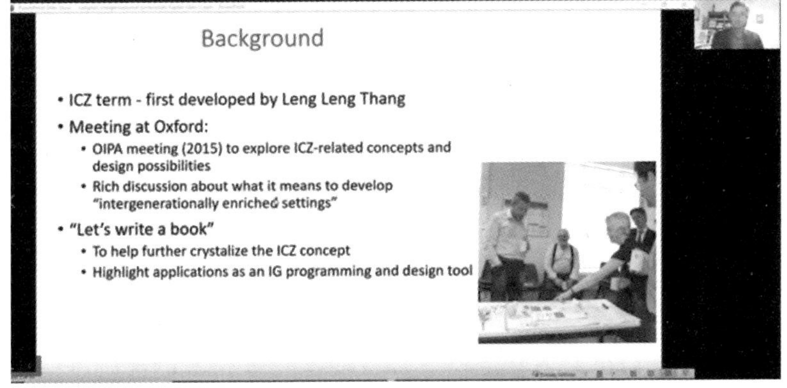

图 2　Matthew Kaplan 教授发言

附录 8　"第二届智能社会治理与康养融合论坛"成功举办

2022 年 12 月 3 日，由江南大学法学院与江苏省老年学学会精神关爱专业委员会主办，无锡市老龄工作委员会办公室、无锡市民政局、无锡市老年学学会、江苏中科西北星信息科技有限公司、无锡市明康社会工作服务中心协办，无锡国家智能社会治理实验特色基地（养老）、无锡老龄科学研究中心承办的“第二届智能社会治理与康养融合论坛”成功召开。来自中国人民大学、南京大学、中山大学、华东师范大学、河海大学、南京农业大学、华侨大学、西北大学、西南政法大学，济南大学、湘潭大学、江苏大学、南通大学、山东师范大学、重庆工商大学、天津科技大学、青海民族大学、西华师范大学、宿迁学院等20余所高校的师生及实务界专家学者参加了论坛。

上午为大会发言，第一阶段的开幕式由江南大学法学院院长王君柏主持，江南大学副校长吴正国、江苏省老年学学会副会长张伟新、无锡市卫健委老龄工作委员会办公室处长陈建忠分别致辞。

吴正国副校长向与会嘉宾表示诚挚欢迎，并对本届论坛的举办表示热烈祝贺。吴校长介绍了无锡国家智能社会治理实验特色基地（养老）的发展情况，指出本届论坛是由江南大学发起并第二次主办，因形式与内容丰富，自第一届举办以来便获得多方肯定与好评，并希望法学院能够再接再厉，主动积极联合多方资源，努力将论坛打造成一项品牌性活动，产出更多研究成果。吴校长还希望论坛能够通过分享交流养老服务领域的前沿理论研究与实践探索成果，为精准服务老年人、引领康养产业有序发展贡献力量，助力国家治理体系和治理能力现代化建设。

张伟新副会长代表省老年学学会对论坛的举办表示热烈祝贺，对论坛主办方和承办方多年来在联系专家学者、开展学术交流、为无锡市委市政府积极建言献策发挥的重要作用表示赞赏。张会长认为本届论坛具有非常鲜明的时代感，是系统学习党的二十大精神的重要行动，也是把积极老龄观、健康老龄化融入到经济社会的重要环节，更是立足新时代、展现新作为、创造新业绩的重要举措。张会长指出，近年来江苏省大力推进老龄事业发展，老龄工作取得了显著成绩，但也必须清醒地看到，江苏省老龄事业发展与社会老龄化趋势、与人民群众的期盼还不相适应，尤其在老年人精神关爱方面做得还不够。张会长强调老年精神关爱和代际共融是承载老年人希望和梦想的关键因素，也是事关江苏高质量发展的重要民生课题，希望在老年人精神关爱和代际共融领域能够推出更多的优秀论文，总结更多的实践经验，不断提升老年人的幸福感和获得感，让老年人共享改革发展成果、安享幸福晚年。

陈建忠处长指出，无锡市老龄办自2011年起开始与无锡市老年学学会、江南大学法学院共建无锡老龄科学研究中心，经过多年来的协同合作，打造出“无锡老龄科学成果发布会”“精神关爱与代际共融”等学术交流品牌，学术影响力和社会影响力日益扩大。在无锡市人民政府和江南大学市校双方共同领导以及中心研究人员的共同努力下，无锡老龄科学研究中心充分发挥研究基地平台优势，围绕养老保障、养老服务、老年人力资源、老龄产业、老年社会参与、老年友好环境等相关领域的热点难点问题展开了深入研究，并产出了一批高水平的老龄科学研究成果，为制定老龄事业发展战略决策提供了科学依据，在社会服务领域发挥了积极作用，尤其是去年无锡老龄科学研究中心携手校内外相关资源成功申办“无锡国家智能社会治理实验特色基地（养老）”，具有里程碑意义。陈建忠处长表示无锡市老龄办将一如既往地支持无锡老龄科学研究中心发展，继续加大对老龄科研基地建设资金扶持，扩大无锡市老龄科学研究中心社会影响，探索积极应对人口老龄化新路径，共商养老服务新对策。

李俏副院长宣读了《关于第二届智能社会治理与康养融合论坛暨老年人精神关爱和代际共融案例大赛获奖的决定》，本届论坛共评选出优秀组织奖4项，实务创新奖案例3项，特等奖案例6项，一等奖案例12项，二等奖案例20项，三等奖案例48项。

第二阶段的主题报告由无锡市老年学学会会长、江南大学法学院赵向红教授主持，中国老龄协会事业发展部主任李志宏，中国人民大学信息学院副院长、中国人民大学智慧养老研究所所长左美云教授，河海大学公共管理学院副院长孙中艮教授，江南大学社会科学处副处长、设计学院邓嵘教授，江南大学人工智能与计算机学院孙俊教授，江南大学法学院副院长李俏教授，江苏中科西北星信息科技有限公司副总经理唐新余等，分别围绕智慧养老、社区嵌入式养老、健康设计、元宇宙、康养产业发展等议题进行了专题发言。

李志宏主任首先对近十年国家发布的与智慧养老产业发展密切相关的政策文件进行了梳理，指出智慧养老产业政策的发展可以分为三个阶段：

2011～2014年属于波动发展阶段，2015～2018年属于缓慢推进阶段，2019年以来则进入到快速增长阶段。随后，李主任指出我国的智慧养老产业发展还面临政策的针对性扶持不足、核心技术受制于人、行政主导与市场化的张力有待消解、产品和服务存在“五有五无”、洞悉老年人需求的专业人才缺口较大、平台资源缺乏整合共享、产业链条与秩序尚待健全等方面的问题。最后，李主任对于智慧养老产业政策的创新方向提出了八个方面的建议：完善顶层设计；促进事业和产业协同发展；注重服务配套，形成服务闭环；推进关键技术创新；加强专业、复合型人才培养；注重发挥好智慧养老平台的整合和联动作用；完善监管侧政策；完善需求侧政策。

左美云教授首先引用习近平总书记在主持召开科学家座谈会时提出的“四个面向”——面向世界科技前沿、面向经济主战场、面向国家重大需求、面向人民生命健康，肯定了本届论坛的举办价值。随后，左教授深入阐释了智慧医养的涵义，并以App接入、医养结合平台、电视接入、智慧康养平台-居家、智慧助老平台与呼叫中心为例，生动展现了各主体接入智慧医养平台的方法。在对智慧医养发展现状进行相关介绍的基础上，左教授指出医养结合难的不是表面形式上的“结”，而是实质内容上的“合”，难点主要集中在一下几个方面：医养服务流程磨合难，医养服务数据共享难，医养结合筹资支付难，医养服务队伍建设难，医养结合政策落实难，医养结合平台持续运行难。左教授还从设备、平台、技术三个角度，进一步揭示了智慧医养发展中的问题所在。在对智慧医养平台迭代、生态和趋势进行分析的基础上，左教授指出适老化有人机界面、人机交互、人机共融三个层次，并对适老化进行了展望，强调应通盘考虑各场景下全流程、深层次的适老化改造，加强对适老化App的统筹规划，关注老年人的隐私安全，探索建立可持续的适老化改造和应用机制。同时，左教授还倡导应树立一些重要的观念：老年人有拒绝使用数字设备的权利；社会有帮助老年人融入数字社会的责任；不求会用，但求享用；老龄化既是问题，也是机会；数字鸿沟永远不可能填平，每代人都有新的数字鸿沟；精细化适老化、个性化适老化。

孙中良教授从理论基础和研究框架、社区嵌入式养老服务供给现状、社区嵌入式养老服务供给存在困境及原因、优化社区嵌入式养老服务供给对策四个方面，对于社区嵌入式养老服务的供给问题进行了汇报。孙教授首先解释了“嵌入式养老”和“社区嵌入式养老”两个核心概念，介绍了研究的理论基础是协同治理理论，并提出了具体的研究框架。其次，孙教授介绍了调查样本情况，并从外部环境供给、多主体协同服务供给、专业化供给、监督评估四个方面，阐明了社区嵌入式养老服务发展供给现状。孙教授指出社区嵌入式养老服务供给存在着外部有利环境缺乏、主体协同缺失、供需不匹配、专业化人才缺乏、监督评估体系尚未建立的困境，而原因主要在于嵌入式养老服务发展时间较短、资金来源渠道单一、主体参与动力不足、养老服务需求深层次研究缺乏、养老服务人才缺乏和监督与评估机制缺失。最后，孙教授提出了优化社区嵌入式养老服务供给的对策建议：一是以形成良好的资金环境、营造良好的政策环境来打造良好的社区嵌入式养老服务环境；二是以增强多主体参与意识、加大宣传来构建多主体协同参与机制；三是以完善养老服务项目和内容、加强养老护理人才队伍建设来提高养老服务的专业化水平；四是以明确职责划分，提升养老服务监管水平、建立完善的考核体系来完善养老服务监督评估体系。

邓嵘教授首先借用马尔库塞著作《单向度的人》中的一段话，引出了人们对现代工业社会的反思，并从设计创造的进化角度指出，健康设计是工业文明向生态文明过渡中设计创造进化的重要思想。随后，邓教授以行业到领域的转变为例，指出发展正在由依靠消费需求和生产组织向依靠用户对象和生产方式转变，人们由以前出于生存需求而需要工具，转变为出于生活需求而需要消费类物品，再转变为现在出于对生活质量的要求而需要合理的物，而好产品不仅仅是满足功能方面的需求，还能帮助人的肌体健康发展，这是一种积极的设计态度。邓教授强调健康产品设计的核心是以健康人的塑造为目标，在人为事物的创造过程中要始终关注人的使用行为，并能使其处于一种健康的、相对稳定的状态。这种状态有三个重要要素：健康的人人关系、健康的个体行为和健康的环境世界。在互助与关爱部分，邓教授列举了下肢康复训练轮椅、捶捶背老少乐互动式健康产品设计以及社区运动娱乐健康产品设计的例子进行具体讲解。在健康的生活方式设计部分，邓教授从个体行为、社会管理、人人关系、环境营造四个方面构建了健康生活方式设计关系模型。在健康产品创新设计与实践部分，邓教授展示了其研究团体近年来设计的健康产品——骑行族移动空气净化装置、水处理设备、碗筷消毒产品、防雾护目镜等。最后，邓教授从健康文化角度对未来研究趋势进行了展望，并对健康设计研究方向进行了分析。

孙俊教授从元宇宙这一主题切入，详细阐述了元宇宙的发展过程，并且探究了元宇宙的概念、定义、生态系统与核心技术，在将元宇宙与现实产业融合的基础上，说明了元宇宙的属性。孙俊教授还分享了元宇宙在健康医疗领域的五大应用——“临床手术”“义务与医疗器械研发”“医疗机器人”“医疗教学”“AI 超级医生”。最后，孙教授介绍了其团队近年来设计的新型产品“智能养老陪护机器人”，并对“智能养老陪护机器人”的项目背景、产品概况、技术方案、实体产品等进行了深入细致的解释说明，充分展现了江南大学在推动智慧康养关键技术产品研发方面所做出的探索与努力。

李俏教授从引入国家和地方有关城乡融合、县域养老服务体系建设的相关政策文件入手，指出国内各地已陆续出现了城市退休老人前往城市周边、生态环境良好的农村地区或者“长寿之乡”消夏避暑等现象，“中期”和“长期”的居留形式已开始出现，这种养老方式在乡村发展中的作用需要引起相应关注和重视。随后，李教授对国内外有关农村退休迁移、城乡互助养老、康养产业发展的文献资料进行了梳理，指出“城乡互益性养老”是比“互助性养老”范畴更大的概念，专门指通过乡村康养产业开发、志愿服务开展等形式，使城乡老年人共享互惠的新型养老形态。就其深层涵义而言，多元互利是基础，组织协同是关键，资源共享是目的。随后，结合国内各地的典型案例，李教授分别从面向城市和农村两类老年群体的角度介绍了城乡互益性养老的实践雏形及特点，并从中总结出“谁来投资、谁来服务、服务什么、何以互益”四个实践问题。最后，李教授从统筹城乡养老产业布局、打造农村康养产业集群、推进智慧医养康养融合、设计互益服务流程四个方面，提出了城乡互益性养老的发展设想。

唐新余博士立足于当下人口老龄化背景，分享了江苏中科西北星信息科技有限公司的发展过程，指出其公司从创办之初就致力于将“物联网+”与养老相结合，并完成了相关的应用示范。作为无锡市智慧养老工程的合作伙伴、无锡市智慧养老云服务平台唯一供应商，中科西北星自2014年以来已对无锡市智慧养老云服务平台进行多次升级，旨在通过可穿戴设备等进行前端感知，利用5G等技术搭建信息传输网络，再利用大数据分析等技术实现针对不同场景的智能化应用。目前，平台已经升级到“3.0”版本，实现了养老服务管理、大专科医疗、健康管理及康复理疗、护理险管理服务、护理人员/康复人员教育培训管理、数据融合六大板块的一体化解决方案。随后，唐新余博士介绍了江苏中科西北星信息科技有限公司智慧养老平台的建设过程、运营服务体系和目前已搭建的智慧养老应用场景。最后，基于对老年人安全与生活方面的思考，希望打造一个“自由、年轻、快乐”的新享老养老服务模式，实现公司的发展愿景。

当日下午，智慧老龄社会治理、精神关爱、代际共融、智慧康养四个专题论坛在线上同时进行，来自全国高校师生和养老服务实务专家共80余人就各个专题展开了热烈讨论。分论坛分别由周悦、安姗姗、周辉、孙圣4位博士主持，由彭青云、杨涛、王金元、李娟4位副教授进行点评。受疫情影响，此次论坛采用了线上与线下会议相结合的方式，此次会议得到了社会的广泛关注，其中网络直播平台观看数量达1400人次。

参考文献

Amy Chong、于开莲：《新加坡日托中心的代际交往项目——“淡兵泥”三合一家庭中心简介》，《幼儿教育》2003 年第 6 期，第 24～25 页。

白南生、李靖、陈晨：《子女外出务工、转移收入与农村老人农业劳动供给——基于安徽省劳动力输出集中地三个村的研究》，《中国农村经济》2007 年第 10 期，第 46～52 页。

〔英〕保罗·霍普：《个人主义时代之共同体重建》，沈毅译，浙江大学出版社，2010，第 60～61 页。

毕天云、刘梦阳：《中国传统宗族福利体系初探》，《山东社会科学》2014 年第 4 期，第 37～41 页。

蔡娟：《代际关系研究的缘起、主题与发展趋势——一个基于文献的述评》，《中国青年研究》2015 年第 11 期，第 38～42、95 页。

曹鹏程：《让老年人生活得更有尊严》，《人民日报》2015 年 6 月 10 日，第 5 版。

曹惟纯、叶光辉：《高龄化下的代间关系——台湾民众孝道信念变迁趋势分析（1994—2011）》，《社会学研究》2014 年第 2 期，第 116～144、244 页。

曹信邦：《中国长期护理保险制度构建的理论逻辑和现实路径》，《社会保障评论》2018 年第 4 期，第 75～84 页。

车茂娟：《中国家庭养育关系中的“逆反哺模式”》，《人口学刊》1990 年第 4 期，第 52～54 页。

陈爱华：《关于老龄化社会弘扬伦理关爱精神的几点思考》，《江苏老年学研究》2022 年第 1 期。

陈柏峰:《代际关系变动与老年人自杀——对湖北京山农村的实证研究》,《社会学研究》2009 年第 4 期,第 157～176 页。

陈功、杜鹏、陈谊:《关于养老“时间储蓄”的问题与思考》,《人口与经济》2001 年第 6 期,第 67～73 页。

陈桂香:《美国代际阅读推广的研究及启示——基于拉斯韦尔的 5W 模式》,《图书馆建设》2020 年第 1 期,第 132～137 页。

陈坚、连榕:《代际工作价值观发展的研究述评》,《心理科学进展》2011 年第 11 期,第 1692～1701 页。

陈皆明:《中国养老模式:传统文化、家庭边界和代际关系》,《西安交通大学学报》(社会科学版)2010 年第 6 期,第 44～50、61 页。

陈竞:《日本公共性社区互助网络的解析——以神奈川县川崎市 Y 地区的 NPO 活动为例》,《广西民族大学学报》(哲学社会科学版)2007 年第 1 期,第 89～94 页。

陈墨:《农村独居老人谈生活状况　含泪说满意》,《中国青年报》2015 年 7 月 1 日,第 9 版。

陈雯:《“四二一”家庭结构假设与家庭养老压力事实》,《华中师范大学学报》(人文社会科学版)2012 年第 5 期,第 23～32 页。

陈讯:《候权与赠权:妇女在家庭中的地位是如何转变的——基于鄂中 T 镇婆媳关系演变历程的分析》,《妇女研究论丛》2012 年第 3 期,第 22～27 页。

陈云霞:《江苏省宜兴丰汇水芹专业合作社 互促互帮 以产业实现养老》,《中国合作经济》2017 年第 4 期,第 7～11 页。

崔烨、靳小怡:《家庭代际关系对农村随迁父母心理福利的影响探析》,《中国农村经济》2016 年第 6 期,第 15～29 页。

〔美〕Dennis Saleebey 编著《优势视角——社会工作实践的新模式》,李亚文、杜立婕译,华东理工大学出版社,2004。

邓燕华、阮横俯:《农村银色力量何以可能?——以浙江老年协会为例》,《社会学研究》2008 年第 6 期,第 131～154、245 页。

窦畅宇、肖峰：《信息时代的代际伦理与青年的代际义务》，《中国青年社会科学》2017年第2期，第18～24页。

杜鹏、丁志宏、李全棉、桂江丰：《农村子女外出务工对留守老人的影响》，《人口研究》2004年第6期，第44～52页。

（西汉）戴圣：《礼记全鉴》，东篱子解译，中国纺织出版社，2018，第299页。

范成杰：《代际关系的价值基础及其影响——对江汉平原农村家庭养老问题的一种解释》，《人口与发展》2012年第5期，第11～16页。

范成杰：《代际关系的下位运行及其对农村家庭养老影响》，《华中农业大学学报》（社会科学版）2013年第1期，第90～95页。

范成杰、龚继红：《空间重组与农村代际关系变迁——基于华北李村农民"上楼"的分析》，《青年研究》2015年第2期，第85～93、96页。

范方春、吴湘玲：《老龄问题应对理念的辨析——历史和比较的视野》，《社会保障研究》2018年第4期，第13～21页。

方静文：《超越家庭的可能：历史人类学视野下的互助养老——以太监、自梳女为例》，《思想战线》2015年第4期，第78～82页。

费孝通：《个人·群体·社会——一生学术历程的自我思考》，《北京大学学报》（哲学社会科学版）1994年第1期，第6、7～17、127页。

费孝通：《家庭结构变动中的老年赡养问题——再论中国家庭结构的变动》，《北京大学学报》（哲学社会科学版）1983年第3期，第7～16页。

费孝通：《论中国家庭结构的变动》，《天津社会科学》1982年第3期，第2～6页。

费孝通：《乡土中国》，生活·读书·新知三联书店，1985，第23页。

费孝通：《乡土中国　生育制度》，北京大学出版社，1998，第70页。

风笑天：《从"依赖养老"到"独立养老"——独生子女家庭养老观念的重要转变》，《河北学刊》2006年第3期，第83～87页。

付本臣、孟雪、张宇：《社区代际互助的国际实践及其启示》，《建设学报》2019 年第 2 期，第 50 ~ 56 页。

付诚、王一：《政府与市场的双向增权——社会化养老服务的合作逻辑》，《吉林大学社会科学学报》2010 年第 5 期，第 24 ~ 29 页。

甘绍平：《代际义务的论证问题》，《中国社会科学》2019 年第 1 期，第 22 ~ 41、204 ~ 205 页。

郭秋菊、谢娅婷、李树茁：《家庭代际关系类型及其城乡差异分析》，《华中农业大学学报》（社会科学版）2020 年第 6 期，第 120 ~ 127、166 ~ 167 页。

郭于华：《代际关系中的公平逻辑及其变迁：对河北农村养老事件的分析》，《中国学术》2001 年第 4 期，第 221 ~ 254 页。

郝明松、于苓苓：《双元孝道观念及其对家庭养老的影响——基于 2006 东亚社会调查的实证分析》，《青年研究》2015 年第 3 期，第 66 ~ 75、96 页。

何昌勤：《敬老院：人民公社时期的集体养老实践》，硕士学位论文，华中师范大学，2013。

贺雪峰、郭俊霞：《试论农村代际关系的四个维度》，《社会科学》2012 年第 7 期，第 69 ~ 78 页。

贺雪峰：《农村代际关系论：兼论代际关系的价值基础》，《社会科学研究》2009 年第 5 期，第 84 ~ 92 页。

贺雪峰：《农村家庭代际关系的变动及其影响》，《江海学刊》2008 年第 4 期，第 108 ~ 113、239 页。

胡安宁：《老龄化背景下子女对父母的多样化支持：观念与行为》，《中国社会科学》2017 年第 3 期，第 77 ~ 95 页。

黄佳鹏：《“自主型”代际关系与农村养老秩序———基于川西平原 S 村的实地调研》，《山西农业大学学报》（社会科学版）2019 年第 2 期，第 23 ~ 30 页。

黄勇娣、贾佳：《养老不离乡｜上海松江“幸福老人村”里的幸福事》，上观网，2016 年 8 月 30 日，https://www.shobserver.com/news/detail?id=29130。

〔美〕J. 罗斯·埃什尔曼：《家庭导论》，潘允康等译，中国社会科学出版社，1991，第57页。

靳小怡、崔烨、郭秋菊：《城镇化背景下农村随迁父母的代际关系——基于代际团结模式的分析》，《人口学刊》2015年第1期，第50~62页。

景军、赵芮：《互助养老：来自“爱心时间银行”的启示》，《思想战线》2015年第4期，第72~77页。

康岚：《代差与代同：新家庭主义价值的兴起》，《青年研究》2012年第3期，第21~29、94页。

寇思：《新时代家庭幸福观的维度》，《中国社会科学报》2022年3月22日，第5版。

乐章、肖荣荣：《养儿防老、多子多福与乡村老人养老倾向》，《重庆社会科学》2016年第3期，第59~67页。

雷洁琼主编《中国社会保障体系的建构》，山西人民出版社，1999，第134页。

〔法〕雷蒙·阿隆：《社会学主要思潮》，葛秉宁译，上海译文出版社，2015，第495~499页。

李静：《代际互助：“成功老化”的模式创新》，《东岳论丛》2018年第5期，第61~66页。

李俏、陈健：《变动中的养老空间与社会边界——基于对农村养老方式转换的考察》，《中国农业大学学报》（社会科学版）2017年第2期，第128~136页。

李俏、郭凯凯、蔡永民：《农村养老供给侧改革的结构生态与可能路径：一个文献综述》，《广西社会科学》2016年第7期，第149~153页。

李俏、李久维：《回归自主与放权社会：中国农村养老治理实践》，《中国农业大学学报》（社会科学版）2016年第3期，第93~100页。

李俏、刘亚琪：《农村互助养老的历史演进、实践模式与发展走向》，《西北农林科技大学学报》（社会科学版）2018年第5期，第72~78页。

李俏、马修·卡普兰：《老龄化背景下的代际策略及其社会实践——兼论中国的可能与未来》，《国外社会科学》2017 年第 4 期，第 54～63 页。

李俏、王建华：《转型中国的养老诉求与代际项目实践反思》，《学习与实践》2017 年第 10 期，第 81～90 页。

李俏、朱琳：《农村养老方式的区域差异与观念嬗变》，《西北农林科技大学学报》（社会科学版）2016 年第 2 期，第 93～102 页。

李学如：《20 世纪以来的宗族义庄研究》，《合肥师范学院学报》2015 年第 1 期，第 33～38 页。

李学勇、廖冲绪：《农村留守家庭的代际和谐初探》，《农村经济》2014 年第 12 期，第 69～73 页。

李艳艳：《农村养老困境及解困措施》，《市场周刊》2020 年第 11 期，第 182～184 页。

李永萍、慈勤英：《“两头走”：一种流动性婚居模式及其隐忧——基于对江汉平原 J 村的考察》，《南方人口》2015 年第 4 期，第 26～34 页。

梁捷、甘力心：《老年宜居环境建设：变“养老”为“享老”》，《智慧中国》2016 年第 4 期，第 16～18 页。

廖小平：《分化与整合——转型期价值观代际变迁研究》，高等教育出版社，2007。

林义、林熙：《生命历程视域下退休制度的理论探索》，《苏州大学学报》（哲学社会科学版）2014 年第 4 期，第 21～28 页。

刘桂莉：《眼泪为什么往下流？——转型期家庭代际关系倾斜问题探析》，《南昌大学学报》（人文社会科学版）2005 年第 6 期，第 1～8 页。

刘捷玉、余家庆：《中国农村家庭养老现状：人口流动下的家庭照顾循环》，《开放时代》2019 年第 1 期，第 7、179～193 页。

刘妮娜：《互助与合作：中国农村互助型社会养老模式研究》，《人口研究》2017 年第 4 期，第 72～81 页。

刘苹苹：《建立宜居社区与“多代屋”——中国应对人口老龄化问题的路径选择》，《人口学刊》2013 年第 6 期，第 47～53 页。

刘文、焦佩：《国际视野中的积极老龄化研究》，《中山大学学报》（社会科学版）2015 年第 1 期，第 167~180 页。

刘汶蓉：《当代家庭代际支持观念与群体差异——兼论反馈模式的文化基础变迁》，《当代青年研究》2013 年第 3 期，第 5~12 页。

刘汶蓉：《转型期的家庭代际情感与团结——基于上海两类“啃老”家庭的比较》，《社会学研究》2016 年第 4 期，第 145~168、245 页。

刘兴云：《浅议唐代的乡村养老》，《史学月刊》2007 年第 8 期，第 120~123 页。

刘燕舞：《农村老年人自杀及其危机干预（1980—2009）》，《南方人口》2013 年第 2 期，第 57~64 页。

卢海阳、钱文荣：《子女外出务工对农村留守老人生活的影响研究》，《农业经济问题》2014 年第 6 期，第 24~32 页。

陆杰华、阮韵晨、张莉：《健康老龄化的中国方案探讨：内涵、主要障碍及其方略》，《国家行政学院学报》2017 年第 5 期，第 40~47、145 页。

陆杰华：《中国式养老的国家挑战与战略选择》，《高科技与产业化》2014 年第 12 期，第 58~61 页。

陆益龙：《后乡土中国的基本问题及其出路》，《社会科学研究》2015 年第 1 期，第 116~132 页。

陆益龙：《后乡土中国的自力养老及其限度——皖东 T 村经验引发的思考》，《南京农业大学学报》（社会科学版）2017 年第 1 期，第 11~19、144 页。

吕宽庆：《清代妇女宗族养老保障研究》，《兰台世界》2017 年第 9 期，第 125~128 页。

罗丽娅、郭林：《“家庭主义福利”的审视与再修正——来自西班牙老年长期照护服务发展的经验》，《国外社会科学》2019 年第 4 期，第 112~121 页。

马春华、石金群、李银河、王震宇、唐灿：《中国城市家庭变迁的趋势和最新发现》，《社会学研究》2011 年第 2 期，第 182~216、246 页。

马良灿：《农村社区内生性组织及其“内卷化”问题探究》，《中国农村观察》2012 年第 6 期，第 12～20 页。

〔美〕曼纽尔·卡斯特：《网络社会的崛起》，夏铸九、王志弘等译，社会科学文献出版社，2001，第 8 页。

孟宪实：《唐朝政府的民间结社政策研究》，《北京理工大学学报》（社会科学版）2001 年第 1 期，第 25～30 页。

苗美娟：《美国公共图书馆代际项目的认知调查》，《图书馆论坛》2020 年第 3 期，第 167～177 页。

苗美娟：《美国公共图书馆代际阅读项目的实践探析——以伊利诺伊州公共图书馆为例》，《图书馆论坛》2019 年第 4 期，第 110～117、141 页。

穆光宗：《成功老龄化：中国老龄治理的战略构想》，《国家行政学院学报》2015 年第 3 期，第 55～61 页。

穆光宗：《当前家庭养老面临的困境及应对》，《人民日报》2014 年 6 月 16 日，第 15 版。

穆光宗、淦宇杰：《给岁月以生命：自我养老之精神和智慧》，《华中科技大学学报》（社会科学版）2019 年第 4 期，第 30～36 页。

穆光宗：《建立代际互助体系　走出传统养老困境》，《市场与人口分析》1999 年第 6 期，第 33～35 页。

牛勇、高莹：《图书馆代际学习服务研究》，《图书馆工作与研究》2018 年第 7 期，第 54～57、96 页。

彭希哲、胡湛：《当代中国家庭变迁与家庭政策重构》，《中国社会科学》2015 年第 12 期，第 113～132、207 页。

乔琦、蔡永洁：《非血缘关系的多代居——德国新型社会互助养老模式案例及启示》，《建筑学报》2014 年第 2 期，第 17～21 页。

青连斌：《积极应对人口老龄化要“两手抓”的战略选择和政策建议》，《西北大学学报》（哲学社会科学版）2021 年第 2 期，第 42～49 页。

任杰慧：《把“无缘”变“有缘”：中国农村养老模式研究》，《西南民族大学学报》（人文社会科学版）2018 年第 7 期，第 7～15 页。

石金群：《转型期家庭代际关系流变：机制、逻辑与张力》，《社会学研究》2016 年第 6 期，第 191～213、245 页。

石智雷：《计划生育政策对家庭发展能力的影响及其政策含义》，《公共管理学报》2014 年第 4 期，第 83～94 页。

史昱天、赵宇翔、朱庆华：《代际学习：连接数字原住民和数字移民的新兴研究领域》，《图书与情报》2017 年第 2 期，第 63～71 页。

宋璐、李树茁：《照料留守孙子女对农村老年人养老支持的影响研究》，《人口学刊》2010 年第 2 期，第 35～42 页。

孙鹃娟：《劳动力迁移过程中的农村留守老人照料问题研究》，《人口学刊》2006 年第 4 期，第 14～18 页。

孙新华、王艳霞：《交换型代际关系：农村家际代际关系的新动向——对江汉平原农村的定性研究》，《民俗研究》2013 年第 1 期，第 134～142 页。

唐灿、陈午晴：《中国城市家庭的亲属关系——基于五城市家庭结构与家庭关系调查》，《江苏社会科学》2012 年第 2 期，第 92～103 页。

唐灿、马春华、石金群：《女儿赡养的伦理与公平——浙东农村家庭代际关系的性别考察》，《社会学研究》2009 年第 6 期，第 18～36、243 页。

汪国新：《社区共学养老：特征、意义与实施策略》，《中国成人教育》2018 年第 17 期，第 126～130 页。

王斌：《数字化代际冲突：概念、特征及成因》，《当代青年研究》2019 年第 1 期，第 116～122 页。

王顶明：《银龄讲学计划为农村教育注入活水》，中国网，2018 年 8 月 1 日，http://news.china.com.cn/live/2018－08/01/content_132211.htm。

王建刚：《“跨国界、跨部门和跨代际”对话》，中国社会科学网，2019 年 10 月 25 日，http://ex.cssn.cn/jjx_lljjx_1/lljjx_gg/201910/t20191025_5021056.html。

王金玲：《中国城市家庭冲突缘起新特点》，《浙江学刊》1990 年第 6 期，第 148～151 页。

王日根：《义田及其在封建社会中后期之社会功能浅析》，《社会学研究》

1992 年第 6 期，第 90 ~ 99 页。
王树新、马金：《人口老龄化过程中的代际关系新走向》，《人口与经济》2002 年第 4 期，第 15 ~ 21 页。
王树新：《人口与生育政策变动对代际关系的影响》，《人口与经济》2004 年第 4 期，第 9 ~ 14 页。
王树新主编《社会变革与代际关系研究》，首都经济贸易大学出版社，2004，第 207 ~ 211 页。
王文涛：《汉代民间互助保障的主体——宗族互助》，《学术交流》2006 年第 11 期，第 172 ~ 175 页。
王银秀：《关注农村“空巢”家庭的养老问题》，《中国人口科学》2005 年第 S1 期，第 160 ~ 164、178 页。
王跃生：《城乡养老中的家庭代际关系研究——以 2010 年七省区调查数据为基础》，《开放时代》2012 年第 2 期，第 102 ~ 121 页。
王跃生：《个体家庭、网络家庭和亲属圈家庭分析——历史与现实相结合的视角》，《开放时代》2010 年第 4 期，第 83 ~ 99 页。
王跃生：《农村家庭代际关系理论和经验分析——以北方农村为基础》，《社会科学研究》2010 年第 4 期，第 116 ~ 123 页。
王跃生：《社会变革中的家庭代际关系变动、问题与调适》，《中国特色社会主义研究》2019 年第 3 期，第 79 ~ 87 页。
王跃生：《中国家庭代际关系的理论分析》，《人口研究》2008 年第 4 期，第 13 ~ 21 页。
王跃生：《中国家庭代际关系的维系、变动和趋向》，《江淮论坛》2011 年第 2 期，第 122 ~ 129 页。
王跃生：《中国家庭代际关系内容及其时期差异——历史与现实相结合的考察》，《中国社会科学院研究生院学报》2011 年第 3 期，第 134 ~ 140 页。
王树新：《人口与生育政策变动对代际关系的影响》，《人口与经济》2004 年第 4 期，第 9 ~ 14 页。
邬沧萍主编《社会老年学》，中国人民大学出版社，1999，第 464 页。
魏传光：《中国农村家庭“恩往下流”现象的因果链条分析》，《内蒙古社会科学》（汉文版）2011 年第 6 期，第 140～144 页。

邬沧萍、姜向群：《“健康老龄化”战略刍议》，《中国社会科学》1996 年第 5 期，第 52～64 页。

邬沧萍、姜向群主编《老年学概论》，中国人民大学出版社，2006，第 188 页。

邬沧萍、杨庆芳：《“老有所为”是我国积极应对人口老龄化的客观要求》，《人口与发展》2011 年第 6 期，第 32～34 页。

吴帆：《代际冲突与融合：老年歧视群体差异性分析与政策思考》，《广东社会科学》2013 年第 5 期，第 218～226 页。

吴帆、李建民：《中国人口老龄化和社会转型背景下的社会代际关系》，《学海》2010 年第 1 期，第 35～41 页。

吴理财：《个体化与当代中国农村宗教发展》，《江汉论坛》2014 年第 3 期，第 135～139 页。

吴小英：《代际冲突与青年话语的变迁》，《青年研究》2006 年第 8 期，第 1～8 页。

伍海霞：《啃老还是养老？亲子同居家庭中的代际支持研究——基于七省区调查数据的分析》，《社会科学》2015 年第 11 期，第 82～90 页。

肖倩：《农村家庭养老问题与代际权力关系变迁——基于赣中南农村的调查》，《人口与发展》2010 年第 6 期，第 52～59 页。

肖群忠：《论中国古代邻里关系及其道德调节传统》，《孔子研究》2009 年第 4 期，第 17～23 页。

肖索未：《“严母慈祖”：儿童抚育中的代际合作与权力关系》，《社会学研究》2014 年第 6 期，第 148～171、244～245 页。

熊波：《老龄化如何成功？——国外成功老龄化研究的取向与评述》，《国外社会科学》2018 年第 2 期，第 68～76 页。

熊波、石人炳：《农村老年人家庭代际支持类型的再分析——基于对湖北省两个地区的调查》，《人口与发展》2014 年第 3 期，第 59～64 页。

熊波：《孝道观念与成年子女的代际支持——基于中国三地农村的考

察》，《山东社会科学》2016 年第 4 期，第 52～58 页。

熊建：《黄发垂髫，并怡然自乐　陶渊明怎么看养老》，《新湘评论》2017 年第 6 期，第 52 页。

熊英、牟哲勤：《孝道与平权：冲突、融合中的家庭代际伦理构建》，《湖北社会科学》2010 年第 10 期，第 102～104 页。

徐娜娜：《论中国传统宗族文化对当代文化养老的影响》，《湖南社会科学》2014 年第 4 期，第 10～12 页。

徐孝娟、赵宇翔、吴曼丽、蒋佳新、李霖：《境外代际学习的研究进展及前沿展望》，《远程教育杂志》2017 年第 2 期，第 87～93 页。

徐征、齐明珠：《代际关系的影响因素及如何建立正向的代际关系》，《人口与经济》2003 年第 3 期，第 55～60 页。

阎云翔：《私人生活的变革：一个中国村庄里的爱情、家庭与亲密关系（1949—1999）》，龚小夏译，上海书店出版社，2006，中文版自序第 4 页。

阎云翔：《私人生活的变革：一个中国村庄里的爱情、家庭与亲密关系（1949—1999）》，龚小夏译，上海书店出版社，2006，中文版自序第 9 页。

阎云翔、杨雯琦：《社会自我主义：中国式亲密关系——中国北方农村的代际亲密关系与下行式家庭主义》，《探索与争鸣》2017 年第 7 期，第 1、4～15 页。

阎云翔：《中国社会的个体化》，陆洋等译，上海译文出版社，2012，第 343 页。

杨晶晶、Ariela Lowenstein、Todd Jackson、郑涌：《代际团结潜在类别与关系质量对自陈健康及幸福感的影响》，《心理学报》2013 年第 7 期，第 811～824 页。

杨善华、贺常梅：《责任伦理与城市居民的家庭养老——以“北京市老年人需求调查”为例》，《北京大学学报》（哲学社会科学版）2004 年第 1 期，第 71～84 页。

杨善华：《以“责任伦理”为核心的中国养老文化——基于文化与功能

视角的一种解读》，《晋阳学刊》2015 年第 5 期，第 89 ~ 96 页。
姚栋、袁正、李凌枫：《促进代际融合的社区公共服务设施——德国“多代屋”的经验》，《城市建筑》2018 年第 34 期，第 31 ~ 34 页。
姚俊：《“临时主干家庭”：城市家庭结构的变动与策略化——基于 N 市个案资料的分析》，《青年研究》2012 年第 3 期，第 85 ~ 93、96 页。
姚远：《血亲价值论：对中国家庭养老机制的理论探讨》，《中国人口科学》2000 年第 6 期，第 29 ~ 35 页。
姚兆余：《农村社会养老服务模式、机制与发展路径——基于江苏地区的调查》，《甘肃社会科学》2014 年第 1 期，第 48 ~ 51 页。
叶光辉、曹惟纯：《从华人文化脉络反思台湾高龄社会下的老人福祉》，《中国农业大学学报》（社会科学版）2014 年第 3 期，第 30 ~ 46 页。
叶敬忠、贺聪志：《农村劳动力外出务工对留守老人经济供养的影响研究》，《人口研究》2009 年第 4 期，第 44 ~ 53 页。
于建嵘：《农村留守群体：问题、根源与对策》，《社会政策研究》2017 年第 1 期，第 95 ~ 109 页。
余飞跃：《家庭养老的困境与出路——兼论孝与不孝的理性》，《重庆大学学报》（社会科学版）2011 年第 5 期，第 124 ~ 130 页。
原新：《积极应对人口老龄化是新时代的国家战略》，《人口研究》2018 年第 3 期，第 3 ~ 8 页。
曾红萍：《家庭负担、家庭结构核心化与农村养老失范——基于关中 Z 村的调查分析》，《老龄科学研究》2015 年第 2 期，第 20 ~ 27、37 页。
曾毅：《完善人口政策和提倡尊老爱幼代际互助家庭模式》，《科技导报》2021 年第 3 期，第 130 ~ 140 页。
张凤鸣：《老龄化背景下图书馆促进社会代际融合思路研究》，《图书与情报》2017 年第 3 期，第 72 ~ 77 页。
张建雷：《家庭伦理、家庭分工与农民家庭的现代化进程》，《伦理学研究》2017 年第 6 期，第 112 ~ 117 页。
张坤：《优势视角下司法社会工作实践模式探析》，《社会工作》（学术版）2011 年第 11 期，第 4 ~ 7 页。

张姗姗：《中国古代契约的互惠性与互助性及其文化解读》，《法制与社会发展》2011 年第 3 期，第 83 ~ 91 页。

张世青、王文娟、陈岱云：《农村养老服务供给中的政府责任再探——以山东省为例》，《山东社会科学》2015 年第 3 期，第 93 ~ 98 页。

张小侠：《基于代际融合理念城市老年友好社区规划探讨——淮安市府前街道调查研究》，《淮阴工学院学报》2015 年第 5 期，第 68 ~ 72 页。

张雪松：《清代以来的太监庙探析》，《清史研究》2009 年第 4 期，第 89 ~ 96 页。

张杨波：《代际冲突与合作——幼儿家庭照料类型探析》，《学术论坛》2018 年第 5 期，第 125 ~ 133 页。

张云英、张紫薇：《农村互助养老模式的历史嬗变与现实审思》，《湘潭大学学报》（哲学社会科学版）2017 年第 4 期，第 34 ~ 38 页。

赵继伦、陆志娟：《城市家庭养老代际互助关系分析》，《人口学刊》2013 年第 6 期，第 41 ~ 46 页。

赵万林：《农村老年人照顾与老年友好社区营造——基于湖北 B 村的分析》，《老龄科学研究》2016 年第 2 期，第 59 ~ 68 页。

赵志强：《河北农村互助养老模式分析》，《合作经济与科技》2012 年第 10 期，第 68 ~ 69 页。

郑佳然：《流动老年人口社会融入困境及对策研究——基于 6 位“北漂老人”流迁经历的质性分析》，《宁夏社会科学》2016 年第 1 期，第 112 ~ 119 页。

郑晶：《基于代际融合下的老幼互助空间设计研究》，《艺海》2017 年第 11 期，第 102 ~ 104 页。

郑礼军：《顾秀莲点赞宝安关心下一代》，《宝安日报》2016 年 4 月 8 日，第 A3 版。

郅玉玲：《浙江省城镇家庭代际互助关系的调查分析》，《人口研究》1999 年第 6 期，第 63 ~ 66 页。

钟晓慧、何式凝：《协商式亲密关系：独生子女父母对家庭关系和孝道的期待》，《开放时代》2014 年第 1 期，第 7～8、155～175 页。

钟涨宝、冯华超：《论人口老龄化与代际关系变动》，《北京社会科学》2014 年第 1 期，第 85～90 页。

钟涨宝、路佳、韦宏耀：《“逆反哺”？农村父母对已成家子女家庭的支持研究》，《学习与实践》2015 年第 10 期，第 92～103 页。

周飞舟：《慈孝一体：论差序格局的“核心层”》，《学海》2019 年第 2 期，第 11～20 页。

周飞舟：《人伦与位育：潘光旦先生的社会学思想及其儒学基础》，《社会学评论》2019 年第 4 期，第 3～18 页。

周飞舟：《一本与一体：中国社会理论的基础》，《社会》2021 年第 4 期，第 1～29 页。

周文彬：《孝道式微：农村养老面对的一个挑战》，《北京日报》2017 年 6 月 5 日，第 14 版。

周晓虹：《文化反哺：变迁社会中的亲子传承》，《社会学研究》2000 年第 2 期，第 51～66 页。

周晓虹：《孝悌传统与长幼尊卑：传统中国社会的代际关系》，《浙江社会科学》2008 年第 5 期，第 77～82、127～128 页。

周裕琼：《数字代沟与文化反哺：对家庭内“静悄悄的革命”的量化考察》，《现代传播（中国传媒大学学报）》2014 年第 2 期，第 117～123 页。

A. Epstein, B. Boisvert, "Let's Do Something Together: Identifying the Effective Components of Intergenerational Programs," *Journal of Intergenerational Relationships* 4 (2006): 87–109.

A. Joshi, J. C. Dencker, G. Franz, et al., "Unpacking Generational Identities in Organizations," *Academy of Management Review* 35 (2010): 392–414.

A. Lawrence-Jacobson, M. Kaplan, "The Applicability of Empowerment theory to Intergenerational Programming," *Japan Journal of Intergenerational Studies* 1 (2011): 7–17.

Anna Boemel, " 'No Wasting' and 'Empty Nesters': 'Old Age' in Beijing," *Oxford Development Studies* 34 (2006): 401 -418.

Anqi Xu, Yan Xia, "The Changes in Mainland Chinese Families during the Social Transition: A Critical Analysis," *Journal of Comparative Family Studies* 45 (2014): 31 -53.

A. Scharlach, "Creating Aging-Friendly Communities," *Generations (San Francisco)* 2 (2009): 5 -11.

A. Walker, "Active Ageing in Employment: Its Meaning and Potential," *Asia-Pacific Review* 13 (2006): 78 -93.

A. Walker, "A Strategy for Active Ageing," *International Social Security Review* 55 (2002): 121 -139.

A. Walker, "Commentary: The Emergence and Application of Active Aging in Europe," *Journal of Aging & Social Policy* 21 (2009): 75 -93.

A. Wescott, T. C. Healy, "The Memory Bridge Initiative on Service Learners," *Educational Gerontology* 37 (2011): 307 -326.

A. Xu, X. Xie, W. Liu, Y. Xia, D. Liu, "Chinese Family Strengths and Resiliency," *Marriage & Family Review* 41 (2007): 143 -164.

B. Levy, O. Ashman, & I. Dror, "To Be or not to Be: The Effects of Aging Stereotypes on the Will to Live," *Omega: Journal of Death and Dying* 40 (2000): 409 -420.

C. Cheung, A. Y. H. Kwan, "The Erosion of Filial Piety by Modernisation in Chinese Cities," *Aging & Society* 29 (2009): 179 -198.

C. D. Ryff, "Successful Aging: A Developmental Approach," *The Gerontologist* 22 (1982): 209 -214.

C. Flash, "The Intergenerational Learning Center, Providence Mount St. Vincent, Seattle," *Journal of Intergenerational Relationships* 13 (2015): 338 -341.

C. K. Perry, K. Weatherby, "Feasibility of an Intergenerational Tai Chi Program: A Community-Based Participatory Research Project," *Journal of*

Intergenerational Relationships 4 (2011): 63 – 74.

C. Lennartsson, "Still in Touch: Family Contact, Activities and Health among the Elderly in Sweden," *Ageing and Society* 19 (1999): 93 – 121.

Cristina Fernández Portero, "Development and Implementation of Intergenerational Programmes in the European Context: Spain, Scotland, and the United Kingdom," *Journal of Intergenerational Relationships* 10 (2012): 190 – 194.

C. R. Ward, "Research on Intergenerational Programs," in S. Newman, C. R. Ward, T. B. Smith, J. O. Wilson & J. M. McCrea, eds., *Intergenerational Programs: Past, Present, and Future* (Washington, D. C.: Taylor &Francis, 1997), pp. 127 – 139.

C. S. Tang, A. M. S. Wu, D. Yeung, and E. Yan, "Attitudes and Intention toward Old Age Home Placement: A Study of Young Adult, Middle-Aged, and Older Chinese," *Ageing International* 34 (2009): 237 – 251.

C. Y. Cherri Ho, "Intergenerational Learning (between Generation X & Y) in Learning Families: A Narrative Inquiry," *International Education Studies* 3 (2010): 59 – 72.

D. Cohon, "Intergenerational Program Research to Refine Theory and Practice," in S. Newman & S. Brummel, eds., *Intergenerational Programs: Imperatives, Strategies, Impacts, Trends* (New York: The Haworth Press, Inc., 1989), pp. 217 – 232.

D. E. Rupp, S. J. Vodanovich, & M. Credé, "The Multidimensional Nature of Ageism: Construct Validity and Group Differences," *Journal of Social Psychology* 145 (2005): 335 – 362.

D. G. Blazer, "Depression and Social Support in Late Life: A Clear but not Obvious Relationship," *Aging & Mental Health* 9 (2005): 497 – 499.

D. S. Meshel, R. P. Mcglynn, "Intergenerational Contact, Attitudes, and Stereotypes of Adolescents and Older People," *Educational Gerontology* 30 (2004): 457 – 479.

E. C. L. Goh, L. Kuczynski, "Agency and Power of Single Children in Multi-Generational Families in Urban Xiamen, China," *Culture and Psychology* 15 (2009): 506 – 532.

E. C. L. Goh, L. Kuczynski, "'Only Children' and Their Coalition of Parents: Considering Grandparents and Parents as Joint Caregivers in Urban Xiamen, China," *Asian Journal of Social Psychology* 13 (2010): 221 – 231.

E. E. Femia, S. H. Zarit, C. Blair, S. E. Jarrott, & K. Bruno, "Intergenerational Preschool Experiences and the Young Child: Potential Benefits to Development," *Early Childhood Research Quarterly* 23 (2007): 272 – 287.

E. Flaxman, C. Ascher, C. Harrington, *Mentoring Programs and Practices: An Analysis of the Literature* (New York: Teachers College, Columbia University, Institute for Urban and Minority Education, 1988).

E. J. Croll, "The Intergenerational Contract in the Changing Asian Family," *Oxford Development Studies* 34 (2006): 473 – 491.

E. K. Abel, "Informal Care for the Disabled Elderly: A Critique of Recent Literature," *Research on Aging* 12 (1990): 139 – 157.

E. Larkin, V. Rosebrook, "Standards for Intergenerational Practice: A Proposal," *Journal of Early Childhood Teacher Education* 23 (2002): 137 – 142.

E. Schwalbach, S. Kiernan, "Effects of an Intergenerational Friendly Visit Program on the Attitudes of Fourth Graders toward Elders," *Educational Gerontology* 28 (2002): 175 – 187.

F. M. Deutsch, "Filial Piety, Patrilineality, and China's One-Child Policy," *Journal of Family Issues* 27 (2006): 366 – 389.

G. Calhoun, E. Kingson, S. Newman, "Intergenerational Approaches to Public Policy: Trends and Challenges," in S. Newman, et al., eds., *Intergenerational Programs: Past, Present, and Future* (Washington, D. C.: Taylor & Francis, 1997), pp. 161 – 174.

G. Cortellesi, M. Kernan, "Together Old and Young: How Informal Contact between Young Children and Older People Can Lead to Intergenerational

Solidarity," *Studia Paedagogica* 21 (2016): 101 - 116.

Generations United, "Young and Old Serving Together: Meeting CommunityNeeds through Intergenerational Partnerships," https://www.gu.org/resources/young-and-old-serving-together/.

G. S. Becker, "A Theory of Social Interactions," *Journal of Political Economy* 82 (1974): 1063 - 1093.

G. Stanton, P. Tench, "Intergenerational Storyline Bringing the Generations Together in North Tyneside," *Journal of Intergenerational Relationships* 1 (2003): 71 - 80.

H. Giles, S. A. Reid, "Ageism across the Lifespan: Towards a Self-Categorization Model of Ageing," *Journal of Social Issues* 61 (2005): 389 - 404.

H. Kojima, "Parent-Child Coresidence in the Japanese Household," Paper Presented at the Annual Meeting of the Population Association of America, Chicago, 1987.

Hsiao-Tung Fei, "Peasant and Gentry: An Interpretation of Chinese Structure and Its Changes," *American Journal of Sociology* 52 (1946): 1 - 17.

Intergenerational Relationships, Generational Policy: A Trilingual Compendium," *Journal of Intergenerational Relationships* 10 (2012): 309 - 311.

J. Andreoni, "Giving with Impure Altruism: Applications to Charity and Ricardian Equivalence," *Journal of Polotical Economy* 97 (1989): 1447 - 1458.

J. Angelis, "Intergenerational Communication: The Process of Getting Acquainted," *Southwest Journal of Aging* 12 (1996): 43 - 46.

J. Brophy, & D. Bawden, "Is Google Enough? Comparison of an Internet Search Engine with Academic Library Resources," *Aslib Proceedings: New Information Perspectives* 57 (2005): 498 - 512.

J. McAlister, E. L. Briner, S. Maggi, "Intergenerational Programs in Early Childhood Education: An Innovative Approach that Highlights Inclusion and Engagement with Older Adults," *Journal of Intergeneratioanl Relationships* 17 (2019): 505 - 522.

J. P. Tierney, J. B. Grossman, N. L. Resch, *Making a Difference: An Impact Study of Big Brothers/Big Sisters* (Philadelphia, PA: Public/Private Ventures, 1995).

J. S. Ayala, J. A. Hewson, D. Bray, G. Jones, & D. Hartley, "Intergenerational Programs," *Journal of Intergenerational Relationships* 5 (2007): 45 - 60.

J. W. Rowe, R. L. Kahn, "Human Aging: Usual and Successful," *Science* 237 (1987): 143 - 149.

Karl Mannheim, "The Problem of Generational," in Paul Kecskemeti, ed., *Essays on the Sociology of Knowledge* (London: Routledge & Kegan Paul, 1952), pp. 276 - 320.

K. L. Moore, "A Spirit of Adventure in Retirement: Japanese Baby Boomers and the Ethos of Interdependence," *Anthropology & Aging* 38 (2017): 10 - 28.

K. Lüscher, L. Liegle, A. Lange, A. Hoff, M. Stoffel, G. Viry, E. Widmer, "Generations, K. Lüscher, L. Liegle, A. Lange, A. Hoff, M. Stoffel, G. Viry, E. Widmer, "Generations, Intergenerational Relationships, Generational Policy: A Trilingual Compendium," *Journal of Intergenerational Relationships* 10 (2012): 309 - 311.

Kristina Göransson, *The Binding Tie: Chinese Intergenerational Relations in Modern Singapore* (University of Hawaii Press, 2009), pp. 6 - 7.

K. Thorp, "Intergenerational Programs: A Resource for Community Renewal," Wisconsin Positive Youth Development Initiative, Inc., 1985.

L. A. Henkel, "Increasing Student Involvement in Cognitive Aging Research," *Educational Gerontology* 32 (2006): 505 - 516.

L. Baldassar, L. Merla, *Transnational Families, Migration and the Circulation of Care: Understanding Mobility and Absence in Family Life* (London: Routledge, 2013), p. 12.

L. J. Allan, J. A. Johnson, "Undergraduate Attitudes toward the Elderly: The

Role of Knowledge, Contact and Aging Anxiety," *Educational Gerontology* 35 (2009): 1 - 14.

L. J. Kotlikoff, J. N. Morris, "How Much Care Do the Aged Receive from Their Children? A Bimodal Picture of Contact and Assistance," in D. A. Wise, ed., *The Economics of Ageing* (University of Chicago Press: Chicago, 1989), pp. 151 - 176.

L. L. Thang, M. Kaplan, N. Henkin, "Intergenerational Programming in Asia: Converging Diversitiestoward a Common Goal," *Journal of Intergenerational Relationships* 1 (2003): 49 - 69.

L. L. Thang, "The 'Depth of Engagement' Scale as a Tool for Intergenerational Program Development and Evaluation in Singapore," in S. Yajima, A. Kusano, M. Kuraoka and M. Kaplan, eds., *Proceedings of the Uniting the Generations: Japan Conference to Promote Intergenerational Programs and Practices* (Tokyo, Japan: Japan Intergenerational Unity Association, 2007), pp. 201 - 203.

M. A. Mercken Christina, "Neighbourhood-Reminiscence: Integrating Generations and Cultures in the Marc Prensky, "Digital Natives, Digital Immigrants. Part 1, Kids," *On the Horizon* 9 (2001): 1 - 6.

Masashi Yasunaga, Yoh Murayama, Tomoya Takahashi, et al., "Multiple Impacts of an Intergeneration Program in Japan: Evidence from the Research on Productivity through Intergenerational Sympathy Project," *Geriatrics & Gerontology International* 16 (2016): 98 - 109.

M. A. Short-DeGraff, K. Diamond, "Intergenerational Program Effects on Social Responses of Elderly Adult Day Care Members," *Educational Gerontology* 22 (1996): 467 - 482.

M. Freedman, *Prime Time: How Baby Boomers will Revolutionize Retirement and Transform America* (New York: Public affairs, 1999).

M. Kaplan, A. Kusano, I. Tsuji, S. Hisamichi, *Intergenerational Programs: Support for Children, Youth, and* M. Kaplan, A. Kusano, I. Tsuji, S.

Hisamichi, *Intergenerational Programs: Support for Children, Youth, and Elders in Japan* (State University of New York Press, Albany, 1998).

M. Kaplan, "Intergenerational Programs in Schools: Considerations of Form and Function," *International Review of Education* 48 (2002): 305 - 334.

M. Kaplan, J. Haider, "Creating Intergenerational Spaces that Promote Health and Wellbeing," in R. Vanderbeck and N. Worth, eds., *Intergenerational Spaces* (London UK: Routledge, 2015), pp. 33 - 49.

M. Kaplan, J. W. III Lapilio, "Intergenerational Programs and Possibilities in Hawaii," in M. Kaplan, N. Henkin and A. Kusano, eds., *Linking Lifetimes: A Global View of Intergenerational Exchange* (Lanham, MD: University Press of America, 2002). pp. 101 - 117.

M. Kaplan, & L. L. Thang, "Intergenerational Programs in Japan: Symbolic Extensions of Family Unity," *Journal of Aging and Identity* 2 (1997): 295 - 315.

M. Kaplan, L. L. Thang, M. Sanchez, *Intergenerational Contact Zones: Place-Based Strategies for Promoting Social Inclusion and Belonging* (London UK: Routledge, 2020), pp. 3 - 6.

M. Kaplan, M. Sanchez, L. Bradley, "Conceptual Frameworks and Practical Applications to Connect Generations in the Technoscape," *Anthropology and Aging* 36 (2015): 182 - 205.

M. Kaplan, M. Sánchez, "Intergenerational Programs and Policies in Aging Societies," *Chapters* 43 (2014): 1 - 16.

M. Kaplan, M. Sánchez, "Intergenerational Programs and Policies in an Ageing Society," in S. Harper & K. Hamblin, eds., *International Handbook on Ageing and Public Policy* (Cheltenham, England: Edward Elgar, 2014), pp. 367 - 383.

M. Kaplan, M. Sánchez, J. Hoffman, *Intergenerational Pathways to a Sustainable Society* (Springer International Publishing AG, 2017), p. 14.

M. Kaplan, N. Henkin, A. Kusano, *Linking Lifetimes: A Global View of In-*

tergenerational Exchange (University Press of America, Inc., 2002)

M. Kuraoka, "Intergenerational Exchange in Child Education," in S. Yajima, A. Kusano, M. Kuraoka and M. Kaplan, eds., *Proceedings of the Uniting the Generations: Japan Conference to Promote Intergenerational Programs and Practices* (Tokyo, Japan: Japan Intergenerational Unity Association, 2007), pp. 37 – 38.

M. M. Whitham, H. Clarke, "Getting Is Giving: Time Banking as Formalized Generalized Exchange," *Sociology Compass* 10 (2016): 87 – 97.

M. S. Marx, A. R. Pannell, A. Parpura-Gill, & J. Cohen-Mansfield, "Direct Observations of Children at Risk for Academic Failure: Benefits of an Intergenerational Visiting Program," *Educational Gerontology* 30 (2004): 663 – 675.

M. Sánchez, J. Sáez, S. Pinazo, "Intergenerational Solidarity, Programs and Policy Development," in M. A. Cruz-Saco, S. Zelenev, eds., *Intergenerational Solidarity. Strengthening Economic and Social Ties* (New York: Palgrave Macmillan, 2010), p. 137.

M. V. Zunzunegui, F. Béland, M. T. Sánchez, A. Otero, "Longevity and Relationships with Children: The Importance of the Parental Role," *BMC Public Health* 9 (2009): 351 – 360.

M. Whyte, "Filial Obligations in Chinese Families: Paradoxes of Modernization," in C. Ikels, ed., *Filial Piety: Practice and Discourse in Contemporary East Asia* (Stanford, CA: Stanford University Press, 2004), pp. 106 – 127.

M. Yasunaga, Y. Murayama, T. Takahashi, et al., "Multiple Impacts of an Intergenerational Program in Japan: Evidence from the Research on Productivity through Intergenerational Sympathy Project," *Geriatrics Gerontology International* 16 (2016): 98 – 109.

Netherlands," *Journal of Intergenerational Relationships* 1 (2002): 81 – 94.

N. Henkin, D. Butts, "Advancing an Intergenerational Agenda in the United

States," in Matthew Kaplan, Nancy Henkin, Atsuko Kusano, eds., *Linking Lifetimes*: *A Global of Intergenerational Exchange* (University Press of America, Inc, 2002), pp. 65 - 70.

N. K. Chadha, "Understanding Intergenerational Relationships in India," *Journal of Intergenerational Relationships* 2 (2004): 63 - 73.

N. R. Cottle, R. J. Glover, "Combating Ageism: Change in Student Knowledge and Attitudes Regarding Aging," *Educational Gerontology* 33 (2007): 501 - 512.

P. A. Roodin, "Glogbal Intergenerational Research, Programs and Policy: What does the Future Hold?," *Journal of Intergenerational Relationships* 2 (2004): 215 - 219.

Pierre Bourdieu, "The Social Space and the Genesis of Groups," *Theory and Society* 14 (1985): 723 - 744.

R. A. Kalish, "The Old and the New as Generation Gap Allies," *Gerontologist* 9 (1969): 83 - 89.

R. Fernández-Ballesteros, *Active Aging. The Contribution of Psychology* (Gottingen: Hogrefe & Huber Publishers, 2008).

Rita Jing-Ann Chou, "Filial Piety by Contract? The Emergence, Implementation, and Implications of the 'Family Support Agreement' in China," *The Gerontologist* 51 (2011): 3 - 16.

R. S. Hanks, J. Ponzetti, "Family Studies and Intergenerational Studies," *Journal of Intergenerational Relationships* 2 (2004): 5 - 22.

R. Strom, P. Strom, *A Paradigm for Intergenerational Learning* (Oxford Handbook of Lifelong Learning, 2011), pp. 133 - 146.

S. Biggs, A. Lowenstein, *Generational Intelligence. A Critical Approach to Age Relations* (London and New York: Routledge, 2011).

S. E. Jarrott, K. Bruno, "Shared Site Intergenerational Programs: A Case Study," *Journal of Applied Gerontology* 26 (2007): 239 - 257.

Shannon E. Jarrot, Kelly Bruno, "Shared Site Intergenerational Programs: A

Case Study," *Journal of Applied Gerontology* 26 (2007): 239 - 257.

S. I. Hong, N. Morrow-Howell, "Health Outcomes of Experience Corps: A High-Commitment Volunteer Program," *Social Science & Medicine* 71 (2010): 414 - 420.

Sik Hung Ng, "Will Families Support Their Elders? Answers from across Cultures," in T. D. Nelson, ed., *Stereotyping and Prejudice Against Older Persons* (Cambridge, MA: MIT Press, 2002), pp. 295 - 310.

S. Lyons, L. Kuron, "Generational Differences in the Workplace: A Review of the Evidence and Directions for Future Research," *Journal of Organizational Behavior* 35 (2014): S139 - S157.

S. Newman, A. Hatton-Yeo, "Intergenerational Learning and the Contributions of Older People," *Aging Horizons* 8 (2008): 31 - 39.

S. Newman, "Creating an International Consortium for Intergenerational Programs," in M. Kaplan, N. Henkin, A. Kusano, eds., *Linking Lifetimes: A Global View of Intergenerational Exchange* (Lanham, M. D.: University Press of America, Inc., 2002), pp. 263 - 272.

S. Newman, C. R. Ward, T. B. Smith, et al., *Intergenerational Programs: Past, Present, and Future* (Washington, D. C.: Taylor and Francis, 1997), pp. 56 - 57.

S. Newman, S. Olson, "Competency Development: Professionalizing the Intergenerational Field," *The Southwest Journal on Aging* 12 (1996): 91 - 94.

S. Newman, T. B. Smith, "Developmental Theories as the Basis for Intergenerational Programs," in S. Newman, C. R. Ward, T. B. Smith, J. O. Wilson & J. M. McCrea, eds., *Intergenerational Programs: Past, Present, and Future* (Washington, D. C.: Taylor & Francis, 1997), pp. 3 - 19.

S. Perlstein, "Intergenerational Arts: Cultural Continuity and Community Cohesion," *Journal of Aging and Identity* 2 (1997): 273 - 284.

S. Y. Steinig, D. M. Butts, "Generations Going Green: Intergenerational Programs Connecting Young and Old to Improve Our Environment," *Generations (San Francisco)* 33 (2009): 64 - 69.

S. Zeldin, R. Larson, L. Camino, & C. O' Connor, "Intergenerational Relationships and Partnerships in Community Programs: Purpose, Practice, and Directions for Research," *Journal of Community Psychology* 33 (2005): 1 - 10.

T. Gamliel, N. Gabay, "Knowledge Exchange, Social Interactions, and Empowerment in an Intergenerational Technology Program at School," *Educational Gerontology* 40 (2014): 597 - 617.

T. H. Brubaker, E. Brubaker, "The Four Rs of Intergenerational Relationships: Implications for Practice," *Michigan Family Review* 4 (1999): 5 - 15.

T. Kitwood, *Dementia Reconsidered: The Person Comes First* (Philadelphia: Open University Press, 1997).

T. N. Iversen, L. Larsen, & P. E. Solem, "A Conceptual Analysis of Ageism," *Nordic Psychology* 61 (2009): 4 - 22.

V. Rosebrook, E. Larkin, "Introducing Standards and Guidelines: A Rationale for Defining the Knowledge, Skills, and Dispositions of Intergenerational Practice," *Journal of Intergenerational Relationships* 1 (2003): 133 - 144.

V. S. Kuehne, "The State of Our Art: Intergenerational Program Research and Evaluation, Part One," *Journal of Intergenerational Relationships* 1 (2003): 145 - 161.

WHO, "Active Ageing: A Policy Framework," http://apps.who.int/iris/bitstream/10665/67215/1/WHO_NMH_NPH_02.8.pdf.

Y. J. Lee, W. L. Parish, R. J. Willis, "Sons, Daughters and Intergenerational Support in Taiwan," *American Journal of Sociology* 99 (1994): 1010 - 1041.

Y. Murayama, R. Takeuchi, H. Ohba, et al., "Social Concern and the Present State of Intergenerational Programs. An Analysis of Newspaper Articles and a Survey of Organizations," *Japanese Journal of* Public Health 60 (2013): 138 - 145.

Yuebin Xu, "Family Support for Old People in Rural China," *Social Policy & Administration* 35 (2001): 307 - 320.

Yunxiang Yan, "Intergenerational Intimacy and Descending Familism in Rural North China," *American Anthropologist* 118 (2016): 244 - 257.

Z. María-Victoria, E. Beatriz, et al., "Social Networks, Social Integration, and Social Engagement Determine Cognitive Decline in Community-Dwelling Spanish Older Adults," *Journal of Gerontology: Social Sciences* 58 (2003): S93 - S100.

后　记

写作本书最初源自我2017年3月至2018年3月在美国宾州州立大学农业经济学、社会学与教育学系的访学经历。由于我前期的学术研究都主要集中在农村社会学领域，因此在赴美访学之前，完全聚焦农村人口老龄化与养老问题研究，在到达美国之后，才开启了涉及代际共融的思考。当时我有幸跟随美国著名的代际项目专家Matthew Kaplan教授学习，但那时我对“代际项目”知之甚少，原计划依托我当时在研的国家社会科学基金项目，展开对中美两国农村养老问题的比较分析，完成我对农村养老方式转换问题的解答。但随着我与Kaplan教授沟通交流的深入，我对代际项目的关注与兴趣与日俱增，尤其是在全程旁听了Kaplan教授面向大学城社区老年人开设的课程“代际领导组织”（Intergenerational Leadership Institute），观察了其在利戈尼尔谷镇督导的一项以健康为主题的代际项目，并参加了2017年6月在美国密歇根州密尔沃基市举办的“代际融合：2017全球代际会议”（Generations Remixed：2017 Global Intergenerational Conference）之后，我对“代际项目”有了更为深入的认识和体验，并对参与和从事这项工作的专家学者、实务工作者以及不同年龄的参与者都产生了由衷的敬意，因为这是一项对人类延续、社会发展都具有重要意义的工作。

通过了解发现，美国20世纪60～70年代率先在实务领域发展代际项目，80～90年代陆续有学者对此问题展开零星研究，2000年以后研究成果才日益丰富起来。在此过程中，中国在实践层面的探索不少，但学理层面的研究不多，仅有少量学者从图书馆学、建筑学、教育学等角度探讨代际阅读与服务、多代屋建设与代际学习问题，与国际“代际项目”相接轨的研究成果并不多，导致在这个领域中很少听到中国学者的声音。Kaplan 教授说过，大约在 1997 年他曾试图向一位中国学者推介发展“代际项目”的理念和做法，但当时那位学者表示国内当时的社会条件可能还不太能接受这种理念。当 Kaplan 教授 2017 年再和我讲这个问题的时候，我认为在中国人口老龄化快速推进的时代背景下，推广和应用代际共融项目，不仅十分必要，而且具备了多重可能：一是中国已经全面进入老龄化社会，人口的流动、家庭居住方式的变迁、生活方式与价值观念的变化，已经动摇了传统的家庭养老方式，单纯依靠亲子间的代际支持已经不能满足其精神需要；二是从积极老龄化的角度来看，伴随老年人口寿命的延长，老年人口势必会产生社会参与的需要，“老有所为”“老有所学”“老有所乐”的需求会不断增长，而现有老年人力资源开发渠道与服务方式均较为有限，亟须进行探索与扩充，而发展社会层面的代际共融恰恰可以帮助老年人在发展自身能力、潜能以及满足养老需求的同时，意识到自己对一方水土、社区、子孙后代和国家的责任，从而将代际公正与可持续发展转化为老年人自觉的认识与行动，促进赋权的真正实现；三是当前社会中还普遍存在着“代沟”和“代际冲突”的现象，社会代际的沟通与合作还不是很顺畅，亟须以“共享、共建、共赢”的思路去寻找有效的解决方式。发展代际共融不仅回应了中国社会面临的代际不和谐问题，也回应了积极应对人口老龄化和可持续发展的战略需求。

基于上述考虑，我从 2017 年 4 月开始深入学习国外“代际项目”领域的研究成果，并与 Kaplan 教授展开经常性的讨论，并结合我的切身经历谈到中国的相关实践活动，Kaplan 教授便引导我去对应关注中国的代际共融问题，从而萌发了我要深入研究中国代际共融问题的想法。通过持续的文献搜索发现，对于这个全新议题，国内的理论研究成果较少，但实践活动却并不缺乏，只是在表述上与“代际项目”不太一样，表现出较强的中国文化特色。为了全面了解中国代际共融的发展情况，我从 2017 年 4 月底开始围绕“代际项目”一词在百度和谷歌两大搜索引擎上搜寻有关中国代际共融活动的相关网页，从中发现“代际项目”一词在中国使用并不普遍，而“老少同乐”才是民间最常用的表述方式。同时，通过对国内老龄政策文件的系统梳理发现，与之相对应的政策提法有“代际和顺”“代际共融”“代际和谐”，其中“代际和顺”主要强调基于孝道传统的家庭代际团结，而“代际共融”与“代际和谐”则具有国外“代际项目”的社会意涵。回国后经与无锡老龄科学研究中心成员的共同讨论，一致认为“代际共融”要比“代际和谐”更为合适，因为前者不仅在融合程度上比后者更进一层，且“代际共融”与“代际共荣”谐音，含义更为丰富，寄希望于将来中国的“代际共融”能走向“代际共荣”。

通过在美国两个多月的网页搜索，我反复筛选和记录了有关国内代际共融项目和活动的相关资料，对国内的代际共融有了较为直观的认识。同时，通过与国内文献资料的比对发现，国内代际共融的实践活动并不少，广泛存在于社区服务与社会工作当中，但专业化的设计、实质性的交流和可持续的运作并不多见，导致这一领域并未成为一个独立的研究和实践领域。为了与国际研究相接轨，推动“社会代际共融、学科跨界融合、思想中西汇通”，回国后经与无锡老龄科学研究中心成员共同商讨，于 2018 年 6 月在江南大学建立了集教学、科学与实践于一体的“代际共融中心”，尝试从推动无锡实践开始，倡导“代际共融”的发展理念。随后，2018 年 11 月我们还在江南大学专门举办了“2018 代际共融国际学术研讨会”，广泛邀请国内外代际研究领域的专家学者参会，就代际共融相关学术研究和实务项目等进行深入交流与研讨，参会人员包括美国宾州州立大学的 Matthew Kaplan 教授、新加坡国立大学的 Leng Leng Thang 副教授、中国人民大学的 Ik Ki Kim 教授、西班牙格拉纳达大学的 Mariano Sanchez 副教授、日本东京都老年人研究所的 Masataka Kuraoka 研究员、北京大学的陈功教授、西安交通大学的李树茁教授、华中师范大学的江立华教授、武汉大学的杨红燕教授、北京师范大学 - 香港浸会大学联合国际学院的黎伟麟副教授，以及其他来自高校的专家学者和一线社会工作者等 60 余人。事实证明，这些努力还是产生了一定效果，2019 年 3 月来自日本科技振兴机构－社会技术研究开发中心“代际共创进行可持续社会设计”研究组的3位专家专门来到无锡就“代际共融”问题进行经验交流，体现出国际社会对中国代际共融研究与发展问题的关注。

更为可喜的是，近年来，党的十九大报告提出要“构建养老、孝老、敬老政策体系和社会环境”；党的十九届五中全会倡导“全面推进健康中国建设，实施积极应对人口老龄化国家战略”；《中共中央关于制定国民经济和社会发展第十四个五年规划和二〇三五年远景目标的建议》再次强调，实施积极应对人口老龄化国家战略，积极开发老龄人力资源，发展普惠型养老服务和互助性养老，一再体现出国家对养老问题的重视，为发展社会层面的代际共融提供了可能的空间和契机。同时，在实践层面上，国内陆续出现了“爷爷奶奶一堂课”“妇老乡亲养老模式”等具有丰富代际共融内涵的项目与活动，与“代际共融”的理念不谋而合。在这个意义上，十分有必要联系当下积极应对人口老龄化的战略背景，对代际共融问题展开深入系统的研究，总结提炼中国发展代际共融的文化基础、实践类型、发展特色、成效与困境等，并在此基础上探讨未来发展的方向与对策，以为中国老龄政策创新与服务发展提供一种统筹思路。

当然，在对代际共融问题进行持续关注和思考的过程中，我也产生过一些困惑。比如，由于中外文化传统与托幼制度方面的差异，中国老年人往往更倾向于同家庭内部的下一代人发生联系，导致隔代照料/教育现象较为普遍，而这种家庭内部的代际互动是否会影响或限制社会层面的代际共融。再比如，目前社会层面的代际共融仅涉及部分老年人口，要么是城市里面的活跃老人，要么是政府兜底的服务对象，都还具有一定特殊性。如何在政策层面做好顶层设计，发展具有普惠性和互助性的代际共融？如何结合区域经济社会发展实际，设计接地气的代际共融活动？尤其是在农村空心化的背景下，如何集结不同年龄群体开展互助支持？……我越来越发现，代际共融不仅是一种理念，更是一个系统工程。正如Kaplan教授所言，代际共融不仅是一个由地点（Place）、项目（Program）和政策（Policy）构成的三位一体系统，更是一种整合性的问题解决思路。要较好地应用这一理念，还需要多层面、跨学科知识的交叉以及不断的实践探索和学术研究的跟进，我深感在代际共融这条研究道路上，还有很多功课要做，需要更多专家学者的加入，全面推进中国代际共融理论与实践的创新性发展。

这本书虽然是我近几年研究积累的结果，但我自知其理论深度与认识高度还不够，初稿完成时仍较为忐忑，生怕没有领会、感悟和提炼出中国代际共融的精髓，引发相关歧义。但国内外相关学者的鼓励，给予了我莫大的支持与安慰。

首先，我要感谢 2017～2018 年我在美访问时的导师 Matthew Kaplan 教授，他是我在代际共融研究领域上的引路人，其严谨的治学态度、踏实的工作作风、缜密的思维方式非常值得我学习。感谢他为我在美期间提供的学术资源与实践机会，为我引介了许多相关领域的专家与实务工作者，并在后来“江南大学代际共融中心”启动建设、“2018 代际共融国际学术研讨会”和“2021 年数字化时代老龄社会治理与康养融合论坛”组织安排方面提供了实质性支持。我们曾就代际共融话题进行了大量的学术交流与讨论，鉴于中外在这方面的差别，他曾鼓励我专门写一本有关中国代际共融的专著，在美一年的访问学习使我获得了较多启发，并最终成就了我现有关于代际共融的学术思想。

其次，我要感谢江南大学无锡老龄科学研究中心的同事们对我开展代际共融研究的认可与支持。我们曾多次召开小型会议研讨“代际共融”的说法与内涵、成立“江南大学代际共融中心”的目的及今后的发展定位，并先后调研走访了无锡市委老干部局、无锡市妇联、无锡市老科协、无锡市社会福利院、新吴区江溪街道社区创新发展园等机构与部门，了解和总结当前无锡市地方代际共融的特点，这些都为本书的撰写提供了有益思路。

最后，我要感谢中国人民大学杜鹏、左美云教授及北京大学陈功教授的耐心审读，感谢他们能在繁忙的工作中抽出宝贵时间为本书撰写序言，并提出了诸多良好建议，感谢他们对我这个青年后辈的提携与支持。我尤其要感谢中国人民大学的邬沧萍教授，感谢他在 100 岁高龄的情况下花了半个多月的时间认真阅读了我寄去的书稿，不仅为本书专门撰写了序言，同时还撰写了精彩书评，使我倍受感动与鼓励。

诚如邬沧萍教授在审阅意见中所言，“代际共融的提出是非常有新意的，但更应该提高到社会可持续发展和人的全面发展的高度来加以审视”。我相信，在不久的将来，代际共融一定会在中国积极应对人口老龄化的过程中发挥应有的作用。

李俏

2022 年 5 月 4 日于江南大学

图书在版编目(CIP)数据

代际共融：积极应对人口老龄化 / 李俏著. -- 北京：社会科学文献出版社，2022.12
ISBN 978-7-5228-0848-2

Ⅰ.①代… Ⅱ.①李… Ⅲ.①人口老龄化-研究-中国 Ⅳ.①C924.24

中国版本图书馆 CIP 数据核字(2022)第 186297 号

代际共融：积极应对人口老龄化

著　　者 / 李　俏

出 版 人 / 王利民
组稿编辑 / 陈凤玲
责任编辑 / 李真巧
文稿编辑 / 陈丽丽
责任印制 / 王京美

出　　版 / 社会科学文献出版社·经济与管理分社（010）59367226
地址：北京市北三环中路甲 29 号院华龙大厦　邮编：100029
网址：www.ssap.com.cn
发　　行 / 社会科学文献出版社（010）59367028
印　　装 / 三河市龙林印务有限公司

规　　格 / 开 本：787mm × 1092mm　1/16
印 张：22.25　字 数：328 千字
版　　次 / 2022 年 12 月第 1 版　2022 年 12 月第 1 次印刷
书　　号 / ISBN 978-7-5228-0848-2
定　　价 / 128.00 元

读者服务电话：4008918866